Jean Sévillia

Zita

Kaiserin ohne Thron

Aus dem Französischen von
Elisabeth Mainberger-Ruh

Artemis & Winkler

Titel der französischen Originalausgabe: *Zita – Impératrice courage*
© Librairie Académique Perrin, Paris

Veröffentlicht mit Unterstützung des Ministère Français de la Culture, Paris

Die Deutsche Bibliothek – CIP-Einheitsaufnahme

Sévillia, Jean:
Zita - Kaiserin ohne Thron / Jean Sévillia. Aus dem Franz. von Elisabeth Mainberger-Ruh. - Düsseldorf ; Zürich : Artemis und Winkler, 1998
Einheitssacht.: Zita, impératrice courage <dt.>
Franz. Ausg. u.d.T.: Sévillia, Jean: Zita, impératrice courage
ISBN 3-538-07076-8

© der deutschen Übersetzung 1998 Artemis & Winkler Verlag, Düsseldorf/Zürich
Alle Rechte, einschließlich derjenigen des auszugsweisen Abdrucks sowie der fotomechanischen und elektronischen Wiedergabe, vorbehalten.
Umschlagmotiv: Zita von Bourbon-Parma als Braut, 1911
(F. Grainer, München) Foto: AKG, Berlin
Umschlaggestaltung: Bine Cordes, Weyarn
Druck und Bindung: Friedrich Pustet, Regensburg
Printed in Germany
ISBN 3-538-07076-8

Inhalt

Ein Leben – ein Jahrhundert 9
Zita von Bourbon, Prinzessin von Parma 12
Erzherzogin von Österreich 27
Sarajevo, 28. Juni 1914 49
Kaiserin von Österreich 72
Der Friedenskaiser 94
Clemenceau gegen Österreich 119
Das Ende eines Reichs 140
Nach sieben Jahrhunderten ins Exil 160
Zurück nach Ungarn 180
Sterben auf Madeira 204
Eine Witwe und acht Waisen 218
Habsburg contra Hitler 237
Der Kampf um Österreich 267
Europas Großmutter 292
Europas letzte Kaiserin 314

Anmerkungen 323
Karte: Das Österreichisch-Ungarische Reich 1916–1918 332
Karte: Die Auflösung des Österreichisch-
Ungarischen Reichs nach 1918 333
Stammtafeln 334
Zeittafel 344
Bibliographie 346
Bildnachweis 352
Personenregister 353

Für Willi Steidl
in freundschaftlicher Verbundenheit
von Paris nach Innsbruck

*»Unsere Ordensregel ist keine Zuflucht.
Es ist nicht die Regel, die uns behütet,
wir hüten die Regel.«*

Georges Bernanos
Die begnadete Angst

Ein Leben – ein Jahrhundert

Wien, 1. April 1989

Vor der Kapuzinerkirche zügelt der Kutscher die Pferde. Die sechs Rappen stehen still, die Zügel straff. Die Reitknechte in Uniform tragen am rechten Ärmel Trauerflor. Gekrönt wird der wuchtige Trauerwagen von einem Schwarm Doppeladler und der kaiserlichen Krone. Sechs Tiroler Schützen in rotem Wams und grünem Hut mit weißer Feder tragen den Sarg. Sie präsentieren ihn am Portal, wo der Zeremonienmeister wartet. Mit dem silbernen Knauf seines Stocks klopft er dreimal an die Tür. Aus dem Innern ertönt die Antwort des Pförtnerbruders:

»Wer begehrt Einlaß?«

Der Zeremonienmeister antwortet:

»Zita, die Kaiserin von Österreich, gekrönte Königin von Ungarn. Königin von Böhmen, von Dalmatien, Kroatien, Slawonien, Galizien, Lodomerien und Illyrien; Königin von Jerusalem; Erzherzogin von Österreich, Großherzogin der Toskana und von Krakau; Herzogin von Lothringen und Bar, von Salzburg, Steyr, Kärnten, Krain und der Bukowina; Großfürstin von Siebenbürgen, Markgräfin von Mähren; Herzogin von Ober- und Niederschlesien, von Modena, Piacenza und Guastalla; von Auschwitz und Zator, von Teschen, Friaul, Ragusa und Zara; gefürstete Gräfin von Habsburg und Tirol, von Kyburg, Görz und Gradisca; Fürstin von Trient und Brixen; Markgräfin von Ober- und Niederlausitz und in Istrien, Gräfin von Hohenems, Feldkirch, Bregenz und Sonnenberg; Herrin von Triest, von Cattaro und auf der Windischen Mark; Großwojwodin der Wojwodschaft Serbien; Infantin von Spanien, Prinzessin von Portugal und Parma.«

»Die kennen wir nicht.«
Erneut klopft der Zeremonienmeister dreimal an die Tür.
»Wer begehrt Einlaß?«
»Zita, Ihre Majestät, die Kaiserin und Königin.«
»Die kennen wir nicht.«
Nochmals drei Stockschläge am Türflügel.
»Wer begehrt Einlaß?«
»Zita, ein sterblicher, sündiger Mensch.«
»Sie trete ein«

Wien, 25. November 1916

Die Totenglocken der Stadt läuten. Kaiser Franz Josephs sterbliche Hülle verläßt den Stephansdom. Der Trauerzug bewegt sich auf die Kapuzinergruft zu: wie alle Habsburger wird Franz Joseph hier seine letzte Ruhestätte finden. Auch für den alten Monarchen mußten – grandiose Allegorie auf die Entäußerung im Tod – die Mönche dreimal gebeten werden, ihr Gotteshaus zu öffnen.

Baren Hauptes führt sein Nachfolger den Trauerzug an. Karl I. ist neunundzwanzig. Er spürt die erdrückende Last seiner Verantwortung. Er weiß, daß er sein Ziel nicht erreichen wird – Österreich aus dem in Europa wütenden Krieg herausführen und die Doppelmonarchie retten –, ohne das Erbe des seit 1848 regierenden Großonkels von Grund auf zu reformieren. Und sei es in einem ersten Schritt auch nur die strenge spanische Etikette des Wiener Hofs. So wollte er nicht allein direkt dem Sarg des Toten folgen. Seine Gemahlin, Kaiserin Zita, und sein Sohn, der Kronprinz, schreiten an seiner Seite – Symbol der dynastischen Kontinuität. Sie, von Kopf bis Fuß schwarz verschleiert, ist vierundzwanzig. Otto, blondgelockt und ganz in Weiß gekleidet, hat wenige Tage zuvor seinen vierten Geburtstag gefeiert. Dieser Einbruch in ein unwandelbares Zeremoniell hat die alte Garde schockiert. Das Volk aber hat verstanden: es klatscht Beifall.

Nach den Trauerfeierlichkeiten wird der Trauerwagen in Schönbrunn eingestellt. Erst 1989 wird er wieder hervorgeholt.

Zita, 1916 mit der Thronbesteigung ihres Gemahls, Karls von Habsburg, Kaiserin von Österreich-Ungarn geworden, wurde ins dynastische Europa des 19. Jahrhunderts hineingeboren. Sie hatte Franz Joseph umsorgt, der sich erinnerte, als Kind auf den Knien des Herzogs von Reichstadt, Napoleons Sohn, gesessen zu haben. Sie war die Urenkelin der Herzogin von Berry. Und sie starb 1989 im Alter von fast siebenundneunzig Jahren im ausgehenden 20. Jahrhundert.

Zita: ein Leben, ein Jahrhundert. Von Zar Alexander III. bis Gorbatschow. Von Papst Leo XIII. bis Johannes Paul II. Von Wilhelm II. bis Helmut Kohl. Von Félix Faure bis François Mitterrand. Gekrönt, als die Schlacht von Verdun tobte, hätte sie fast den Golfkrieg erlebt. Von der Agrargesellschaft zur Informatikrevolution, vom Fiaker zum Satelliten – diese Frau hat den Zusammenbruch des Österreichisch-Ungarischen Reichs, die Abschaffung einer Vielzahl europäischer Monarchien, zwei Weltkriege, Marxismus und Nationalsozialismus, den Kalten Krieg erlebt. Und schließlich den Niedergang des Kommunismus.

Zita, oder das Leben einer Kaiserin. 1918, nach nur zweijähriger Regierungszeit, entthront, und doch – Herrscherin bis zu ihrem Tod.

Zita von Bourbon, Prinzessin von Parma

Frühmorgens am 9. Mai 1892 verspürte die Herzogin von Parma erste Wehen. Aus den Händen von Abbé Travers, ihrem Hausgeistlichen, empfing sie die Kommunion, bevor sie ihr Schicksal den Hebammen anvertraute. Um neun Uhr brachte sie ihr fünftes Kind zur Welt: eine Tochter. Sie wurde geboren unter der Sonne der Toskana, in der Nähe von Lucca, in der Villa delle Pianore. Zwei Tage später wurde die kleine Prinzessin getauft. Von all ihren Vornamen (Maria das Neves, Adelgunde, Michaela, Rafaela, Gabriela, Josephine, Antonia, Luise, Agnes) ist einer in die Geschichte eingegangen: Zita. War es Papst Leo XIII., der – wie einige behaupten – dem Herzog von Parma diesen Vornamen empfahl? Die heilige Zita, deren Namensfest am 27. April gefeiert wird, ist eine Dienstmagd aus dem 13. Jahrhundert. Als Patronin der Dienstboten ist sie ein Vorbild an Demut – ein Beispiel, dem ihr Schützling folgen sollte.

Robert von Bourbon, Herzog von Parma, Piacenza und den angegliederten Staaten, wurde zum siebzehnten Mal Vater. Insgesamt zeugte er vierundzwanzig Kinder – eine zahlreiche Nachkommenschaft aus zwei Ehen. 1869 hatte er in erster Ehe seine Cousine Maria Pia von Neapel-Sizilien geheiratet. 1882 starb Maria Pia an einer Totgeburt. Bereits zuvor waren zwei Kinder in zartem Kindesalter gestorben, und – eine weitere Prüfung – sechs Kinder waren geistig behindert.

Die Frau, die 1884 mit zweiundzwanzig Jahren Roberts zweite Gattin wurde, mußte also ein starker Charakter sein. Maria Antonia von Bragança, Tochter Dom Miguels, des Königs von Portugal ohne Krone. Schön, von schlankem Wuchs und autoritärem Charakter, schenkte sie dem Herzog von Parma zwölf Kinder.

»Ich hatte in meiner Familie eine fröhliche und glückliche Kindheit«, erinnerte sich Zita später.[1] Man stelle sich die Betriebsamkeit in einem Haushalt vor, wo jeden Tag zwischen dreißig und achtzig Personen am Tisch sitzen! Die Kinder aus erster und zweiter Ehe, die älteren auf die jüngeren achtend, sind eine bunte Horde. Die Älteste, Maria Louise, ist Jahrgang 1870 (bei Zitas Geburt ist sie zweiundzwanzig), der Jüngste, Gaëtan, 1905 (Zita ist bereits dreizehn). Ein Altersunterschied von dreiunddreißig Jahren: es wird Onkel geben, die jünger sind als ihre Neffen. Bei dieser Spannweite bestimmen Alter und Charakter die Affinitäten. Zita fühlt sich vornehmlich zu Franziska hingezogen, der unmittelbar vor ihr geborenen Schwester, Cicca genannt.

Daß im Haus sechs Behinderte leben, schafft eine ganz besondere Atmosphäre. Herzogin Maria Antonia liebt und betreut sie, als wären es ihre eigenen Kinder. Herzog Robert seinerseits verhätschelt sie. Er läßt sie, außergewöhnlich in einer Epoche, die sich nicht um das Gerede der Leute kümmert, im Kreis der Familie aufwachsen. Die Zuwendung für die Schwächsten – auch das sollte Zita prägen.

Maria Antonias Verhältnis zu den übrigen Kindern aus der ersten Ehe ihres Gatten ist weniger ungetrübt. Zu Elias – wegen der Behinderung seiner älteren Brüder kommt ihm die Rolle des künftigen Chefs des Hauses Bourbon-Parma zu – ist es trotz der Aussöhnungsversuche Herzog Roberts sogar äußerst angespannt.

Robert von Bourbon-Parma hatte die Villa delle Pianore von seiner Großmutter väterlicherseits, der Gemahlin Karls II. von Parma, geerbt. Marie-Thérèse von Savoyen hatte sich an der Ligurischen Küste in der Nähe von Viareggio die vier Kilometer vom Meer entfernte Villa im toskanischen Stil erbauen lassen (im Zentrum des nicht gleichschenkligen Dreiecks Carrara, Lucca und Pisa gelegen). Ein weiter Park umgibt das Haus. Olivenbäume, Zypressen, Lorbeerbäume, Mimosen, Palmen und Eukalyptusbäume: mediterrane Farben und Düfte haben Zitas Kindheit geprägt.

Herzog Robert ließ die Villa umbauen. In den der Terrasse vorgelagerten Park gelangt man über zwei symmetrisch angelegte

Treppen, die auf Orangenalleen zuführen. Die Empfangsräume sind majestätisch. Im Salon hängt ein Gobelin mit der Darstellung der Krönung Ludwigs XIV., ein Geschenk Ludwigs XV. an seine Tochter Louise-Élisabeth, die Gattin des ersten Herzogs von Parma. In der Marmorhalle eine lateinische Inschrift: *Robertus Parmae Dux, MDCCCLXXXIIX* (1888, das Datum des Umbaus der Villa). An den Mauern Motive mit Lilie und Muschel (das Wappen der Bourbon-Parma weist drei goldene Lilien auf blauem Grund auf, umgeben mit einem Kranz von acht Silbermuscheln). Die Tabernakeltür in der Kapelle schmückt ein von Benvenuto Cellini geschaffenes Relief. Da und dort Gemälde von Cranach, Canaletto, Guardi; in der Bibliothek eine Sammlung von Inkunabeln.

Daß Zita, wie zwei weitere Geschwister, in Italien zur Welt gekommen ist, ist reiner Zufall: zweimal jährlich zieht das Haus Bourbon-Parma um. Von Januar bis Juli residiert die Familie in der Villa delle Pianore. Von Juli bis Dezember lebt sie in Österreich, in Schwarzau. Um Kinder und Lehrer, Gouvernanten und Dienstboten, Gepäck und Pferde zu transportieren, war ein Sonderzug mit fünfzehn Wagen nötig. In ihren alten Tagen hatte Zita diese halbjährliche Wanderschaft als Fest in Erinnerung.

1889 erwirbt Robert von Parma Schloß Schwarzau am Steinfeld. Sechzig Kilometer südlich von Wien gelegen, war es im 18. Jahrhundert von Johann Fischer von Erlach, dem Pionier des österreichischen Barock, erbaut worden. An der Fassade läßt der Herzog von Parma sein Wappen anbringen. Im Speisesaal hängen die Porträts der französischen Könige Ludwig XIV., Ludwig XV. und Karl X. Der rote Salon gleicht einer Kunstgalerie: Gemälde, Porzellan, Nippes. In seinem Schreibkabinett bewahrt der Herzog kostbare Bücher und Grafiken auf. In der Mitte des vierzig Hektar großen Parks hat er ein Schwimmbad und eine Tennisanlage errichten lassen. In den Stallungen stehen sechzig Pferde.

Am Ort wohnen Hofchargen, Hofdamen, Erzieher und beinahe achtzig Dienstleute. Die Kette der Besucher reißt nicht ab: Künstler, Schriftsteller, Gelehrte, Getreue. Und Fürsten – häufig verwandt.

Eine königliche Lebenshaltung? Robert von Bourbon-Parma war der letzte regierende Herzog von Parma. 1700, nach Erlöschen der spanischen Linie der Habsburger, hatte der Herzog von Anjou, der Enkel Ludwigs XIV., unter dem Namen Philipp V. den Thron in Madrid bestiegen. 1748, nach dem Österreichischen Erbfolgekrieg und dem Aachener Frieden, hatte seine zweite Gemahlin, Elisabeth Farnese, das Herzogtum Parma ihrem zweiten Sohn Philipp, dem Begründer der Dynastie Bourbon-Parma, zugesprochen. Von Napoleon in das Königreich Italien integriert, 1814 wieder unabhängig geworden, war das Herzogtum Maria Ludovica (Marie Louise), der zweiten Gemahlin Napoleons zugefallen. Nach ihrem Tod hatte Karl II. von Parma seine Territorien zurückerlangt. 1849 dankte er zugunsten seines Sohns Karl III. ab (Zitas Großvater väterlicherseits, den sie nicht gekannt hat).

Das Herzogtum Parma war eine strategische Etappe des Risorgimento auf dem Weg zur italienischen Einheit. 1854 war Karl III. von einem Carbonaro erdolcht worden. Wer geglaubt hatte, das sei zugleich das Ende der Dynastie, der hatte die Energie von Karls Gattin unterschätzt. Die Herzogin von Parma (Zitas Großmutter väterlicherseits, die sie ebenfalls nicht gekannt hat) war eine geborene Louise von Bourbon; als Enkelin König Karls X. von Frankreich und Tochter des Herzogs und der Herzogin von Berry war sie die Schwester des Herzogs von Bordeaux, Graf von Chambord, des unglücklichen Prätendenten auf den Thron Frankreichs. Zur Zeit der Ermordung des Herzogs von Parma war dessen Sohn Robert, Zitas künftiger Vater, erst sechs Jahre alt. Herzogin Louise übernahm folglich die Regentschaft.

Im Mai 1859 erklärte das Königreich Piemont-Sardinien dem Herzogtum den Krieg. Zwanzigtausend Piemontesen marschierten gegen Parma. Die Bourbonen verfügten über viertausend Soldaten – ein übergroßes Ungleichgewicht. Herzogin Louise sah von einer Schlacht ab und verließ in Begleitung ihres Sohns in der mit dem Lilienwappen geschmückten Karosse die Stadt. Schließlich wurde in einer Volksabstimmung die Angliederung an Piemont bestätigt.

Herzogin Louise ging in die Schweiz ins Exil. Von Sankt Gallen aus wandte sich die Regentin im Juni 1859 in einem an die internationalen Mächte gerichteten feierlichen Protest schärfstens gegen die Annexion des Herzogtums Parma. Im März 1860 protestierte sie erneut und rief Europa auf, sich gegen die »spoliation odieuse« der Rechte ihres Sohns Robert zu erheben. Ein ebenso vergeblicher Aufruf: Cavour und Garibaldi standen kurz davor, in das Königreich Neapel-Sizilien einzumarschieren, um andere Bourbonen zu verjagen – Nachkommen Karls von Spanien, des ältesten Sohns von Philipp V. und Elisabeth Farnese.

Ende 1860 erwarb die Herzogin Schloß Wartegg über dem Bodensee. Ein Treffpunkt verbannter Herrscher: die Bourbonen von Parma empfingen ihre Vettern, die sizilianischen Bourbonen, und Louises Bruder, den im österreichischen Exil Frohsdorf lebenden Grafen von Chambord.

1864 starb Louise von Parma auf einer Venedigreise an Typhus. Ihr Bruder hatte ihr versprochen, sich ihrer Kinder anzunehmen. Zusammen mit seinem Bruder und seinen Schwestern lebte Robert von Bourbon-Parma dann im Haus seines Onkels. In Frohsdorf waren französische Lehrer für seine Erziehung zuständig; dort führte er in der strengen und nostalgischen Atmosphäre am Hof des Grafen von Chambord das Leben eines jungen exilierten Fürsten. 1869 heiratete er Maria Pia, die Tochter des Königs von Neapel-Sizilien; die Trauung vollzog Papst Pius IX. in der Sixtinischen Kapelle. Seine Schwester Margarethe war mit Don Carlos von Bourbon, dem karlistischen Thronprätendenten Carlos VII., verheiratet. In Navarra nahmen 1872 Robert von Parma und sein jüngerer Bruder Heinrich, Graf Bardi, am letzten Karlistenkrieg teil.

Der Graf von Chambord hatte keine Nachkommen. Zwischen ihm und seinem Neffen bestand ein tiefes gegenseitiges Einvernehmen. 1866 hatte er Papst Pius IX. geschrieben, sein Neffe, der Herzog von Parma, sei erst von seiner Schwester Louise, später von ihm persönlich nach denselben erzieherischen Grundsätzen erzogen worden und teile alle seine Wünsche und Gefühle. 1883 war es Robert von Parma, der seinem Onkel, dem Grafen von Chambord, die Augen schloß. Dieser hatte ihm testamentarisch drei Viertel seines Vermögens vermacht, darunter die Domäne Chambord[2], nicht aber Frohsdorf, Eigentum der Herzogin von Chambord.

Robert von Parma besaß im ausgehenden 19. Jahrhundert folglich eines der größten Vermögen Europas: die Domäne Chambord wurde auf acht Prozent seines Vermögens geschätzt. Er führte die Tradition seines Hauses weiter, allerdings ohne politische Aspirationen; de facto hatte er auf den unwiederbringlich verlorenen Thron von Parma verzichtet. König Umberto I. ließ ihm denn auch in Italien völlige Bewegungsfreiheit. Höflich, intelligent, kultiviert, leidenschaftlich an Geschichte und Kunst interessiert, beschränkte sich sein Ehrgeiz darauf, seinen Rang als Prinz von königlichem Geblüt zu halten und unbehelligt seine Nachkommen aufzuziehen.

Robert von Parma reiste viel. Zuweilen hielt er sich in der Schweiz auf, auf Schloß Wartegg, das nach dem Tod seiner Mutter in seinen Besitz übergegangen war, häufiger noch auf Schloß Chambord, wo das Andenken an seinen Onkel weiterlebte und wo die bedeutendsten Namen Frankreichs an seinen prächtigen Hetzjagden teilnahmen. Jedes Jahr begab sich ein Teil der Familie an die Ufer der Loire. Den größten Teil seiner Zeit verbrachte er indessen in Schwarzau und Pianore.

Im Haus Bourbon-Parma wurden sechs Sprachen gesprochen. Mit ihrem Vater sprachen die Kinder in seiner Muttersprache: auf französisch. Als Nachkommen Philipps V. lernten alle Spanisch. Für die herzogliche Familie von Parma war Italienisch ein Muß – lebte sie doch die Hälfte des Jahres in der Villa delle Pianore. Da sich die andere Hälfte in Österreich abspielte, war auch Deutsch unentbehrlich. Deutsch war übrigens die Muttersprache der Herzogin von Parma (ihre Mutter war Deutsche), die sie mit ihren Kindern sprach. Doch als Prinzessin von Bragança konnte Maria Antonia auch Portugiesisch, eine Sprache, die sie den Kindern in ihren Grundzügen beibrachte. Schließlich erachtete der Herzog von Parma Englisch als nützlich und ließ es seine Kinder lernen.

Sprach Zita alle sechs Sprachen gleich gut? Sie verstand etwas

Portugiesisch, hatte gute Kenntnisse in Spanisch und Englisch und ausgezeichnete Kenntnisse in Italienisch. Ihre beiden Umgangssprachen indes waren Deutsch und Französisch. Übrigens war Zita auf den Namen Zite getauft worden, wie sie auch von ihren Eltern genannt wurde. Bis zu ihrer Heirat nannte sich Zita »Zite de Bourbon, princesse de Parma« und signierte auch so.

Robert von Parma wachte persönlich über die Erziehung seiner Kinder. Er lehrte sie lesen. Selbst begeisterter Leser, verweilte er stundenlang in seiner Bibliothek, stets umgeben von einigen seiner Kinder, auch den behinderten. Nach dem Abendessen wurde eine halbe Stunde lang aus Reiseberichten oder Geschichtsbüchern laut vorgelesen.

Zita entdeckte die für ihr Alter geeigneten Autoren: die Gräfin von Ségur, Paul Féval, Walter Scott. In den Ferien führten die Geschwister für ihre Eltern Theaterstücke auf, wobei sie eine besondere Vorliebe für Molière zeigten. Es wurde gesungen und musiziert. In der Kapelle von Schwarzau lernte Zita Orgel spielen. In Pianore ging man zum Schwimmen und Picknickmachen hinunter ans Meer. Auch Reiten gehörte zu den Beschäftigungen der jungen Prinzen und Prinzessinnen.

Intensiv wurde über Politik, Kunst und Sport diskutiert; aus der ganzen Welt trafen Zeitungen ein, die Zeitungsartikel wurden gelesen und diskutiert; in Schwarzau wie in der Villa delle Pianore wurde, kaum verbreitete sich die Erfindung, ein Telefon installiert. Auf eine reiche Tradition zurückblickend, war das Haus Parma keine auf sich selbst bezogene museale Welt.

Der Herzog von Parma und seine Gattin waren Exilierte. Daher rührte eine gewisse Distanz den Unwägbarkeiten des Lebens gegenüber. Was man heute besitzt, so wiederholten sie ihren Kindern, kann morgen verloren sein. Was ihre Erziehung auszeichnete, war Strenge und moralische Anforderung: stets seine Pflicht tun, stets an die anderen denken. Robert von Parma selbst wandte zehn Prozent seiner Einkünfte, also eine beträchtliche Summe, für wohltätige Zwecke auf. Gab er seinen Kindern Taschengeld, dann ermahnte er sie: »Vergeßt die zehn Prozent für die Armen nicht.« In den Ferien nähten oder flickten die Prinzessinnen ihre

Wäsche und jene der Bedürftigen in Schwarzau oder Pianore. Zu Weihnachten wurden vierundzwanzig Jungen und Mädchen aus den umliegenden Dörfern mit den von den Prinzessinnen unter dem wachsamen Auge der Mutter genähten Kleidern beschenkt. Zu diesem Zweck wünschte sich Zita einmal eine Nähmaschine als Geburtstagsgeschenk. Niemals würde sie die gemeinsam mit Franziska abgestatteten Besuche in den bescheidenen Bauernhöfen vergessen, wo Tuberkulose und andere Krankheiten herrschten. Bei der Rückkehr galt es, die Kleider zu wechseln, sich zu desinfizieren. Dauerte das zu lange, dann befahl Herzogin Maria Antonia: »Schluß jetzt. Die Caritas ist immer noch die beste Hilfe gegen Ansteckungsgefahr.«[3]

Diese Geisteshaltung wurzelte in einem tiefen Glauben. Robert und Maria Antonia von Parma, beide strenggläubige Katholiken, prägten mit ihrer Frömmigkeit ihre Umgebung. Sprechender Beweis: drei ihrer Töchter sollten den Schleier nehmen. Mit acht Jahren wurde Zita nach Lucca in die Kirche San Frediano ans Grab ihrer heiligen Namenspatronin geführt. Während ihrer Schulzeit in Bayern kehrte sie jedes Jahr für das Fest der heiligen Zita nach Viareggio in die Villa delle Pianore zurück. Dort kochte sie eigenhändig eine Mahlzeit und bediente bei Tisch, das Motto ihrer Schutzheiligen in die Tat umsetzend: »Die Hände der Arbeit, das Herz Gottes.«

Herzogin Maria Antonia stammte ebenfalls aus einer verbannten Königsfamilie, den Bragança. 1826 dankte Pedro IV., Kaiser von Brasilien und König von Portugal, vom portugiesischen Thron zugunsten seiner Tochter Maria da Gloria ab. Nach Auffassung Dom Miguels, des Bruders von Pedro IV. (Zitas Großvater mütterlicherseits, den sie nicht gekannt hat), verstieß diese Erbfolge gegen die dynastischen Gesetze der Bragança. Überzeugt, die Krone Portugals stehe ihm rechtens zu, ließ er sich 1828 unter dem Namen Miguel I. zum König von Portugal ausrufen und schickte sich an, das Königreich mit Waffengewalt zurückzuerobern. Zwischen 1831 und 1834 standen sich seine Anhänger und die seiner Nichte in einem Bürgerkrieg gegenüber. Dom Miguel wurde besiegt und flüchtete nach Österreich.[4] Im Exil heiratete er eine deutsche Prinzessin, Adelhaid zu Löwenstein-Wertheim-Rosenberg. Zur Königin von Portugal erhoben und vom Wiener Hof als solche behandelt, hat sie den Boden dieses Landes niemals betreten.

Zitas Großeltern mütterlicherseits, König Miguel und Königin Adelhaid, hatten sieben Kinder – alles eigenwillige Persönlichkeiten. Ihr einziger Sohn, Dom Miguel von Bragança, trat unter dem Namen Miguel II. 1866 die Nachfolge seines Vaters an der Spitze des legitimistischen Zweigs an. Maria das Neves heiratete Don Alfonso Carlos von Bourbon, mit dem 1936 die spanisch-karlistische Linie erlosch; Maria das Neves, hervorragende Reiterin und Meisterschützin, kämpfte im letzten Karlistenkrieg. Maria Theresia war die dritte Gattin von Erzherzog Karl Ludwig, dem Bruder Kaiser Franz Josephs; sie sollte in Zitas Leben eine wichtige Rolle spielen. Maria José heiratete Karl Theodor, Herzog in Bayern, den Bruder Kaiserin Elisabeths von Österreich. Adelgunde heiratete Heinrich von Bourbon-Parma, Graf Bardi, den jüngeren Bruder von Herzog Robert von Parma; 1911 beteiligte sie sich am monarchistischen Aufstand in Portugal und führte auf Lastwagen eigenhändig Munition herbei – auch sie eine starke Frau: als ihr 1946, hochbetagt und schwer krank, eröffnet wurde, sie müsse bald sterben, bemerkte sie: »Nun gut, so rauch' ich noch eine Zigarre. Dann fangen wir halt an zu beten...« Maria Anna wurde mit Großherzog Wilhelm Alexander von Luxemburg verheiratet. Maria Antonia schließlich, Zitas Mutter, war der jüngste Sproß dieser erstaunlichen Königsfamilie ohne Krone, die glänzende Verbindungen eingegangen war.

Bragança oder Bourbon, Genealogie und Geographie verflochten sich ineinander und bildeten so den Grund, auf dem Zitas Familie lebte. Schwarzau, die Residenz der Bourbon-Parma, lag fünf Kilometer von Frohsdorf entfernt, dem Besitz des Herzogs von Chambord. Das Gut war nun im Besitz des karlistischen Zweigs der spanischen Bourbonen: 1886 verstorben, hatte die Gräfin von Chambord testamentarisch Carlos VII. (Sohn einer ihrer Schwestern) zum Nießbraucher, seinen Sohn, Don Jaime, aber zum Besitzer von Schloß Frohsdorf eingesetzt. Carlos VII. war mit Margarethe von Bourbon, der Schwester des Herzogs von Parma verheiratet. Dieser wiederum hatte als junger Mann bei seinem Onkel Chambord in Frohsdorf gelebt; auch nach seiner Heirat war er dort auf Einladung seines Schwagers und seiner Schwester häufig zu Besuch. In diesem wahren Museum der französischen Monarchie mit bewegenden Erinnerungsstücken an König Ludwig XVI. war seit dem Tod des Grafen von Chambord nichts verändert worden. Als Kind hat Zita dieses »Versailles des Exils« häufig besucht.

Drei Kilometer von Schwarzau entfernt steht Schloß Seebenstein, die Residenz Miguels II. von Bragança, des Bruders von Herzogin Maria Antonia: auch hier hielt sich Zitas Familie oft auf. In einer Entfernung von rund zwanzig Kilometern lag schließlich Reichenau mit der Villa Wartholz; hier lebte Erzherzogin Maria Theresia, die Schwester der Herzogin von Parma und Witwe des 1896 verstorbenen Erzherzogs Karl Ludwig von Österreich. Auch sie suchte Zita gelegentlich auf und begegnete dort den Habsburgern.

1859 hatte Parma als unabhängiger Staat zu existieren aufgehört. Welches war fortan die Nationalität der Bourbonen von Parma? In Österreich galt Herzog Robert als ehemaliger Herrscher: er genoß das Privileg der Exterritorialität. In Frankreich fiel er nicht unter das Gesetz von 1886, das die Nachfolger jener Herrscherhäuser verbannte, die in Frankreich regiert hatten. In Spanien war er Infant wie alle Nachkommen Philipps V. (1920 wurde durch königliches Dekret bestätigt, alle seine Kinder seien Prinzen von Spanien und besäßen die spanische Nationalität). In Italien war er nie Bürger des Landes geworden, bewegte sich aber als Herzog von Parma frei.

»Wir sind spanische und italienische Prinzen«, schrieb er 1890 an den französischen Legitimisten Baron Lambert. Doch Zita, die ihn nach der Herkunft ihrer Familie fragte, antwortete er: »Wir sind französische Fürsten, die in Parma regierten.«[5] Waren sie nun Franzosen, Spanier, Italiener? In Wirklichkeit hielt der Herzog von Parma den Geist jenes Familienpakts aufrecht, der unter Ludwig XV. alle Bourbonen vereinigt hatte. Von seinen Söhnen war diese ganz dem Ancien Régime verhaftete Auffassung weniger leicht zu vertreten. Diese waren, juristisch gesehen, zugleich oder nacheinander Österreicher, Franzosen, Spanier oder Staatenlose: das 20. Jahrhundert mit seinen kriegerischen oder politischen Kämpfen sollte sie schon bald zur Entscheidung für eine Nationalität zwingen.

Oberste Richtschnur für die Bourbonen von Parma aber war das Prinzip der Legitimität. Im Gegensatz zu aufklärerischem Denken und revolutionären Theorien postuliert diese Auffassung eine naturgegebene Gesellschaftsordnung. Danach könne das politische Gleichgewicht nicht auf einem aufgrund von absolut gesetzten abstrakten Rechten dekretierten System beruhen, vielmehr müsse es auf der über Generationen hinweg erworbenen Legitimität, auf den Gesetzen der Erfahrung gründen. Vor Gott sind alle Menschen von gleicher Würde, die gesellschaftliche Harmonie aber beruhe auf der Respektierung der Unterschiede, sei Frucht der Verwirklichung des jeweils besonderen Charakters des einzelnen, verstanden als Individuum oder Gemeinschaft. Diese Weltanschauung, entwickelt von konterrevolutionären Denkern wie Louis de Bonald oder Joseph de Maistre, ist die Antithese zu dem im 19. Jahrhundert dominanten Liberalismus und Nationalitätenprinzip. Diesen wird die Treue zum Papst und zur katholischen Kirche, die Loyalität zu den alten Dynastien gegenübergestellt. Gott und der König (der Kaiser oder der Fürst ...), dieses Doppelprinzip bildet den Sockel der geistigen und moralischen Überzeugungen der Bourbon-Parma.

Zita ist von diesem Gedankengut durchdrungen. Geprägt aber auch von den Erfahrungen jener Vorfahren, die für dieses Ideal lebten, litten oder starben – und zwar so weit sie in ihrem Stammbaum, in der Linie der Bourbonen von Parma wie der Bragança zurückzugehen vermag. Beispiele väterlicherseits: Ihr Vater, des Throns von Parma beraubt; sein Bruder, Graf Bardi, der gemeinsam mit ihm in Spanien »por Dios y el Rey« (»für Gott und den König«) gekämpft hat. Ihr angeheirateter Onkel, Carlos VII., der karlistische Thronprätendent. Ihr Großvater Karl III. – durch die Carbonari ermordet. Ihre Großmutter, Louise von Bourbon, Opfer des Risorgimento, das wie eine Flutwelle die katholischen Mächte Italiens in den Abgrund gerissen hat (Herzogtum Parma, Kirchenstaaten, Besitzungen der Habsburger, Königreich Neapel). Ihr Großonkel, der Graf von Chambord – »der Papst der Legitimität« genannt –, erzogen von seiner Tante Marie-Thérèse, die ihrerseits als Tochter Ludwigs XVI. und Marie-Antoinettes im Temple, dem mittelalterlichen Wachturm in Paris, eingekerkert war. Ihr Urgroßvater, der Herzog von Berry, ermordet. Ihre Urgroßmutter, die Herzogin von Berry, Heldin der letzten monarchistischen Erhebung in der Vendée. Ihr Ururgroßvater, König Karl X., und ihre Ururgroßonkel, Ludwig XVI. und Ludwig XVIII.

Beispiele mütterlicherseits: Ihr Großvater, Miguel I., der im Douro-Gebiet für seine Krone gekämpft hat; ihr Onkel, Miguel II., der »König« von Portugal des legitimistischen Zweigs; ihre Onkel und Tanten, die in Navarra mit den Karlisten kämpften. Und ihre Tante Maria Theresia, die nichts Geringeres ist als die Schwägerin Franz Josephs, des Patriarchen der mächtigsten katholischen Monarchie.

Bourbonen von Frankreich, Spanien und beider Sizilien sowie das Haus Bragança – Zita ist mit diesen vom Thron gestoßenen, ins Österreich der Habsburger geflüchteten katholischen Königshäusern verwandt. »Die Welt ist voller Vettern«, sollte sie später lächelnd sagen. Diese Vettern aber sind nicht in jener Kultur verwurzelt, die das 20. Jahrhundert dominieren wird.

Im Alter von zehn Jahren etwa wurden die Kinder des Herzogs von Parma ins Internat geschickt, die Knaben ins Collegium Stella Matutina im vorarlbergischen Feldkirch. Das von den Jesuiten geführte Internat war eines der angesehensten im ganzen Kaiserreich: Sprößlinge des Hochadels kamen hier selbst mit einigen jungen Habsburgern zusammen.

Die Mädchen wurden hingegen ins Internat Sankt Joseph im oberbayerischen Zangberg, vierzig Kilometer südöstlich von München, geschickt. Dort unterhielten die Salesianerinnen in ländlicher Gegend in einem einstigen Schloß eine Lehranstalt für höhere Töchter.

Elfjährig trat Zita am 16. September 1903 dort ein. Zum ersten Mal hatte sie ihre Eltern verlassen. Obwohl im Haus des Herzogs und der Herzogin von Parma relativ strikte Disziplin herrschte, verschreckte die Kargheit des schlecht geheizten weitläufigen Hauses mit seiner deutschen Strenge anfänglich das an eine südländische Atmosphäre gewohnte Mädchen mit den fröhlichen Augen. Doch schon bald lebte sich die Prinzessin ein und gewann Freundinnen. Auf die in Zangberg tätigen Lehrschwestern wirkte sie indes bescheiden und zurückhaltend.

Die Tagesordnung ist unverrückbar: Aufstehen um 6 Uhr; Morgengebet; eine Viertelstunde Turnen; Messe; Frühstück; Unterricht zwischen 8 und 11 Uhr; Mittagessen; Spaziergang; Unterricht von 13 bis 15 Uhr; Vesperzeit; Studium bis 18.30 Uhr; Abendessen; Rekreation; Abendgebet um 20.30 Uhr; anschließend Lichterlöschen im Schlafsaal. Auf dem Stundenplan stehen Mathematik, Physik, Chemie, Naturkunde, Geschichte, Geographie, Musik (Klavier und Geige), Kunstgeschichte, Zeichnen, Handarbeiten, Glätten; dann selbstverständlich Religion sowie Latein und moderne Sprachen: Deutsch, Französisch, Englisch, Italienisch. Unterrichtssprache ist Deutsch. Obwohl es die Sprache ihrer Mutter ist, haben die Prinzessinnen etliche Schwierigkeiten mit Deutsch. Doch zahlreiche Schülerinnen stammen wie Zita aus Familien, in denen Französisch die Umgangssprache ist, weshalb sie untereinander Französisch sprechen.

Zur warmen Jahreszeit stehen Anlagen für Tennis und Handball bereit, im Winter wird gerodelt; obligatorisch sind auch Tanzkurse.

Zitas Schulhefte sind noch vorhanden. Sie vermitteln das Bild einer fleißigen Schülerin, die »gute« oder »ausreichende«, nie aber ausgezeichnete Zensuren erhielt. Ist es wahr, daß sie eines Tages – ein klassischer Schülerstreich – in der Kapelle Tinte ins Weihwassergefäß geschüttet hat? Das Internat behielt sie in guter Erinnerung. Doch nicht in Zangberg hat sich ihre Persönlichkeit entfaltet.

Am 16. November 1907 erhielt die Prinzessin in Zangberg ein Telegramm: ihr Vater sei schwer erkrankt. Unter der Obhut einer früheren Schülerin bestieg sie den ersten Zug Richtung Villa delle Pianore. Am Bahnhof Lucca wurde sie von ihrer einstigen Gouvernante, Marquise Dalla Rosa, traurig erwartet; der Herzog von Parma war tot.

In seinem Testament hatte er seinen Schwager Don Alfonso Carlos als Vormund seiner minderjährigen Kinder eingesetzt. Der Vater starb mit neunundfünfzig Jahren – und damit fiel der Clan auseinander.

Roberts ältester Sohn, Heinrich, erbte den Titel eines Herzogs von Parma. Da er wie sein jüngerer Bruder Joseph behindert war, wurde Elias Chef des Hauses Bourbon-Parma. Erst sehr viel später sollte ihm der Titel eines Herzogs von Parma zufallen, nämlich 1950 nach dem Tod seines Bruders Joseph.[6] Im Jahr 1907 war Elias siebenundzwanzig Jahre alt. Vier Jahre zuvor hatte er Maria Anna, die Tochter von Erzherzog Friedrich, geheiratet. Dieser germanophile Habsburger mochte weder die Bourbon-Parma noch deren frankreichfreundliche Neigungen. Elias verstand sich, wie bereits erwähnt, schlecht mit seiner Stiefmutter Maria Antonia. 1914 sollte er nicht dasselbe Lager wählen wie seine beiden Halbbrüder Sixtus und Xavier. Die nach dem Krieg ausgebrochenen Erbstreitigkeiten um Chambord führten dann zum endgültigen Bruch.

Herzogin Maria Antonia unterhielt auch weiterhin freundliche Beziehungen zu ihren Stieftöchtern und allen behinderten Stiefkindern, die von dem Zerwürfnis nichts wußten. Doch die Einheit der Familie war zerbrochen.

Nach dem Begräbnis ihres Vaters kehrte Zita nach Zangberg zurück und blieb dort bis Juli 1908. Sie war nun sechzehn, also in dem Alter, in dem die Salesianerinnen ihre Zöglinge entließen. Nach einigen Monaten in Schwarzau wurde die Prinzessin nach England geschickt, um dort den letzten Schliff zu erhalten. Ihre Großmutter, Königin Adelhaid von Portugal (von ihren Großeltern hat Zita nur sie gekannt), hatte sich nach dreißigjähriger Witwenschaft in die Benediktinerinnenabtei Sainte-Cécile in Ryde auf der Insel Wight zurückgezogen. Dort war auch ihre

Enkelin Adelhaid eingetreten: nach dem Tod ihres Vater hatte die als Schönheit geltende ältere Schwester Zitas, die bei ihrer Einführung in die Gesellschaft auf dem Wiener Hofball Aufsehen erregt hatte, den Schleier genommen.

Die Abtei Sainte-Cécile war kein Lehrinstitut. Doch in Ausnahmefällen nahmen die Klosterfrauen einige Pensionärinnen auf. Im Februar 1909 eingetroffen, blieb Zita sechs Monate dort. Theologie, Bibelkunde, Philosophie, Geschichte, Literatur, Englisch, Kunstgeschichte, Musik und Gesang standen während dieses Studienaufenthalts auf dem Programm.

Doch das junge Mädchen vertrug nicht das englische Klima und litt zudem unter Heimweh. Wie fromm Zita auch sein mochte, das Kloster behagte ihr nicht. Bleich und ohne Appetit, magerte sie zusehends ab. Im Sommer 1909 – Erzherzogin Maria Theresia stattete ihrer Mutter, Königin Adelhaid, einen Besuch ab – wurde beschlossen, Zita solle auf den Kontinent zurückkehren.

Maria Theresias Tochter, Erzherzogin Maria Annunziata, holte ihre Cousine ab. Nach einem kurzen Aufenthalt in London reisten sie zusammen nach Böhmen weiter. Dort lernte Zita den Mann ihres Lebens kennen: den knapp fünf Jahre älteren Karl von Habsburg.

Erzherzogin von Österreich

Kurhaus und Paläste aus der Jahrhundertwende: Franzensbad ist eine der von Österreichs vornehmer Gesellschaft besuchten Bäderstädte Böhmens. Im Sommer 1909 sollte Erzherzogin Maria Annunziata dort zur Kur weilen. Ohne ein Gelübde abgelegt zu haben, war die Prinzessin seit 1894 Äbtissin des Theresianischen adeligen Damenstifts auf dem Prager Hradschin. Sie war ledig und gewohnt, ihre Zeit anderen zu widmen. Mit ihrer sechzehn Jahre jüngeren Cousine Zita verstand sie sich ausgezeichnet.

Ein weiterer Verwandter lebte in der Nähe. Erzherzog Karl, Offizier in Brandeis an der Elbe, einem zweihundertfünfzig Kilometer von Franzensbad entfernten Garnisonsort, hatte es sich zur Gewohnheit gemacht, seine Tante Maria Annunziata zu besuchen.

In der Erbfolge des österreichischen Throns stand Karl an zweiter Stelle. Und für Zita war er kein Unbekannter. Zwischen ihnen bestand über Maria Theresia eine indirekte Verbindung, denn Maria Annunziatas Mutter war eine Schwester der Herzogin von Parma und außerdem die dritte Gattin von Erzherzog Karl Ludwig, dem Bruder Franz Josephs. Sie hatte die Kinder aus der zweiten Ehe ihres Gatten (seine erste Ehe war kinderlos geblieben) aufgezogen, unter ihnen Karls Vater Otto. Maria Theresia war demnach zugleich Zitas Tante und die Ehefrau von Karls Großvater, also Karls Stiefgroßmutter. Maria Annunziata wiederum war Zitas Cousine und Karls Tante (Halbschwester seines Vaters). Karl war der Erzherzogin Maria Theresia sehr zugetan und betrachtete sie als seine Großmutter. Als Kind hatte er die Ferien bei ihr in der Villa Wartholz verbracht, wohin sich auch die Bourbonen von Parma zuweilen begaben. Karl und Zita waren sich begegnet, doch er hatte mit Zitas ein Jahr älterem Bruder Sixtus Freundschaft geschlossen, während sie lieber mit Maximilian Eugen (Max genannt), Karls jüngerem Bruder, spielte.

Ferne Erinnerungen. Heute, in Franzensbad, beherrschen auf den ausgedehnten Spazierritten des zweiundzwanzigjährigen Mannes und des siebzehnjährigen Mädchens nicht mehr kindliche Gefühle das Gespräch. Und so willigte Zita denn im folgenden Jahr nur allzu gern ein, Maria Annunziata als Gesellschafterin zu ihrer Sommerkur zu begleiten. Und wiederum bemühte sich der junge Oberleutnant um sie. »Meine Gefühle«, so Zita später, »für ihn entwickelten sich allmählich ... Erzherzog Karl dagegen scheint sich viel rascher entschieden zu haben.«[1]

Maria Annunziata hatte begriffen. Sie ließ es ihre Mutter wissen, die entzückt ihre Schwester, Maria Antonia, benachrichtigte. Die Herzogin von Parma war allerdings zunächst absolut nicht begeistert, war doch die Ehe von Karls Eltern nicht glücklich gewesen. Karl seinerseits vertraute sich Erzherzogin Maria Theresia an. Ein Gerücht, das sich als richtig herausstellen sollte, hatte ihn aufgeschreckt: Don Jaime (nach dem Tod seines Vaters Chef der karlistischen Linie der spanischen Bourbonen und Besitzer von Frohsdorf) hatte um die Hand seiner Cousine Zita gebeten. Die Prinzessin hatte den Antrag ausgeschlagen, doch andere Anwärter könnten vorstellig werden. Es galt, keine Zeit zu verlieren.

Franz Joseph seinerseits sorgte sich um den Fortbestand des Hauses. Er war inzwischen achtzig und hatte seine potentiellen Nachfolger dahinsterben sehen. 1889, als er seinen einzigen Sohn Rudolf verlor – Rudolf wurde mit seiner Geliebten Mary Vetsera in Mayerling tot aufgefunden –, war sein jüngerer Bruder Maximilian bereits seit mehr als zwanzig Jahren tot: 1867 war er erschossen worden, der kurzlebige Traum als Kaiser von Mexiko war ausgeträumt. 1896 war des Kaisers zweiter Bruder, der tiefgläubige Karl Ludwig, während einer Pilgerreise ins Heilige Land an Typhus erkrankt und kurz darauf verstorben. Dessen ältester Sohn, Franz Ferdinand, war Thronfolger. Dieser Neffe hatte dem Kaiser 1900 die Erlaubnis abgerungen, Gräfin Sophie Chotek zu heiraten. Die Choteks waren ein altes böhmisches Adelsgeschlecht; sie gehörten aber nicht dem Hochadel an und waren deshalb für

1 *Erzherzog Franz Ferdinand mit seiner Gattin Sophie Chotek und den Kindern Sofie, Max und Ernst.*

eine Verbindung mit den Habsburgern ungeeignet. Franz Ferdinand hatte Kaiser Franz Joseph monatelang bestürmt, schließlich gab dieser nach, doch Franz Ferdinand mußte eine Verzichtserklärung für die Nachfolgerechte seiner Nachkommen unterzeichnen. 1906 war Franz Ferdinands jüngerer Bruder Otto ebenfalls gestorben, wodurch dessen ältester Sohn in der Thronnachfolge auf den zweiten Rang rückte. Dieser Sohn war der nun im heiratsfähigen Alter stehende Erzherzog Karl. Um den Fortbestand der Dynastie zu sichern, mußte er heiraten.

In Wien aber machten bereits Gerüchte um Erzherzog Karls Heiratsabsichten die Runde. Im Herbst 1910 befahl der Kaiser seinen Großneffen zur Audienz:

»Karl! Es wird Zeit für dich – schau dich nach einer passenden Braut um. Aber bitte, nimm eines zur Kenntnis: es muß unbedingt eine kaiserliche oder königliche Prinzessin sein. Alles andere ist ausgeschlossen.«

»Aber Majestät, ich habe ...«

»Das ist ein Befehl. Du hast sechs Monate Zeit.«[2]

Karl hatte den Namen, der ihm auf den Lippen lag, nicht ausgesprochen. Aus einem einfachen Grund: er hatte sich der Auserwählten noch nicht eröffnet.

Karl Franz Josef von Habsburg-Lothringen kam am 17. August 1887 auf Schloß Persenbeug an der Donau zur Welt. Sein Vater, Erzherzog Otto, war der Sohn von Erzherzog Karl Ludwig, Kaiser Franz Josephs Bruder; seine Mutter war die Tochter des Königs von Sachsen. Maria Josefa, eine strenge und fromme Frau, wurde häufig betrogen. Denn ihr Gemahl – Wien nannte ihn den »schönen Otto« –, Offizier wie alle Habsburger und hervorragender Reiter, war der geborene Verführer. Als sein älterer Bruder, Franz Ferdinand, beinahe an Tuberkulose gestorben wäre, hatte man geglaubt, er würde Franz Josephs Thronfolger, eine dem Kaiser keineswegs genehme Aussicht. Otto liebte seine Kinder, blieb aber ein notorischer Schürzenjäger. Sein Verhalten löste immer wieder Skandale aus. Eines Nachts etwa wollte er seine Saufkumpanen in das eheliche Schlafzimmer führen, um ihnen eine »Nonne« zu zeigen. Einmal erschien er völlig betrunken im berühmten Hotel Sacher, mit Offiziersmütze und Säbel als einzigen Kleidungsstücken! Maria Josefa litt in der Stille und betete für ihren Gemahl. 1906 starb Otto mit einundvierzig Jahren an Syphilis in den Armen seiner letzten Geliebten.

Karl war von den väterlichen Eskapaden ferngehalten worden. Bis zu seiner Volljährigkeit diente ihm Graf Georg Wallis als Erzieher. Dieser Hauptmann der Kavallerie hatte ihn spartanisch erzogen: aufstehen um sechs Uhr morgens, kaltes Bad zu jeder Jahreszeit, Unterricht bis in den Abend hinein. Mit zwölf Jahren trat Karl 1899 in das von Benediktinern geführte Schottengymnasium ein. Seine Mitschüler nannten ihn »unser Erzkarl«. Franz Joseph erlaubte ihm nicht, das Abitur abzulegen, konnte doch ein Habsburger nicht mit seinen Untertanen in Wettstreit treten.

Neben Französisch (das er gut beherrschte) und Englisch hatte Karl Ungarisch und Tschechisch gelernt. Das Kaiserreich lernte er mit dreizehn Jahren kennen: Bosnien, Herzegowina, Dalmatien, die ungarischen Gebiete der Doppelmonarchie.

1894 weilte er mit seiner Mutter in Cannes, wo Kaiser Franz Joseph zu Besuch kam, der mit Kaiserin Elisabeth in Cap Martin abgestiegen war: ein Foto zeigt den kleinen siebenjährigen Erzherzog schüchtern neben seinem Großonkel, der ihn an der Hand hält. Karl kehrte mit fünfzehn nach Frankreich zurück, wo er Paris (und den Louvre), die Bretagne (er wurde vom Herzog von Rohan auf Schloß Josselin empfangen), Le Havre, Trouville, Lyon, Chamonix besuchte. Mit sechzehn reiste er erneut zu den Rohans, anschließend nach England, Deutschland und in die Schweiz. Er machte sich Freunde, die ihm die Treue hielten: Tamás (Thomas) Erdödy oder Arthur Polzer-Hoditz – sein künftiger Kabinettschef. Alle beide haben, Zeitzeugen ersten Ranges, ihre Memoiren geschrieben.

Erzherzog Otto hatte Graf Wallis schriftliche Instruktionen hinterlassen für die Erziehung »unseres Sohnes Carl, der so Gott will, bestimmt ist, einst Kaiser zu werden«. Der junge Mann sollte eine militärische Ausbildung erhalten und dann seine Kenntnisse durch »juridische, geschichtliche, staatswissenschaftliche Studien« vervollständigen; schließlich wurde Wallis aufgefordert, Karl in das gesellschaftliche Leben einzuführen, etwa indem er ihn daran gewöhne, »einige kleine Diners zu geben«.[3]

Mit achtzehn begann Karl seine militärische Laufbahn. Als Leutnant beim 7. Dragonerregiment in Böhmen stationiert, bewohnte er in der Kaserne zwei Zimmer und nahm seine Mahlzeiten im Offizierskasino ein. 1907 übersiedelte er nach Prag, ließ sich auf dem Hradschin nieder und schrieb sich an der Universität ein. Aber er war dort nur selten zu sehen: als Erzherzog kam er in den Genuß von Privatvorlesungen in Rechts- und Staatswissenschaften.

Mit dem Tod seines Vaters Ende Oktober 1906 rückte der Thron näher, stand er doch in der Thronfolge nun an zweiter Stelle. Zu jener Zeit war sein Onkel Franz Ferdinand dreiundvierzig: Karl sollte also nach menschlichem Ermessen in den vierziger oder fünfziger Jahren den Thron besteigen...

Im August 1907 wurde aus Anlaß seines zwanzigsten Geburtstags ein Fest gefeiert und Prinz Zdenko von Lobkowicz zum Kammervorsteher ernannt.

Was für eine Persönlichkeit war der zu höchsten Würden berufene Mann? Er war intelligent und dachte pragmatisch. Sein Gedächtnis war unfehlbar. Stets bescheiden, war er seinen Mitmenschen zugewandt. Doch seine auffallende Güte wurde von einigen als Schwäche interpretiert. Hatte er andere Fehler? Bei der Umsetzung seiner Pläne zeigte er sich zuweilen unentschlossen. Und seine Fähigkeit zum Zuhören machte ihn manchmal beeinflußbar.

Zwei Wesenszüge kennzeichneten Karl. Erstens seine Frömmigkeit. Von seinem Großvater Karl Ludwig hatte er jene Religiosität geerbt, an der es seinem Vater mangelte, die aber auch seinen Onkel Franz Ferdinand auszeichnete. Nicht von ungefähr kreideten liberale Kreise in Wien diesem Zweig der kaiserlichen Familie – wie auch dem Haus Bourbon-Parma – seine Bigotterie, seinen Klerikalismus und seinen Ultramontanismus an. Karls tiefe Gläubigkeit war auch auf das Beispiel seiner Mutter, Erzherzogin Maria Josefas, zurückzuführen, von der Papst Benedikt XV. später sagen würde, sie sei eine Heilige.

Zweitens sein Temperament. Karl war der Inbegriff des Österreichers – oder vielmehr des Wieners – mit seiner Fähigkeit, nichts zu dramatisieren; selbst in den schwierigsten Lebenslagen verlor er seinen Sinn für Humor nicht.

Einige Wochen nach der Audienz, in der ihm Kaiser Franz Joseph den Heiratsbefehl erteilt hatte, bot sich Karl die Gelegenheit für ein Wiedersehen mit Zita. Am 16. Januar 1911 wurde sie anläßlich des Hofballs in die Gesellschaft eingeführt. Im Hinblick darauf hatte der berühmte Tanzlehrer Haßreiter, Favoritenstraße, ihr und ihrer Schwester Cicca im Palais von Tante Maria Theresia Tanzstunden erteilt. Dieser Ball, an dem der Hochadel der Habsburgermonarchie und Generäle, Kirchenfürsten und Diplomaten ihren Auftritt hatten, war einer der Höhepunkte des gesellschaftlichen Lebens in Wien. Zita und Karl trafen sich dort und tanzten so oft zusammen, wie es der Anstand erlaubte. Zita war eine gute Walzertänzerin. In dieser Ballsaison wurde sie in den Gesellschaftsspalten einer Zeitung »Sonnenprinzessin« genannt.

Mitte Mai schien Erzherzogin Maria Theresia, Karls Vertraute, die Zeit gekommen, die Dinge zu beschleunigen. Sie lud den jungen Erzherzog und Zita, begleitet von ihrer unzertrennlichen Schwester Cicca, zu einem Jagdaufenthalt auf ihr Gut bei Sankt Jakob in der Steiermark. Der Legende zufolge soll sich Karl Zita erklärt haben, nachdem er einen prächtigen Auerhahn geschossen hatte.

Der Erzherzog stand in der Thronfolge an zweiter Stelle; die Heirat bedeutete für Zita, daß sie eines Tages Kaiserin von Österreich und Königin von Ungarn sein würde. Sie gehörte einer Familie an, in der die Möglichkeit eines solchen Schicksals einfach zum Leben gehört. Und dieser Tag lag ohnehin noch in weiter Ferne.

Von Sankt Jakob reiste Karl nach Brioni, einer Bäderstadt an der dalmatinischen Küste, wo seine Mutter zur Kur weilte. Sie gab ihre Einwilligung. Nun fehlte noch die Einwilligung des Kaisers. Erzherzogin Maria Josefa kehrte sogleich nach Wien zurück. Franz Joseph willigte ein. Auf politischer Ebene brachte ihm diese

Verbindung nichts, denn das Haus Bourbon-Parma hatte seinen Thron unwiederbringlich verloren. Doch zumindest kam die Auserwählte aus einem katholischen Herrscherhaus von untadeligem Ruf – das war entscheidend.

Am 13. Juni 1911 wurde die Verlobung in kleinem Kreis in der Villa delle Pianore gefeiert: anwesend waren die Bourbonen von Parma und Maria Josefa, die ihren Sohn begleitet hatte. Das offizielle Foto der Verlobten – eine strahlende Schönheit von neunzehn Jahren – schmückte ein eigenhändig geschriebenes Motto: »Mehr für euch, denn für mich. Zita von Bourbon, Prinzessin von Parma.«

Karl blieb vier Tage in Italien. Immer in Begleitung, wie es die Etikette befahl, entdeckten Zita und er Pisa, Carrara, Lucca und das Grab der heiligen Zita. Doch Karl mußte nach England aufbrechen. Er war von Franz Joseph beauftragt worden, ihn bei den Krönungsfeierlichkeiten für König Georg V. in London zu vertreten – seine erste Aufgabe als künftiger Thronfolger. Von Italien reiste Karl nach Paris und weiter nach Belgien. In Ostende überbrachte er dem belgischen Königspaar die Grüße des Kaisers. Am 19. Juni traf er in Begleitung von Prinz Lobkowicz in Dover ein.

Sein erster Besuch galt Zitas Schwester Adelhaid, die inzwischen als Klosterschwester in Sainte-Cécile lebte. Einst war sie ihm in der Villa Wartholz begegnet, und er hatte sie auf den Wiener Bällen tanzen sehen. Kurz danach war sie ins Kloster eingetreten und hatte den Namen Maria Benedicta angenommen.

Am 22. Juni, dem Tag der Krönung, fuhr der Erzherzog in einer Kalesche unmittelbar vor derjenigen der königlichen Familie zur Westminster Abbey, eine Ehre, die er mit den Kronprinzen Deutschlands und Ägyptens teilte.

Nach den Krönungsfeierlichkeiten fand im Buckingham-Palast ein Festbankett statt. Der Erzherzog saß zur Rechten von Königin Mary. Am Ball des gleichen Abends tanzte er nicht, denn er hielt es für unschicklich in Abwesenheit seiner Braut. Zita beherrschte alle seine Gedanken; stolz zeigte er seinen Tischnachbarn ihr Bild und schrieb ihr die Briefe eines verliebten Oberleutnants:

Am 21. Juni aus London:

Ich habe Dir zwar heute schon einmal geschrieben, aber ich tue es noch einmal. Ich muß Dir immer und immer sagen, wie sehr mich der heutige Besuch in Ryde gefreut hat. Die Putzi [so wurde Adelhaid von ihren Geschwistern genannt] war hinter dem gewissen Gitter und sah dahinter so freundlich, so riesig glücklich aus, daß jeder sie eigentlich beneiden mußte. (Ich werde auch so glücklich sein, wenn ich Dich wiedersehen werde.) Sie war mit mir, obwohl ich sie eigentlich wenig gekannt habe, so wie eine Schwester zu einem Bruder, so lustig, so heiter. Sie hat sich riesig über unser Glück gefreut ... Ich lasse die Mama umarmen und Hände küssen, alle Geschwister grüßen. Dir besonders, liebe Zita, alles Gute, es küßt Dich und umarmt Dich in treuer Liebe Dein

Carl

Am 26. Juni aus London:

Ich danke Dir vielmals für Deinen so lieben Brief. Daß Du Dich nicht ganz wohl gefühlt hast, tut mir riesig leid, aber wie ich aus Deinem Schreiben sehe, geht es Dir nun wieder gut. Daß ich mich mit dem Schreiben überanstrenge, brauchst Du nicht besorgt zu sein, denn ich finde immer ein paar Minuten am Tage, um Dir zu schreiben. Das ist ja mein größtes Vergnügen, auf das ich mich den ganzen Tag freue ...
Abends war ein Diner auf unserer Botschaft, ich saß zwischen der Herzogin von Marlborough und der Herzogin von Tek, ich konversierte ganz gut Englisch. Hierauf war eine Musik, eine Wienerische, sie spielte großartige Wiener Lieder. Hierauf wurde getanzt, ich habe natürlich nicht einen Schritt getanzt, bin mit den Müttern auf der Mütterbank gesessen ... Ich lasse der Mama die Hände küssen, grüße alle Geschwister und küsse Dich tausendmal in treuer Liebe ewig Dein

Carl[4]

Da Karl Zita unbedingt wiedersehen wollte, hatte er Kaiser Franz Joseph die Erlaubnis abgerungen, zuerst nach Viareggio zu reisen und erst anschließend in Wien über seine Mission Rechenschaft abzulegen. Seine Braut kann ihm über ein wichtiges Ereignis berichten, den Besuch beim Papst. Es war Karls ausdrücklicher Wunsch gewesen, den Segen des Heiligen Vaters für ihre Verbindung zu erbitten. Diesen Akt der Unterwerfung gegenüber dem Heiligen Stuhl lag in der Tradition der Habsburger wie der Bourbon-Parma. Am 24. Juni 1911 hatte Pius X. die Herzogin von Parma mit drei ihrer Kinder empfangen: Prinz Sixtus, Zita und Prinzessin Isabella. Dann gewährte er Zita und deren Mutter eine Privataudienz. »Jetzt heiraten sie also den Thronfolger!« sagte er. »Ich wünsche Ihnen dazu allen Segen!«

Schüchtern wollte Zita zweimal widersprechen, ihr Verlobter sei nicht Thronfolger, sollte doch Erzherzog Franz Ferdinand die Herrschaft übernehmen. Doch Papst Pius X. hatte ernst betont: »Und ich freue mich unendlich darüber, weil Karl der Lohn ist, den Gott diesem Österreich gewährt für alles, was es für die Kirche getan hat!«

Beim Hinausgehen sagte Zita dann leise zu ihrer Mutter: »Gott sei Dank, daß der Papst nicht auch in politischen Fragen unfehlbar ist ...«[5] Die Herzogin von Parma erwiderte nichts. Dachte sie etwa, wie es ihre Tochter später behaupten sollte, der Papst habe genau gewußt, was er sage? Eine Weissagung? In der Zwischenkriegszeit steuerte Zita diese Begebenheit zum Seligsprechungsprozeß von Pius X. bei.

Die Hochzeit von Karl und Zita war für den 21. Oktober 1911 anberaumt. Graf von Aehrenthal, Minister des Äußern unter Franz Joseph, und Graf von Conti, Oberhofmeister der Herzogin von Parma, brauchten mehrere Wochen, um den Ehevertrag auszuhandeln. Karl war in seine Kaserne nach Brandeis zurückgekehrt. Zita verbrachte den Sommer in Schwarzau. Unter der Aufsicht ihrer Mutter vertiefte sie ihre häuslichen Kenntnisse. Mit dem Pferd ›Sport‹, einem Geschenk ihres Bräutigams, verbesserte sie ihre Reitkünste. Die Prinzessin durchstreifte das ihr wenig bekannte Wien. Paläste, Museen, Galerien: die Hauptstadt der Habsburger enthüllte ihr ihre Reichtümer. Mehr Mühe bereitete es der Braut des künftigen Thronerben, Ungarisch und Tschechisch zu lernen – zwei Sprachen, die sie nie völlig beherrschen sollte.

Wann immer es der Dienst erlaubte, besuchte Karl Zita. Das Hobby des jungen Paars war die Fliegerei. Als es sich eines Tages gemeinsam auf das Flugfeld von Wiener Neustadt begab, wurden die beiden erkannt und stürmisch bejubelt. Doch statt sich zu freuen, wurde Zita davon unangenehm berührt, plötzlich von Vorahnungen erfüllt. Hastig erklärte sie Karl, auch ihre Familie sei bejubelt worden, bevor sie dann aus ihrem Herzogtum vertrieben worden sei. Macht und Ruhm seien zerbrechlich, das hätten ihre Eltern wie auch die Benediktinerinnen auf der Insel Wight sie gelehrt. Das alte Österreich ruhte auf Franz Joseph. Doch nach ihm? Karl schwieg lange, bevor er dann antwortete: »Ich glaub' zu verstehen, was du mir sagen willst ... aber in Österreich ist das anders. Ich bitte dich – sprechen wir nicht mehr davon!« Es war die einzige und größte Meinungsverschiedenheit, die es zwischen ihnen je gab.

Schwarzau, Mitte Oktober. Seit Tagen laufen die letzten Hochzeitsvorbereitungen auf Hochtouren. Im Maria-Theresien-Saal werden immer neue Hochzeitsgeschenke aufgestellt. Franz Joseph hat der Braut ein Brillantdiadem geschenkt, Karl eine zweiundzwanzigreihige Perlenschnur, Erzherzogin Maria Josefa eine Brosche, Franz Ferdinand einen Ring. Papst Pius X. ließ durch seinen Vertreter die Kopie eines Gemäldes von Leonardo da Vinci überbringen, eine Christus-Darstellung in einem mit den Wappen des Papstes, der Habsburger und der Bourbon-Parma verzierten Rahmen.

Am 19. Oktober trafen die ersten Angehörigen ein. Sie logierten in Schwarzau oder in den umliegenden Schlössern Frohsdorf und Seebenstein oder in der Villa Wartholz. Angekommen waren die nächsten Verwandten Maria Josefas: ihr Bruder, König Friedrich August III. von Sachsen, und Kronprinz Georg, Karls Onkel und Vetter. Dann der Herzog von Bragança, Bruder der Herzogin von Parma (für die Legitimisten Miguel II.), aus Portugal. Zwei Tage zuvor hatte er noch gekämpft: eine monarchistische Erhebung versuchte vergeblich, die 1910 eingesetzte Republik zu stürzen. Am Aufstand nahmen auch zwei seiner Kinder, seine Schwester Adelgunde und Zitas Bruder Xavier teil.

Am 20. Oktober gaben die Schüler des Bezirks den Brautleuten die Ehre: achthundert Kinder sangen vor der Terrasse. Am gleichen Tag erfuhr Karl von seiner Ernennung zum Hauptmann. Am Abend führte ein Fackelzug mit der örtlichen Blasmusik an der

Spitze die Bevölkerung in den Schloßpark, wo ein Feuerwerk veranstaltet wurde.

Im Speisesaal des ersten Stocks fand zur selben Zeit ein Diner – serviert auf silbernen Tellern – für die auserlesene Gästeschar statt. Wer nicht in Schwarzau oder in der Gegend übernachtete, war aus Wien mit einem Sonderzug angereist. Das Brautpaar und die beiden Mütter sind umgeben vom Vertreter des Papstes, Mgr. Bisletti, dem König von Sachsen, Erzherzog Franz Ferdinand und dessen Gemahlin, Herzogin von Hohenberg, sowie einer Reihe von Prinzen der Häuser Habsburg, Bourbon-Parma, Bragança, Orléans, Liechtenstein, Coburg, Sachsen, Wittelsbach, Württemberg, Luxemburg, Kalabrien, Toskana, Modena, Thurn und Taxis, Schwarzenberg, Löwenstein. Für Aufregung sorgte Xavier, Zitas Bruder, der mitten in das Festmahl hereinplatzte: er brachte die neuesten Meldungen aus dem monarchistischen Lager in Portugal und wurde heftig bejubelt.

Samstag, der 21. Oktober 1911: der große Tag. Es herrscht strahlendes Wetter. Der um neun Uhr in Wien losgefahrene Sonderzug mit den geladenen Gästen trifft ein. Kaiser Franz Joseph seinerseits hat die Hofburg in Begleitung seines Flügeladjutanten Miklós von Horthy verlassen – ein Mann, der später von sich reden machen wird. Am winzigen Bahnhof von Sankt Egyden, wo sein Mercedes ihn erwartet, steigt er aus dem Hofsonderzug. Der kaiserliche Troß durchquert beflaggte Dörfer, von der ungeduldig wartenden Bevölkerung herzlich bejubelt.

Vor Schwarzau drängen sich die Schaulustigen. Automobile und Kutschen führen hochgestellte Gäste herbei. Die Schauflüge der Luftwaffenoffiziere von Wiener Neustadt, die Karl und Zita auf ihre Weise huldigen, läßt die Menge bewundernd aufschreien.

Um elf Uhr ist der Kaiser in Sicht. Trompeten und Fanfaren schmettern die beim Volk so beliebten Militärmärsche. Am Portal wird der Monarch vom Oberhofmeister der Herzogin von Parma begrüßt. Das Haupteingangstor ist geöffnet: es war seit 1894, dem letzten Besuch des Kaisers, geschlossen geblieben. In diesem Augenblick wird auf dem Schloßdach die Parma-Standarte heruntergeholt und die Kaiser-Standarte gehißt.

Gutgelaunt stellt sich Franz Joseph den Fotografen, die seine Ankunft zu dem schönen Fest verewigen. Dann begrüßt er den König von Sachsen und Franz Ferdinand, die herbeigeeilt sind. Am Eingang wird er von Karl und Don Jaime von Bourbon erwartet. In der ersten Etage schließlich stehen die Herzogin von Parma und Zita mit schüchternem Lächeln. Der Kaiser küßt der Herzogin galant die Hand und küßt die errötende Braut auf beide Wangen.

Im Salon hat sich der Hochzeitszug gebildet und schreitet nun auf die Kapelle zu. Karl, in der Uniform der Lothringer-Dragoner und mit dem Orden vom Goldenen Vlies dekoriert, geht zwischen dem Kaiser und seiner Mutter. Zita, die Schleppe ihres Kleides aus elfenbeinfarbenem Satin über und über mit den bourbonischen Lilien bestickt, schreitet zwischen Don Jaime und der Herzogin von Parma. Dann folgen der König von Sachsen und Erzherzog Franz Ferdinand.

Die Brautmesse beginnt um zwölf Uhr, zelebriert von Monsignore Bisletti. Als Ministranten fungieren Ludwig und Gaëtan, Zitas jüngste Brüder. Lesungen und Eheversprechen erfolgen auf französisch, was dem jungen Paar erlaubt, ein kräftiges »Oui« zu sprechen.

Karl und Zita sind sehr bewegt. Für sie steht die geistliche Dimension ihrer Verbindung im Mittelpunkt. Deshalb beten sie so inbrünstig, auf ihren Gebetsstühlen kniend. Am Vorabend hat Karl zu Zita gesagt: »Nun müssen wir einander helfen, in den Himmel zu kommen.« Und in die Ringe, die sie austauschen, hat Karl eingravieren lassen: Karl von Österreich – Zita von Bourbon-Parma. *Sub tuum praesidium confugimus, sancta Dei genitrix* (»Unter deinen Schutz begeben wir uns, heilige Gottesmutter«).

Auch der alte Kaiser ist gerührt. Diese Heirat enthält das Versprechen des Fortbestands seines Hauses, seines Erbes, seiner Bemühungen. Mgr. Bisletti verliest das päpstliche Schreiben mit den Segenswünschen für das Brautpaar.

Das Hochzeitsmahl beginnt um 13 Uhr. In einer Ecke des Saals hat sich die Musikkapelle des Infanterieregiments Nr. 67 aufgestellt; Strauß oder Lehár, immer wird Walzer gespielt. Auf dem

Menü: Gemüsecrème-Suppe, Hasenpastete ›Sankt Hubertus‹, Lammrücken Renaissance, Langusten à la parisienne, gefüllter junger Truthahn, Saisonsalat, Spargelspitzen an Butter, Ananas-Himbeereis, Käse, Früchte, Nachtisch. Dazu werden folgende Getränke serviert: Sherry Amontillado, Bordeaux Château Léoville 1900, Stein Kreuzwertheim 1892, Champagner Perrier-Jouët, schließlich Porto.

Beim Nachtisch hält Kaiser Franz Joseph zu Ehren des Brautpaars eine Tischrede – auf französisch:

»Die uns alle beglückende Vermählung, die festlich zu feiern wir heute versammelt sind, gereicht Mir zur großen Freude und erfüllt Mich mit hoher Befriedigung. Erzherzog Karl hat sich Prinzessin Zita zur Lebensgefährtin erkoren. Ich beglückwünsche ihn zu dieser Wahl seines Herzens und begrüße Erzherzogin Zita mit inniger Freude als Mitglied Meines Hauses...
Gott schirme und schütze Erzherzog Karl und Erzherzogin Zita: sie leben hoch!«[6]

Der Kaiser ist außergewöhnlich gut gelaunt und gibt persönlich die nötigen Anweisungen für das Familienfoto auf der Terrasse. Die Szene wurde auch gefilmt, und die Bilder sind uns überliefert. Sie zeigen den Kaiser, die Erzherzöge, die Prinzen und Prinzessinnen – die Frauen in langen Roben und mit ihrem in der Sonne aufblitzenden Perl- und Diamantschmuck, die Männer in ihren bunten, ordenübersäten Uniformen. Im Glanz eines lichten Herbstnachmittags genießen sie ihr Glück – für einige Jahre noch...

Am Nachmittag – Kaiser Franz Joseph ist schon aufgebrochen – fahren die Brautleute zur Villa Wartholz. Für ihre Flitterwochen haben sie dieses Haus ausgewählt, das sie beide gut kennen und an dem Karl ganz besonders hängt. Mit dem Fahrrad und zu Fuß machen sie lange Ausflüge. Mit dem Wagen pilgern sie bis nach Mariazell. Die Basilika im steirischen Dorf, eine Gründung des 12. Jahrhunderts, beherbergt ein in allen Habsburger-Staaten verehrtes Gnadenbild: *Magna Mater Austriae, Magna Domina Hungarorum, Magna Gentium Slavorum.*

2 Hochzeit von Erzherzog Karl, dem späteren Karl I. von Österreich, mit Zita von Bourbon-Parma 1911; rechts: Kaiser Franz-Joseph.

Am 8. November brechen sie im Wagen zur Hochzeitsreise auf. Karl sitzt am Steuer. Die Fahrt geht in Richtung Tirol. In Bozen gehen sie inkognito ins Kino. Überrascht sehen sie in der Wochenschau Szenen aus ihrer eigenen Hochzeit. Dann geht die Fahrt weiter in Richtung Adriatisches Meer. In Görz (Gorizia) besuchen sie die Bourbonen-Gruft: im Kloster von Castagnavizza wachen die Franziskaner über die Gräber König Karls X., des Herzogs und der Herzogin von Angoulême, des Grafen von Chambord und dessen Gattin, sowie dessen Schwester Louise von Bourbon, der Herzogin von Parma, Zitas Großmutter.[7] In Triest empfängt sie Schloß Miramare; es war für Erzherzog Maximilian errichtet worden, noch bevor er die Krone Mexikos annahm. Mit seiner die Adria beherrschenden Stellung scheint es Ausdruck der Sehnsucht einiger Habsburger – eine dem Boden verhaftete Dynastie – nach der Ferne zu sein.

Am 17. November besteigen Karl und Zita einen Dampfer der kaiserlichen Marine (Österreich-Ungarn ist eine Seemacht) und entdecken die Küste Dalmatiens von Brioni bis Dubrovnik. Von der Brücke eines Unterseeboots aus bewundern sie die Bocche di

Cattaro (heute Kotor): sie sind am südlichsten Punkt des Reichs angelangt. Mit der Bahn durchqueren sie Bosnien, von Mostar bis Sarajevo.

Eine vierwöchige Liebesidylle. Für Zita auch eine vierwöchige Einführung in den Beruf der Gemahlin des künftigen Thronfolgers. Bei jedem Aufenthalt gilt es die zivilen, militärischen und kirchlichen Behörden zu begrüßen, zu lächeln, die Sträuße darbringenden Kinder zu küssen, auf die offiziellen Ansprachen zu antworten.

Von Sarajevo aus erreichen sie über Kroatien und Ungarn Wien, wo sie am 24. November eintreffen. Kaiser Franz Joseph hat ihnen das reizende kleine Schloß Hetzendorf bei Schönbrunn zur Verfügung gestellt. Doch das einstige Jagdschlößchen muß erst renoviert werden, und Karl und Zita müssen sich mit dem Einzug gedulden. Die Pflicht ruft sie ohnehin an einen anderen Ort.

Karls Militärurlaub ging zu Ende: er mußte zurück in seine Garnison in Böhmen. Am 28. November 1911 traf das junge Paar in Brandeis ein. Auch hier hatte sich die Bevölkerung zum Empfang versammelt, angeführt von Bürgermeister, Gemeinderat und Klerus. Ein Junge im Matrosenkostüm und ein Mädchen im weißen Kleid trugen zuerst auf deutsch, dann auf tschechisch einen Willkommensgruß vor.

Es war eine eher beengende Provinzgesellschaft, der sie sich gelegentlich entzogen. Weihnachten etwa wurde in Schwarzau gefeiert. Im Februar 1912 vertraten sie den Kaiser beim Ball der Stadt Wien, und Zita gab in der Hofburg zwei Empfänge. Vor versammeltem diplomatischem Corps kam die zwanzigjährige Erzherzogin ihren Verpflichtungen perfekt nach.

Ihr Wohnsitz in Brandeis war das Schloß, ein kaiserlicher Besitz, den Metternich einst dem nach Prag exilierten König Karl X. zur Verfügung gestellt hatte. Dort empfingen sie in einfachem Rahmen örtliche Notabeln oder Karls Regimentskameraden.

Karl hatte das Kommando der 5. Schwadron des 7. Dragonerregiments übernommen. Militärische Übungen, Rekrutenausbildung – er hatte die gleiche Aufgabe wie jeder andere Offizier. Zita mühte sich weiterhin mit Tschechisch und Ungarisch ab, doch außerdem mußte sie auch einige Sätze auf slowakisch, slowenisch, polnisch, ruthenisch (ukrainisch), serbokroatisch und rumänisch lernen, den im österreichischen Grenzland gesprochenen Sprachen. Im Februar 1912 erging der Befehl an die Siebener-Dragoner, zu Manövern nach Galizien aufzubrechen.

Am 1. März brach Karl an der Spitze seiner Schwadron gegen Osten auf. Zita folgte mit der Bahn oder im Wagen. Nach einer achthundert Kilometer langen Reise erreichten sie am 14. April Kolomea am Fuß der Karpaten. In diesem Ort am Ende der Welt mit seinen schmutzigen Straßen war für die beiden nur ein eher dürftiges Quartier aufzutreiben. Ein Empfang in Krakau zu ihren Ehren, doch sonst spielte sich in diesen Wochen ihr gesellschaftliches Leben nur im Kreis von Karls Offizierskameraden ab.

Bei einem ihrer ausgedehnten Sonntagsspaziergänge machten Karl und Zita einmal in einem Gasthaus Rast. Ohne zu wissen, wen sie vor sich hatte, übergab die Wirtin ihnen Wäsche und etwas Geld für ihren Sohn, der bei den Siebener-Dragonern Dienst tat. Am Abend erhielt der Soldat sein Paket, die Geldsumme hatte sich allerdings geheimnisvoll vervielfacht ...

Im Juli wurde das Regiment nach Lemberg (heute Lwiw, Ukraine) verlegt. Bei einem Sturz vom Pferd wurde Karl von einem Hufschlag getroffen und blieb bewußtlos liegen. Im Krankenhaus verschrieb ihm der Arzt einen Erholungsurlaub, den er dann in der Villa Wartholz verbrachte. Die Rückkehr in die moderne Welt und die Hauptstadt beruhigte Zita, denn sie war schwanger.

Im Herbst 1912 wurde Karl versetzt. Am 1. November erfolgte die Ernennung zum Major des Infanterieregiments Nr. 39; Karl übernahm das Kommando des 1. Bataillons in der Stiftskaserne zu Wien. Da die Umbauarbeiten in Schloß Hetzendorf noch nicht beendet waren, verbrachte Zita die restliche Zeit ihrer Schwangerschaft in der Villa Wartholz.

Am 19. November setzten die ersten Wehen ein. Mutter und Schwiegermutter umsorgten Erzherzogin Zita. Professor Peham, Gynäkologe und Kapazität der Wiener Universität, wurde herbeigerufen; ihm assistierte Dr. Delug. Am 20. November 1912, kurz nach zwei Uhr morgens, brachte Zita ihr erstes Kind zur Welt: Otto. »Eigentlich waren wir beide, Erzherzog Karl und ich, ein ganz klein wenig enttäuscht, weil wir uns ein Mäderl gewünscht hatten«, sollte sich die Mutter später erinnern.

Sein Großneffe hatte einen Sohn. Ein künftiger Kronprinz? Frühmorgens wurde Kaiser Franz Joseph benachrichtigt. Er befand sich in Budapest. Auf Karls Bitte willigte er ein, das Amt des Taufpaten zu übernehmen, bat aber Franz Ferdinand, ihn zu vertreten. Da dieser aber in Deutschland auf Jagd war, fand die Taufe fünf Tage nach der Geburt statt. In der Kapelle der Villa Wartholz wurde Otto von Habsburg-Lothringen von Kardinal Nagl mit Jordanwasser getauft. Der Neugeborene stand in der Thronfolge an dritter Stelle: nach menschlichem Ermessen würde er, so spekulierten die Wiener Zeitungen, im letzten Viertel des 20. Jahrhunderts den Thron besteigen...

Im Januar 1913 konnten Karl und Zita endlich in den kaiserlichen Familienbesitz Schloß Hetzendorf einziehen. Im Juli des gleichen Jahres erwarben sie Schloß Feistritz in der Steiermark, ein kleines, einsames Gut, umgeben von sieben Hektar Land.

Der Ernennung des Erzherzogs in der Hauptstadt kam besondere Bedeutung zu: der Kaiser wachte über die Laufbahn seines Großneffen. Mit dem Besuch der Militärakademie sollte er seine Offiziersausbildung vervollständigen und sich dann auf die Rolle als Thronfolger vorbereiten. Zita war die erste Dame im Kaiserreich, war doch Franz Ferdinands Gattin von diesem Rang ausgeschlossen. Fern war die Zeit der prunkvollen Empfänge auf der Hofburg oder auf Schloß Schönbrunn. Ein letztes Mal sollten diese Zeiten aufleben: am 16. Februar 1914, als der Kaiser während einer »soirée dansante« vor versammeltem diplomatischem Corps an Zitas Arm erschien.

Karl und Zita übten nun ihre Repräsentationspflichten im Namen des Herrschers aus – eine heikle Lage für das Verhältnis zum Thronfolger Franz Ferdinand. Dennoch bewahrte das Paar seine einfache Herzlichkeit. Freiherr Albert von Margutti, Franz

3 Kaiser Franz Joseph mit seinem Großneffen, dem späteren Kaiser Karl I., und Karls Sohn Erzherzog Otto.

Josephs Flügeladjutant, etwa berichtet über seine Audienz im Frühjahr 1913 auf Schloß Hetzendorf: »Dem erzherzoglichen Paare war stets eine bescheidene Zurückhaltung eigen... So kam es, daß sich nicht bloß der alte Kaiser, sondern auch seine Umgebung und bald ebenso die Bevölkerung der Reichshauptstadt dem jungen Erzherzog und seiner ebenso geistig hochstehenden als anmutigen Gemahlin mit wachsender Sympathie zuwandten. Dem Kaiser behagte vornehmlich das traute Familienmilieu.« Margutti erinnert sich, daß Karl ihm zur Begrüßung die Hand entgegenstreckte (bei Kaiser Franz Joseph unvorstellbar) und sich nach seiner Familie erkundigte: »Derartiges war bei Kaiser Franz Joseph grundsätzlich ausgeschlossen; er vermied es geradezu peinlichst, das Eigenleben der vor ihm Erscheinenden – wenn diese nicht den höchsten Gesellschaftssphären angehörten – auch nur irgendwie andeutend zu berühren.«[8]

Die gleiche Resonanz bei Alfred Dumaine, der nach seiner Ernennung zum Botschafter Frankreichs in Wien in Hetzendorf seine Aufwartung machte. Dort hätten Erzherzog Karl und die junge Erzherzogin Zita ganz bürgerlich glücklich gelebt. Sie freuten sich darüber, daß ihnen der Kaiser das zuvor renovierte Haus überlassen hatte. Man habe nicht nur die Tapeten erneuern müssen, bemerkte die Prinzessin lachend, sondern erst einmal die Statik des Hauses stabilisieren müssen, denn man habe kein Möbel verschieben können, ohne zu riskieren, daß der Boden einbreche.

Für Karl und Zita war es eine unbeschwerte Zeit. Auf ihn wartete ein anstrengendes Arbeitspensum: nach dem Dienst beugte er sich jeden Abend zu Hause über seine Generalstabsstudien; im Mai 1914 erfolgte die Beförderung zum Oberstleutnant. Sie kümmerte sich um die Kinder; am 3. Januar 1914 war die erste Tochter, Adelhaid, zur Welt gekommen. Überdies war sie die Schirmherrin zahlreicher Wohltätigkeitsveranstaltungen. Zusammen präsidierten sie Bälle, wurden eingeladen, luden selbst ein, gingen viel aus. Bewegt wird sich Zita daran erinnern, Caruso in der Oper gehört zu haben.

Die beiden sind glücklich. Auch Österreich ist glücklich – *tu felix Austria!* Musik? In der Musik sind Titanen am Werk: Gustav

4 Kinderbild von Otto von Habsburg mit seiner Schwester Adelhaid um 1915.

Mahler komponiert, am Dirigentenpult stehen Bernhard Paumgartner oder Bruno Walter. In Wien macht die Erfindung der Brüder Lumière Furore: zahlreiche Kinosäle werden eröffnet, Dutzende von Filmen werden gedreht. Bei den Olympischen Spielen von Stockholm im Jahr 1912 zeichnen sich die österreichischen Sportler im Fechten, im Tennis und im Schwimmen aus. Die erste Internationale Flugtechnikausstellung findet 1912 in Wien statt; in jenem Jahr erringt Österreich-Ungarn achtzehn Flugweltrekorde, hinter Frankreich, aber vor Italien, den USA und Deutschland.

Eine Zeit des Friedens – die Ruhe vor dem Sturm.

Sarajevo, 28. Juni 1914

Im Park der Villa Wartholz hatte Erzherzog Karl Ludwig eigenhändig ein Blockhaus mit einer gemütlichen Wohnstube und einer Veranda gezimmert. Hier saßen Karl und Zita am 28. Juni 1914 beim Mittagessen, als ein Dienstbote ein Telegramm brachte. Absender war der Obersthofmeister von Erzherzog Franz Ferdinand. Zita sah, wie Karl beim Lesen erbleichte: »Bedaure zutiefst, melden zu müssen, Erzherzog Franz Ferdinand und Gemahlin sind hier ermordet worden.«[1]
Einen endlosen Augenblick lang saßen sie wie versteinert da. »Wir waren zutiefst erschüttert«, sollte sich Zita später erinnern.[2] Dann rannten sie ins Haus, Karl rief in Bad Ischl an, der Sommerresidenz des Kaisers. Unter den gegebenen Umständen war der Kaiser sogar bereit, persönlich ans Telefon zu kommen. Persönlich bestätigte er die Nachricht: in Sarajevo hatte ein Attentäter auf Franz Ferdinand und die Gräfin von Hohenberg geschossen. Noch im Tod habe der Erzherzog seine Gattin angefleht: »Sopherl, bleib – für die Kinder!« Der Herrscher brach per Bahn nach Wien auf; dort erwartete ihn Karl.

Zitas und Karls Schicksal hatte sich mit einem Schlag verändert, das behütete Leben war zu Ende. Er war der künftige Kaiser Österreichs, sie die künftige Kaiserin. Später sollte Zita eingestehen: »Wir fühlten uns wie betäubt von dem allem.«[3]
Unweigerlich kam ihnen die Erinnerung an einen Abend wenige Monate zuvor. Zu Gast bei Franz Ferdinand, hatte dieser ihnen eine befremdliche Vorahnung anvertraut. Kaum hatte die Herzogin von Hohenberg den Raum verlassen, um die Kinder zu Bett zu bringen, da wandte sich Franz Ferdinand, die Abwesenheit

seiner Gattin nutzend, an Karl und Zita: »Ich muß euch von einer Sache Mitteilung machen ... Ich ... ich werde demnächst ermordet werden!« Völlig fassungslos brachte Karl nur ungeschickt hervor: »Aber Onkel, das ist doch nicht möglich! Und überhaupt: Wer würde denn ein solches Verbrechen begehen!« Sogleich kam die Antwort, schneidend: »Widersprecht mir nicht! Ich weiß es ganz sicher. In wenigen Monaten bereits werde ich ermordet werden! Karl ... für dich liegen in einem verschlossenen Kasten bestimmte Papiere. Sie gehören nur für dich, nimm sie nach meinem Tod an dich. Es sind Pläne, Gedanken, Vorstellungen ... vielleicht sind sie dir von Nutzen.« Und als er im Gang die Schritte seiner herannahenden Gattin hörte, sagte er rasch: »Und jetzt sprechen wir nicht mehr davon. Ich will nicht, daß die Sophie traurig wird.«[4]

Karl und Zita hatten sich mit Franz Ferdinand stets gut verstanden: der Erzherzog war Karls Onkel und von Zitas Tante, Erzherzogin Maria Theresia, erzogen worden. Als er sich in Gräfin Sophie Chotek verliebt hatte, hatte sie sich bei Kaiser Franz Joseph für ihren Stiefsohn eingesetzt.

Ein im Jahr 1839 erlassenes Familienstatut stipulierte nämlich, daß ein Habsburger nur jemanden heiraten konnte, dessen Vorfahren bis zur Generation der 16 Ururgroßeltern einem souveränen oder ›mediatisierten‹ (im ehemaligen Heiligen Römischen Reich reichsunmittelbaren) Haus oder dem Hochadel entstammten. Außerdem war die Zustimmung des Kaisers und Familienoberhaupts erforderlich. Eine morganatische oder nicht standesgemäße Eheschließung führte unweigerlich zum Ausschluß aus dem Hause Habsburg. Das war keineswegs bloß theoretische Spielerei. Während der beim Volk beliebte Erzherzog Johann 1829 mit Einwilligung seines Bruders Franz I. die Tochter eines Postmeisters geheiratet hatte, blieb Franz Joseph unbotmäßigen Familienmitgliedern gegenüber unerbittlich. Den Fall seines dritten und jüngsten Bruders Ludwig Viktor ausgenommen – Franz Joseph hatte den homophilen Prinzen, der sich gern in Frauenkleider hüllte, nach Schloß Klesheim bei Salzburg verbannt –, hatte der Bannstrahl des Kaisers mehrere Erzherzöge getroffen. Johann Salvator aus dem Familienzweig Habsburg-Toskana vertrat revolutionäres Gedankengut; 1889 erklärte er seinen Austritt aus dem Hause Habsburg, nahm den bürgerlichen Namen Johann Orth an, heiratete seine langjährige Geliebte, wurde Kapitän eines Überseefrachtdampfers, dessen Spur sich in südamerikanischen Gewässern verlor. Leopold Ferdinand aus dem Hause Habsburg-Toskana, ein Alkoholiker, der mit einer Straßendirne zusammenlebte, sagte sich 1903 vom Hause Habsburg los; aus Österreich-Ungarn verbannt, trieb er sich in München oder Berlin unter dem Namen Leopold Wölfling in Kneipen herum. Ferdinand Karl, Franz Ferdinands und Ottos jüngster Bruder, verliebte sich in die ehrbare Tochter eines Wiener Professors, die er heimlich heiratete; als der Kaiser 1911 von der Heirat erfuhr, mußte er aus dem Erzhaus austreten und lebte fortan unter dem Namen Ferdinand Burg.

Der Fall von Franz Ferdinand liegt sicherlich anders. Die Choteks waren von adeliger Abstammung. Vielleicht hatte die Fürsprache seiner Schwägerin Maria Theresia dazu beigetragen, daß der Kaiser schließlich die Einwilligung zu dieser morganatischen Ehe gab. Mehr ins Gewicht fielen aber Erzherzog Franz Ferdinands Beharrlichkeit und die Tatsache, daß Franz Joseph keinen anderen Erben hatte – den skandalträchtigen Otto ausgenommen. Schließlich berührte die moralische Integrität der mit der Heirat zur Fürstin erhobenen Gräfin Sophie den Kaiser. 1909 erhob er sie zur Herzogin von Hohenberg. Doch das Hofzeremoniell stellte sie weit hinter ihren Gatten zurück, genauso wie ihre drei Kinder Sofie, Max und Ernst – die drei von der Thronfolge ausgeschlossenen Waisen von Sarajevo.

Karl und Zita gehörten einer anderen Generation an. Wann immer sie, ungeachtet der Etikette, Franz Ferdinand und Sophie ihre Sympathie bezeugen konnten, taten sie es. Zwischen den beiden Paaren bestanden unbestreitbar freundschaftliche Beziehungen. »Sie war nicht nur eine durch viele, oft herbe Erfahrungen gewitzigte, sondern auch durch ihre Mutterschaft und die Verantwortung gereifte Frau, die mir wie eine ältere Freundin zur Seite stand«, sollte Zita später über Sophie sagen.[5] Franz Ferdinand war auf seine Vorrechte bedacht. Zwar verstand er sich gut mit Karl, gab ihm aber stets zu verstehen, daß er der Thronfolger war.

Aufgrund seiner Ehesituation war Franz Ferdinand überaus empfindlich und suchte vielleicht gerade aus diesem Grund, sich dem Kaiser gegenüber zu behaupten. Den passiven Thronfolger spielte er aber auch deshalb nicht, weil er seine eigenen Vorstellungen über die Zukunft der Monarchie hegte.

Die Geschichte dieser Monarchie ist lang – seit Rudolf von Habsburg sich 1278 zum Herrn über Wien gemacht hatte. Österreich, Steiermark, Krain, Kärnten, Tirol, Vorarlberg, Triest bildeten den Kern dieses Reichs. Durch geschickte Heiratspolitik gelangten im 15. Jahrhundert die Niederlande, die Franche Comté, Spanien und Neapel in den Herrschaftsbereich der Habsburger; im 16. Jahrhundert folgten dann Böhmen und Ungarn. Vom Alten Kontinent bis nach Südamerika – im Reich Karls V. ging die Sonne nie unter. Eine Weltmonarchie? Die Zäsur zwischen dem österreichischen und dem spanischen Zweig, die Auseinandersetzung mit den französischen Kapetingern hatten diesen stolzen Traum platzen lassen, den Friedrich III. in seinem Wahlspruch für sich beanspruchte: *AEIOU, Austriae est imperare orbi universo* (»Österreichs Bestimmung ist die Herrschaft über den ganzen Erdkreis«).

Die Identität des Donauraums hatte sich im Kampf gegen das Osmanische Reich und später gegen den Protestantismus herausgebildet. Im 17. Jahrhundert war Österreich das Bollwerk des Katholizismus in Europa. Im 18. Jahrhundert, unter Maria Theresia, verkörperte das Reich die Apotheose der Barockkultur. 1756 leitete die große Kaiserin mit König Ludwig XV. von Frankreich eine neue Bündnispolitik ein: nach zwei Jahrhunderten französisch-österreichischer Kriege saß nun, für Wien wie für Paris, der neue Gegner in Berlin, der Hauptstadt Preußens. Zur Zeit der Französischen Revolution und unter Napoleon war Österreich die Bastion der Legitimität gegen das neue Denken. Von 1452 bis zu dessen Auflösung 1806 waren die Habsburger Träger der Kaiserwürde des Heiligen Römischen Reichs Deutscher Nation. 1804 nahm Franz II. als Gegenreaktion auf die Kaiserkrönung Napoleons den Titel eines Kaisers von Österreich, Franz I., an. Doch 1866, mit der verheerenden Niederlage der Truppen Franz

Josephs bei Königgrätz (Sadowa), gewannen die Hohenzollern – die preußische Dynastie – den historischen Kampf gegen die Habsburger. 1871 mußte Österreich, nach der Gründung des Deutschen Reichs, die Schmach hinnehmen, daß der König Preußens zum Deutschen Kaiser proklamiert wurde. Bereits aus Italien verbannt – die Lombardei ging 1859 und Venetien 1866 verloren – und nun auch aus Deutschland vertrieben, mußte sich Österreich auf die Donaugebiete zurückziehen.

Ungarn erhob sich 1848 gegen Wien. Um die Stabilität seiner Länder zu erhalten, mußte Franz Joseph sich mit den Magyaren arrangieren. Mit dem Ausgleich mit Ungarn von 1867 trat an die Stelle des Kaisertums Österreich die Doppelmonarchie Österreich-Ungarn. Im österreichischen Reichsteil (Zisleithanien) erstreckte sich die Herrschaft des Kaisers über Österreich, Böhmen, Mähren, Schlesien (Herzogtum Teschen), Galizien (von Polen bewohnt), die Bukowina (von Ukrainern bewohnt), die Krain (slowenische Region), Istrien und Triest (mit italienischer Bevölkerung) sowie Dalmatien (südslawisches Land). Der ungarische Reichsteil der Doppelmonarchie (Transleithanien) – hier war der Herrscher König – war gebildet aus Ungarn und dem Kronland Kroatien-Slawonien, 1908 erweitert durch die Annexion von Bosnien und der Herzegowina. Beide Reichshälften besaßen eine eigene Regierung und ein eigenes Parlament mit Sitz in Wien respektive Budapest. Was verband Österreich-Ungarn? Der Kaiser und König sowie drei gemeinsame Ministerien: Äußeres, Verteidigung und Finanzen. Trotz der zweifachen politischen Zentralisierung in Wien und Budapest wiesen die einzelnen Teile des Vielvölkerstaats eine erstaunliche Vielfalt von Landesstatuten, Gewohnheiten und Institutionen auf. Österreich-Ungarn hatte einundfünfzig Millionen Einwohner – ein unentwirrbar ineinander verwobenes buntes Geflecht von Sprachen (Deutsch, Tschechisch, Polnisch, Ruthenisch [Ukrainisch], Slowenisch, Serbokroatisch, Italienisch, Ladinisch, Rumänisch, Ungarisch, Slowakisch) und ebenso vielen Nationalitäten und Religionen. Als einziger bedeutender Staat Europas war Österreich-Ungarn ein Vielvölkerstaat. Für das Denken, die Zivilisation und die Kultur war das sein Charme und Reichtum. Für die Politik stellte es zu einer Zeit, da die Völker das Recht auf Selbstbestimmung forderten, seine Achillesferse dar.

Kein gesellschaftlicher Einbruch hatte die Stellung des Hochadels erschüttert, und dieser blieb – vor allem in Ungarn – in einer Weise unangefochten, die für seinen französischen Gegenpart längst nur noch Vergangenheit war. Aus seinen Reihen rekrutierte sich die Erste Kammer des Parlaments (Herrenhaus), aber auch Diplomaten und hoher Klerus. In Wien bildete der Hochadel die oberste Gesellschaftsschicht und hielt auf Distanz zu den beiden anderen: das Bürgertum und der Briefadel (Offiziere oder im Staatsdienst geadelte Beamte) auf der einen, die Intellektuellen auf der anderen Seite. Der höchst komplexe Hofapparat mit seinen aus der Zeit Metternichs stammenden Würden, Uniformen und Titulaturen vermittelte den Eindruck eines unwandelbaren Universums.

Während der Regierungszeit Franz Josephs, der unerbittlich am Familienstatut des Kaiserhauses festhielt und eindeutig konservativ dachte, verwandelte sich die Doppelmonarchie in einen modernen Staat. Entgegen allen gängigen Vorstellungen war Österreich-Ungarn kein morsches Imperium, dessen Auseinanderbrechen unvermeidlich war.

Die Kirche war in dieser eindeutig katholisch kodierten Gesellschaft eine Stütze der Dynastie. Am Werk waren aber auch Kräfte, die den sozialen Aufstieg förderten. Ohne Rücksicht auf die Geburt sicherten etwa die Armee und das Beamtentum den Aufstieg der Eliten.

Weshalb die Armee? Weil ihr Oberbefehlshaber, der Kaiser, es so wollte. Offiziere (»meine Patrioten«, sagte Franz Joseph) und höhere Offiziere rekrutierten sich aus der Mittelschicht: 1918 würden dann drei Viertel der Generäle dem Bürgertum entstammen. Außerhalb der Dienstzeit duzten sich alle Absolventen der Militärakademie von Wiener Neustadt, und zwar unabhängig von ihrem Dienstgrad. Seit 1866 war der Wehrdienst obligatorisch: die austro-ungarischen Truppen kannten keine Unterschiede von Rang, Nationalität oder Religion; ihr Reglement wurde in zwölf

Sprachen gedruckt, und Armeeseelsorger verschiedenster Riten taten dort ihren Dienst: Katholiken, Uniaten, Protestanten, Orthodoxe, Juden und Muslime.

Weshalb die Beamten? Weil die österreichische Bürokratie, obwohl sie sich zur Karikatur geradezu anbot, mit ihrem Heer von arbeitsamen Dienern eine Vielzahl von Männern hervorbrachte, die sich dem Wohl des Staates verschrieben hatten.

Österreich-Ungarn war ein Rechtsstaat. In Zisleithanien wurde das allgemeine Stimmrecht (der Männer) zwischen 1867 und 1906 schrittweise eingeführt, während es sich in Ungarn als nur schwer durchsetzbar erwies. Die Sozialgesetzgebung war vorbildlich; im Reich Franz Josephs existierte der bezahlte Urlaub – etwas, was die Franzosen erst 1936 kennenlernen sollten. Die Verfassung vom 21. Dezember 1867 garantierte die Rechte des Bürgers: Gleichheit vor dem Gesetz, Zugang zu allen öffentlichen Ämtern, Recht auf Bewegungsfreiheit und freie Wahl des Wohnsitzes, Recht auf Eigentum, Gewissens- und Redefreiheit, Vereinsfreiheit.

Die Regierungszeit Franz Josephs war – trotz des Krachs von 1873 – eine Ära intensiven wirtschaftlichen Wachstums. Der Anteil der Landwirtschaft an der inländischen Produktion sank, und Österreich-Ungarn entwickelte sich, nach England, Deutschland und Frankreich zur viertgrößten europäischen Industriemacht. Parallel dazu entstand ein Wirtschaftsbürgertum, das unter dem Schutz des Kaisers stand und ihm, im Falle jüdischer Familien, gerade deshalb die Treue hielt, weil die Habsburger Antisemitismus nicht kannten.

Wien, dynamischer Schmelztiegel des Vielvölkerstaats, war mit seinen zwei Millionen Einwohnern nach London, New York, Paris und Berlin die fünftgrößte Stadt der Welt. Karl Lueger, christlichsozialer Bürgermeister der Stadt von 1897 bis 1910, hatte dank seiner Sozialpolitik und seinen städtebaulichen Maßnahmen Wien in eine moderne Großstadt verwandelt. Wien war auch eine Metropole, die mit ihrem Genie – vornehmlich in Wissenschaft, Medizin, Architektur, Malerei und Musik – ihren Beitrag zum kulturellen Erbe der Menschheit leistete.

Es war eine Anhängerin liberalen Gedankenguts, Berta Szeps-

Zuckerkandl, die den Habsburgern viel später dieses Lob aussprechen sollte: »Man hat der Habsburger-Monarchie viel Schlechtes nachgesagt. Doch eines kann nicht geleugnet werden: daß unter ihrem Regime jene Freiheit herrschte, die für ein Aufblühen von Individualitäten Voraussetzung ist. Pittoreske Menschen, Menschen von unnachahmlicher Eigenart, geniale Exemplare, die sich ihre eigenen Gesetze zimmerten, führten ein nicht nur unbehindertes, sondern verwöhntes Dasein.«[6]

Zusammenhalt dieser in vielerlei Hinsicht zerstückelten Welt war die dynastische Loyalität. Sie beruhte auf der einmütigen Achtung vor dem nun seit sechsundsechzig Jahren regierenden alten Kaiser. In Amtsstuben und bescheidensten Wohnungen, überall hing sein Porträt. Doch was sollte nach Franz Joseph werden?

Die Zukunft Österreich-Ungarns lag in der Fähigkeit der Monarchie, sich der Moderne zu stellen. Mit dem Ausgleich von 1867 hatte sich ein Zustand stabilisiert, der nicht ewig dauern konnte. Die nord- und südslawischen Völker forderten ihre nicht anerkannte Eigenständigkeit ein. Franz Joseph wollte alles beim alten lassen: er war über das Alter der Reformen hinaus. Franz Ferdinand hingegen hielt Reformen für nicht bloß nötig, sondern unerläßlich. Die Doppelmonarchie sei bedroht, so seine Überzeugung, wenn zwischen den Völkern der Habsburger kein neues Gleichgewicht geschaffen werde.

Nach Ansicht von Erzherzog Franz Ferdinand, der den Ausgleich von 1867 ablehnte, stellten die Ungarn ihr Partikularinteresse über das Gemeinwohl der Monarchie. Im Königreich Ungarn war die Hälfte der Bevölkerung Magyaren, die indes 407 der 413 Sitze im Budapester Parlament innehatten. Franz Ferdinand hatte eine unüberwindliche Abneigung gegen die Magyaren: »Zum Teufel mit ihren Privilegien!« eiferte er sich eines Tages. »Sie sind ein Volk wie jedes andere! Warum sollten sie mehr Rechte haben als Tschechen, Kroaten, Rumänen, Polen und Slowenen?«

Aus seiner Residenz, Schloß Belvedere – der einstigen Residenz

Prinz Eugens von Savoyen –, hatte er ein Gegenstück zur Hofburg und zu Schönbrunn gemacht. Als Generalinspektor der österreichisch-ungarischen Streitkräfte verfügte er über eine eigene Militärkanzlei, und sein Zivil- und Militärkabinett legte ihm Berichte zur außen- und innenpolitischen Lage vor.

Aurel Popovici – Rumäne und Autor des heftig umstrittenen Werks *Die Vereinigten Staaten von Groß-Österreich* (1906) – hatte Franz Ferdinand zum Föderalismus bekehrt. Alexander Brosch von Aarenau, einer seiner Berater, hatte ein Reformprojekt für Ungarn ausgearbeitet, worin er die Einführung des allgemeinen Wahlrechts, die Rechtsgleichheit für alle Völker des Königreichs sowie die Revision des Ausgleichs von 1867 postulierte. Der Erzherzog wollte den austro-ungarischen Dualismus durch einen österreichisch-magyarisch-slawischen Trialismus ersetzen, machte sich aber über die Umsetzung des Vorhabens keine Illusionen, wie seine Geheimpapiere beweisen – jene Papiere, die er Karl gegenüber erwähnt hatte. Zwar hatte Franz Ferdinand kein Wunderrezept, aber er wußte, daß der Status quo zum Untergang verurteilt war.

Karl gehörte nicht zum »Belvedere-Kreis«, hatte aber dennoch mit seinem Onkel zahlreiche politische Gespräche geführt. Bereits im April 1911, also noch vor ihrer Verlobung, hatte er Zita dargelegt, daß er an eine föderative Lösung denke, die sich teilweise an Franz Ferdinands Vorstellungen orientierte. Für den jungen Erzherzog war der österreichisch-ungarische Dualismus eine Quelle der Ungerechtigkeit den anderen Völkern gegenüber. Notizen aus dem Jahr 1914 beweisen, daß seine Überlegungen in diese Richtung zielten. Die Reorganisation des Reichs war nötig als Gegengewicht zu dem bei den deutschsprachigen Österreichern verbreiteten Alldeutschtum und dem Einfluß Rußlands im Balkan.

Mit dem Tod Franz Ferdinands wurde Karl Erbe der Projekte zur Reform der Monarchie.

Als Karl von der Ermordung Franz Ferdinands erfuhr, war er nach Wien zurückgeeilt, wo er Kaiser Franz Joseph am Bahnhof Wien-

Penzing erwartete. Gemeinsam fuhren sie in der Kutsche nach Schönbrunn. Am Schloß drängte sich besorgt die Menge vor Sonderausgaben der Zeitungen – »Erzherzog-Thronfolger Franz Ferdinand in Sarajevo ermordet!«

Kaiser Franz Joseph hatte Franz Ferdinand nie gemocht. Er hatte dem willensstarken, gewalttätigen Mann und seinen Ideen mißtraut, er kannte die in Belvedere angezettelten Intrigen. Doch dieser Anschlag war der Endpunkt einer Reihe tragischer Todesfälle: 1867: Erschießung seines Bruders Maximilian; 1889: Selbstmord seines Sohns Rudolf; 1896: tödliche Erkrankung seines Bruders Karl Ludwig; 1898: Ermordung seiner Gemahlin Elisabeth; 1906: Tod seines Neffen Otto; und nun ein weiterer Neffe, Franz Ferdinand. Er war aber noch immer da und hielt die Zügel fest in der Hand.

In den folgenden Tagen machte in Wien das Gerücht die Runde, der Erste Obersthofmeister, Fürst Montenuovo, wolle bei der Organisation der Trauerfeierlichkeiten alles daran setzen, den niedrigeren Rang der Herzogin von Hohenberg herauszustreichen. Die Animosität des Fürsten dem Verstorbenen gegenüber war sprichwörtlich. Im Namen der Freunde von Franz Ferdinand übernahm es Karl, sich beim Kaiser für die tote Herzogin zu verwenden. »Was will man denn noch mehr?« fragte Franz Joseph mit müder Stimme. »Ich habe die gleiche Etikette befohlen wie für meine eigene Kaiserin ... auch sie ist ermordet worden.«[7]

Und so geschah es denn auch. Bei der Totenfeier vom 3. Juli 1914 in der Kapelle der Hofburg wurde dem Leichnam der Herzogin von Hohenberg die einer königlichen Hoheit gebührende Ehre erwiesen. Franz Ferdinand hatte testamentarisch verfügt, er wolle nicht in der Kapuzinergruft in Wien, sondern mit seiner Gemahlin auf seinem Schloß in Artstetten beigesetzt werden. Die Toten sollten mit der Bahn dorthin überführt werden, und Montenuovo hatte als Geleit bis zum Westbahnhof ein einziges Militärdetachement vorgesehen. Karl setzte sich über die protokollarischen Anweisungen hinweg und begleitete die beiden Särge bis nach Artstetten. In der Armee, wo seine Tätigkeit als Generalinspektor geschätzt wurde, genoß Franz Ferdinand hohes

Ansehen. Karls Geste trug ihm von vornherein die Wertschätzung der Offiziere ein.

Am 7. Juli versammelte sich der Kronrat unter dem Vorsitz des Kaisers. Leopold Berchtold, Minister des Äußeren, plädierte für einen militärischen Schlag gegen Serbien, den Drahtzieher des Anschlags gegen Franz Ferdinand. (Gavrilo Princip, ein minderjähriger bosnischer Serbe, war unmittelbar nach dem Attentat verhaftet worden; er wurde zu 20jähriger Haft verurteilt – Beweis dafür, daß Österreich-Ungarn wirklich ein Rechtsstaat war.) Mit Ausnahme von Graf István (Stephan) Tisza, dem ungarischen Ministerpräsidenten, sprachen sich alle Ministerratsmitglieder für einen Gegenschlag aus.

Kaiser Franz Joseph zögerte. Er mußte auf den Mord am Thronfolger reagieren. Doch was wären die Folgen einer Strafaktion gegen Belgrad? Wie würden die Südslawen des Reichs reagieren? Wäre die Monarchie in der Lage, einen Krieg zu führen? Der Herrscher war für Tiszas Argumente nicht unempfänglich, bestand doch die Gefahr einer Solidarisierung Rußlands mit Serbien. Wie konnte man die Ausweitung des Konflikts vermeiden?

1879 war Österreich zu einem Bündnis mit Deutschland gezwungen worden, dem Zweibund, der 1882 durch den Beitritt Italiens zum Dreibund erweitert wurde. Doch eigentlich lehnte der Kaiser dieses Bündnis ab. Einst hatte er erfolglos die Annäherung an Frankreich gesucht. Franz Joseph war nie über die Niederlage von Königgrätz, die Vernichtung seiner stolzen Regimenter durch die Preußen hinweggekommen. Letztlich betrachtete er das Reich der Hohenzollern als illegitim. Als Nachkomme eines sieben Jahrhunderte alten Herrscherhauses, war er, Franz Joseph I., der deutsche Kaiser, dem die deutschen Könige und Fürsten Treue schuldeten. Doch genausowenig wie die Niederlage bei Königgrätz hatte der Monarch das Ende des allerdings bereits 1804 untergegangenen Heiligen Römischen Reichs Deutscher Nation verschmerzt. Wilhelm war in seinen Augen nur ein Parvenü – und noch dazu ein protestantischer! Nichts hätte Franz Joseph lieber getan, als seinen Hauptverbündeten zu vernichten!

Am 19. Juli 1914 verabschiedete der Kronrat ein Ultimatum an Serbien, worin das Ende jeder antiösterreichischen Agitation und Einblick in die Untersuchung des Attentats von Sarajevo gefordert wurde. Dieses Ultimatum wurde am 23. Juli in Belgrad überreicht. Am 25. Juli akzeptierte die serbische Regierung acht der zehn Forderungen des Ultimatums, lehnte aber jene beiden ab, die die serbische Souveränität in Frage stellten.

Diese Ablehnung bedeutete den Bruch. Eher widerwillig unterzeichnete Kaiser Franz Joseph den Mobilmachungsbefehl von acht Armeekorps. Am 28. Juli 1914 erging die Kriegserklärung an Serbien. Die tödliche Maschinerie, von Franz Joseph gefürchtet und zugleich heraufbeschworen, setzte sich in Gang. Die Tripelentente, Gegenstück zum Dreibund, vereinigte seit 1907 Großbritannien, Frankreich und Rußland: diese Bündnispolitik löste die fatale Entwicklung aus. Am 1. August 1914 erklärte Wilhelm II. Rußland, am 3. August Frankreich den Krieg. Am 4. August erklärte Großbritannien Deutschland, am 6. August Österreich Rußland den Krieg. Am 12. August folgte die Kriegserklärung Großbritanniens und Frankreichs an Österreich-Ungarn.

Zu keinem Zeitpunkt wurde Karl in die Beratungen einbezogen. Er hielt sich in der Villa Wartholz auf. Vom Ultimatum an Serbien etwa erfuhr er rein zufällig bei einem Telefongespräch mit seiner Bank. Im Rückblick erkannte Zita darin den expliziten Willen des Kaisers: sein Neffe sollte in keiner Weise mit dem Ausbruch des Konflikts verquickt sein, er sollte für die Zukunft ein »unbeschriebenes Blatt« bleiben.

»Es ist überflüssig, zu sagen, das wir von der Rechtmäßigkeit dieses Schrittes überzeugt waren ... kämpften wir doch als Angegriffene ums Überleben, um den Fortbestand unserer Heimat«, sollte Zita viele Jahre später erklären.[8] Durch ihre Heirat Österreicherin geworden, nahm die Erzherzogin Partei für die Doppelmonarchie. Doch als Prinzessin französischer Herkunft zerriß ihr diese Kriegserklärung das Herz – und spaltete ihre Familie.

Zitas Bruder Sixtus hatte sich nach dem Abitur entschlossen, in Paris zu studieren; im Dezember 1905 schrieb er sich an der katholischen Rechtsfakultät ein und schloß 1908 mit dem Lizentiat ab. Dann begann er mit der Promotion. Am 26. Mai 1914 verteidigte er seine Disseration mit dem Titel *Le Traité d'Utrecht et les lois fondamentales du royaume* (»Der Vertrag von Utrecht und die Grundgesetze des Königreichs«). Darin versuchte er nachzuweisen, daß alle Nachkommen Philipps V. – die Bourbonen Spaniens, beider Sizilien wie Parmas – rechtlich gesehen französische Prinzen blieben. Sixtus fühlte sich Frankreich verbunden, genauso wie sein jüngerer Bruder Xavier. Auch dieser hatte in Paris gelebt und dort Agrarwissenschaften studiert. Doch die beiden Prinzen hatten nicht die französische Staatsbürgerschaft und erhielten sie auch nie – im Gegensatz zu ihren in Frankreich geborenen Kindern, deren Mütter Französinnen waren.

Für den Sommer 1914 hatten Sixtus und Xavier eine Expedition nach Zentralasien geplant. Über den Kaukasus und quer durch Persien wollten sie an den Fuß des Himalaja gelangen. Zur Zeit des Attentats von Sarajevo trafen die beiden in London ihre Reisevorbereitungen für Indien. Sie waren nach Frankreich zurückgekehrt, dann Ende Juli über Deutschland, wo die Mobilmachung in vollem Gang war, nach Wien gereist. Noch schien es, die Krise könne abgewendet werden, dennoch war es nicht der richtige Zeitpunkt für die geplante Reise: sie wurde abgesagt.

In Wien angekommen, erfuhren sie vom Botschafter Frankreichs, daß auch Paris seine Truppen mobilisierte. »Ich glaube, Frankreich schwebt in größter Gefahr«, notiert Xavier in seinem Tagebuch. Die beiden Brüder wollten zurück nach Frankreich und dort in die Armee eintreten. Mit Erzherzog Karl sprachen sie ganz offen. In der sich abzeichnenden internationalen Auseinandersetzung würden sie nicht auf der gleichen Seite stehen. Doch in einem wesentlichen Punkt stimmte ihre Analyse überein: Deutschland stellte für Frankreich wie für Österreich eine Gefahr dar. »Wie Prinz Sixtus als Franzose«, so Graf Polzer-Hoditz, »in dem Zusammengehen der Monarchie mit dem Deutschen Reich eine Stärkung der feindlichen preußischen Macht erblickte, so besorgte Erzherzog Karl ... daß das deutsche Bündnis im günstigsten Fall eines Siegs der Mittelmächte sich, wenn auch nicht formell, so doch tatsächlich in ein Vasallenverhältnis der Habsburger zu den Hohenzollern, Österreichs zu Deutschland, umwandeln... werde. Prinz Sixtus sah in der Erhaltung und Stärkung eines nicht an Deutschland gebundenen Österreich ein natürliches Interesse Frankreichs.«[9]

Karl setzte sich persönlich bei Kaiser Franz Joseph dafür ein, daß Sixtus und Xavier Österreich verlassen durften. »Ich verstehe, daß sie ihrer Pflicht nachkommen wollen«, willigte der Kaiser ein. Am 21. August brachen die beiden Brüder in Richtung Schweiz auf, begleitet von Don Jaime von Bourbon; als Oberst der russischen Armee hatten ihn die Behörden vor die Alternative gestellt, als Gefangener in Frohsdorf zu bleiben oder das Land zu verlassen.

Zuvor hatte sich die Familie Bourbon-Parma ein letztes Mal in Schwarzau versammelt: René und Felix hatten, wie ihr Halbbruder Elias, entschieden, als ausländische Prinzen unter dem Banner der Habsburger zu kämpfen. Für sie war es Pflicht, Ausdruck der Loyalität und des Danks dem Gastland Österreich gegenüber, das sie so großzügig aufgenommen hatte. Sie stellten nur eine Bedingung, die stets respektiert werden sollte: daß sie nie gegen französische Truppen würden kämpfen müssen. Herzogin Maria Antonia weinte – als Tochter einer Deutschen schlug ihr Herz für die Kaiserlichen. Sie verabschiedete sich von ihren Söhnen, die sich gegenseitig Glück wünschten und zu ganz gegensätzlichen Schicksalen aufbrachen.

Von Zita verabschiedeten sich Sixtus und Xavier in Hetzendorf. Karl brach am selben Tag zur Front auf. »Ziemlich bewegter Abschied«, notiert Xavier in seinem Tagebuch. »Es ist so schrecklich, das Ganze. Aber Zita ist sehr, sehr tapfer, sie hat versucht, sich überhaupt nichts anmerken zu lassen.«[10]

In Paris versuchten die beiden Prinzen vergeblich, in die Armee einzutreten, denn das Gesetz von 1889 verbot den Bourbonen, den Orléans und den Bonapartes den Eintritt in die Armee. Auf Intervention ihrer Cousine, Königin Elisabeth, wurden sie schließlich im August 1915 in ein belgisches Artillerieregiment aufgenommen.

In Österreich und Ungarn herrschte wie überall in Europa Kriegsbegeisterung. Am 28. Juli unterzeichnete Kaiser Franz Joseph in Bad Ischl die Proklamation »An meine Völker«, die den Krieg gegen Serbien bekanntgab, dann kehrte er nach Wien zurück, wo er auf seiner Fahrt vom Bahnhof bis nach Schönbrunn begeistert umjubelt wurde. Karl, der ihn begleitete, vertraute Zita an: »Ich bin doch wahrhaftig Offizier mit Leib und Seele, aber ich verstehe nicht, daß die Leute, die doch ihre Verwandten in den Krieg ziehen sehen, so begeistert sein können ...«[11] Am 1. August vereidigte er in der Militärakademie der Wiener Neustadt hundertdreißig Offiziere; am 2. August stattete er Budapest einen offiziellen Besuch ab. Bei all diesen Gelegenheiten war eine ungebrochene patriotische Begeisterung spürbar.

August 1914: von der Champagne bis zu den weiten Ebenen Polens, vom Elsaß bis zum Balkan war in Europa ein Gemetzel in Gang. Deutschland griff an zwei Fronten an: im Westen Frankreich, Belgien und Großbritannien; im Osten Rußland. Für Österreich-Ungarn sollte sich der Kampf im Osten gegen Rußland sowie ab 1916 gegen Rumänien, auf dem Balkan gegen Serbien und im Süden ab 1915 gegen Italien abspielen. Für die austro-ungarische Armee verliefen die ersten Operationen erfolgreich; in Galizien wurden die Russen bedrängt. Mitte August 1914 beglückwünschte Zita den Kaiser, und dieser antwortete:

»Ja, es ist ein Sieg, aber so haben meine Kriege immer begonnen, und dann schließlich war die Niederlage. Und diesmal wird es noch ärger werden. Dann wird man von mir sagen: Er ist alt und versteht es nicht mehr; und dann werden Revolutionen ausbrechen, und dann wird es das Ende sein.«

»Aber das ist doch sicher nicht möglich«, erwiderte Zita niedergeschlagen, »wir kämpfen doch für eine gerechte Sache!«

Darauf antwortete der Kaiser nachsichtig: »Ja, man sieht, du bist sehr jung, daß du noch an den Sieg der gerechten Sache glaubst!«[12]

Auf Bitte des Kaisers war die Erzherzogin nach Schönbrunn übergesiedelt. Im ersten Stock des Ostflügels hatte er ihr die einst von seinen Eltern bewohnten Appartements zugewiesen. Bei offiziellen Anlässen an die kaiserliche Tafel geladen, war Zita als erste

Dame Österreichs eine öffentliche Person geworden. Ihr politisches Wissen verdankte sie den Unterweisungen ihres Vaters und ihrer Lektüre. Am Hof mit seinen nicht leicht durchschaubaren Machtkämpfen war Vorsicht geboten. Um ihren Gemahl würdig zu vertreten, lebte sie sich in ihre künftige Rolle als Kaiserin ein, wobei sie auch ihre angeborene Schüchternheit überwinden mußte.

Auch Franz Joseph legte großen Wert auf Zitas erfolgreiches Auftreten; die junge Erzherzogin brachte jenes weibliche und mütterliche Element in sein Leben, das seit der Heirat seiner beiden Töchter Gisela und Marie Valerie und dem Tod Kaiserin Elisabeths ihm so schmerzlich fehlte. Seinen eigenen Enkelkindern war er ein aufmerksamer Großvater, und auch den beiden Kindern der Erzherzogin war er immer herzlich zugetan. Er wünschte sogar, mit seinem Urgroßneffen und Nachfolger fotografiert zu werden: das berühmte Bild zeigt den Kaiser, auf einem Sessel sitzend, und den zweijährigen Otto von Habsburg, wie er sich an seiner rechten Hand festhält.

Vertrauensvoll sprach der alte Kaiser mit der jungen Zita über das, was ihn im Tiefsten bewegte. Immer wieder kam er auf seine Befürchtungen zurück, war ihm doch klar, daß die Nationalitätenfrage das Kaiserreich, diesen schlafenden Vulkan, zum Ausbruch bringen konnte. Die Feindseligkeiten gegen Serbien waren in seinen Augen legitim: der Panslawismus, eine Bedrohung für die Monarchie, konnte nicht ungestraft bleiben. Die Verteidigung der Südfront war unumgänglich. Der Balkan und Italien stellten für das Reich vitale Sicherheitszonen dar. Doch weshalb der Krieg gegen Frankreich und England? Mit ihnen lag Österreich nicht im Streit. Der absurde Konflikt war Folge der ungeliebten Allianz mit Deutschland. Franz Joseph weigerte sich denn auch, seine Truppen im Westen gegen Franzosen, Engländer oder Belgier einzusetzen. Sogar das vom Zar verliehene Große Kreuz des Sankt Georgsordens hatte er ostentativ an die Brust geheftet.

Als »letzter Monarch der alten Schule«, wie er sich selbst bezeichnete, ahnte er, daß dieser Weltenbrand, diese noch nie dagewesene Schlächterei auf industrieller Basis, den Untergang eines bestimmten Europa, einer bestimmten Zivilisation einläuten würde. Franz Joseph hatte Serbien bestrafen wollen, er hatte keinen Weltkrieg gewollt. 1916, kurz vor seinem Tod, hatte er sich in einem Gespräch mit dem Verteidigungsminister sehr bestimmt geäußert: »Drei Monate schaue ich noch zu, dann mache ich aber Schluß.«

»Die Leute daheim glauben auch noch immer, daß eine große Schlacht in wenigen Tagen beendet ist, wie seinerzeit in Königgrätz«, schreibt Karl an Zita am 16. Oktober 1914. »Aber heute dauern die Schlachten Wochen und Wochen, wie jetzt in Frankreich.«[13]

Am 25. Juli 1914 war Karl zum Oberst des Husarenregiments Nr. 1 ernannt worden, einer Einheit, die nach Galizien entsandt wurde. Als Erzherzog-Thronfolger hatte er einen Sonderauftrag: er mußte den Fortgang der Mobilmachung überwachen und den Truppen an allen Fronten die Grüße des Kaisers überbringen. Später wechselte er ins Hauptquartier Erzherzog Friedrichs. Seine Feuertaufe erlebte er am 10. September in der Nähe von Lemberg.

Er arbeitete immer enger mit dem Kaiser zusammen, dem er ungeschminkte Berichte über den materiellen und moralischen Zustand der Armee lieferte. Hielt er sich in Wien auf, wurde er jeden Tag zu Franz Joseph gerufen, der ihm Akten zur Durchsicht übergab und seinen Bericht für den nächsten Tag erwartete.

Der Herrscher übertrug ihm die Aufgabe, ihn zu vertreten. Am 5. Dezember 1914 begab sich Karl zu Kaiser Wilhelm II. Der Schlieffen-Plan war offenkundig gescheitert: Frankreich hatte der deutschen Offensive standgehalten, die Soldaten gruben sich in ihre Schützengräben ein. Der Erzherzog begann, über Sinn und Unsinn des Kriegs nachzudenken. Im Januar 1915 traf er erneut mit dem Kaiser zusammen. Zu jener Zeit versuchte Deutschland, in Absprache mit dem Dreibund, Rom an seiner Seite in den Krieg hineinzuziehen. Auf deutscher Seite forderten Reichskanzler Bethmann Hollweg und General Falkenhayn, Chef des Generalstabs des Feldheers, die Abtretung Südtirols, eines österreichischen Gebiets, an Italien. Im Auftrag von Franz Joseph sollte Karl dieses Manöver vereiteln. Zwischen Falkenhayn und dem Erzherzog entspann sich ein heftiger Wortwechsel:

»Wenn mit der Abtretung Tirols der Krieg mit Italien vermieden werden kann«, erklärte Falkenhayn, »muß man sich wohl oder übel zu diesem Opfer durchringen.«

»Weshalb haben Sie denn nicht den Krieg verhindert«, erwiderte Karl, »indem Sie schon vor langer Zeit Elsaß-Lothringen an Frankreich abgetreten haben?«

Kaiser Wilhelm II. ließ sich von der Richtigkeit der österreichischen Argumente überzeugen. Von seiner ersten diplomatischen Mission zurückgekehrt, konnte Karl die Glückwünsche des Kaisers entgegennehmen. Doch am 23. Mai 1915 erklärte Italien Österreich den Krieg. »Nun bleibt mir nur noch der Tod«, sagte Franz Joseph bedrückt zu seinem Flügeladjutanten. Im folgenden Sommer wurde Karl zum Brigadegeneral und Konteradmiral ernannt, im März 1916 zum Divisionsgeneral und Vizeadmiral. Er wurde mit einem strategisch wichtigen Posten betraut: der Führung des XX. Armeekorps im Tirol. Bei diesem alpinen Verband, der Italien den Zugang zu den Bergen versperrte, war er rastlos unterwegs: er besuchte die Regimenter, inspizierte die Front, verlieh Auszeichnungen und begab sich in die exponiertesten Stellungen. Sein erster Tagesbefehl lautete: Menschenleben schonen, Verletzten Hilfe leisten, Gefangene respektieren.

Menschliches Leiden, Verwundung und Tod – Karl lernte sie von nahem kennen. Julius Deutsch, damals Unterleutnant der Artillerie und später Exponent der österreichischen Sozialdemokratie, berichtet in seinen Lebenserinnerungen *Ein weiter Weg*, wie seine Batterie Erzherzog Karl empfing: »Erzherzog Karl war ein junger, schlanker Mann von einnehmendem Äußeren, der es verstand, sich den Offizieren gegenüber als Kamerad unter Kameraden zu geben. Der freie Ton, den er anschlug, trug ihm viel Sympathien ein. Einer meiner Vorgesetzten muß ihn auf mich aufmerksam gemacht haben, denn er zog mich mehrmals ins Gespräch und einmal fragte er mich direkt nach meiner politischen Gesinnung. Ich hielt damit nicht hinterm Berg und sagte, daß ich seit meiner frühesten Jugend Sozialdemokrat sei. Der Thronfolger nahm diese Mitteilung anscheinend ohne Mißbehagen zur Kenntnis und setzte das Gespräch interessiert fort. Es war fast als ob sich zwei gleichaltrige Kriegskameraden unterhielten. Ich hatte den Eindruck, einem wißbegierigen, aufnahmebereiten Mann gegenüberzustehen, der den besten Willen hatte, sich über alles zu unterrichten... Ins Gespräch vertieft, hatten wir nicht darauf geachtet, daß Offiziere der Batterie uns fotografierten. Tags darauf wurde dieses Photo in der Offiziersmesse herumgereicht; es trug die Aufschrift: ›Sozialdemokrat J. D. empfängt den Thronfolger Erzherzog Karl im Gebiet von Rovereto.‹ Ein Witz dieser Art war in der k. u. k. Armee für die Beteiligten kaum riskant, denn man hatte Humor ...«[14]

Im Juli 1916 wurde Karl versetzt. Als Armeegeneral übernahm er das Kommando des XII. Armeekorps in Galizien. Parallel dazu setzte er seine Missionen im Auftrag Franz Josephs fort.

Im Herbst 1916 zeichnete sich keine militärische Lösung ab. Im Westen dauerte der Stellungskrieg an. Im Osten hielten Deutschland und Österreich Rußland in Schach. Gegen die im August auf seiten der Entente in den Krieg getretenen Rumänen kämpften die deutsch-österreichischen Truppen in der Moldau. Auf dem Balkan stellte sich das französische Expeditionskorps Österreich-Ungarn und seinen bulgarischen Verbündeten entgegen. Im Süden standen sich am Isonzo Italiener und Österreicher gegenüber. Angesichts des anhaltenden Konflikts arbeitete Stephan Burián, von Franz Joseph zum neuen Minister des Äußeren ernannt, auf dessen Bitte hin einen Friedensvorschlag aus. Kaiser Wilhelm, über das Vorhaben ins Bild gesetzt, stimmte ihm zu. Am 9. Oktober 1916 fiel Erzherzog Karl die wichtige Aufgabe zu, im Großen Deutschen Hauptquartier mit Wilhelm II. darüber Gespräche zu führen. Ebenfalls anwesend waren Hindenburg, der Falkenhayn als Chef des Generalstabs des Feldheers abgelöst hatte, und Generalquartiermeister Ludendorff – das Zweigespann, das die deutsche Armee bis 1918 leiten sollte. Voller Hoffnungen angekommen, war Karl bald desillusioniert. Im Verlauf der Diskussion erkannte er, welch unterschiedliche Kriegsziele Deutschland und Österreich verfolgten und daß Kaiser Wilhelm II. keineswegs entschlossen war, den Feindseligkeiten ein Ende zu setzen.

Auch die Frauen wurden aufgeboten, wenn auch in anderer Weise. Die Herzogin von Parma richtete in einem Flügel von Schloß Schwarzau ein Lazarett ein. Gleiches tat Karls Mutter Maria Josefa im Augartenpalais, ihrer Wiener Residenz. Als Krankenschwester pflegte sie dort Verwundete.

Zita wiederum besucht regelmäßig Erholungsheime und Lazarette, zunächst in Wien, dann auch hinter den Frontlinien. Zu diesem Zweck stellte ihr Franz Joesph Kaiserin Elisabeths Salonwagen zur Verfügung. Ihr Besuch mußte immer vorher angesagt werden. Sie begriff, daß sie nie den normalen Alltag zu sehen bekam. Schon bald erkannte die Erzherzogin jeweils, was nur anläßlich ihres Besuchs arrangiert worden war und woran es wirklich fehlte. Darauf wies sie in ihren Berichten an den Kaiser immer wieder hin.

Unter ihrer Schirmherrschaft wurden in Wien Haussammlungen durchgeführt. Die zwischen Dezember 1914 und April 1915 für Bedürftige gesammelten Kleider entsprachen einem Wert von anderthalb Millionen Kronen. Am 11. August 1915 wurde die junge Frau für ihre Tätigkeit mit dem Verdienstorden des Roten Kreuzes ausgezeichnet.

Doch Zita war in erster Linie Mutter. Am 8. Februar 1915 kam ihr drittes Kind zur Welt, Robert, der zweitgeborene Sohn. Die Taufe fand auf Schloß Schönbrunn in Anwesenheit des Kaisers statt; als Taufpaten fungierten Erzherzog Max, Karls Bruder, und Erzherzogin Maria Theresia. Am 31. Mai 1916 erhielten Otto, Adelhaid und Robert einen Bruder, Zitas viertes Kind, das in Schloß Schönbrunn auf den Namen Felix getauft wurde; Taufpaten waren diesmal der eigens für den Anlaß nach Wien gereiste König Friedrich August von Sachsen und Gräfin Beatrice Lucchesi-Palli, Zitas Halbschwester.

Aufgrund der Karl übertragenen Verantwortung gestaltete sich in diesen Kriegszeiten das Verhältnis zwischen Kaiser und Thronfolger ganz anders als zur Zeit Franz Ferdinands. Es gab keine Intrigen, kein Schattenkabinett mehr wie damals im Belvedere. Karl befaßte sich eingehend mit Politik, wobei ihm für die inneren Angelegenheiten ein Sektionschef des Ministerratspräsidiums und für die Diplomatie ein ehemaliger Botschafter zur Seite standen. Er arbeitete weiterhin direkt mit Franz Joseph zusammen, der ihm die zur Behandlung anstehenden Akten selbst zukommen ließ, wenn er sich an der Front befand. Zwischen Juni 1914 und November 1916 konnte der Erzherzog nur an einer der achtzehn Sitzungen des Kronrats teilnehmen. Doch Karl nutzte jeweils seinen kurzen Aufenthalt in Wien, um mit den wichtigsten Ministern Gespräche zu führen. Dank seiner verschiedenen Kommandos kannte er viele höhere Offiziere persönlich – wichtige Kontakte für einen künftigen Herrscher in Anbetracht der gesellschaftlichen Funktion der Armee innerhalb des Habsburgerreichs.

In seinem Hauptquartier in Siebenbürgen erreichte Karl am 11. November 1916 ein Telegramm des Ersten Obersthofmeisters mit der Nachricht, der Kaiser sei ernsthaft erkrankt und Karls Anwesenheit in der Hauptstadt erforderlich. Am nächsten Tag empfing Zita ihn mit ernster Miene am Bahnhof. In Schönbrunn angekommen, nahmen die beiden verwundert zur Kenntnis, daß Franz Joseph, wenn auch erschöpft, am Schreibtisch saß. Nachdem Zita zu Kardinal Piffl gefahren war und ihn gebeten hatte, im ganzen Land öffentliche Gebete für den Herrscher anzuordnen, zog sich das Paar in die Villa Wartholz zurück.

Die Nachricht verbreitete sich schnell – das Kaiserreich hielt den Atem an. Franz Joseph hatte sich Anfang November erkältet, die Ärzte diagnostizierten am 18. November eine Lungenentzündung. Am 21. November erneuter Besuch von Karl und Zita. »Ich habe den Thron unter den schwierigsten Umständen übernommen und hinterlasse ihn unter noch schwereren«, bedauerte der Herrscher.[15]

Am Morgen des gleichen Tags hatte er den Segen Papst Benedikts XV. und die heilige Kommunion empfangen. Noch immer an seinem Schreibtisch sitzend, beugte sich der Sechsundachtzigjährige über seine Papiere; vom Fieber geschüttelt, schlief er ein, den Kopf in den Händen. Am Abend hatte er nicht mehr die Kraft, zum Gebet niederzuknien. Seinem Diener, der ihm ins Bett half, befahl er, ihn um halb vier Uhr zu wecken, früher als gewöhnlich: es gab noch so viel zu tun, so viele Berichte zu lesen, so viele Dekrete zu unterzeichnen. Abends um acht wurde sein Atem schwächer; Karl und Zita wurden herbeigerufen, der Hofgeistliche spendete ihm die Letzte Ölung. Franz Joseph kam nicht mehr zu Bewußtsein. Das Zimmer füllte sich mit seinen engsten Angehörigen, Marie Valerie, seine Lieblingstochter und Vertraute, legte ihm ein Kruzifix in die Hände. Fünf Minuten nach neun Uhr stellte Leibarzt Dr. Kerzl den Tod des Kaisers fest.

Die Anwesenden bekreuzigten sich und begaben sich ins Vorzimmer. Niemand sprach ein Wort. Es war Karls Flügeladjutant, Prinz Lobkowicz, der das Schweigen brach, auf seinen Herrscher zuging und ihm das Kreuzzeichen auf die Stirn zeichnete mit den Worten: »Gott segne Eure Majestät.«

Karl und Zita weinten, zum einen aus Kummer, weil sie den soeben verschiedenen Onkel geliebt hatten, zum anderen aus tiefster Rührung, denn die Stunde des Schicksals hatte für Karl I., nunmehr Kaiser von Österreich und vierter König von Ungarn gleichen Namens, und für Zita, Kaiserin von Österreich und Königin von Ungarn, geschlagen. Von nun an waren sie die Herrscher einer der bedeutendsten Monarchien der Welt und die gekrönten Häupter der wichtigsten katholischen Macht Europas. Die Erzherzöge sprachen ihnen ihr Beileid aus. Vor dem Katafalk kniend, wohnten sie einen Tag später dem Totenamt bei und empfingen die Kommunion. Otto legte ein Veilchensträußchen auf das Herz seines Urgroßonkels: Kaiserin Elisabeths Lieblingsblumen.

Im Vorzimmer wartete schmerzerfüllt eine Frau: Katharina Schratt, die Herzensfreundin Franz Josephs, der die Hofetikette untersagte, das Sterbezimmer zu betreten. Karl trat auf sie zu und führte sie bis zur sterblichen Hülle Franz Josefs, auf dessen Brust sie drei Rosen niederlegte.

Auch bei den Trauerfeierlichkeiten hielt sich Karl nicht an die altehrwürdige Etikette. Das Protokoll sah vor, daß er allein hinter dem Trauerwagen herschreite, gefolgt von den Erzherzögen und der Kaiserin. Am 30. November 1916 führte Karl, baren Hauptes und in Uniform, gemeinsam mit Zita und Sohn Otto den Trauerzug vom Stephansdom zur Kaisergruft in der Kapuzinerkirche an.

Der Kaiser, die Kaiserin und der Kronprinz: Österreich-Ungarn besaß wieder eine kaiserliche Familie.

Kaiserin von Österreich

Am 22. November 1916, am ersten Tag seiner Regierung, veröffentlichte Karl ein Thronbesteigungsmanifest. Der von einem Diplomaten unter Anleitung des Ministerpräsidenten verfaßte Text ist nicht gerade originell:

Meinen Völkern will ich ein gerechter und liebevoller Fürst sein. Ich will ihre verfassungsmäßigen Freiheiten und sonstigen Gerechtsame hochhalten und die Rechtsgleichheit für alle sorgsam hüten. Mein unablässiges Bemühen wird es sein, das sittliche und geistige Wohl Meiner Völker zu fördern, Freiheit und Ordnung in Meinen Staaten zu beschirmen, allen erwerbstätigen Gliedern der Gesellschaft die Früchte redlicher Arbeit zu sichern.

Ein einziger, von Karl hinzugefügter Abschnitt gibt etwas von seinen Absichten preis:

Ich will alles tun, um die Schrecknisse und Opfer des Krieges in ehester Frist zu bannen, die schwervermißten Segnungen des Friedens Meinen Völkern zurückzugewinnen, sobald es die Ehre unserer Waffen, die Lebensbedingungen Meiner Staaten und ihrer treuen Verbündeten und der Trotz unserer Feinde gestatten werden.[1]

Erzherzog-Thronfolger Karl hatte sich Kaiser Franz Joseph gegenüber von bedingungsloser Loyalität erwiesen; als Offizier hatte er auf dem Feld sein Bestes gegeben. Doch in ihm war eine zweifache Überzeugung herangereift. Erstens hielt er den Frieden für unerläßlich, denn das Volk sehne sich nach Frieden und das Land könne die Kriegsanstrengungen nicht mehr tragen. Zweitens werde das Reich ohne tiefgreifende Reformen nicht überleben. Doch diese zweifache Feststellung war zugleich sein Dilemma.

Der Historiker Gordon Brook-Shepherd hat es in die prägnante Formel gefaßt: »Aber Karl brauchte Reformen, um zu seinem Frieden zu kommen. Und er brauchte Frieden, um seine Reformen durchführen zu können.« Und er fügt dann hinzu: »Die Lösung des Rätsels erwies sich als unmöglich.«[2] Der Kaiser brauchte Reformen, um zu seinem Frieden zu kommen: Das Auseinanderbrechen der Doppelmonarchie im Jahr 1918 war Folge einer Nationalitätenkrise, die die Alliierten anheizen konnten, weil die Reformen nicht rechtzeitig stattgefunden hatten. Der Kaiser brauchte Frieden, um seine Reformen durchführen zu können: Der Kriegszustand, der alle Energien abzog, verhinderte die Inangriffnahme innerer Reformen.

Als Karl den Thron bestieg, hatte er, wie enttäuschend sein Manifest auch sein mochte, ein Programm. *Den Frieden*: die Deutschen dazu bringen, mit der Entente zu verhandeln (bereits am 30. Dezember 1916 bekundete der Kaiser Papst Benedikt XV. gegenüber seinen Willen, sich aus dem Konflikt zurückzuziehen). *Das Reich*: eine Antwort auf die Nationalitätenfrage finden und eine Sozialpolitik betreiben.

Der Mann, der die Zügel von Österreich-Ungarn übernahm, war jung, wußte aber, in welche Richtung er gehen wollte.

Die Habsburger ließen sich nicht in Wien krönen. Vor der Auflösung des Heiligen Römischen Reichs Deutscher Nation wurden sie in Frankfurt zum König gewählt und – ab Mitte des 16. Jahrhunderts – zum Kaiser gekrönt; Erzherzöge von Österreich in ihren Erbländern, waren sie Könige in Böhmen und Ungarn. Das änderte sich auch mit der Schaffung des Kaiserreichs Österreich im Jahr 1804 nicht. 1867, zum Zeitpunkt des Ausgleichs mit Ungarn, hatte sich Franz Joseph in Budapest krönen lassen und schließlich auf eine Krönung in Prag verzichtet.

Karl beabsichtigte, sich in Böhmen krönen zu lassen. Zudem bestellte er beim Historiker Richard Kralik ein Gutachten, worin dieser die Möglichkeit der Einführung von Krönungsfeierlichkeiten in Wien untersuchen sollte. Darüber führte Zita im Februar 1917 Gespräche mit Kralik. Schließlich wurde weder das eine noch das andere Vorhaben realisiert. Die einzige Krone, die Karl feierlich empfangen hat, ist jene des heiligen Stephan; sie machte aus ihm König Karl IV. von Ungarn.

Franz Joseph war erst wenige Stunden tot, als Karl István Tisza, den ungarischen Ministerpräsidenten, empfing. Dieser hatte sich eilig nach Schönbrunn begeben in der Absicht, den Gang der Geschichte zu steuern. Über den neuen Herrscher war wenig bekannt. So wußten die Magyaren nicht, ob er ihnen gegenüber dieselben Vorbehalte hege wie Franz Ferdinand. Um elf Uhr eingetroffen, verabschiedete sich Tisza, über den Verlauf des Gesprächs befriedigt, um zwölf Uhr. Am nächsten Tag veröffentlichte Karl ein kurzes Schreiben:

Lieber Graf Tisza!
Von der Absicht bewogen, Mich ehestens zum König Ungarns und Kroatien-Slavoniens und Dalmatiens krönen zu lassen, beauftrage ich Sie, mit dem Reichstage sich ins Einvernehmen setzend, Mir Ihre diesbezüglichen Vorschläge zu unterbreiten.

Wien, am 23. November 1916   Karl m. p.[3]

Die Ungarn beeilten sich. Die Krönung wurde auf den 30. Dezember 1916 festgesetzt und die Vorbereitungen sogleich in Angriff genommen. Zita sollte den Tag als einen der schönsten in Erinnerung behalten. Mit seinem Prunk, seinem Symbolgehalt war er grandioser Auftakt zu einer Herrschaft. Es sollte auch die letzte bedeutende Feierlichkeit des Kaiserreichs sein.

Alles verlief gemäß dem bereits für Franz Joseph und Elisabeth festgelegten Zeremoniell. Am 27. Dezember traf das Herrscherpaar in Budapest ein. In der Burg kleideten zwölf Hofdamen Zita in das Krönungskleid ein, das einem ungarischen Kleid aus der Zeit Kaiserin Maria Theresias nachempfunden war. Karl nahm das vom Parlament vorbereitete Inauguraldiplom entgegen, das die Pflichten des Monarchen der Nation gegenüber festlegte. Nachdem der Fürstprimas von Ungarn, Kardinal Czernoch, den König und die Königin gefragt hatte, ob sie einwilligten, gekrönt zu werden, unterzeichnete Karl die Urkunde.

Am nächsten Tag besserte Zita, wie es die Tradition verlangte, eigenhändig mit Goldfaden den Stoff des beinahe tausendjährigen Krönungsmantels aus, den einst Gisela, die Gemahlin Stephans, des ersten ungarischen Königs, gestickt hatte.

Am 29. Dezember wurden den Monarchen die Würdenträger vorgestellt. Wie Karl antwortete Zita auf die Rede des Fürstprimas auf ungarisch. Zur Mittagszeit wurden die in den königlichen Appartements aufbewahrten Kroninsignien in die Matthiaskirche überführt: Stephanskrone, goldener Reichsapfel, Zepter und Krönungsmantel. Die Truhe, in der sie verwahrt waren, wurde in einer mit sechs Pferden bespannten Karosse, begleitet von Bannerträgern und Ehrengardisten, zur Kirche geführt. Dort empfing sie der Hofgeistliche. Die kostbaren Insignien wurden in einer Prozession ins Kircheninnere getragen, wo sie die ganze Nacht über bewacht wurden.

Krönungskrone war die Stephanskrone, ein Symbol der Einheit Ungarns. Der Überlieferung zufolge soll sie 1001 von Papst Silvester II. dem ersten christlichen Ungarnkönig, Stephan I., dem Heiligen, übersandt worden sein – eine von einem leicht geneigten lateinischen Kreuz überragte Bügelkrone, deren Stirnreif byzantinischer Herkunft aus einem Evangeliar gefertigt worden sein soll, das im Besitz des heiligen Stephan war.[4]

Budapest am 30. Dezember 1916: Fahnen in den magyarischen Farben (rot-weiß-grün), Straßen und Häuser mit Fahnen, Wimpeln und Blumen geschmückt. Bürger und Bauern in ihrer Regionaltracht. In den Straßen drängt sich eine zweihunderttausendköpfige Menge. Um Mißbräuchen vorzubeugen, hat die Stadt die Tarife für Fensterplätze der Umzugsroute entlang festgelegt. In untadeliger Formation, die Offiziere in Galauniform, säumen die Truppen, die von der Front abgezogen werden konnten, den Weg. Alles in allem ein prächtiges Bild in schillernden Farben.

Der Name der Krönungskirche (Matthiaskirche) geht zurück auf den ungarischen König Matthias Corvinus, der dort seine beiden Eheschließungen feierte. Die mittelalterliche Kirche ist der Muttergottes geweiht. Als die Türken von 1541 bis 1686 Ungarn besetzt hielten, diente das Gotteshaus als Moschee. 1309 war dort

Karl von Anjou, 1867 Franz Joseph zum König von Ungarn gesalbt worden. An diesem Festtag ist das Gebäude mit den Farben der Habsburger und der Bourbon-Parma geschmückt. Eine Stunde vor Beginn der Feierlichkeiten nehmen Erzherzogin Maria Josefa und die Herzogin von Parma, der König von Bulgarien (Zitas Schwager), die ungarischen Habsburger (eine Seitenlinie), die Großen des Landes, die Mitglieder des Parlaments, die Vertreter der Komitate ihren Platz ein. Unter den Geladenen befinden sich auch der päpstliche Nuntius und die in Wien akkreditierten Diplomaten. Anwesend ist auch die Presse: Journalisten aus Österreich, Deutschland, der Schweiz und Amerika sowie Fotografen mit ihren Magnesiumapparaten und, vor der Kirche, Kameraleute.

Angeführt von einer Schwadron Honvéd-Husaren, taucht bald die von acht Schimmeln gezogene Krönungskutsche mit Karl, Zita und Otto auf. Daß der junge Kronprinz in der Kutsche seiner Eltern mitfährt, ist – einmal mehr – ein Verstoß gegen die Etikette, aber Karl will mit der Präsenz Ottos die Kontinuität der Dynastie unterstreichen.

Am Hauptportal der Kirche empfängt Fürstprimas Czernoch das Herrscherpaar. Karl trägt die Uniform eines ungarischen Feldmarschalls, Zita eine Robe mit langer Schleppe. Unter Posaunenklang und Trommelwirbel werden sie zum Querschiff geführt, wo unter einem Baldachin der Doppelthron wartet. Der Kronprinz nimmt in der ersten Reihe Platz. Der König wird von zwei Bischöfen in den Chor geleitet. Auf lateinisch legt er den Eid ab: »Ich, Karl, von Gottes Gnaden König von Ungarn, schwöre vor Gott und seinen Engeln, zum Wohl der Kirche Gottes und des mir anvertrauten Volkes über Gesetz, Recht und Frieden zu wachen.« Dann legt er die Hand auf die Bibel, küßt Fürstprimas Czernoch den Ring und kniet vor dem Prälaten nieder. Der Primas salbt das rechte Handgelenk, das rechte Armgelenk und das rechte Schultergelenk, dann wird Karl der Königsmantel umgelegt. Nun beginnt die Messe. Der Chor singt Liszts Krönungsmesse. Nach dem Halleluja aus dem Graduale überreicht der Fürstprimas dem König das Schwert, der es in seine rechte Hand nimmt und mit ihm den linken Arm berührt; dann schwingt er es nach vorne und schlägt das Kreuzzeichen. Der König kniet nieder, und Fürstprimas Czernoch setzt ihm die Krone auf, überreicht ihm Zepter und Reichsapfel.

Nun folgt die Krönung der Königin. Der König wendet sich an den Erzbischof: »Hochwürdiger Vater, Wir bitten, daß Du Unsere Gemahlin, die Uns von Gott verbunden ist, gnädig segnen und mit der königlichen Krone schmücken mögest zum Lob und zur

5 Gruppenbild der kaiserlichen Familie im ungarischen Krönungsornat (von links: Karl, Kronprinz Otto, Kaiserin Zita, 1917)

Verherrlichung Unseres Erlösers Jesus Christus.«[5] Zita kniet nieder und wird wie Karl vom Fürstprimas gesalbt. Dann setzt Bischof Veszprém ihr die 1867 eigens für Königin Elisabeth geschaffene Krone auf, während der Fürstprimas mit der Stephanskrone gleichzeitig Zitas rechte Schulter berührt – Sinnbild der Einheit von König und Königin – und dabei folgende Worte spricht:

»Empfange die Krone der Herrlichkeit, damit Du wissest, daß Du die Gemahlin des Königs bist und stets Sorge trägst für das Volk Gottes; je höher Du gestellt wirst, um so lieber soll Dir die Demut sein und bleiben in unserem Herrn Jesus Christus.«[6]

Nach der Messe, bei der Karl und Zita die Kommunion unter beiderlei Gestalt empfingen, wurde Zita allein aus der Kirche geleitet. Kurz darauf folgte Karl. Von der Kirche zog er in feierlicher Prozession zum Dreifaltigkeitsplatz und legte dort den Krönungseid ab: »Wir, Karl I., von Gottes Gnaden Kaiser von Österreich, König von Böhmen, und der IV. König dieses Namens von Ungarn, als für immer Apostolischer König von Ungarn, Kroatien, Slavonien und Dalmatien, schwören bei dem lebendigen Gotte, bei der Jungfrau Maria und allen Heiligen Gottes, daß Wir die Kirchen Gottes, die Munizipien von Ungarn, Kroatien, Slavonien und Dalmatien, und alle ihre kirchlichen und weltlichen Bewohner in ihren Privilegien, ihrer Freiheit, ihren Patenten, ihren Gesetzen, ihren alten und gebilligten Gebräuchen beibehalten, mit allen Gerechtigkeit üben, die Rechte, Verfassung, gesetzliche Unabhängigkeit und territoriale Unversehrtheit von Ungarn, Kroatien, Slavonien und Dalmatien unverletzt erhalten werden ... so wahr Uns Gott und seine Heiligen helfen mögen.«[7]

Dann bestieg er seinen Schimmel. Am Sankt-Georgsplatz ritt er im Galopp auf den Krönungshügel, den Hügel, der mit Erde aus allen Gegenden Ungarns errichtet wurde. Auf dem Gipfel wandte er sein Pferd gegen Norden, Süden, Osten und Westen und führte mit dem Schwert nach den vier Himmelsrichtungen Streiche aus. Vom Fenster eines Palastes verfolgten Zita und Otto die Szene.

Auf der Burg wurden die Feierlichkeiten mit dem Krönungsmahl abgeschlossen. An der Tafel saßen der König und die Königin, der Fürstprimas, ein Erzbischof, der stellvertretende Palatin und der päpstliche Nuntius – eine symbolische Mahlzeit, denn die achtzehn aufgetragenen Gänge wurden unberührt in die Küche zurückgetragen. Auf Karls Befehl wurden sie unverzüglich in ein Kriegslazarett in Budapest getragen und dort den Verwundeten angeboten. Traditionsgemäß sollte der Tag mit einem Galadiner und einem Ball beschlossen werden. Da Karl dies aber angesichts der dramatischen Lage fehl am Platz fand, kehrte er mit Zita und Otto direkt nach Wien zurück.

Als gläubigen Christen und gehorsamen Kindern der Kirche war für den König und die Königin vor allem der mystische Gehalt des Krönungsakts wichtig. Von nun an trugen sie vor Gott die Verantwortung für Ungarn. Die Krönung war allerdings auch ein folgenschwerer politischer Akt. Ministerpräsident Tisza war Calvinist; und es war denn auch nicht die Aussicht auf katholische Prunkentfaltung, die ihn dazu bewogen hatte, bei Karl so schnell auf die Krönung zu drängen. Vielmehr wußte der Ministerpräsident um die Tragweite des Krönungseids: mit dieser Fessel waren Karl nun die Hände gebunden. Wollte er sein Wort halten, dann war er gezwungen, die Integrität des Königreichs Ungarn zu erhalten. Die damalige Verfassung gab den Magyaren jedoch weitgehende Befugnisse über die Südslawen – Kroaten, Bosnier und Serben – und über die rumänische Minderheit Siebenbürgens. Der Herrscher war sich des Widerspruchs mit seinen föderativen Plänen bewußt, doch hatte er seiner Auffassung nach keine andere Wahl, war er doch mitten im Krieg auf die Treue Ungarns und seiner Regimenter wie auf dessen Korn angewiesen. Solange das Reich in einem europaweiten Krieg stand, konnte Karl nicht riskieren, den latenten Antagonismus zwischen Wien und Budapest erneut zu entfachen. Zur Durchführung seiner Reformen zählte er auf den Frieden, die Zeit – und seine Schaffenskraft.

Am Hof Kaiser Karls I. fanden die religiösen und zivilen Feierlichkeiten weiterhin nach dem althergebrachten österreichischen Zeremoniell statt. Im Alltag jedoch setzte ein radikaler Wandel ein. Kaum im Amt, vereinfachte der Herrscher die Etikette. Welche Überraschung für Hofsekretäre, Minister und Offiziere, als der Kaiser sie per Handdruck begrüßte und sie bat, sich zu setzen! Unter Franz Joseph hatten sie ihre Berichte stehend, in gebührendem Abstand, vorgetragen. Auch der Kleiderzwang wurde abgeschafft. In seinen Memoiren berichtet Prinz Ludwig Windisch-Graetz (er war Ernährungsminister) von einem Gespräch mit Karl:

»Dann sah er mich von oben bis unten gründlich an und lachte. Ich hatte zur Audienz einen neuen schwarzen Gehrock angezogen. ›Sie sehen aus wie ein Hauslehrer‹, sagte er. ›Wozu das? Kommen Sie doch zu mir wie Sie sind.‹ Er war tatsächlich gegen jedes Zeremoniell. Alle Formalitäten waren ihm unangenehm... und ich mußte mich manchmal zusammennehmen, um nicht, durch seinen familiären Ton verleitet, unwillkürlich in ähnliche Ungezwungenheiten zu verfallen.«[8]

Mit Franz Joseph, der keinen Telefonapparat auf seinem Schreibtisch sehen wollte, wurde alles auf schriftlichem Weg entschieden. Karl ließ nun mehrere Telefonlinien installieren. Auf seinen Befehl erhielt der kaiserliche Sonderzug einen Telegrafenwagen mit drei Hughes-Apparaten. Der neue Monarch regierte per Telefon oder per Telegramm. Als Mann des 20. Jahrhunderts kommunizierte er ständig, in der Hauptstadt wie auf Reisen – auch mit seiner Frau, die er drei- bis viermal täglich anrief, um sie zu informieren oder nach den Kindern zu fragen.

Franz Josephs Programm war unverrückbar, seine Pünktlichkeit legendär. Anders Karl, der seinen Tagesablauf den Erfordernissen anpaßte. Bevor er seinen Gesprächspartner nicht verabschiedet hatte, war die Audienz – im Sommer fanden die Audienzen im Freien statt – nicht beendet. Der Nachteil war, daß die im Vorzimmer Wartenden sich mit Geduld wappnen mußten. Diese willkürliche Zeiteinteilung erleichterte keineswegs die Arbeit seiner Mitarbeiter. Das bezeugt Fregattenkapitän Emmerich von Schonta in seinen *Erinnerungen*: »Wir waren zu fünft, machten nur zwölf Tage Dienst und waren dann zwölf Tage so ziemlich frei. Und ich kann versichern, daß wir nach den zwölf Tagen Dienstes jedesmal erschöpft waren, obwohl wir doch eigentlich nur eine Art Ordonnanzdienst von nicht allzugroßer Verantwortlichkeit zu leisten hatten... Draußen im Vorzimmer war man schon müde und abgespannt, aber der Kaiser drinnen, der fünf Stunden lang geredet und zugehört, beraten, getröstet, verhandelt und vielleicht die wichtigsten Beschlüsse gefaßt hatte, war noch ganz frisch... Meist aber fing die Arbeit gleich nach dem Mittagessen wieder an, dauerte bis zum Abendessen, für das meist auch nur ein Stündchen gewidmet war, und wurde nach diesem weiter fortgesetzt. Die späten Abendstunden gehörten gewöhnlich dem Chef des Generalstabes, der die Tagesmeldungen des Armee-Oberkommandos brachte, und den Kanzleien, die die tagsüber erflossenen allerhöchsten Entscheidungen zur Unterschrift vorlegten. Wohl nur sehr selten endete der Arbeitstag vor elf Uhr abends, gar oft aber erst spät nach Mitternacht.«[9] Und am nächsten Morgen begann alles bereits wieder um sechs Uhr...

Hatte sich Franz Joseph strikt auf den Gesprächsgegenstand beschränkt und wenig gesprochen, unterhielt sich Karl ungezwungen. »Dieser König führte die Konversation nicht und konnte sie namentlich nicht beenden«, erzählt der ungarische Minister Mihály (Michael) Károlyi. »Man durfte seine Ansichten völlig frei äußern.. Der König war ein Mensch, dem jeder bald sein Herz ausschüttete.«[10]

Karls Spontaneität kannte keine Grenzen. Auf der Suche nach einem neuen Ministerpräsidenten bat er etwa einen unbedeutenden, wegen einer ganz anderen Angelegenheit zur Audienz vorgelassenen Parlamentarier um seine Meinung, was diesen völlig verblüffte. Sein offenes und ungekünsteltes Wesen überraschte vor allem deshalb, weil es mit der Persönlichkeit seines Vorgängers völlig kontrastierte, und trug ihm sogleich aufrichtige Sympathie ein.

Kritik – und es gab heftige Kritik – erhob sich vornehmlich aus den Reihen der alten Garde. »Es scheint, daß er häufig zuerst spricht und dann denkt«, meint etwa General Margutti. Genüßlich rapportiert Franz Josephs einstiger Flügeladjutant denn auch einen Ausspruch Koerbers, des im Dezember 1916 abgesetzten Ministerpräsidenten: »Der Kaiser ist dreißig; er sieht aus wie zwanzig und redet wie ein Zehnjähriger.« Joseph Redlich wiederum, der österreichische Abgeordnete, dessen *Politisches Tagebuch* eine Fülle informativer Beobachtungen zur damaligen Zeit enthält, fällt ein harsches Urteil. Am 29. Dezember 1916 – die Krönung hat noch nicht stattgefunden – notiert er: »Er [der Kaiser] ist eine naive Natur, ohne höhere Interessen, ganz ›adeliger Rittmeister‹, aber guten Herzens und wohlwollend... Er erinnert förmlich an Joseph II., mit seiner Ungeduld, täglich Neues zu schaffen.«[11] Kaum zwei Jahre später war Redlich allerdings anderer Meinung und nahm unter eben diesem Kaiser einen Ministerposten an.

Über den neuen Stil des Herrschers irritiert waren auch die Deutschen. Im Juni 1917 nahm Karl während eines Besuchs in München die Truppenparade ab. Bei dieser Gelegenheit flüsterte der bayerische Kriegsminister einem Flügeladjutanten ins Ohr: »Diese Geschichten ermüden Euren Kaiser, das ist offenkundig. Man sieht, daß er lieber in Jagdwams und Pantoffeln zu Hause säße.« Der Schriftsteller Karl Friedrich Nowak meint süffisant: »Er liebte, wenn er dem Mann an der Front auf die Schulter klopfte – und er klopfte unermüdlich Zehntausenden die Schulter –, die Betonung des Biederen. Etwas vom Kavallerieoffizier, der er in den ersten Jugendjahren gewesen war, haftete noch an seiner ganzen Art.« Dennoch verschweigt Nowak Karls und Zitas Popularität nicht: »Als Volkskaiser war er schneller umjubelt als je ein Monarch… Natürlich war, daß von Karl die Welle der Volksgunst auf Kaiserin Zita überschlug. Franz Joseph war alt, war kalt und einsam gewesen… Jetzt sauste im offenen Auto ein junges, lachendes Paar über den Wiener Ring, und nicht bloß über den Ring, auch in die Vorstädte hinaus, wo Kaiserin Zita von den Speisen der Volksküchen kostete… Der Volkskaiser wurde umjubelt. Der Volkskaiser war der Schrecken all derer, die am Volkswohl zehrten.«[12]

Im Verlauf eines Monats wurde das gesamte Personal des kaiserlichen Hauses ausgewechselt. Zahlreiche Mitarbeiter Karls, etwa Graf Hunyády oder Oberstleutnant Brougier, waren nicht einmal dreißig Jahre alt. Als Offiziere waren sie Karls Militärkameraden: »Nun beginnt die Ära der Siebner-Dragoner«, murrte etwa ein abgesetzter alter Ratgeber. Eine Ausnahme war Graf Arthur Polzer-Hoditz; Karl ernannte den um zwanzig Jahre älteren ehemaligen Landeshauptmann der Steiermark, den er bereits seit seiner Jugend kannte, zu seinem Kabinettschef.

Am 23. November 1916, zwei Tage nach dem Tod von Kaiser Franz Joseph, leistete die austro-ungarische Armee dem Kaiser und König den Treueid. Von Tirol bis zum Banat, auf dem Schlachtfeld oder im Kasernenhof – überall reihten sich Punkt neun Uhr die Regimenter zum Rapport auf. Auf deutsch, der Kommandosprache, leisteten die Offiziere den Eid: »Wir schwören zu Gott dem Allmächtigen einen feierlichen Eid, Seiner Apostolischen Majestät, unserem Allerdurchlauchtigsten Fürsten und Herrn, Karl, von Gottes Gnaden Kaiser von Österreich, König von Böhmen... und Apostolischem König von Ungarn, treu und gehorsam zu sein.«[13] In den zwölf Sprachen des Kaiserreichs legten darauf die Soldaten dasselbe Gelübde ab.

Zehn Tage später stellte sich Karl persönlich an die Spitze seiner Truppen und verwies den amtierenden Oberbefehlshaber aller österreichisch-ungarischen Streitkräfte ins zweite Glied. Diese Stellung hatte seit Juli 1914 Erzherzog Friedrich inne, den zweifache verwandtschaftliche Beziehungen mit Karl verbanden: er war Habsburger, aber auch der Schwiegervater von Zitas Halbbruder Elias von Bourbon-Parma. Doch die Meinungen beider Männer gingen sehr weit auseinander. Erzherzog Friedrich und seine Gattin Isabella gehörten nämlich dem deutschfreundlichen Lager in Wien an – ein einflußreicher Kreis, zu dem Minister, Generäle, Publizisten zählten –, für den das Bündnis mit Berlin ein unantastbares Dogma war. Nach der Ermordung Franz Ferdinands hatte diese Gruppe zusammen mit Graf Berchtold, dem Minister des Äußeren, Franz Joseph gegen Serbien aufgehetzt. Dieselbe Linie verfolgte auch Generalstabschef Franz Conrad von Hötzendorf. Als österreichischer Aristokrat war er den Preußen nicht zugetan, doch stand er mit Ludendorff auf gutem Fuß und sah keinen anderen Ausweg aus dem Konflikt als den totalen Sieg. Mit dieser Auffassung stand er keineswegs allein, da sie von der Mehrheit des österreichischen Generalstabs geteilt wurde.

Am 1. März 1917 setzte Karl Erzherzog Friedrich endgültig ab und entließ Conrad von Hötzendorf. Für letzteren war das Fußvolk da, um zu kämpfen: unter seinem Kommando hatte Österreich-Ungarn zwischen 1914 und 1916 eine Million Tote, von 1917 bis 1918, zur Regierungszeit Karls, hunderttausend Tote zu beklagen. Für Karl waren die Soldaten nicht nur Kanonenfutter, in Kämpfen setzte er bloß die notwendige Zahl Männer ein, womit er die Verluste in spektakulärer Weise reduzierte. Der neue Kaiser sehnte sich nur nach dem Frieden, deshalb war die Entlassung Conrads unausweichlich. In seinen Erinnerungen *Aus meiner Dienstzeit* schreibt er dazu: »Und je mehr sich die Tätigkeit Kaiser Karls auf innerpolitischem, außenpolitischem und militärischem Gebiet in der Folge entfaltete, desto begreiflicher wurde es mir, warum mich der Kaiser entfernte. Er wußte nur zu gut, daß er bei den meisten seiner Maßnahmen auf meinen Widerstand stoßen würde – so insbesondere bei dem Verhalten gegenüber Deutschland, den Anknüpfungen mit Frankreich und der lockeren, zersetzenden Zügelführung im Innern der Monarchie... Diese in einem schweren Existenzkampf zum Verbrechen werdenden Gefühlsduseleien von christlicher Nächstenliebe, Mitleid, Menschengleichheit, Friedensglück und wie alle diese sentimentalen, auch das religiöse Moment hineinziehenden Lehren heißen mögen, hätten in mir einen scharfen Gegner gefunden, der die rücksichtsloseste Bekämpfung dieses Defaitismus gefordert hätte.«[14]

Was Conrad von Hötzendorf als »Gefühlsduseleien« bezeichnet, war genau die von Kaiser Karl durchgesetzte Armeeführung. Unverzüglich wurde ein neuer Generalstabschef ernannt: General Arz von Straußenburg, der trotz seiner Tüchtigkeit fortan im Schatten des Herrschers stehen sollte, denn von nun an fielen militärische Autorität und Kriegführung allein dem Kaiser zu. Der Monarch war Offizier, und er bestand auf strenger Disziplin. Aber die Erfahrung hatte ihn gelehrt, daß ein Chef dann respektiert und ihm dann Gehorsam geleistet wird, wenn er von seinen Untergebenen das verlangt, was er sich selbst abverlangt. Für das Hauptquartier ordnete er eine bescheidenere Lebensführung an; von nun an nahmen die höheren Offiziere ihre Mahlzeiten im Kasino ein. Schluß mit Champagner und galantem Besuch. Und die Mitglieder des Generalstabs waren gehalten, abwechselnd Dienst an der Front zu leisten.

Karl gab auch den Fliegertruppen neue Instruktionen: zur Schonung der Zivilbevölkerung sei die Bombardierung von Städten zu unterlassen, gleiches gelte für Kirchen und andere Baudenkmäler. Im April und Juni 1917 wurden in der Armee die letzten noch erlaubten körperlichen Züchtigungen abgeschafft. Bei strenger Strafe verboten wurde auch das Duell.

Greifbar wurde der Stil des neuen Herrschers in der direkten Begegnung mit der Truppe. Exemplarisch dafür steht folgende Episode: Im September 1917 inspizierte Kaiser Karl die Front in Südtirol. Unterwegs begegnete ihnen eine ältere Frau in schwarzen Trauerkleidern; sie kniete am Wegrand mit einem Brief in der Hand. Der Kaiser befahl dem Fahrer, anzuhalten, stieg aus dem Wagen, half der Frau aufzustehen und fragte sie, welches Anliegen sie habe. Da erzählte sie, sie habe im Krieg ihren Mann und drei Söhne verloren und ihr achtzehnjähriger Jüngster sei auch in der Armee. Sie flehte ihn an, diesen Sohn, der alles sei, was ihr bleibe, zu beurlauben. Der Kaiser versprach, ihre Bitte zu erfüllen. Im dortigen Heeresgruppenkommando angekommen, unterzeichnete der Kaiser die Entlassung. Doch in der Nacht zuvor war der Soldat bei der heldenhaften Verteidigung seiner Stellung schwer verletzt worden. Nach seiner Entlassung aus dem Lazarett kehrte er zu seiner Einheit zurück, wo er die Nachricht von seiner Beurlau-

6 Kaiserin Zita während des Ersten Weltkriegs in Südtirol, 1917.

bung vernahm. Zum Abschied wurde er vom Kaiser persönlich dekoriert. Als sich das Bataillon zum Vorbeimarsch vor dem Kaiser formierte, rief Karl den jungen Soldaten zu sich: »Mit dieser Defilierung ehrt das Regiment Sie, Ihren Vater und Ihre gefallenen Brüder«, sprach der Kaiser.[15] So defilierte das ruhmreiche I. Tiroler Kaiserjäger-Regiment vor dem Kaiser und einem einfachen Soldaten...

Diese Anekdote ist kein Einzelfall. Derartige Gesten trugen Karl uneingeschränkte Loyalität ein.

Im Verlauf einer Inspektion an der Piave-Front im November 1917 wäre Karl beinahe ertrunken. Bei der Durchquerung eines Hochwasser führenden Wildbachs fiel der Motor seines Wagens aus. Zwei Soldaten, die ihn aus dem Wasser ziehen wollten, verloren den Boden unter den Füßen. Mit Hilfe seines Schwagers Felix von Bourbon-Parma gerettet, gelangte Karl lachend ans Ufer.

In seinen letzten Lebensjahren hatte Franz Joseph Wien nur verlassen, um sich in seine Residenz in Bad Ischl zu begeben. Karl hingegen reiste durch seine Länder von Innsbruck bis in die Bukowina, von Triest bis nach Mähren. Nun besaß das Land einen Herrscher, der nicht mehr in weiter Ferne thronte, sondern den man sehen, sprechen und berühren konnte. Zahlreich sind die Fotos, auf denen in einem Städtchen in den Dolomiten oder in einem jüdischen Dorf in Galizien eine Frau zu sehen ist, die diesem jungen Mann die Hand küßt, der zuhört, tröstet, Hilfe verspricht – und Wort hält.

In seiner zweijährigen Regierungszeit zwischen 1916 und 1918 unternahm Karl sechsundfünfzig Reisen in Österreich-Ungarn, dreißig davon an die Front. Sein Obersthofmeister, Prinz Lobkowicz, hat ausgerechnet, daß er dabei 110 000 Kilometer per Bahn und 20 000 Kilometer per Auto oder Pferd zurückgelegt hat. Zita begleitete ihren Gemahl insgesamt fünfzehnmal, davon viermal an die Front. Diese Inspektionsreisen wurden in der Regel von Karl im voraus angekündigt, manchmal aber auch erst im letzten Augenblick angeordnet. Mit Schrecken erinnerte sich Prinz

Lobkowicz an jenen Tag, da ihm der Kaiser um acht Uhr abends eröffnete, für die Abreise am nächsten Tag um sieben Uhr früh alles vorzubereiten. Der Zufall wollte es, daß der Hofreisedirektor gerade abwesend war und erst um elf Uhr abends erreicht werden konnte. In einer Nacht wurde dann das gut eingespielte Räderwerk in Gang gesetzt, die Direktion der Eisenbahn und die an der befohlenen Route liegenden Bahnhöfe verständigt, das Personal des kaiserlichen Sonderzugs zusammengerufen – vom Lokomotivführer bis zum Koch. In diesem Zug verbrachte Karl Dutzende von Nächten; fuhr Zita mit, wurden zwei Salonwagen angehängt, einen für den Kaiser, einen für die Kaiserin. Das Herrscherpaar speiste allein – kostbare Augenblicke der Entspannung auf Reisen, die sonst ganz den öffentlichen Verpflichtungen galten.

Seit Januar 1917 residierte das Paar in Baden, wo Karl sein Hauptquartier aufgeschlagen hatte. Am Hauptplatz der kleinen Bäderstadt liegt ein barockes Haus, Kaiserhaus genannt, das Franz I. 1813 erworben hatte. In dem eher bescheiden wirkenden zweistöckigen Haus wohnte und arbeitete Karl. Prinz Windisch-Graetz beschreibt den einfachen Lebensstil: »Dort [in Baden] bewohnte der Monarch am Hauptplatz eine Wohnung, die aus drei Zimmern bestand. Das erste war ein Vorraum, der meist mit Ministern, Generalen, Politikern, Funktionären, Ordonnanzen, Beamten, Lakaien angefüllt war; das mittlere war das Arbeitszimmer; im dritten, im Schlafzimmer, lag die Kaiserin im Wochenbett. Bürgerlicher kann man nicht sein. Die Küche war die denkbar einfachste. Oft standen im Vorzimmer hohe Offiziere und Würdenträger, und die Amme ging durch, mit den Utensilien ihres Amtes in den Händen.«[16]

Bald erwies sich das Domizil als zu eng, und Karl mietete für seine Audienzen ein zweites Haus in Baden. Im Frühjahr 1917 schließlich übersiedelte die Familie nach Laxenburg, dem zehn Kilometer von Baden entfernten Schloß, das Franz. I. im mittelalterlichen Stil hatte erbauen lassen. Am Morgen fand sich Karl jeweils zur militärischen Lagebesprechung in Baden ein, am Nachmittag gab er seine Zivilaudienzen in Laxenburg. Um der sommerlichen Hitze in Wien zu entfliehen, hielt sich die Familie im

Sommer in der Villa Wartholz auf, wo die Ausläufer der Alpen etwas Erfrischung brachten.

Als Karl und Zita im Jahr 1916 den Thron bestiegen, war die Doppelmonarchie schon seit achtzehn Jahren ohne Herrscherin. Und davor war Kaiserin Elisabeth so häufig außer Landes gewesen und hatte sich so wenig für die Staatsangelegenheiten interessiert, daß Kaiser Franz Joseph seine Aufgabe seit langem hatte allein erfüllen müssen. Bei Karl lag der Fall anders. Er hatte an seiner Seite eine Gefährtin, die ihn vorbehaltlos unterstützte, die er liebte und die ihn liebte. Zudem war Zita eine Frau von großer Intelligenz, die sich – wie es der Familientradition entsprach, aber auch aus eigener Neigung – für Politik interessierte. Es war deshalb nur folgerichtig, daß Zita an der Seite ihres Gemahls eine wichtige Rolle spielen sollte. Nicht nur in leidenschaftlicher Liebe, sondern auch in tiefer Gläubigkeit miteinander verbunden, begriff das Paar die Herrscherpflichten als einen vor Gott zu verantwortenden Auftrag. Doch entsprechend der Tradition der Habsburger und laut Verfassung war der Monarch der alleinige Inhaber der Verantwortung; strenggenommen übte die Kaiserin demnach keine Regierungsfunktion aus. Aber wirkt sich das innige Einvernehmen zwischen Karl und Zita nicht doch auf die Entscheidungen des Kaisers aus?

Von Anfang an bemühten sich Minister und Politiker darum, der Kaiserin vorgestellt zu werden. Sie wollten sie kennenlernen, um sie beurteilen zu können. Wer ihre Bekanntschaft machte, der war von ihrer Persönlichkeit eingenommen, wie die Aussage von General Margutti bezeugt, einem Mann der Generation Kaiser Franz Josephs und Karl gegenüber nicht unkritisch. Von der Kaiserin Ende Januar 1917 in Audienz empfangen, berichtet er: »Auch bei dieser Gelegenheit blieb ich von der Kaiserin fasziniert; nicht bloß wegen ihres persönlichen Charmes und der von ihrer erlauchten Persönlichkeit ausgehenden Anmut, sondern auch ob der geistigen Schärfe, die aus ihren Gesprächen durchleuchtete.« Das Gespräch drehte sich um den Friedenswunsch des Kaisers, die Durchhaltepolitik der Deutschen, das mögliche Eingreifen der

Vereinigten Staaten in den Krieg, um die Gefahr, diese Ereignisse könnten den Sturz von Zar Nikolaus II. herbeiführen und, als Reaktion darauf, den Sturz Wilhelms II. und der Habsburger bewirken. Margutti fährt fort: »Da begann sich mitunter bei Karls Handlungen bereits ein Einfluß bemerkbar zu machen: jener seiner Gattin, der Kaiserin Zita. Ich möchte durchaus nicht behaupten, daß dieser ungünstig gewesen; im Gegenteil. Schon deswegen, weil die Kaiserin ihrem Gemahl intellektuell überlegen war und sie über eine vielseitige und gründliche Bildung sowie über einen überraschenden Scharfblick in allen Lagen verfügte. Auch war ihr ein richtiges, zutreffendes und klares Urteil über die verschiedenen an den Monarchen herantretenden Fragen eigen. So geleitete ihn die Kaiserin ... über die Schwierigkeiten hinweg, glättete mit frauenhafter Anmut die Wogen der politischen und militärischen Hochflut, die sich vor ihm auftürmten, und festigte, wenigstens für den gegebenen Anlaß, seine Willenskraft und seine Entschlußfähigkeit. Deshalb wurde Kaiserin Zita für ihren Gemahl ein immer willkommenerer und schließlich vollständig unentbehrlicher Ratgeber.«[17] Eine dem Kaiser gegenüber unfaire Bemerkung, die aber sehr viel darüber aussagt, wie Zita auf ihre Gesprächspartner wirkte.

Allergnädigste Herrin! schrieb Graf Ottokar Czernin, Minister des Äußern, am 17. Februar 1917 an Zita. *Seine k. und k. Apostolische Majestät haben befohlen, daß ich Eurer Majestät täglich einen Bericht über die äußere Lage vorlegen darf, ein Befehl, dem ich von morgen an nachkommen werde.*[18]

Laut Polzer-Hoditz hatte Karl angeordnet, man möge der Kaiserin jeweils eine politische Orientierung zukommen lassen, bevor sie eine politische Persönlichkeit empfing. Czernin schlug vor, Zita regelmäßig Berichte zukommen zu lassen, was der Kaiser zunächst mit der Begründung ablehnte, das könnte den Eindruck erwecken, die Kaiserin mische sich in die politischen Angelegenheiten ein. Doch da der Minister insistierte, gab Karl schließlich nach.

Beim allabendlichen politisch-militärischen Rapport vor dem Kaiser war Zita in der Regel zugegen. Dabei lieferte auch Graf

Polzer-Hoditz, der Kabinettschef, seinen Bericht ab. Er beschreibt, wie Zita an den Treffen teilnahm: »Sie saß gewöhnlich abseits, in einem Buch lesend oder Briefe schreibend. Es war eine rein passive Assistenz. Ab und zu bat mich Ihre Majestät, mich nach dem Stand dieser oder jener Angelegenheit zu erkundigen. Es waren niemals bedeutungsvolle Dinge, um die es sich handelte. Nur selten kam es vor, daß sie, wenn der Kaiser politische Angelegenheiten mit mir besprach, eine Bemerkung machte. Diese war immer treffend, niemals danebenlaufend. Die Anwesenheit der Kaiserin während des Abendvortrags störte mich anfangs... Doch sehr bald konnte ich mich aus gelegentlichen Äußerungen der Kaiserin überzeugen, daß wohlwollendes Interesse für alle die verschiedenen Angelegenheiten, die ich vortrug und die so oft für Menschen von schicksalsschwerer Bedeutung waren, die Grundstimmung ausmachte, in der sie die Vorträge anhörte.«[19]

Ein wichtiges Zeugnis, da oft behauptet wurde, Karl stehe zu stark unter dem Einfluß seiner Frau. Doch dafür gibt es keinerlei Anhaltspunkte. Ihren Rat holte Karl ein, weil er ihr Urteil schätzte. Er fällte aber die wichtigen Regierungsentscheidungen allein. Erwiesenermaßen gab es auch Meinungsverschiedenheiten zwischen den beiden, ohne daß Karl von seinem Standpunkt abgerückt wäre – etwa in der Frage der Amnestie vom Juli 1917. Zum politischen Einfluß Zitas sei noch einmal Polzer-Hoditz zitiert: »Auch diese Anwesenheit der Kaiserin bei den Abendvorträgen wurde kritisiert und dahin ausgelegt, sie menge sich in die Regierungsgeschäfte ein. Wäre dies der Fall gewesen, so wäre sie gewiß auch zu anderer Stunde als nur des Abends bei Vorträgen erschienen. Dies war aber, solange ich Kabinettsdirektor war, niemals der Fall. Nur am Abend, wenn ihr Tagesprogramm erledigt und die Kinder zu Bett gebracht waren, kam die Kaiserin ins Arbeitszimmer des Kaisers.«[20]

Zitas Einfluß war auf einem Gebiet deutlich spürbar, im Sozialbereich. Der Abgeordnete Joseph Maria Baernreither, im Dezember 1916 zum Minister ohne Portefeuille ernannt, war beauftragt worden, eine kurze Untersuchung über die Organisation der Jugendfürsorge anzufertigen. Am 6. Januar 1917 übergab er seinen Bericht. Vier Tage später wurde er zur Kaiserin gerufen. »Sie hatte das Mémoire nicht nur genau gelesen«, notiert der Minister in seinem Tagebuch, »sondern sprach mehr als eine halbe Stunde mit mir ganz eingehend darüber ... Ich erklärte ihr ausführlich die Einzelheiten des Plans. Sie folgte nicht nur aufmerksam meinen Ausführungen, sondern machte Zwischenbemerkungen, die ihr volles Verständnis zeigten.« Und der Minister schließt mit der Bemerkung: »Eine neue Luft weht in der Hofburg.«[21]

Schon als Erzherzogin war Zita sozial tätig gewesen, doch nun konnte sie kraft ihrer Stellung ihre Tätigkeit intensivieren. »Die Pflichten einer Kaiserin«, faßt Zita ihre Einstellung später in einem Gespräch mit ihrer Biographin Tamara Griesser-Pečar zusammen, »sind andere inmitten eines Weltkrieges, als sie es in Friedenszeiten wären. Die großen Empfänge und Repräsentationen fallen großenteils weg. Bei mir standen die Besuche in den Lazaretten, bei den Verwundeten im Vordergrund, die ich manchmal auch unangesagt machte, um die wirklichen Verhältnisse zu sehen ... Es war auch das Werk für Kriegswitwen und Kriegswaisen, das mich viel beschäftigte und über das ich mich ständig unterrichten ließ.«[22]

Zitas erste Aktion als Kaiserin lief unter dem Motto »Für das Kind« – eine Sammlung zugunsten notleidender Kinder. Am 26. Dezember 1916 konnte der Obersthofmeister der Kaiserin dem österreichischen Ministerpräsidenten einen Scheck über 650 000 Kronen sowie eine Aufstellung der Warenspenden übergeben; auf die österreichische Reichshälfte entfielen: 15 Tonnen Schokolade, 31 200 Dosen Kondensmilch, ein Waggon Trikotwäsche, warme Kleidung und ungefähr 75 000 Paar Kinderschuhe. Zwei Wochen später empfing Zita Baernreither erneut zur Audienz und erkundigte sich nach der Verteilung ihrer Spende, denn »sonst ist der Winter vorbei, ehe die Kinder was bekommen«.

Der Winter 1916/17 war besonders hart. Und zwar nicht nur wegen der in Europa herrschenden Kälte, sondern auch wegen der verschärften Lebensmittelrestriktionen. In Übereinstimmung mit Karl befand Zita, auch der Hof habe sich einzuschränken. Die schon bisher keineswegs üppigen Mahlzeiten fielen noch bescheidener aus, und gewisse Lebensmittel kamen überhaupt nicht mehr auf den Tisch – etwa Weißbrot und Schokolade. Eine Maßnahme, die Zita angeregt hatte, beeindruckte die Wiener ganz besonders. In Österreich mangelte es an Heizmaterial, und die meisten Lastwagen, ja sogar die Pferde waren von der Armee requiriert worden. Wie sollte da die zum Heizen notwendige – übrigens rationierte – Kohle in die Hauptstadt geschafft werden? Das übernahmen die dreihundertfünfzig Pferde aus den kaiserlichen Stallungen, die der Stadt zur Verfügung gestellt wurden. Und so kam es, daß die Bevölkerung von Wien in den Straßen ganz ungewohnte Gefährte erblickte: Mecklenburger, Ungarer oder Lipizzaner mit untadeligem Stammbaum waren den Kohlenwagen vorgespannt.

Unermüdlich besuchte Zita die Krankenhäuser Wiens oder, wenn sie Karl bei einem Frontbesuch begleitete, die Lazarette. Jedem Verwundeten sprach sie in seiner Muttersprache einige Worte des Trosts zu und übergab ihm ein kleines Geschenk. Sie hörte sich Klagen an und bemühte sich, Bitten zu erfüllen. Auch Waisenhäusern und Volksküchen stattete sie einen Besuch ab. Ab und zu kam sie unangemeldet und rüttelte so die Verantwortlichen aus ihrer Routine auf. Die Kaiserin präsidierte das Werk der Kriegspatenschaften, gründete Aufnahmezentren für Flüchtlinge aus dem Osten, ein Hilfswerk für die Kriegsblinden, Soldatenheime und ein auf Orthopädie spezialisiertes Krankenhaus für Kriegsversehrte.

Emmy Gehrig, Sozialarbeiterin in Floridsdorf und Favoriten, zwei vornehmlich von Arbeitern bewohnten Außenbezirken Wiens, erzählt, wie hoch die Wertschätzung des Herrscherpaars in den Arbeiterfamilien war. Viele Kinder wurden zu Ehren der Kaiserin oder des Kronprinzen auf den Namen Zita oder Otto getauft. Für Kardinal-Erzbischof Piffl von Wien war Zita »der Schutzengel aller Leidenden«.

Ein Foto aus jener Zeit zeigt Karl und Zita mit ihren vier Kindern: Otto, Adelhaid, Robert und Felix. Das Bild fand in Zehntausenden von Exemplaren Verbreitung. Eine Monarchie, das ist eine Familie an der Spitze des Staats. Doch wie stand es um das

Familienleben der Monarchen selbst? Die Zeit, die Karl mit den Seinen verbringen konnte, war knapp bemessen. Da inzwischen auch Zita öffentliche Aufgaben zu erfüllen hatte, war sie auf die Mithilfe einer Gouvernante angewiesen. Gräfin Therese Korff-Schmising-Kerssenbrock nahm am 1. Februar 1917 ihren Dienst auf und blieb bis zu ihrem Tod im Jahr 1973 an Zitas Seite. Im kaiserlichen Haushalt gab es nur abends kurze private Momente. Polzer-Hoditz beschreibt eine Szene, die sich im Spätsommer 1917 in der Villa Wartholz abspielte, als er zu seinem täglichen Bericht vorsprach: »Am Schreibtisch saß der Kaiser und vor dem Kamin, in dem ein Feuer brannte – es war an einem kalten Septembertag – saß am Boden, umgeben von ihren Kindern, die Kaiserin, diesen an der Hand eines Bilderbuchs Geschichten erzählend. Es war ein schönes Familienbild. Der Kaiser ließ mich neben sich am Schreibtisch Platz nehmen, und ich begann meinen Vortrag. Bald danach ging mit großer Heftigkeit die Türe auf, der Kronprinz stürzte ins Zimmer, und nachdem er sich die Situation besehen hatte, begab er sich zu seiner Mutter und zum großen Bilderbuch. Erzherzogin Adelhaid und Erzherzog Robert stellten sich zum Kaiser und hörten, an ihn angelehnt, meinem Vortrag zu, sichtlich nur mit dem einen Interesse, daß ich bald damit zu Ende wäre, damit sich der Kaiser wieder mit ihnen beschäftigen könne; denn die Kinder hielten etwas auf ihr gutes Recht. Am Abend, für eine halbe Stunde vor dem Schlafengehen wenigstens, gehörte der Kaiser ihnen.«[23]

Seine Kinder erzog das Herrscherpaar nach strengen, ganz im Glauben verwurzelten Grundsätzen: die Fürsten seien den anderen verpflichtet und nicht um ihrer selbst willen geboren, sondern um Österreich und Ungarn zu dienen. Der Mensch habe nicht in erster Linie Rechte, sondern Pflichten.

Der Friedenskaiser

In Berlin wurde Karls Alter als ein Geschenk des Himmels betrachtet: gewiß ließ sich der unerfahrene junge Mann leicht manipulieren: Österreich-Ungarn würde sich Deutschland unterordnen. Die Deutschen sollten sich täuschen. Während seiner zweijährigen Regierungszeit war der Kaiser ganz im Gegenteil stets bestrebt, sich ihrem Einfluß zu entziehen.

Eine Woche nach dem Tod von Kaiser Franz Joseph traf Kaiser Wilhelm II. zu einem Kurzbesuch in Wien ein – offiziell, um dem Verstorbenen die letzte Ehre zu erweisen, in Wirklichkeit aber, um seine Autorität geltend zu machen. Vor einer Sitzung, an der einige technische Differenzen mit Österreich ausgeräumt werden sollten, zürnte der Kaiser in Gegenwart seines Botschafters:

»Ich will die österreichischen Minister sehen! Ich will dem Ministerpräsidenten und anderen meinen Standpunkt klarmachen!«

»Die Minister sind nicht befohlen, Majestät«, entgegnete Graf Wedel, »die Österreicher fassen Eure hohe Anwesenheit als intimen Besuch auf...«

»Was heißt hier ›nicht befohlen‹?« unterbrach der Kaiser ihn barsch, »dann werde *ich* sie eben befehlen lassen!«[1]

Doch Karls Regierung stand nicht einfach zu Diensten. Kaiser Wilhelm II. reiste am selben Abend ab, ohne seinen Willen durchgesetzt zu haben; seinen Botschafter wies er aber an: »Lassen Sie sich von den Karls hier nur nichts gefallen... immer antworten: Jetzt führen wir Krieg, jetzt laßt Hindenburg machen!«

Hindenburg seinerseits hatte einen Monat zuvor bei Reichskanzler Theobald von Bethmann Hollweg geklagt: »Das Nichteinmischen in die inneren Verhältnisse Österreich-Ungarns vor dem Krieg und während desselben hat unsere Kriegführung auf

Schritt und Tritt erschwert.« Ein unverhülltes Eingeständnis, daß Deutschland sich in die inneren Angelegenheiten Österreich-Ungarns einmischen wollte.

Nicht nur Hindenburg und Ludendorff, sondern das gesamte Oberkommando des Deutschen Reichs empfand seinen Verbündeten gegenüber größte Verachtung. General Cramon, deutscher Vertreter im österreichischen Hauptquartier, nennt den Grund dafür: »Österreich-Ungarn war kein deutscher, sondern ein Nationalitäten-Staat, dem die deutsche Herkunft des Herrscherhauses, historische Vergangenheit und die kulturelle Überlegenheit des deutschen Elements nach außen hin wohl den deutschen Stempel aufdrückten.«[2] In der Tat regiere Karl ein Land, in dem verschiedene Nationalitäten nebeneinander lebten, ein Reich, dessen gemeinsamer Nenner nicht Deutschtum, sondern dynastische Treue war. Zwischen der rassistischen Auffassung des deutschen Nationalismus und dem österreichischen Genie war die Unvereinbarkeit unüberbrückbar. Dieser Gegensatz verstärkte die Spannung zwischen Wien und Berlin.

Seit 1914 war die Kette der Brüskierungen nicht abgerissen. Um sich der Neutralität Rumäniens zu versichern – König Ferdinand I. sympathisierte mit den Mächten der Entente, trat aber erst im August 1916 an deren Seite in den Krieg ein –, hatten die Deutschen, ohne vorherige Rücksprache mit Kaiser Franz Joseph, Bukarest österreichisch-ungarische Gebiete versprochen. Desgleichen gaben sie vor, Südtirol an Italien abtreten zu wollen. Im Rahmen einer Bilanz über die deutsch-österreichische Allianz kommt Karls einstiger Sekretär, Hauptmann Karl Werkmann, in den dreißiger Jahren auf diese Ambivalenz der Beziehungen zurück und meint, »daß der gute Österreicher von 1917 oder 1918 in der damaligen Haltung Deutschlands den schwer ertragenen Ausdruck eines auch dem Stärkeren nicht zustehenden Übermutes erblickte ... Ludendorff und sein Anhang waren entschlossen, nur das Recht des Stärkeren, und nur dieses, gegen Feinde und Verbündete gelten zu lassen.«[3]

Im nachhinein kritisiert Werkmann die militärischen Gepflogenheiten Berlins: »Die höchste Führung in Deutschland konnte uns keine Bewunderung abringen (um so mehr die mittlere und niedere). Auch die Beziehungen zwischen Offizier und Mann erschienen uns nicht vorbildlich. Die geringe Anpassungsfähigkeit des deutschen Durchschnittsoffiziers an verschiedene Menschen und Verhältnisse ist uns aufgefallen. Sonderbar berührte uns der Mangel an Kritik im Nachrichtendienst.«[4]

Zwischen dem auf blindem Gehorsam beruhenden preußischen Militarismus und der österreichischen Auffassung, die das Temperament des einzelnen respektierte, war die Unvereinbarkeit notorisch. In Österreich-Ungarn wurde ein Kämpfer, der einen Befehl mißachtet, dessen Initiative sich aber schließlich als Heldentat herausstellt, mit dem Großkreuz des Maria-Theresien-Ordens ausgezeichnet, der höchsten militärischen Auszeichnung der Habsburger. In Deutschland wurde der Urheber einer solchen Tat bestraft.

Hinzu kamen persönliche Unverträglichkeiten. Kaiser Karl hegte eine profunde Antipathie gegen Ludendorff. »Er ist ein Tier«, empörte er sich 1918 über ihn. Auslöser des ersten Konflikts war der U-Bootkrieg. Seit 1915 versuchten die Deutschen, die britische Blockade mit Angriffen auf alliierte Schiffe zu durchbrechen. Doch außer im dramatischen Fall der Versenkung der *Lusitania*, eines vielleicht irrtümlicherweise anvisierten zivilen Ziels, war es erst zu Scharmützeln gekommen. Zu Beginn des Jahres 1917 drängte die deutsche Admiralität darauf, den Druck zu verstärken. Damals besaß das Reich hundertzwanzig U-Boote. Großadmiral Tirpitz und sein Generalstabschef, Admiral Holtzendorff, vermochten Ludendorff davon zu überzeugen, mit Hilfe seiner Unterseeboote könne Deutschland England in sechs Monaten aushungern und zum Niederlegen der Waffen zwingen.

Am 20. Januar 1917 kamen der deutsche Unterstaatssekretär Zimmermann und Admiral Holtzendorff nach Wien, um die Österreicher von der Richtigkeit ihres Vorhaben zu überzeugen. Zwei Treffen waren angesagt, eines unter dem Vorsitz des Kaisers, das andere unter demjenigen Czernins. Aus grundsätzlichen moralischen Überlegungen war Karl gegen die wahllose Versenkung von Schiffen. Außerdem war er überzeugt, die Zeit spiele gegen die Mittelmächte. Großbritannien besaß dank seines *Empire* unermeßliche Ressourcen: durch U-Boot-Angriffe würde es niemals gelingen, das Land von seinen Kolonien abzuschneiden. Vor allem aber würde damit das Eingreifen der Vereinigten Staaten in den Krieg provoziert. Im Verlauf eines privaten Gesprächs eröffnete Holtzendorff dem Kaiser, das Reich werde den uneingeschränkten U-Boot-Krieg bald eröffnen. Vor vollendete Tatsachen gestellt, zeigte sich Karl erschüttert. Auch Czernin lehnte diese Strategie ab. Am 26. Januar 1917 legten Kaiser Karl und sein Minister des Äußeren im Großen Deutschen Hauptquartier ihre Sicht dar. Vergeblich. Am 1. Februar begann der U-Boot-Krieg. Am 13. Februar 1917 besuchte Kaiser Wilhelm II. Wien: auch er hörte nicht auf Karl.

Im vertraulichen Gespräch äußerte sich Kaiser Karl gegenüber Polzer-Hoditz wie folgt: »Wir werden den Krieg verlieren, wir müssen ihn verlieren, wenn Amerika in den Krieg eintritt. Es ist ein Unrecht, das man an unserem Volk begeht, daß man es in Siegeshoffnung erhält. Ich habe befohlen, daß von der Presse nicht immer Siegesfanfaren geblasen werden; aber es nützt nichts. Die Presse gehorcht der deutschen Botschaft mehr als uns und treibt es immer ärger. Die Militärs und die Minister wollen mir nicht glauben.« Als sein Kabinettschef ihm entgegnete, es wäre wohl nicht wünschenswert, daß die Entente um den Zustand Österreich-Ungarns wisse, fuhr Karl fort: »Man braucht doch nicht zu sagen, daß wir am Ende unsrer Kräfte sind. Wenn aber das Volk fortwährend von unsrer glänzenden Lage erfährt, wird es für einen Verzichtfrieden kein Verständnis haben. Es genügt doch nicht, daß ich allein den Frieden will. Ich muß das ganze Volk und die Minister fest an meiner Seite haben.«[5]

Am 2. Mai 1917 hielt sich Holtzendorff erneut in Wien auf. Er wurde vom Herrscherpaar zu einem Essen eingeladen, bei dem er arrogant seinen Standpunkt verteidigte.

»Ich weiß schon«, wandte er sich an die Kaiserin, »Sie sind die Gegnerin des U-Boot-Krieges. Sie sind überhaupt gegen den Krieg.«

»Ich bin gegen den Krieg«, antwortete die Kaiserin, »wie jede

Frau, die die Menschen lieber glücklich als leiden sieht.«
Holtzendorff war noch nicht genügend belehrt und erwiderte: »Ach was, leiden. Ich arbeite am leichtesten, wenn ich einen leeren Magen habe; da heißt es, den Riemen fester schnüren und durchhalten.«

Mit schneidenden Worten machte die Kaiserin dem Gespräch ein Ende:

»Ich liebe es nicht, vom Durchhalten zu hören, wenn man an einer vollbesetzten Tafel sitzt.«[6]

Der U-Boot-Krieg sollte sich, wie Kaiser Karl vorhergesehen hatte, gegen dessen Initianten wenden: am 6. April 1917 waren die Vereinigten Staaten der Koalition gegen Deutschland beigetreten.

Karl und Zita waren mit Charles Penfield, dem amerikanischen Botschafter in Wien, befreundet. 1915 hatte Penfield die im Rahmen eines Wohltätigkeitskonzerts in New York gesammelten Gelder für die Juden Galiziens (diese hatten sich unter dem Druck der russischen Offensive und aus Angst vor Pogromen unter den Schutz der österreichischen Truppen gestellt) nach Österreich überbracht. Trotz aller Bemühungen des Diplomaten, das Unausweichliche hinauszuzögern, erklärte Washington am 7. Dezember 1917 Österreich-Ungarn den Krieg.

Zwischen Karl und der deutschen Heeresleitung kam es in der Frage der russischen Revolutionäre erneut zu Meinungsverschiedenheiten. Berlin beharrte darauf, sie seien zur Destabilisierung Rußlands zu instrumentalisieren. Karl hingegen verweigerte dem berühmt gewordenen plombierten Eisenbahnwagen, worin Lenin mit deutschem Gold nach Rußland fuhr, die Durchreise; er befürchtete eine Ausweitung des Kommunismus auf ganz Europa.

Am 12. Dezember 1916, wenige Tage nach dem Regierungsantritt von Kaiser Karl, lud Wilhelm II. die Entente-Mächte zu Verhandlungen ein, in die er auch seine österreichischen, bulgarischen und türkischen Verbündeten einbezog. Doch er brachte keine Vorschläge für einen Ausweg aus der Krise vor. Die Ende Dezember eintreffende Antwort auf das Verhandlungsangebot fiel negativ aus. Für den österreichischen Herrscher kein Grund zur Entmutigung. 1917 traf er sich sechsmal mit Kaiser Wilhelm II.

Der Friedenskaiser

Jedesmal verlief die Begegnung enttäuschend. »Obwohl er viel gesprochen hat«, seufzte Karl, »hatte er nichts zu sagen.« War es der Glaube an das Gute im Menschen, der Karl weiterhin daran glauben ließ, Wilhelm II. sei, anders als seine Generäle, kein Kriegstreiber?

Am 12. April 1917 wandte sich Karl in einer von ihm selbst verfaßten, aber von Czernin unterzeichneten Denkschrift an Wilhelm II. Am Anfang stand eine schonungslose Bilanz: »Es ist vollständig klar, daß unsere militärische Kraft ihrem Ende entgegengeht... Ich verweise bloß auf das zur Neige gehende Rohmaterial zur Munitionserzeugung, auf das vollständig erschöpfte Menschenmaterial und vor allem auf die dumpfe Verzweiflung, welche sich wegen der Unterernährung aller Volksschichten bemächtigt hat und welche ein weiteres Tragen der Kriegslasten unmöglich macht.«[7] Die Friedensverhandlungen, so fährt der Kaiser fort, müßten noch vor dem Sommer beginnen, also bevor die Entente der Erschöpfung der Mittelmächte gewahr werde; danach wären Verhandlungen nicht mehr möglich. Dann spricht Karl von der revolutionären Gefahr, die die russische Monarchie hinweggefegt habe (am 15. März 1917 hatte Zar Nikolaus II. abgedankt) und auch Deutschland und Österreich bedrohe. Dann folgt eine geradezu seherische Analyse: »Dieser Krieg hat eine neue Ära der Weltgeschichte eröffnet: er hat keine Vorbilder und keine Vorakten. Die Welt ist nicht mehr dieselbe, die sie vor drei Jahren war, und vergeblich wird man nach Analogien für alle die Vorgänge, die heute zur Alltäglichkeit geworden sind, in der Weltgeschichte suchen. Der Staatsmann, der nicht blind oder taub ist, muß wahrnehmen, wie die dumpfe Verzweiflung der Bevölkerung täglich zunimmt: er muß das dumpfe Grollen hören, das in den breiten Massen vernehmbar ist, und er muß, wenn er sich seiner Verantwortung bewußt ist, mit diesem Faktor rechnen... Wenn die Monarchen der Zentralmächte nicht imstande sind, in den nächsten Monaten Frieden zu schließen, dann werden es die Völker über ihre Köpfe hinweg tun.«[8]

Wilhelm II. bestätigte den Empfang dieses Memorandums. Doch in seiner Antwort ging er nicht auf Karls Beschwörungen ein. Vielmehr verbreitete er sich stolz über die ersten Resultate des uneingeschränkten U-Boot-Kriegs und prognostizierte den Niedergang Großbritanniens und die Ohnmacht der Vereinigten Staaten. Deutschland führe Krieg und werde bis zum Ende, bis zum Sieg gehen. Die Österreicher hätten bloß zu folgen, sonst ... Im Juli 1917 drohte Wilhelm II. dem österreichischen Botschafter in Wien, er plane die Besetzung Prags; und sein Generalstab arbeitete einen Plan zur Eroberung Österreich-Ungarns aus. Mit einer Variante im Szenario: der Internierung der Habsburger.

Darüber, wie Deutschland Österreich einschätzte, machte sich Kaiser Karl keine Illusionen. Wie er darüber dachte, verrät der Entwurf zu einem Brief an Czernin, den er Werkmann am 14. Mai 1917 diktierte:

So wie ich jede Militärkonvention mit Deutschland auf das entschiedenste zurückgewiesen habe, so muß ich auch jeden Handelsvertrag, der uns in intimere Beziehungen zu Deutschland als zu jedem andern Staat bringt, perhorreszieren. Der Zweck dieses Handelsvertrages für Deutschland ist ganz, es ist dies ein Baustein in dem großen Werke der Hohenzollern, Österreich in ihre vollständige Abhängigkeit à la Bayern zu bringen... Ein eklatanter militärischer Sieg Deutschlands wäre unser Ruin. Deutschland hat immer den Hintergedanken, daß, wenn es schlecht geht, es immer noch Österreich als Kompensationsobjekt hat. Der Friede *à l'amiable* auf dem *status quo* wäre für uns das Allerbeste, denn dann wäre Deutschland nicht zu übermütig und wir hätten es uns mit den Westmächten, die eigentlich nicht unsere Feinde sind, nicht ganz verdorben ... Resumierend glaube ich, daß für Österreich die einzige Möglichkeit, gut aus dieser Schlamastik herauszukommen, ist, einen Frieden ohne Annexion und nach dem Kriege außer Deutschland als Gegengewicht ein Bündnis mit Frankreich.[9]

Ein Bündnis mit Frankreich ... Ist das explosive Potential eines solchen, mitten im Krieg gesprochenen Worts zu ermessen? Es drückt die Weitsicht von Karls I. geopolitischer Vision aus. Der Kaiser träumte von einer ganz neuen Bündnispolitik. Gegen Berlin eine Achse Paris – Wien: diese Spur hatte schon Kaiserin Maria Theresia im 18. Jahrhundert verfolgt, als ihr Kanzler

Kaunitz sich König Ludwig XV. zuwandte. Diese Achse hatte Franz Joseph wiederherzustellen versucht, doch Napoleon III. war nicht darauf eingegangen; und nach Königgrätz hatten die russischen Ambitionen auf dem Balkan Wien schließlich zu dem widernatürlichen Bündnis mit Preußen gezwungen. Karl verfolgte die Absicht seiner Vorgänger weiter. Mit dem Widerstand gegen jene, die sich mit einem von Deutschland unterjochten Mitteleuropa begnügen wollten, hoffte der Kaiser, wieder an die Großmachtpolitik der Habsburger anknüpfen zu können. Wollte Österreich-Ungarn seinen Auftrag weiterhin erfüllen, mußte es frei sein: kein Sonderabkommen durfte seine Unabhängigkeit beschneiden. Im Westen lag Großbritannien mit dem Potential einer Seemacht, auf dem Kontinent Frankreich als einziges Gegengewicht zu Deutschland.

Der Kaiser von Österreich als heimlicher Freund Frankreichs? Die Deutschen hegten diesen Verdacht tatsächlich. Da sie den Kaiser nicht direkt angreifen konnten, schossen sie sich auf ein anderes Ziel ein: Zita. Der alldeutschen Kriegstreiberei dienten die französischen Vorfahren der Kaiserin als Vorwand, um gegen sie eine Hetzkampagne zu entfachen. In einigen Monaten sollten sie einige sogar des Verrats bezichtigen.

Im Generalstab konnte Ludendorff auf die Unterstützung eines Propagandaoffiziers zählen: Oberst Max Bauer. Von seinem Büro der II. Abteilung der Deutschen Obersten Heeresleitung aus verbreitete er unzählige Gerüchte über Zita, und zwar in Deutschland wie in Österreich. In Deutschland wurde die Kaiserin als »die Französin«, in Österreich als »die Italienerin« apostrophiert. Der italienische Nationalismus hatte Zitas Familie aus Parma verjagt; und nur indirekt war sie französischer Abstammung. Doch Schlagworte kümmern sich um die historische Wahrheit nicht.

Botho von Wedel, Botschafter Wilhelms. II. in Wien, hatte seinen Anteil an dieser Verleumdungskampagne. In seinem Bericht vom 25. April 1917 an Berlin etwa stehen folgende Zeilen: »Die Kaiserin entstammt einem italienischen Fürstenhause. Sie sieht in Italien ihre zweite Heimat ... Die Mutter der Kaiserin ist eine Bragança. Desgleichen ihre Tante, die Erzherzogin Maria Theresia. Den hohen Frauen welscher Abkunft ist welsches Wesen sympathisch und behaglich, deutsches Wesen ist ihnen fremd und schwer verständlich.«[10]

Gegen Zita griff Wedel, der strenge Lutheraner, auf antirömische Argumente und auf den Mythos der Jesuitenverschwörung zurück, die in einem von Bismarcks Kulturkampf geprägten Deutschland noch immer zogen: »Der Monarch gönnt bekanntlich seiner Gemahlin großen Einfluß«, schreibt Wedel am 4. März 1917. »Kaiserin Zita ihrerseits steht unter dem Einfluß ihrer Mutter, der Herzogin von Parma, und noch mehr ihrer Tante, der Erzherzogin Maria Theresia, die mit Recht als die Stifterin der kaiserlichen Ehe angesehen wird. Bei den hohen Frauen gehen die geistlichen Herren, darunter die Jesuiten, täglich ein und aus. In diesem kleinen Kreise wird nach dem Wege gesucht, der zum Frieden führt, wobei auch die Ausnutzung internationaler Beziehungen eine Rolle spielt. Eingeweihte wollen wissen, daß die hohen Frauen sogar von einer Versöhnung mit Italien träumen und daß die geistlichen Berater zu diesem Zwecke ihre Fäden nach Rom spinnen. Auch das Verbot eines Bombardements von Venedig und ähnlich sanfte Befehle sollen auf diese Einflüsse zurückzuführen sein.«[11]

General Cramon wiederum, Vertreter Berlins im Großen Österreichisch-Ungarischen Hauptquartier, bemängelte: »Die Kaiserin Zita und deren Mutter waren nach Geburt und Erziehung keine Deutschen. Durch die Heirat des Kaisers zur Macht gelangt, dachten sie in erster Linie an das Wohl ihres eigenen Hauses.«[12] Doch diese Unterstellung hält einer Prüfung nicht stand. Was Zita betrifft, so brauchte Karl sie nicht, um zu wissen, was er denken sollte. Waren sie sich einmal nicht einig – was selten vorkam –, dann vermochte sie ihn nicht von seinem Standpunkt abzubringen. Doch in alldeutschen Kreisen setzte sich das Bild der Kaiserin als Drahtzieherin einer defätistischen Politik durch, die die Kriegsanstrengungen des deutschen Volks hintertriebe.

Im deutschen Lager wurden diese Angriffe gegen die Bourbonen von Parma zur Gewohnheit: »Sie hetzen die Habsburger gegen die Hohenzollern auf«, bemerkte Wilhelm II. einmal. Daß die Prinzen Sixtus und Xavier in den Reihen der Entente kämpften, war Wasser auf diese Mühlen. Selbst der gemäßigte Abgeordnete Josef Redlich hatte schon vor dem Tod von Kaiser Franz Joseph sein Erstaunen darüber zum Ausdruck gebracht. Am 20. Juni 1916 notierte er in seinem *Politischen Tagebuch*: »Koerber erzählt, daß er im *Temps* und *Matin* gelesen habe, daß die Brüder der Erzherzogin Zita in der belgischen Armee mitgekämpft haben und Tapferkeitsauszeichnungen von Poincaré erhielten. Die Brüder der künftigen österreichischen Kaiserin gegen Deutschland kämpfend!«[13]

Was hätten Zitas Feinde gesagt, hätten sie erst gewußt, daß sie weiterhin mit ihren Brüdern in Verbindung stand ... Über die ganze Kriegszeit hinweg tauschten die Kaiserin, Sixtus und Xavier miteinander Briefe aus, vermittelt entweder durch die häufig in der Schweiz in Wartegg weilende Mutter, die Herzogin von Parma, oder über die belgische Königsfamilie, die sich nach La Panne geflüchtet hatte, dem einzigen nicht besetzten Gebiet Belgiens. Möglich wurde dieser Austausch über diplomatische Wege, vermutlich mit Hilfe des Vatikans. Doch darüber schwieg sich Kaiserin Zita selbst in ihren letzten Lebensjahren aus.

Bereits am 15. September 1914 hatte Sixtus seiner Schwester, der damaligen Erzherzogin, geschrieben. Den Faden seiner letzten Unterhaltung mit Karl vor seiner Abreise aus Wien aufnehmend, fragte er sie, was Österreich von Deutschland trennen könnte. Ihr Gemahl sei gleicher Ansicht, hatte Zita darauf geantwortet, doch seien ihm die Hände gebunden. Eine weitere Spur dieser Korrespondenz findet sich in Xaviers Tagebuch, wo er unter dem 8. August 1915 notierte, sie hätten einen Brief von ihrer Schwester erhalten, worin sie nach der Kathedrale von Reims fragte. Sie habe schon mehrmals versucht, über Erzherzog Karl auf das Große Deutsche Hauptquartier dahingehend einzuwirken, daß das Gotteshaus verschont werden möge.

Keinerlei Illoyalität Zitas in diesem Briefwechsel. Nie erwähnte sie die innere Lage des Landes. Außerdem teilte sie Sixtus' und Xaviers Einschätzungen nicht immer. Diese übernahmen den Standpunkt der Westmächte. Die Kaiserin wiederum verteidigte die Interessen Österreichs. Doch dieser Freundschaft, über die mit Eisen und Feuer gezogenen Grenzen hinweg aufrechterhalten, verdankt sich der Versuch, den Gang der Geschichte zu beschleunigen und aktiv einen Waffenstillstand zwischen Österreich und der Entente herbeizuführen.

In Frankreich unterhielt Sixtus von Bourbon-Parma Beziehungen auf höchster Ebene. Er bot seine guten Dienste an. Als Bruder der Kaiserin von Österreich und Freund des Kaisers konnte er, falls Paris mit Wien in Kontakt treten wollte, die entsprechenden Kontakte herstellen. Er hatte Gespräche geführt mit William Martin, dem Protokollchef des Außenministeriums, mit Staatsminister Charles-Louis de Freycinet, mit Aristide Briand, dem Ministerpräsidenten, mit Jules Cambon, dem Generalsekretär im Außenministerium. Seine Gesprächspartner hatten ihm mit Interesse zugehört, doch für sie war es nie der richtige Zeitpunkt für Geheimkontakte mit Österreich.

Am 25. März 1915 war Sixtus auch von Papst Benedikt XV. empfangen worden. Von dieser Audienz sickerte nichts durch. Bekannt ist lediglich, daß der Prinz bei dieser Gelegenheit für einen Separatfrieden mit Wien plädierte.

Mit der Thronbesteigung Karls ergab sich die von Sixtus erhoffte Gelegenheit. Doch die Initiative sollte nicht von der Entente ausgehen. Kurz nach dem Tod Franz Josephs hatte Zita sich in einem Brief an ihren Bruder über die Möglichkeiten einer Kontaktaufnahme mit den französischen Behörden erkundigt. Geradezu brisant ist die von Zita in ihren letzten Lebensjahren gemachte Aussage, der alte Kaiser persönlich habe sie zu diesem Schritt aufgefordert. Wie sich zeigen wird, handelte die Kaiserin nicht auf eigene Initiative. Die »Sixtus-Verhandlungen« waren ein von Kaiser Karl gesteuertes Unternehmen. Sie waren die logische Konsequenz seiner vor und während des Kriegs entwickelten Vorstellungen. Unmöglich, Zita die Urheberschaft zuzuschreiben, wie das oft getan wird. Daß sie eingeweiht und einverstanden war, daran besteht allerdings kein Zweifel; doch die Behauptung, sie sei die treibende Kraft gewesen, beruht auf einer Fehleinschätzung von Karl und Zita.

Die Herzogin von Parma hatte ihrem Sohn geschrieben, sie würde ihn gern sehen. Am 29. Januar 1917 traf sie sich in Neuenburg, in der Schweiz, mit Sixtus und Xavier, dem König Albert Urlaub gewährt hatte. Maria Antonia überbrachte eine Botschaft Karls (darauf beschränkt sich Maria Antonias Beteiligung an der Affäre): der Kaiser, der Gespräche mit der Entente eröffnen wollte, bat um ihre Mithilfe. In einem unverzüglich an die Mutter übergebenen Schreiben hielt Sixtus die vier seiner Auffassung nach unerläßlichen Vorbedingungen für ernsthafte Friedensverhandlungen mit den Westmächten fest: 1. Rückgabe von Elsaß-Lothringen an Frankreich ohne Entschädigung durch Kolonien; 2. Wiederherstellung von Belgien; 3. Wiederherstellung von Serbien, durch Albanien vergrößert, um den Serben den Zugang zum Meer zu sichern; 4. Übergabe von Konstantinopel an die Russen. Diese vier Grundvoraussetzungen entsprachen dem, was Sixtus nach seinen Sondierungsgesprächen der Jahre 1915/16 von den Forderungen der Entente wußte.

Am 11. Februar trat Sixtus mit William Martin und Jules Cambon in Paris zusammen. Er informierte sie über die österreichische Gesprächsbereitschaft. Am folgenden Tag kehrten Sixtus und Xavier nach Neuenburg zurück, wo Karls Geheimgesandter, sein Freund aus Kindeszeiten Tamás Erdödy, sie erwartete. Die Kaiserin hatte ihm strikte Weisung gegeben, die Dokumente den beiden Prinzen zu übergeben, aber auf keine Frage bezüglich der inneren Lage Österreich-Ungarns – Militär, Wirtschaft oder Politik – einzugehen. Sixtus nahm die Antwort auf seinen durch die Herzogin von Parma überbrachten Brief zur Kenntnis: der Kaiser erklärte sich mit drei der vier Vorbedingungen einverstanden, lehnte aber die Wiederherstellung Serbiens ab.

Karl hatte seinen Minister des Äußeren, Graf Czernin, über die Angelegenheit informiert. Am 17. Februar bat dieser die Kaiserin, ihre Brüder nach Wien einzuladen, denn Verhandlungen von Angesicht zu Angesicht seien effizienter. Doch der Minister war mißtrauisch, da er befürchtete, die Prinzen wollten einen »französischen Frieden« durchsetzen.

Am 21. Februar 1917 traf sich Sixtus in Neuenburg erneut zum

Gespräch mit Erdödy, der ihm eine Note Czernins überbrachte. Darin wurde bekräftigt, daß Österreich-Ungarn keinerlei Annexionsgelüste hege und einen reinen Verteidigungskrieg führe. Diese Richtlinien enthalten aber einen beunruhigenden Satz: »Das Bündnis zwischen Österreich-Ungarn, Deutschland, der Türkei und Bulgarien ist absolut unauflöslich.«[14] Doch der Kaiser hatte einen persönlichen Brief an Prinz Sixtus mitgegeben, worin er betonte: »Wir werden Frankreich unterstützen und mit allen Mitteln auf Deutschland einen Druck ausüben.«[15] Weshalb die Diskrepanz zwischen den beiden Texten? Der Kaiser war zur Vorsicht gezwungen und schonte deshalb seinen Außenminister: Brächte Czernin das Vorhaben zu Fall, wie würden die Reaktionen der Deutschen, des österreichischen Generalstabs und sogar der Ungarn ausfallen? Anläßlich des Besuchs Wilhelms II. vom 13. Februar 1917 in Wien informierte ihn Karl über seine Kontakte mit den Entente-Mächten, weigerte sich aber, die Natur seiner Gespräche oder den Namen des Zwischenträgers preiszugeben.

Am 5. März wurde Sixtus von Frankreichs Staatspräsident, Raymond Poincaré, zur Berichterstattung empfangen. Poincaré, enttäuscht über Czernins Note, nahm Karls Brief mit Genugtuung zur Kenntnis (der Prinz trug den aus Sicherheitsgründen vernichteten Brief mündlich vor). Poincaré seinerseits informierte Ministerpräsident Briand. Über die Herzogin von Uzès, die es selbst aus sicherer Quelle wußte, hatte Briand von der Sache bereits am 28. Januar andeutungsweise Kenntnis erhalten: »Im Bündnis zwischen Deutschland und Österreich gibt es einen Riß – an Ihnen, ihn zu vergrößern.«

Am 8. März wurde Sixtus zu einer zweiten Unterredung zu Poincaré gerufen und über Briands Standpunkt orientiert. Auch er sei der Meinung, Gespräche könnten erst stattfinden, wenn Österreich die vier Vorbedingungen akzeptiere; dann würde Paris den König von England und den Zaren informieren. Die Zustimmung Italiens, das verhehlte Poincaré nicht, bleibe ungewiß.

Am 15. März befand sich der deutsche Reichskanzler Bethmann Hollweg zu einem Besuch in Wien. Ohne Näheres bekanntzugeben, orientierte ihn Czernin über die Aufnahme von Gesprächen mit Paris.

Am 16. März faßte Sixtus in einem Schreiben an Kaiser Karl den französischen Standpunkt zusammen. Am folgende Tag traf er, in Begleitung seines Bruders, in Genf nochmals mit Erdödy zusammen. Der österreichische Gesandte überbrachte ein Schreiben Zitas, worin sie ihren Bruder anflehte, nach Wien zu kommen: »Denk an all die Unglücklichen, die in der Hölle der Schützengräben leben und täglich zu Tausenden sterben: komm!«[16]

Sixtus und Xavier willigten ein. In Erdödys Begleitung gelangten sie über Liechtenstein nach Tirol. Von dort aus fuhren sie, mit falschen Pässen ausgestattet, mit dem Zug nach Wien, wo sie in Erdödys Wohnung abstiegen. Am 22. März informierte Erdödy den Monarchen über die Ankunft der beiden Prinzen und übergab ihm Sixtus' Schreiben vom 16. März. Für den folgenden Tag wurde ein Treffen auf Schloß Laxenburg vereinbart.

Am 23. März wurden die beiden Gesandten diskret in die kaiserlichen Privatgemächer geführt – ein bewegender Augenblick für Karl, Zita, Sixtus und Xavier, die seit August 1914 einander nicht mehr gesehen hatten. Doch nicht Wiedersehensfreude stand auf dem Programm. Von acht bis elf Uhr abends wurde hart debattiert. Zita war nur während der ersten Viertelstunde zugegen, Graf Czernin nahm eine Stunde an den Beratungen teil. Am nächsten Tag führte er in Erdödys Wohnung die Beratungen mit Sixtus fort.

Am Abend gingen die Gespräche in Laxenburg weiter. »Es muß unbedingt Frieden gemacht werden. Ich will es um jeden Preis«, hämmerte der Kaiser der Runde ein. »Der Augenblick ist ganz und gar günstig, weil wir alle Erfolge und Rückschläge kennengelernt haben: Es herrscht mehr oder weniger ein Gleichgewicht der Kräfte.« Es seien nicht immer die großen Siege, die den besseren Frieden brächten. Es sei oftmals »viel besser, sich mit einem gleichgewichtigen Vergleich einverstanden zu erklären – und ich bin meinerseits ganz geneigt, es zu tun«.[17]

Den 24. März verbrachte der Kaiser damit, die Wortwahl eines vordergründig an seinen Schwager, in Wirklichkeit aber an die französischen Stellen gerichteten Schreibens abzuwägen. Telefonisch konsultierte er Czernin. Der von Karl persönlich geschriebene Brief ist in untadeligem Französisch abgefaßt, was darauf schließen läßt, Zita habe ihm zumindest stilistisch nachgeholfen:

Mein Lieber Sixtus!
Das dritte Jahr dieses Krieges, welcher der Welt so viel Trauer und Schmerzen gebracht hat, nähert sich dem Ende ... Niemand wird die militärischen Erfolge leugnen können, welche meine Truppen, insbesondere auf dem balkanischen Kriegsschauplatze, errungen haben. Frankreich hat seinerseits eine Widerstandskraft und einen prachtvollen Elan gezeigt. Wir alle bewundern ohne Vorbehalt die herrliche, traditionelle Tapferkeit seiner Armee und die Opferwilligkeit des ganzen französischen Volkes. Es ist mir besonders angenehm zu sehen, daß, obgleich wir derzeit Gegner sind, kein wirklicher Widerspruch in den Auffassungen und Bestrebungen mein Reich von Frankreich trennt und daß ich berechtigt bin, hoffen zu können, daß meine lebhaften Sympathien für Frankreich, vereinigt mit jenen, welche in der ganzen Monarchie herrschen, für alle Zukunft die Wiederkehr des Kriegszustandes, für welchen mich keine Verantwortung treffen kann, verhüten werden.
Zu diesem Zweck und um die Wirklichkeit dieser Gefühle genau auszudrücken, bitte ich Dich, geheim und inoffiziell Herrn Poincaré, dem Präsidenten der französischen Republik, zur Kenntnis zu bringen, daß ich mit allen Mitteln und unter Anwendung meines ganzen persönlichen Einflusses bei meinen Verbündeten die gerechten Rückforderungsansprüche Frankreichs mit Bezug auf Elsaß-Lothringen unterstützen werde...[18]

Sein Schreiben setzte der Kaiser mit der Forderung fort, die Souveränität Belgiens und Serbiens müsse wiederhergestellt werden. Schließlich wurde Sixtus aufgefordert, die Meinungen Frankreichs und Englands zu sondieren, um so das Terrain für die eigentlichen Gespräche vorzubereiten.

Am 3. April kam es in Deutschland zu einem Treffen zwischen Karl und Wilhelm II. Der Kaiser von Österreich erklärte sich mit der Abtretung Galiziens an Polen und der Angliederung dieses Reichs an Deutschland einverstanden. Und das Gegenstück? Die Restitution Elsaß-Lothringens an Frankreich! Doch Karl stieß auf unüberwindlichen Widerstand. In Begleitung Zitas, die dem deutschen Herrscherpaar vorgestellt wurde, war er nach Bad Homburg gekommen. Während des Diners bemerkte Zita zu Kaiserin Auguste Viktoria:

»Ich habe mir eben vorgestellt, was da los wäre, wenn hier in dem Salon eine Bombe hochginge... Zwei Kaiser, wichtige Minister, höchste Militärs – sie wären mit einem Schlag ...«

Die Kaiserin erschrak zutiefst:

»Ja! Wenn die Franzosen wüßten, wer hier versammelt ist ...«

»Nein«, unterbrach sie Zita, »das glaube ich nicht. Gewiß würden die Franzosen nicht absichtlich Bomben auf zwei Frauen werfen. Freilich ist es schon möglich, daß irgendwelche Leute so was machen... vielleicht ein paar junge Flieger, die meinen, daß sie sich damit auszeichnen können... Wie es zum Beispiel einige deutsche Piloten getan haben. Sie haben tatsächlich die Villa des belgischen Königs mit Bomben angegriffen... Aber das geschah gewiß aus Versehen.«[19]

Auguste Viktoria ließ Hindenburg rufen, erkundigte sich nach den Umständen des Zwischenfalls. Die Residenz des belgischen Königspaars wurde nie mehr bombardiert.

7 Das österreichische Kaiserpaar trifft sich mit dem deutschen Kaiserpaar in Laxenburg. Kaiserin Auguste Viktoria mit Kaiserin Zita bei der Ankunft auf dem Bahnhof Laxenburg, 6. Juli 1917.

Auf der Rückreise von Bad Homburg bemerkte Karl seufzend zu Zita: »Es gibt schreckliche Schwierigkeiten mit den Deutschen. Am Ende werden wir vielleicht unsere eigenen Wege gehen müssen... Aber vorher müssen wir alles nur Mögliche versuchen.«

Am 31. März hatte Sixtus das vom Kaiser in Wien unterzeichnete Schreiben Präsident Poincaré überbracht. In der Zwischenzeit war in Paris Ministerpräsident Briand gestürzt worden. Am 20. März hatte Alexandre Ribot ihn abgelöst. Kaum im Amt, wurde der neue Ministerpräsident über die Gespräche mit Österreich informiert. Doch Ribot war einer jener protestantischen Politiker Frankreichs, für die das Reich der Habsburger ein rückständiger Staat, ein Beispiel der Unaufgeklärtheit war. Nur widerstrebend und auf Druck des Präsidenten der Republik willigte er ein, Sixtus und Xavier zu empfangen. Als Sixtus sich anerbot, Karls Schreiben eigenhändig König Georg V. von England zu überbringen, lehnte Ribot ab. Am 11. April traf Ribot in England mit Premierminister David Lloyd George zusammen. »Das ist der Friede!« rief dieser erfreut, als er die Vorschläge des österreichischen Kaisers gelesen hatte. Doch, so forderte Ribot, die Sache sei mit Italien abzusprechen.

Am 19. April fand im kleinen Savoyenstädtchen Saint-Jean-de-Maurienne eine seit langem geplante Zusammenkunft Ribots, Lloyd Georges (er war unterwegs in Paris mit Sixtus zusammengetroffen) und des italienischen Außenministers Sidney Sonnino statt. Laut Ribot wurde die Frage des österreichischen Angebots nur »zufällig« gestreift. Sonnino beharrte auf den im Vertrag von London festgelegten Gebietsansprüchen seines Landes; dieser Geheimpakt, 1915 geschlossen, um Italien zum Eintritt in den Krieg zu bewegen, sah vor, daß Rom nach einem Sieg der Alliierten Südtirol, Trentino und die dalmatinische Küste zugeschlagen würde – alles österreichische Gebiete. Weder Lloyd George noch Ribot drang weiter auf Sonnino ein.

Am 22. April informierte Jules Cambon Prinz Sixtus über die festgefahrene Situation. Am 4. Mai übergab Erdödy in der Schweiz dem Prinzen je einen Brief von Karl und Zita: beide forderten ihn auf, sie wiederzusehen.

Am 8. Mai kehrte Sixtus ohne seinen Bruder nach Wien zurück. Erneut fanden Gespräche mit dem Kaiser und mit Graf Czernin statt. In Laxenburg wurde Sixtus vom Monarchen wie üblich im Park empfangen. Karl blieb optimistisch, da er von einem italienischen Oberst ein Gesprächsangebot erhalten hatte (es ging vermutlich vom italienischen Oberbefehlshaber General Cadorna aus, war vielleicht mit König Viktor Emanuel, nicht aber mit Sonnino abgesprochen): der Vorstoß sollte im Sand verlaufen, doch das wußte Kaiser Karl zum damaligen Zeitpunkt noch nicht. Am folgenden Tag unterzeichnete Karl ein zweites, formal an Sixtus, in Wirklichkeit aber an die französische Regierung gerichtetes Schreiben: »Das gute Einvernehmen zwischen der Monarchie, Frankreich und England bezüglich einer so großen Zahl wesentlicher Punkte werden [sic!] nach unserer Überzeugung die letzten Schwierigkeiten überwinden, welche sich dem Abschluß eines ehrenvollen Friedens noch entgegenstellen.«[20] Nachdem Czernin den Inhalt des Schreibens zur Kenntnis genommen hatte, fügte er in einer handschriftlichen Notiz auf deutsch hinzu, Österreich müsse für jede Grenzabtretung eine Kompensation erhalten und die Integrität der Monarchie sei zu garantieren. Zu seinem Schwager gewendet, bemerkte Karl: »Wenn es aber zu einem Bruch zwischen uns und Deutschland kommen sollte, müßte ich in der Lage sein, auf die Hilfe der Entente rechnen zu können...«[21] Am 20. Mai informierte Sixtus Poincaré und Ribot, dann fuhr er nach London, wo ihm am 23. Mai König Georg V. und Lloyd George eine Audienz gewährten. Doch angesichts der Weigerung Frankreichs, sich über das Veto Italiens hinwegzusetzen, waren Großbritannien die Hände gebunden.

Das zweite Schreiben Kaiser Karls an die Franzosen ist nie beantwortet worden. In seinen Memoiren rechnet Lloyd George unbarmherzig mit den Franzosen ab: »Alle Vorteile in den Wind schlagen, die ein Separatfrieden mit Österreich mit sich bringen würde, und bereit sein, darauf zu verzichten, grenzt an Wahnsinn.«

Sonninos Unnachgiebigkeit und, mehr noch, Ribots Engstirnigkeit hatten Karls und Sixtus' Bemühungen im Keim erstickt.

Am 25. Juni 1917 kehrte der Prinz nach viermonatigen ergebnislosen Verhandlungen zu seinem Regiment zurück.

Ein Erfolg dieser Verhandlungen hätte den Konflikt abgekürzt, Zehntausende von Menschenleben erspart und möglicherweise die Karte Europas verändert. Einige Historiker gefallen sich darin, diesen letzten Versuch dynastischer Kabinettspolitik herunterzuspielen. Häufig wird Prinz Sixtus der Naivität bezichtigt. Nicht immer zu Unrecht: auch Erdödy spricht in seinen Memoiren vom »Dilettantismus der Prinzen von Parma«. Sixtus war in der Tat kein Berufsdiplomat. Zwar verfügte er über ein nicht unbeträchtliches Beziehungsnetz, mit Charles Salomon und Georges de Manteyer als Schlüsselfiguren. Doch unterschätzte er – das hebt François Fejtö hervor – die noch auf antikatholische Reflexe aus der Zeit der Französischen Revolution zurückgehende Austrophobie republikanischer Kreise. Hätten die Verhandlungen zu Ende geführt werden können mit dem gerissenen Politiker Briand, mit dem sich Sixtus gut verstand und der, trotz seiner republikanischen und keineswegs prokatholischen Gesinnung, diese Gefühle nicht teilte?

Wäre ein Separatfrieden Wiens möglich gewesen oder nicht? Kaiser Karl hatte seinerseits etwas vernachlässigt: Für Frankreich war die Einstellung der Feindseligkeiten mit Österreich nicht von unmittelbarem strategischem Interesse. Zwischen den beiden Ländern gab es keine gemeinsame Grenze. Später sollte Franchet d'Esperey mit seiner Ostarmee im Balkan eine Rolle spielen. 1917 aber wurde der Krieg gegen Österreich-Ungarn an der italienischen Front geführt. Deshalb wollten weder Paris noch London ein Zerwürfnis mit Rom riskieren. Wäre Frankreich indes zu einem Separatfrieden bereit gewesen, hätte es auch über die nötigen Druckmittel verfügt: andere Kompensationen für Italien wären denkbar gewesen. Doch dazu hätte es einen klaren politischen Willen gebraucht – und genau dieser fehlte.

Wie hätte Deutschland auf einen Separatfrieden Wiens reagiert? »Wie könnte Österreich«, so lautete Poincarés Überlegung in seinem Tagebucheintrag vom 8. März 1917, »ohne die Unterstützung Deutschlands Elsaß-Lothringen an uns zurückgeben? Die

Absichten Kaiser Karls mögen noch so lauter sein, Deutschland ist noch immer in der Lage, diese in teuflische Stolpersteine zu verwandeln.«[22]

In den Kampfzonen waren deutsche und österreichische Divisionen ineinander verzahnt; die einen hätten nicht ohne die anderen die Waffen niederlegen können. Hätte Karl einen Waffenstillstand verkündet, dann wäre Deutschland höchstwahrscheinlich in Österreich-Ungarn einmarschiert, hätte dort die Regierung übernommen und vielleicht die kaiserliche Familie verhaftet. Die Hypothese eines radikalen Frontwechsels wiederum, also einer Kriegserklärung Wiens an Berlin, ist unwahrscheinlich: Österreich war dazu nicht in der Lage.

Dessen war sich Karl auch bewußt. Er hoffte, auf seinen Verbündeten Druck ausüben zu können. In die Enge getrieben, suchte er nach einem möglichen Ausweg – verzweifelt, denn sein Land lag am Boden. Er wußte, der Friede würde ihm aufgezwungen, auf welche Art auch immer. In seinem eigenen Lager isoliert, hatte er einen SOS-Ruf gesendet. Die Mächte der Entente hätten ihn hören können: sie wollten nicht. Und damit verurteilten sie ihn und Österreich-Ungarn zum Untergang.

Kaiser Karl, unermüdlich um Frieden bemüht, gab sich jedoch nicht geschlagen. Am 1. August 1917 richtete Papst Benedikt XV. einen Friedensappell »An die Oberhäupter der kriegführenden Völker«, worin er einige Bedingungen zur Wiederherstellung des Friedens aufzählt. Die befürwortende Antwort des österreichischen Kaisers auf die päpstlichen Vorschläge wurde dem Vatikan Mitte September übergeben. England hatte um weitere Präzisierungen gebeten, Frankreich gezögert und Deutschland abgelehnt. Nur Karl hatte spontan zugestimmt. Weitere Verhandlungen folgten. Im August 1917 führten ein französischer Major im französischen Kriegsministerium, Graf Abel Armand, und der österreichische Graf Nikolaus Revertera weitere Verhandlungen in der Schweiz, ebenso der südafrikanische General Smuts und Graf Mensdorff, ehemaliger Botschafter Österreichs in London, von September 1917 bis Frühjahr 1918 in Genf. Diese Verhandlungen führten zu keinem Ergebnis.

Karl von Österreich hatte sich bemüht, die Unausweichlichkeit der Kriegslogik zu durchbrechen, war aber gescheitert. Zumindest dieses Verdienst müßte ihm zugestanden werden: daß er mit dreißig versucht hatte, Schicksal zu spielen.

In diesen Kriegsjahren stand das politische Leben in Österreich nicht einfach still. Im Oktober 1917 hielten die Sozialdemokraten offiziell ihren Parteikongreß in Wien ab. Genauso frei erörtern Professoren, Soziologen und Abgeordnete in Büchern und Artikeln ihre Zukunftsvorstellungen für das Land.

Kaiser Karl wußte um die in Österreich-Ungarn herrschenden Spannungen. Ein moderner Staat, so lautete seine Überzeugung, braucht eine gewählte Vertretung als Sprachrohr der unterschiedlichen politischen Meinungen. Nach 1914 hatte das Parlament Ungarns seine Tätigkeit fortgeführt. Wegen seiner mangelnden Repräsentativität war es umstritten, und Karl wollte den Wahlmodus ändern. Ministerpräsident István Tisza unterbreitete ein Reformprojekt. Der Herrscher aber strebte nach umfassenderen Reformen, bis hin zur Einführung des allgemeinen und gleichen Wahlrechts. Im Mai 1917 demissionierte Tisza. Mit ihm verlor Ungarn einen wichtigen politischen Kopf.

Das österreichische Parlament hingegen war seit 1914 nicht mehr zusammengetreten: unter Berufung auf § 14 der Verfassung von 1867 regierte Franz Joseph per Dekret. Im Frühjahr 1917 berief Karl den Reichsrat ein. Am 30. Mai fand die feierliche Wiedereröffnung des Abgeordnetenhauses statt: manche der 1911 gewählten und vollzählig erschienenen Abgeordneten trugen die Offiziersuniform. Der Ratsälteste huldigte dem Herrscher: »Ihm und der hohen Frau an seiner Seite, die alle seine Sorgen teilt und überall dort hilft, wo es darum geht, Not, Bedürftigkeit und Elend zu lindern.« Dann traten die Sprecher der nationalen Fraktionen auf. Die Südslawen, unter Führung des slowenischen Priesters Anton Korosec, forderten die Vereinigung der von Slowenen, Kroaten und Serben bewohnten Gebiete der Monarchie zu einem selbständigen, von jeder Fremdherrschaft freien, auf demokratischer Grundlage aufgebauten Staatskörper »unter dem Zepter der

Habsburg-Lothringischen Dynastie«. Der Tscheche Stanek wandte sich in einer Deklaration gegen den austro-ungarischen Dualismus und verlangte die Umgestaltung der Monarchie in einen Bundesstaat von freien und gleichberechtigten Nationalstaaten. Darauf entgegneten die Deutsch-Österreicher, der Krieg erfordere einen Einheitsstaat. Die Positionen waren bezogen, doch die Atmosphäre blieb friedlich. Niemand stellte die Existenz der Monarchie in Frage.

Am folgenden Tag hielt Kaiser Karl I. seine erste Thronrede. In der Hofburg, vor den Abgeordneten beider Kammern, gab er seine Absicht bekannt, eine Verfassungs- und Verwaltungsreform einzuleiten. Er unterstrich die Notwendigkeit einer kühnen Sozialpolitik, würdigte die Frontsoldaten und sprach erneut seinen Wunsch nach einem baldigen Frieden aus.

Die Sozialpolitik hatte der Kaiser ständig im Blick. Joseph M. Baernreither erinnert sich an eine Audienz im Februar 1917 in Baden, in deren Verlauf die Nachkriegszeit unter sozioökonomischem Aspekt erörtert wurde. Einige Experten seien der Meinung, die Arbeitsfähigkeit eines Menschen könne durch den Krieg um ein Viertel vermindert werden; es sei demnach zu erwarten, folgerte der Monarch, daß dieses Potential, das ohne den Krieg auf fünfundvierzig Jahre geschätzt wurde, inzwischen auf fünfunddreißig Jahre zurückgegangen sei.

In die ersten Monate von Karls Regierungszeit fiel eine ganze Reihe sozialer Maßnahmen: Januar 1917: Kaiserliche Verordnung zur Verbesserung des Krankenversicherungsgesetzes aus dem Jahr 1888; Februar 1917: Kaiserliche Verordnung zum Schutz der Mieter; März 1917: Kaiserliche Verordnung betreffend die Regelung von Lohn- und Arbeitsverhältnissen in den Kriegsbetrieben. Im Juni 1917 schließlich stimmte der Kaiser, weitgehend an Zitas Vorstellungen orientiert, der Errichtung eines Ministeriums für Volksgesundheit und Soziale Fürsorge zu – eines der ersten in Europa überhaupt.

Am 2. Juli 1917 trat Ernst von Seidler, seit zwei Wochen Ministerpräsident von Österreich, vor den parlamentarischen Justizausschuß mit einer Botschaft des Kaisers, worin dieser einen

Entschluß bekanntgab, der heftigste Debatten auslöste: eine Amnestie für während des Kriegs begangene politische Vergehen (unter dem Namen »Juli-Amnestie« bekannt): »Die Politik des Hasses und der Vergeltung, die, durch unklare Verhältnisse genährt, den Weltkrieg auslöste, wird nach dessen Beendigung unter allen Umständen und überall ersetzt werden müssen durch eine Politik der Versöhnlichkeit.«[23] Begnadigt wurden alle wegen Hochverrats, Beleidigung der Herrscherfamilie, Störung der öffentlichen Ordnung, Rebellion und Agitation Verurteilten. Von der Amnestie ausgenommen waren jene, die ins Ausland geflüchtet oder zum Feind übergelaufen waren. Im Rahmen dieser Maßnahme wurden 2 593 Gefangene vor Monatsende aus der Haft entlassen.

An den Vorarbeiten zu dieser Amnestie hatte auch Graf Polzer-Hoditz, Kaiser Karls Kabinettschef, aktiv mitgewirkt. Am 1. Juni 1917 war er von Karl beauftragt worden, die Akten sämtlicher Hochverratsprozesse zu studieren. Aus dem Aktenmaterial ging seiner Meinung nach hervor, daß gewisse Urteile, mit äußerst tendenziös durchgeführtem Verfahren, einer Verleugnung des Rechts gleichkamen. Die deutsch-nationalen Kreisen nahestehende Militärjustiz hatte in einigen ihrer Urteile Befürworter föderativen Gedankenguts bestraft. Die Folge war, daß das Los der Opfer den Separatismus anheizte. »Eine Lösung des österreichischen Problems«, bemerkte der Kaiser zu Graf Windisch-Graetz, »ist nur auf Grund der Verständigung zwischen Deutschen und Slawen möglich ... Aber solange unsere Alldeutschen ihre Direktiven von Berlin beziehen, wird es keine Ruhe geben.«[24]

Die Amnestie wurde insbesondere von den Tschechen begeistert aufgenommen. Auch einige ihrer Landsleute, die für die Autonomie Böhmens gekämpft hatten, etwa Karel Kramář, wurden amnestiert. Die Armee war eigentlich dagegen, doch schwieg sie – zum Gehorsam verpflichtet. Die National-Deutschen waren außer sich; mit einer Hetzkampagne bekämpften sie den Beschluß, der angeblich das Reich schwächte.

Zita, so berichtet Graf Polzer-Hoditz, war zu Anfang gegen die Amnestie. Sie befürchtete, der Gnadenakt werde in der Öffentlichkeit nicht die nötige Unterstützung finden – was sich als richtig erweisen sollte – und auch nicht verstanden. Dem Kabinettschef gelang es, die Kaiserin für seine Argumente zu gewinnen. Lange sei das Für und Wider, so erklärt er, abgewogen worden. Der Vorteil der Amnestie liege darin, daß den Agitatoren der Boden unter den Füßen weggezogen werde. Das hatte Masaryk, der in den Vereinigten Staaten im Exil lebende tschechische Nationalist, begriffen, als er meinte, wenn die Amnestie erfolgreich sei, dann seien die tschechischen Nationalisten erledigt und die Monarchie werde sich halten.

Kurzfristig war die Amnestie ein Erfolg: in Böhmen oder Kroatien gingen die autonomistischen Forderungen etwas zurück. Doch parallel zu dieser Maßnahme wären föderalistische Reformen nötig gewesen, die Karl mitten im Krieg nicht angehen konnte. Als er sie im Herbst 1918 in Angriff nehmen wollte, war es zu spät.

Ende 1917 kam der Krieg im Osten zum Erliegen. Nach der Abdankung des Zaren hatte Alexander Kerenskij die Republik ausgerufen, bevor er dann von der Oktoberrevolution hinweggefegt wurde: die russischen Truppen befanden sich in Auflösung. Im Balkan blieb die Lage stabil. Für Österreich-Ungarn befand sich die Hauptfront nun in Italien. An der Südflanke der Monarchie zeigte die Armee der Habsburger keine Schwäche und hatte zahlreiche italienische Offensiven abgewehrt. Zum Erstaunen der Weltöffentlichkeit ergriffen im Oktober 1917 die Vielvölkerregimenter des Kaiserreichs die Offensive – eines Reichs, das einige bereits am Ende, vom Nationalismus zerfressen glaubten. Und sie erzielten dabei erstaunliche Erfolge: innerhalb von drei Wochen verloren die Italiener das in drei Jahren gewonnene Terrain, und schon bald fanden die Kämpfe auf ihrem Boden statt. Nach der vernichtenden Niederlage von Caporetto zählte Rom seine Verluste: 300 000 Gefangene, 30 000 Verletzte, 10 000 Tote.

Die von den Österreichern geplante und durchgeführte Offensive wurde von deutschen Verbänden unterstützt, die anschließend an die Westfront zurückgebracht wurden. Am 11. November

1917 trafen sich Karl und Wilhelm II. zu einem Gespräch, in dessen Verlauf der österreichische Kaiser seinem Verbündeten dankte. In Anbetracht von Karls Überzeugungen ein Paradox ...

So wenig Karl den Krieg liebte, so sehr erfreute ihn der Ruhm seiner Armee: für ihn war der Kampf in Italien legitime Verteidigung. Doch der siegreiche Feldzug hatte ungeahnte Folgen: in Österreich gewann erneut der Glaube an den Endsieg die Oberhand. Weniger denn je teilte der Monarch diese Illusion. Doch einmal mehr stand er allein da.

Am 6. Dezember 1917 hob Graf Czernin vor dem Parlament in Wien zu einem lyrischen Höhenflug an: »Wir kämpfen für die Verteidigung Deutschlands genauso wie Deutschland kämpft, um uns zu verteidigen ...Wenn mich jemand fragt, ob wir um Elsaß-Lothringen kämpfen, so antworte ich ja, so ist es, wir kämpfen für Elsaß-Lothringen ebenso wie Deutschland für uns bei Lemberg und Triest gekämpft hat. Ich mache hier keinen Unterschied zwischen Straßburg und Triest ...«[25]

Kaiser Karl war der Auffassung, die elsässische Hauptstadt sei an Frankreich abzutreten. Das Ende des Konflikts rückte etwas weiter in die Ferne – eine düstere Aussicht für den Kaiser wie für Zita, die beide gleichermaßen den Frieden suchten.

Clemenceau gegen Österreich

Frühjahr 1918. Seit den Verhandlungen zwischen Kaiser Karl und den Franzosen ist ein Jahr verstrichen. An der Westfront begann Ludendorff eine große deutsche Offensive: die Kaiserschlacht. Er überrannte die Truppen der Entente und erreichte in vier Tagen Noyon. Paris war bedroht – wie schon 1914. Zwar gelang es Marschall Foch, den deutschen Angriff zum Stillstand zu bringen, doch die Entscheidung stand noch aus. Im Osten hatte Rußland den Friedensvertrag von Brest-Litowsk unterzeichnet; bald sollte auch die Ukraine folgen. Auf dem Balkan zog Franchet d'Esperey seine Truppen für die kommende Offensive zusammen.

Ottokar Czernin hielt, mehr denn je, am österreichisch-deutschen Bündnis fest. Am 2. April 1918 hielt er im Wiener Rathaus eine Rede. Als erstes lobte der Minister des Äußern die Zusammenarbeit zwischen Berlin und Wien, dann fuhr er fort: »Clemenceau hat einige Zeit vor Beginn der Westoffensive bei mir angefragt, ob ich zu Verhandlungen bereit wäre und auf welcher Basis. Ich habe sofort im Einvernehmen mit Berlin geantwortet, daß ich hierzu bereit sei und gegenüber Frankreich kein anderes Friedenshindernis erblicken könne als den Wunsch Frankreichs nach Elsaß-Lothringen. Es wurde aus Paris erwidert, auf dieser Basis sei nicht zu verhandeln. Daraufhin gab es keine Wahl mehr.«[1]

Czernin spielte auf die Kontakte zwischen dem Österreicher Revertera und dem Franzosen Armand von August bis Dezember 1917 an. Zugleich aber wollte er Clemenceau provozieren. Clemenceau, im November 1917 zum Ministerpräsidenten ernannt, war über die Gespräche zwischen Armand und Revertera nur vage orientiert und dafür nicht verantwortlich. Am 4. April – Clemenceau war gerade auf Frontbesuch – las ihm sein Kabinettschef am Telefon Czernins Rede vor. Die Reaktion war eindeutig: »Graf Czernin lügt.« Diese Antwort, von der Nachrichtenagentur Havas übermittelt, wurde weltweit per Fernschreiber verbreitet. Sie löste einen Sturm aus, der Czernin das Amt kosten, Kaiser Karl in eine ausweglose Lage manövrieren und das Ende der Habsburgermonarchie einläuten sollte.

Czernin, so Zita später, hatte dem Kaiser das Manuskript seiner Wiener Rede am Vorabend unterbreitet. Karl hatte es am Abend gelesen und beabsichtigte, den Minister um einige Änderungen zu bitten. Doch am nächsten Tag war es bereits zu spät. In jenen Monaten war der mit Arbeit völlig überlastete Monarch am Ende seiner Kräfte. Die kaiserliche Familie lebte erneut in Baden, wo am 10. März 1918 das fünfte Kind, Erzherzog Karl Ludwig, zur Welt gekommen war. Kaiser Karls Arbeitspensum war erdrückend. Er stand um sechs Uhr auf. Vor dem gemeinsamen Frühstück besuchte er mit Zita die Messe; bereits um sieben Uhr fand er sich im Büro ein. Für das Mittagessen genügten dreiviertel Stunden; dann arbeitete er bis sieben oder acht Uhr abends weiter. Nach einem kurzen Abendessen zogen sich die Audienzen bis um Mitternacht hin. Doktor Delug, Kaiser Karls Leibarzt, hatte sechs Wochen Erholung verschrieben, doch Karl hielt sich nicht daran.

Kaum von der Front zurückgekehrt, ließ sich Clemenceau in Paris die Unterlagen der Gespräche zwischen Armand und Revertera vorlegen. Zugleich wurden ihm auch die Akten der Sixtus-Verhandlungen, einer ihm völlig unbekannten Angelegenheit unterbreitet, darunter die Briand zugestellten Kopien der beiden Briefe des Kaisers an seinen Schwager. Sie lieferten Clemenceau die nötige Munition für den nun zwischen Paris und Wien einsetzenden Kommuniqué-Krieg. Am 5. April ließ er der Nachrichtenagentur Havas folgenden Text zukommen: »Kann sich Graf Czernin nicht vielleicht doch an einen früheren Versuch ähnlicher Art erinnern, der zwei Monate vor dem Revertera-Unternehmen eingeleitet und an Paris und London gerichtet war und eine Person von weit höherem Rang zum Urheber hatte? Auch hierfür bestehen authentische und weit aufschlußreichere Beweise.«[2]

Zu jener Zeit hielt sich Prinz Sixtus in Marokko bei Marschall Lyautey auf. Er erkannte, welche Gefahr dem Kaiser drohte und schickte seinen Vertrauensmann Georges de Manteyer zu Clemenceau, der diesem erklärte: »Ich bin angegriffen worden: Ich finde eine Waffe, um mich zu verteidigen ... ich warne den Kaiser, und wenn er seinen Minister nicht dazu bringt, still zu sein ... gebrauche ich sie.«[3]

Am 7. April veröffentlichte Czernin, ohne Rücksprache mit Baden, eine Antwort an Clemenceau. Darin gestand er, daß bereits vor den Armand-Revertera-Gesprächen Verhandlungen stattgefunden hätten und fügte hinzu: »Auch dieser Versuch war gescheitert.« Am 8. April dann die Antwort Clemenceaus, des »Tigers«, der seinen Vorteil ausbaute: »Kaiser Karl ist es, welcher in einem Briefe vom Monat März 1917 mit eigener Hand eine Zustimmung ›zu den gerechten Rückforderungsansprüchen Frankreichs mit Bezug auf Elsaß-Lothringen‹ bestätigt hat. Ein zweiter kaiserlicher Brief stellt fest, daß der Kaiser ›mit seinem Minister einig‹ sei.«[4]

Czernin befand sich in Bukarest. Von dort aus führte er mit dem Kaiser ein Hughes-Gespräch. Karl teilte ihm mit, ihm sei an einer Polemik mit Clemenceau keineswegs gelegen. Graf Czernin jedoch hatten die Andeutungen des französischen Ministerpräsidenten stutzig gemacht: ein Jahr zuvor hatte ihn der Kaiser vor der Abfassung der ersten Botschaft an die französische Regierung zwar konsultiert, ihm den endgültigen Text jedoch nicht vorgelegt. Czernin wußte folglich nicht, daß sich Kaiser Karl schriftlich auf die Restitution von Elsaß-Lothringen an Frankreich festgelegt hatte. Der Minister erkundigte sich, ob dem Herrscher möglicherweise eine Note entfallen sei, die er nach dem Schreiben vom März 1917 an Sixtus gerichtet habe. Kaiser Karl verneinte. Czernin machte sich Sorgen – nicht um den Kaiser, den er hätte schützen sollen, sondern um die eigene Person. Am 10. April 1918 verfaßte er ein weiteres Kommuniqué, worin es hieß, Clemenceaus Unterstellungen über Kaiser Karls Äußerungen seien von A bis Z erlogen. Clemenceaus Antwort war radikal: am 11. April übergab er der Nachrichtenagentur Havas das Schreiben Kaiser

Karls vom 24. März 1917, worin dieser ausdrücklich die französischen Ansprüche auf Elsaß-Lothringen unterstützt hatte. Am 12. April wurde es veröffentlicht.

Am Wiener Hof herrschte Bestürzung. Die letztjährigen Verhandlungen hätten gerade auch deshalb geheim bleiben müssen, weil sie gescheitert waren. Was jetzt? Dementieren käme einer Lüge gleich, Schweigen einem Eingeständnis. Und wie würden dann Armee und Deutschland reagieren?

Am 12. April traf Czernin nach dem Mittagessen in Baden ein. Bis um 17 Uhr führte er Gespräche mit dem Kaiser, auf den anschließend weitere Audienzen warteten. Um 19.30 Uhr telefonierte der Herrscher mit seinem Minister, das Gespräch dauerte bis 22 Uhr. Graf Czernin versuchte dem Kaiser die Erklärung abzuringen, er habe nur einen einzigen, strikt privaten Brief an seinen Schwager gerichtet, worin er weder Belgien noch Elsaß-Lothringen erwähnt habe. Der Minister schlug sogar vor, der Kaiser solle aus gesundheitlichen Gründen die Macht für eine gewisse Zeit abgeben und einen Regenten ernennen.

In den späten Abendstunden erläuterte Kaiser Karl Zita die Lage, wobei er vor allem die ungewöhnliche Erregung Czernins unterstrich. Als der Kaiser am 13. April frühmorgens erwachte, erlitt er einen Herzanfall. Die Überanstrengung, die nervliche Anspannung der Kriegsmonate und schließlich die Auseinandersetzung vom Vorabend hatten ihn erschöpft. Erneuter Anruf Czernins: In seiner Wut drohte er mit der standrechtlichen Erschießung der Prinzen Sixtus und Xavier von Bourbon-Parma, falls der Kaiser sich weiterhin weigere, die verlangte Ehrenerklärung abzugeben. Da die Prinzen in Flandern kämpften, war es eine leere Drohung, doch beweist sie im nachhinein, wie sehr der Minister die Verhandlungen vom Frühjahr 1917 im Grunde genommen abgelehnt hatte.

Um zehn Uhr traf Czernin in Baden ein. Karl bat Zita, ihn zu empfangen, während er sich ausruhte. Es folgte ein einstündiges Gespräch unter vier Augen zwischen der Kaiserin und dem Minister, der dem Kaiser die gewünschte Erklärung unbedingt abtrotzen wollte.

»Natürlich weiß ich, was wirklich geschehen ist. Trotzdem brauche ich die Unterschrift des Kaisers unter diese Ehrenerklärung. Ich weiß, was es für ein Ehrenwort ist, aber ich muß es haben. Ich brauche es für mich selbst und für die Ehre meiner Familie.«

»Graf Czernin«, erwiderte Zita, »Sie sind sich klar, was Sie da verlangen. Sie können nicht erwarten, daß der Kaiser unterschreibt. Es würde Ihrer Ehre und der Ihrer Familie mehr nützen, wenn Sie es von ihm nicht verlangen würden.«

Da schien Czernin jede Kontrolle über sich zu verlieren und brüllte: »Der Kaiser kann unterschreiben oder er kann nicht unterschreiben. Aber ich sage Eurer Majestät, wenn er es nicht tut, werde ich sofort nach Berlin fahren, und dann wird es mit Österreich zu Ende sein. Ich weiß, und auch Eure Majestät wissen, welche Pläne die Deutschen haben. Diese Pläne werden durchgeführt werden, und ich werde die Macht übernehmen und dann hier der eiserne Kanzler sein.«

Zita versuchte, ihn zur Besinnung zu bringen, doch der Minister explodierte: »Wenn der Kaiser nicht unterschreibt, dann bleibt uns dreien nichts anderes übrig, als Selbstmord zu begehen. Ihnen, dem Kaiser und mir.«[5]

Dann trat Karl ins Zimmer. Czernin wiederholte seine Drohungen. Der Kaiser befürchtete nur eines, nämlich daß der Minister des Äußeren tatsächlich nach Berlin reiste. Deutschland würde dann, davon war der Herrscher überzeugt, in Österreich einmarschieren. Karl war erschöpft, seine Urteilskraft vermindert, und – schicksalhafte Schwäche – er unterzeichnete. Dann übergab er Czernin das Dokument, nachdem dieser versichert hatte, er werde es nur zu privaten Zwecken aufbewahren und keinen Gebrauch davon machen. Doch kaum war der Minister weg, befielen den Kaiser Skrupel, und er befahl der Wache, Czernins Wagen aufzuhalten. Zu spät. Czernin übergab die vom Kaiser unterzeichnete Erklärung einer Wiener Nachrichtenagentur – ein wirres Dementi, worin der von Clemenceau veröffentlichte Brief als Fälschung bezeichnet wurde.

Am 14. April trat das Kabinett zusammen. Die Sitzung verlief stürmisch: Graf Czernin wurde zur Demission gezwungen. Zwei Tage danach berief Kaiser Karl Stephan Burián zum Minister des Äußeren. Im Dezember 1916 hatte er ihn mit den Worten entlassen: »Dieser Kerl ist wirklich dumm.« – So stand es im Frühjahr 1918 um den Kaiser: er war kaum von politisch kompetenten Persönlichkeiten umgeben.

»Graf Czernin hatte den Kaiser«, so Poltzer-Hoditzs Einschätzung, »der durch seine qualvolle Zwangslage nicht mehr klar zu sehen vermochte und unsicher war, unter unerhörten Drohungen zur Unterfertigung jener Erklärung veranlaßt.«[6] Die Folgen sollten verheerend sein. Denn Karls Dementi überzeugte nicht: nicht in Deutschland, nicht in Österreich. Vielmehr machte es offenkundig, daß der Kaiser mitten im Krieg mit seinem Schwager Sixtus von Bourbon-Parma, Offizier einer feindlichen Armee, in Verbindung gestanden hatte. In erster Linie wollte Karl gegenüber seinen Verbündeten das Gesicht wahren. Am 14. April 1918 sandte er deshalb ein Telegramm folgenden Inhalts an Kaiser Wilhelm II.: »Die Anschuldigungen Herrn Clemenceaus gegen mich sind so niedrig, daß ich nicht gesonnen bin, mit Frankreich über die Sache ferner zu diskutieren. Unsere weitere Antwort sind meine Kanonen im Westen. In treuer Freundschaft – Karl.«[7] Bereits im März 1917 hatte Kaiser Karl Sixtus gewarnt, sollten die Verhandlungen scheitern, dann wäre er gezwungen, diese zu dementieren und öffentlich seine Treue zum deutschen Verbündeten zu bekunden. Genau das tat er nun, wenn auch zum schlimmstmöglichen Zeitpunkt: niemand glaubte ihm, alle hielten ihn für einen Lügner.

»Mit diesem ... Telegramm«, so Polzer-Hoditzs Kommentar, »trat eine entscheidende Wendung ein. Es enttäuschte jene, die den Friedensschritt des Kaisers gebilligt hatten, und entzog den letzten Verteidigern des Habsburgerreichs bei den Feinden und bei den Neutralen den Boden.«[8]

Als dann Kaiser Karl ein Bulletin veröffentlichte, worin er Czernin hohes Lob zollte, war die Lage nicht mehr zu retten. Hätte er nicht zu seinen Verhandlungen stehen können, die er im Hinblick auf einen Friedensschluß geführt hatte? Er hätte die große Mehrheit des Volks hinter sich gehabt. Doch Karl fühlte sich allein gelassen.

Die Kaiserin aber hielt zu ihm. Sie kannte die Schrecken des Kriegs zu genau, ihr Leben lang würde sie sich an einen Frontbesuch im Karst erinnern. Die Österreicher hatten eben einen Angriff der Italiener abgewehrt. Über dem Schlachtfeld lag ein entsetzlicher Gestank, der Boden war mit Leichen übersät, und überall Ratten: »Ratten«, erzählt Zita, »Ratten, Ratten, häßlich und groß... Sie kamen an die Wagen heran, krochen an den Rädern hoch. Es war wie ein böser Traum.«[9] Solche Bilder blieben ihr im Gedächtnis haften. Aber auch das Elend der Soldaten, der Hunger, die Not, das Stöhnen der Verwundeten in den Lazaretten.

Diesem Wahn der Menschheit wollte Karl ein Ende bereiten. Und das wurde ihm zum Vorwurf gemacht. In Wien, in Budapest wütete die deutschfreundliche Presse – sie wurde, wie die Archive später belegten, von Berlin finanziell unterstützt – gegen den Kaiser und verlangte Genugtuung. An 23. April 1918 bekannte Wedel, der Botschafter Deutschlands in Wien, Ministerpräsident Burián gegenüber ganz offen, Deutschlands Vertrauen in seinen Verbündeten sei in jüngster Zeit schwer erschüttert worden, weshalb sein Land nun eine klare und verbindliche Antwort fordere. Burián, der neue Außenminister, und Arz, der Generalstabschef der austro-ungarischen Streitkräfte, konnten Kaiser Karl zu einem Treffen mit Kaiser Wilhelm II. bewegen. Die Begegnung fand am 11. Mai 1918 im belgischen Spa, dem Sitz des Großen Deutschen Hauptquartiers, statt. Karl war gezwungen, sich zu erklären: Sixtus sei jener Mittelsmann, dessen Namen er ein Jahr zuvor nicht habe preisgeben können. In Wahrheit erfuhr Wilhelm II. nichts Neues, denn trotz aller Vorsichtsmaßnahmen waren die Wien-Reisen des Prinzen dem deutschen Nachrichtendienst nicht entgangen oder aber dieser war von Graf Czernin informiert worden.

Der deutsche Generalstab erwartete von Karl eine Entschuldigung. Doch diese kam nicht. Wilhelm II. versuchte, Zitas Einfluß zu kritisieren, doch Karl schnitt ihm mit der Bemerkung, einmal mehr sei er schlecht informiert, das Wort ab. Mit Ausnahme dieses Wortwechsels verliefen die Gespräche in höflichem Ton, wie immer zwischen den beiden Monarchen. Auf der persönlichen Ebene hatte der österreichische Monarch nicht den Eindruck, er sei zu einem »Gang nach Canossa« angetreten. Doch von Staatsmacht zu Staatsmacht...

In einer Plenarsitzung beider Delegationen schlugen die Deutschen einen Pakt zwischen den beiden Reichen vor. Die Österreicher wehrten ab. »Was ist nachteilig daran?« warf Kaiser Wilhelm II. ein, »Bayern hat schon dieselben Abmachungen mit uns unterzeichnet und ist ganz zufrieden damit.«[10] Österreich mit Bayern vergleichen, einem Vasallenstaat der Hohenzollern innerhalb des Deutschen Reichs! Damit brachte Berlin seine Geisteshaltung ganz unverblümt zum Ausdruck. Schließlich kam nicht der von den Deutschen vorgesehene Vertrag, wohl aber ein Abkommen zustande. Es enthielt drei Ziele: 1. Abschluß eines langfristigen politischen Vertrags zwischen den beiden Staaten; 2. Abschluß eines Waffenbundes; 3. Bildung eines einheitlichen Wirtschaftsraums von Österreich und Deutschland.

Karl und seinen Unterhändlern gelang es, die Realisierung des ersten und dritten Punktes bis in unbestimmte Zeit zu vertagen. Der zweite Punkt aber, das militärische Bündnis, trat sogleich in Kraft. Dieses wurde von Hindenburg und Arz unterzeichnet und band die austro-ungarische Armee an die deutschen Streitkräfte: gegenseitige Abstimmung der Armee-Einsätze, Vereinheitlichung des Kriegsmaterials, systematischer Austausch von Offizieren. Der Austausch von Offizieren war eine seit 1914 erhobene Forderung Berlins, der sich Karl, damals noch Erzherzog, bereits im August 1916 widersetzt hatte. Für die Deutschen bedeutete dieser Vertragspassus einen wichtigen Sieg, da er deutschen Offizieren die Möglichkeit eröffnete, slawische Regimenter zu befehligen. Und für Berlin war der Kampf im Osten, nach den Worten des eher gemäßigten Reichskanzlers Bethmann Hollweg, ein »unerbittlicher Kampf zwischen Deutschen und Slawen«. Man kann sich also vorstellen, welch verheerende Wirkung diese Maßnahme auf die unter der habsburgischen Flagge kämpfenden Tschechen, Kroaten oder Slowenen haben mußte.

Eine weitere Folge des Militärbündnisses war der Aufmarsch von vier österreichisch-ungarischen Divisionen – also zwanzigtausend Mann – zwischen Verdun und dem Elsaß, obwohl sich Kaiser Karl bisher immer geweigert hatte, Truppen an die Westfront zu entsenden – eine Entwicklung, der der Kaiser und Zita erbittert, aber machtlos zusehen mußten.

In den Augen der Entente jedoch geriet Österreich damit noch stärker in das Fahrwasser Deutschlands. Seit den zwanziger Jahren ist bekannt, wie Karl über diese Entwicklung dachte. 1918 aber deutete für Paris, London und Washington nichts auf eine solche Gesinnung hin, vielmehr sprach alles für eine profunde Übereinstimmung zwischen Wilhelm II. und Karl. Wer die Wahrheit kannte – Leute wie Poincaré, Briand, Lloyd George oder die Prinzen Sixtus und Xavier –, schwieg entmutigt.

Die Westmächte betrieben eine kurzsichtige Politik. Den Krieg zu gewinnen, ist eine Sache, das Gleichgewicht des Kontinents nach Kriegsende vorzubereiten, eine andere. Mit der Enthüllung der Kontakte zwischen Kaiser Karl und Frankreich fiel Clemenceau eine erdrückende Verantwortung zu: er hatte Kaiser Karl jeglichen Handlungsspielraums gegenüber Deutschland beraubt. Von seiner antiklerikal gefärbten ideologischen Leidenschaft verblendet – »Österreich? Eine papistische Monarchie« so der Tiger –, hatte er dem Habsburgerreich den Todesstoß versetzt. Das beklagte Poincaré am 31. Oktober 1918 in seinem Tagebuch: »Clemenceau widerspricht sich ständig. Er will immer mit aller Kraft. Aber er will nacheinander ganz widersprüchliche Dinge... Er will nicht, daß sich Österreichs Süden an Deutschland anschließt; doch er hat Kaiser Karl beleidigt, und er hat keine Vorstellung über die Zukunft Mitteleuropas.«[11]

Es gab, im linken wie im rechten Lager, kaum Franzosen, die sich dessen bewußt waren. Die wenigen Ausnahmen verdienen es, erwähnt zu werden. Am 12. April 1918 notierte Aristide Briand in sein Tagebuch, Clemenceau habe, nachdem er bereits das österreichische Memorandum zum Frieden publiziert hatte, den Brief Kaiser Karls an seinen Schwager Sixtus veröffentlicht. Das sei eine impulsive Handlung, die Frankreich teuer zu stehen kommen werde, denn sie treibe Österreich Deutschland in die Arme. Und weshalb? In welcher Absicht? Aus welchem Interesse? Anatol France seinerseits schloß: »Kaiser Karl wollte den Frieden. Er war der einzige anständige Mensch, der sich während des Kriegs an entscheidender Stelle befand, aber man hörte nicht auf ihn. Kaiser Karl wollte aufrichtig den Frieden, dafür haßt man ihn.« Die *Action française* wiederum bekräftigte zwar die Notwendigkeit des Kriegs gegen Österreich, unterstrich aber zugleich die unerläßliche Rolle der Habsburger nach Konfliktende als Gegengewicht zu Deutschland. So beklagte Charles Maurras in dem monarchistischen Blatt, ein so günstiges Ereignis wie der Tod Kaiser Franz Josephs und die Thronbesteigung einer Kaiserin französischer Herkunft habe nichts gebracht. Zwar hätte es dem jungen Kaiser materielle und moralische Schwierigkeiten bereitet, sich von Deutschland zu lösen, doch Frankreich habe ihn in diesem Vorhaben keineswegs unterstützt, vielmehr seine Angebote angezweifelt und sie dem Egoismus und dem Belieben von wem auch immer untergeordnet.

So als braue sich über ihnen nicht ein bedrohliches Gewitter zusammen, brachte das Frühjahr 1918 für Karl und Zita einen Lichtblick: der offizielle Besuch in Konstantinopel. Das Osmanische Reich war mit den Mittelmächten verbündet. Wilhelm II. höchstpersönlich war im Oktober 1917 dorthin gereist. Ein halber Mißerfolg: zwischen orientalischem Prunk und preußischer Strenge war der Funke nicht gesprungen. Die Habsburger aber, in deren Reich (in Bosnien) auch Moslems lebten, konnten auf eine lange Tradition von Kontakten mit dem Orient zurückblicken und hatten in der Region stets eine aktive Politik betrieben, mit Russen und Engländern um Einfluß rivalisiert. Einer der Titel des Kaiser lautete, wie einstmals jener des Königs von Frankreich, König von Jerusalem. In Syrien und Palästina unterstützte Österreich die christlichen Gemeinden.

Prälat Alois Musil, Bruder des Schriftstellers Robert Musil und Orientalist mit guten Beziehungen zu Konstantinopel, hatte Karls und Zitas Besuch sorgfältig vorbereitet – mit dem Gastspiel einer

Wiener Operettentruppe und einer Wiener Modeschau für die höheren Schichten.

Das Kaiserpaar traf am 19. Mai 1918 in Konstantinopel ein. Schon bei der Ankunft im Bahnhof bot sich ein farbenprächtiges Schauspiel. Karl trug, wie bei der Krönung in Budapest, seine ungarische Marschallsuniform, eine funkelnde Diamantagraffe am Kalpak. Auf einem der kostbaren Teppiche stehend, begrüßte der Kaiser unter einer Flut von Blütenblättern seine Gastgeber auf türkisch: das Eis war gebrochen. Die Uniformen der osmanischen Würdenträger funkelten nicht minder: Prunkentfaltung eines Reichs, das ebenfalls nur noch wenige Monate Bestand haben sollte.

Am Abend ein Empfang zu Ehren des österreichischen Herrscherpaars mit tausend geladenen Gästen. Zita trug ein prächtiges Diadem. Der am nächsten Tag in einer türkischen Zeitung erschienene Bericht läßt hinter dem blumigen Stil erahnen, welche Ausstrahlung die Kaiserin hatte: »Ein natürliches Lächeln zeigt sich in ihrem Antlitz, die großen Perlen ihres Kolliers können nur mit dem blendenden Weiß ihrer unter dem Lächeln sichtbaren Zähne verglichen werden. Ihre Toilette ist edel, einfach wie immer; nur auf dem von der Natur gewellten Haar funkelt ein Diadem aus sternenähnlichen Brillanten ... Die majestätische Herrscherin reicht mit nobler Geste die Hand dar, sie läßt die osmanischen Würdenträger die zarten Finger küssen, ihre Stimme ist harmonisch leise.«[12]

Am nächsten Tag stattete Zita dem Harem einen Besuch ab, während Karl politische Gespräche führte. Auch hier stand sein Hauptanliegen im Zentrum: der Frieden.

Am 16. Juli 1918 dann ein Besuch in Preßburg in Ungarn (heute Bratislava, Slowakei) aus Anlaß des Erntefests. In Begleitung von Zita, Kronprinz Otto und Erzherzogin Adelhaid traf der Kaiser auf dem Schiffsweg ein. Ihnen wurde ein begeisterter Empfang zuteil. Klerus, Notabeln, Offiziere und Soldaten wie Bauerndeputationen huldigten dem Kaiserpaar. Das Volk zeigte sich begeistert wie in den guten alten Zeiten. Doch Zita ahnte, daß es die letzten Glanzlichter der Monarchie sein sollten.

Am 14. August 1918 trafen Karl und Wilhelm II. nochmals in Spa zusammen. Bei den Deutschen hatte die Stimmung umgeschlagen. Die Frühjahrsoffensive an der Westfront war gescheitert. Die Vereinigten Staaten hatten in den Krieg eingegriffen und zeigten ihre Stärke: mehr als eine Million Amerikaner war gelandet. Seit dem 8. August befanden sich die kaiserlichen Truppen unter den heftigen Angriffen von Foch und Pétain auf dem Rückzug. In Saloniki stand Franchet d'Esperey kurz vor dem Angriff auf den Balkan. Im Großen Deutschen Hauptquartier hielt selbst Ludendorff den Krieg für verloren.

Österreich ist am Ende, erklärte Karl den Deutschen: einen weiteren Kriegswinter könne das Land nicht durchstehen. Der Kaiser forderte einen Waffenstillstand. Burián, sein Außenminister, habe einen Friedensplan vorbereitet. Doch Kaiser Wilhelm II. wollte davon nichts wissen. Österreich-Ungarn war seinem Verbündeten ausgeliefert: es mußte warten.

Am 17. August wurde aus Anlaß von Karls einunddreißigstem Geburtstag ein kleiner Empfang in der Villa Wartholz gegeben; Generäle, Admirale, einfache Soldaten und Verwandte feierten in schlichter Herzlichkeit. Karl wurde der Marschallstab überreicht. Dennoch lag über dem ganzen Fest eine gewisse Wehmut.

Am 1. Juli 1918 fand im Wiener Rathaus eine vom katholischen Volksbund veranstaltete vaterländische Massenkundgebung statt. Auf der Tribüne saßen Fürsterzbischof Kardinal Piffl von Wien, Friedrich Funder, Chefredakteur der christlichsozialen *Reichspost*, und Ignaz Seipel, Theologieprofessor und künftiger Kanzler Österreichs.

»Wer die Krone schützt, der schützt Österreich«, erklärte Funder, »wer die Krone anrührt, der rührt Österreich an, wer Liebe und Vertrauen zur Dynastie in Österreich zerstören könnte, der würde Österreich zerstören!« Kardinal Piffl sollte dann dem Herrscherpaar die Schlußresolution des Abends übergeben: »Das unter Führung des Volksbundes versammelte christliche Volk von Wien bittet Ihre Majestäten, die Gefühle unwandelbarer Treue und Ergebenheit in einer Stunde zu Füßen legen zu dürfen, in der feindliche Mächte sichtbar am Werke sind, das angestammte dynastische Gefühl der österreichischen Völker in beharrlicher Hetze zu untergraben.«[13]

Daß derartige Solidaritätskundgebungen für die Dynastie organisiert wurden, zeigt, wie gravierend die Lage war. Die Enthüllung der Sixtus-Affäre hatte eine wütende Hetzkampagne gegen das Kaiserpaar ausgelöst. Oder, genauer gesagt, hatte die aus denselben Kreisen – Generalstab von Ludendorff, Deutsche Botschaft und alldeutsche Kreise in Österreich – kommenden Angriffe plötzlich verstärkt. In den Chor stimmten auch Marschall Conrad von Hötzendorf und Erzherzog Friedrich ein, deren Verbindungen zum Hof und gesellschaftliche Beziehungen auch nach der Niederlegung ihrer Kommandos intakt waren. Nicht unbeteiligt war auch der erst kürzlich seines Amts enthobene Graf Czernin.

Die in der deutschen Presse oder in deutschfreundlichen österreichischen Zeitungen erscheinenden Artikel, die auch als Broschüren im Reich verteilt wurden, brachten stets dieselben Argumente vor. Die ewig gleichen Gerüchte machten im Parlament oder in den Offizierskasinos die Runde. Ein Zirkelschluß, der wie folgt lautete: Karl steht unter der Fuchtel seiner Gemahlin; Zita gehorcht ihrer Familie franko-italienischer Herkunft; also steht der Kaiser unter dem Einfluß der französischen und italienischen Feinde. Sein Wille zu einem Friedensschluß um jeden Preis und seine Verbindungen zu den Westmächten sind, so seine Verleumder, im besten Fall Ausdruck von Schwäche, im schlimmsten Fall von Verrat.

Da das Familienleben der Kaiserin keinerlei Angriffsfläche bot, streute Botschafter Wedel Gerüchte über ihre angebliche Bigotterie und ihren Klerikalismus, Karl hingegen dichtete die Fama Liebesabenteuer und einen Hang zum Alkoholismus an. Alles absurde Unterstellungen, die aber ihre Spuren hinterließen.

»Das Volk verlangt die Abdankung«, notiert Joseph M. Baernreither in seinem Tagebuch. Das Volk? Es waren vornehmlich Angehörige des Adels und des Bürgertums, die sich damals von den Monarchen abwandten. Im Herrenhaus ereignete sich Unerhörtes: ins Auge gefaßt wurde – ein bisher unvorstellbares

Novum – die Überreichung einer Tadelsmotion an den Kaiser, und auf der Tribüne ertönte der Ruf nach »Absetzung«. In hohen Gesellschaftskreisen wurde über das Kaiserpaar gelästert. Im Wiener Jockey-Club machte niemand ein Hehl aus seiner Abneigung gegen die Kaiserin. An den Universitäten machte sich deutschnationales Gedankengut breit; viele Studienabgänger, Ärzte, Juristen oder Industrielle, standen unter diesem Einfluß. Daß sie es aus schlechten Gründen taten, ändert nichts an der Tatsache, daß zwischen der Dynastie und einem Teil der führenden Klasse Österreichs eine Kluft entstanden war.

Am 9. Mai 1918 sollte aus Anlaß des Geburtstags von Kaiserin Zita im Stephansdom eine Messe zelebriert werden. Bezeichnend für die damalige Stimmung ist, daß der Wiener Bürgermeister aus Angst vor Protestkundgebungen von der Fahrt durch die belebte Mariahilferstraße abriet. Noch häufiger als bisher besuchten die Monarchen Krankenhäuser und Volksküchen. Da die Menge weniger zahlreich herbeiströmte, wurden Polizeibeamte und Offiziere in Zivil zum Jubilieren abgeordnet – ein lächerliches Täuschungsmanöver, über das Karl und Zita nicht im Bild waren.

Einblick in die damalige Stimmung gibt Josef Redlichs *Politisches Tagebuch*; dort steht unter dem Datum 4. Juli 1918: »Heute höre ich, daß sich in Wien in der Elektrischen, auf der Straße, in Kaffeehäusern alle Welt erzähle, die Kaiserin habe den entscheidenden Vorträgen des Generalstabschefs von Arz beigewohnt, dann den Kriegsplan den Italienern verraten, sei dann ›auf Befehl‹ Wilhelms II. in einem Kloster samt ihrer Mutter interniert worden, vorher sei der Wagen, in dem sie fuhr, mit Steinen beworfen und sie verletzt worden usw. Der Kaiser sei ganz willenlos, werde daher abgesetzt werden, Österreich werde von Deutschland annektiert werden usw.«[14]

Trotz der Hetzkampagne hielten zahlreiche Menschen Karl und Zita die Treue. Zwar mehrten sich an der Front die Desertionen, insbesondere in den Reihen der Tschechen. Die Meuterei der Matrosen in Cattaro im Februar 1918 war dem Ansehen der kaiserlichen Marine äußerst abträglich gewesen. Doch alles in allem blieb die Armee, insbesondere in Italien, standfest. Die Offiziere hatten den Treueid für den Kaiser nicht vergessen, den Soldaten stand die Güte der Monarchen noch immer vor Augen.

Diese Erfahrung sollte Zita Ende des Sommers 1918 machen. Sie sollte an einer Wohltätigkeitsveranstaltung zugunsten der Kriegsversehrten teilnehmen. Einige warnten sie: man werde sie auspfeifen, es werde einen ungeheuren Skandal geben. Die Kaiserin beschloß, sich der Herausforderung zu stellen, Karl begleitete sie. Angespannt trafen die beiden im Wiener Konzerthaus ein. Im überfüllten Saal empfing sie tiefe Stille. Dann brach ... tosender Beifall aus. Nach der Vorstellung mischte sich das Herrscherpaar unter die Anwesenden. Zahlreiche Soldaten drängten sich um es. Auch Kriegsblinde: »Minutenlang hielten sie unsere Hände fest – ich spüre noch heute die tastenden Finger auf meinem Gesicht«, so Zita viele Jahre später.[15]

In allen Ländern des Reichs, im Staat, in der Kirche, in allen Bevölkerungsschichten hielten die Leute der Monarchie die Treue. Doch die Stimme dieser schweigenden Mehrheit war nicht zu hören: nichts wurde unternommen, um ihr Gehör zu verschaffen.

Im Januar 1917 hatte der Kaiser Hauptmann Karl Werkmann zum Leiter des Pressebüros ernannt. Werkmann war dem Kaiser treu ergeben, doch die ihm zur Verfügung stehenden Mittel standen in keinem Verhältnis zu seiner Aufgabe. Als Erbe einer alten Dynastie war Kaiser Karl davon überzeugt, seine Redlichkeit, sein Wille und sein Handeln würden genügen. Er, der in gewissem Sinne ein moderner Mensch war, hatte nicht begriffen, daß angesichts der zunehmenden Bedeutung der öffentlichen Meinung im 20. Jahrhundert Regieren allein keine genügende Legitimitätsbasis mehr abgab. Das eigene Handeln war inzwischen erklärungsbedürftig geworden. Der unerfahrene Werkmann hatte praktisch allein ein unerhörtes Arbeitspensum zu bewältigen: Verbreitung von Kommuniqués, Kontakte zu den Zeitungen, Entlarvung der gegnerischen Argumente. Zum gleichen Zeitpunkt verfügten etwa Deutschland, Frankreich oder Großbritannien über beträchtliche Propagandaabteilungen. Talentierte Grafiker oder Filmer, in Österreich keineswegs Mangelware, wurden nicht beigezogen.

Als der Krieg gegen Rußland zu Ende war, kehrten Tausende

von Kriegsgefangenen nach Hause zurück. Der Kaiser fürchtete die Verbreitung revolutionären Gedankenguts. Zur Bekämpfung der gegnerischen Propaganda wie zur Eindämmung nationalistischer oder bolschewistischer Ideen wurde im April 1918 im österreichisch-ungarischen Hauptquartier endlich eine Gegenpropaganda-Abteilung eingerichtet. Deren Offiziere lernten, die Doppelmonarchie als demokratischen Rechtsstaat zu präsentieren. Kommentiert wurden nicht nur die Ursachen des Weltkriegs und der Russischen Revolution, der Standpunkt der Westmächte, die italienischen Forderungen, sondern neben den politischen, wirtschaftlichen und sozialen Grundlagen des Reichs auch die historische Rolle der Habsburger. Zu spät eingerichtet, war die Abteilung mäßig erfolgreich.

Letzte, aber nicht weniger einschneidende Folge der Sixtus-Affäre war der sich abzeichnende Bruch zwischen einigen Völkern und der Dynastie. Bei Kriegsbeginn waren die Tschechen, Polen, Kroaten, Slowenen oder Rumänen Österreich-Ungarns bedingungslose Patrioten gewesen. Die Serben der Habsburger kämpften gegen die Serben Peters I., die Rumänen aus Siebenbürgen gegen die Rumänen König Ferdinands. Die Härte der Militärgerichte hatte diese Loyalität auf eine harte Probe gestellt, doch wurde mit der Amnestie vom Juli 1917 eine neue Vertrauensbasis geschaffen. Nach dem Treffen zwischen Karl und Wilhelm II. in Spa fühlten sich diese Völker im Stich gelassen: sie mußten den Eindruck gewinnen, nun bewege sich Österreich im Schlepptau Deutschlands. Als Folge davon bekamen separatistische Tendenzen Aufwind.

Österreich sei degeneriert, sei eine katholische Türkei. Das Land habe seine Daseinsberechtigung verloren – so lautete Tomáš Garrigue Masaryks hartes Urteil in einem im April 1915 an London übergebenen Memorandum. Masaryk, Professor an der Prager Universität, hatte Böhmen 1914 verlassen. Gemeinsam mit seinem Schüler Edvard Beneš, der sich ihm angeschlossen hatte, trat er in Frankreich, England und in den Vereinigten Staaten für die tschechische Unabhängigkeit ein. Beide nutzten ihre Verbindungen zu den Freimaurern, um Kontakte zu höchsten Stellen zu knüpfen. Masaryk und Beneš – ebenso ihr Gefährte Milan Štefánik, ein Offizier slowakischen Ursprungs, der als Flieger in der Französischen Armee diente – konnten in Paris auf die aktive Unterstützung von Ernest Denis zählen. Denis, Professor für Slawistik an der Sorbonne, setzte sich in seiner Halbmonatsschrift *L'Indépendance tchèque* aktiv für die Aufgliederung Österreich-Ungarns in unabhängige Staaten ein. Die Bemühungen trugen ihre Früchte. Im Februar 1916 wurde in Paris unter dem Vorsitz von Masaryk und Beneš ein Tschechoslowakischer Nationalrat gegründet. Im Mai 1917 organisierte Masaryk in Rußland unter den Kriegsgefangenen die Tschechische Legion. Im Dezember 1917 konstituierte sich in Frankreich eine tschechische Nationalarmee.

Auch die Südslawen hatten im Lager der Entente ihre Vertretungen. Im Mai 1915 gründete der Kroate Ante (Anton) Trumbić in London das Jugoslawische Komitee. Um sich bei den Ententemächten durchzusetzen, versuchte er die serbische Exilregierung von Nicola Spašić auf Korfu zu verdrängen. Im Juli 1917 kam es auf Korfu schließlich zu einer Einigung zwischen dem Komitee in London und Spašić: das Abkommen sah die Vereinigung der Serben, Kroaten und Slowenen in einem unabhängigen Königreich unter der serbischen Dynastie vor.

Großbritannien war eine Drehscheibe des austro-ungarischen Exils. Auch hier konnten dessen Vertreter auf die Unterstützung einflußreicher Kreise zählen. Etwa auf Lord Northcliffe, den Besitzer der *Times*, Henry Wickam Steed, *Times*-Journalist und Verfasser eines gegen die Habsburgermonarchie gerichteten Werks, und Hugh Seton-Watson, Historiker und ebenfalls erklärter Gegner der Donaumonarchie.

»Vor allem mußte ich nachweisen, daß es notwendig sei, Österreich-Ungarn zu zerschlagen. Damals wurde allgemein geglaubt«, so Masaryk, »die Donaumonarchie müßte erhalten werden als Damm zwischen Deutschland und dem Balkan.«[16] Im Dezember 1917 hatte Großbritanniens Premier Lloyd George erklärt, die Entente wolle die österreichisch-ungarische Monarchie weder schwächen noch umgestalten, sondern sie einzig dem Einfluß

Deutschlands entziehen. Am 8. Januar 1918 erließ der Präsident der Vereinigten Staaten von Amerika, Thomas Woodrow Wilson, das berühmte *Vierzehn-Punkte-Programm*; auch hier hieß es unter Punkt 10 lediglich: »Den Völkern Österreich-Ungarns, deren Platz unter den Nationen wir geschützt und gesichert zu sehen wünschen, soll die freieste Möglichkeit zur autonomen Entwicklung gewährt werden.«[17] Noch dazu handelte es sich um ein von den Amerikanern entworfenes Programm, das nicht die Zustimmung aller Ententemächte fand. Das Habsburgerreich auseinanderreißen? Im Verlauf des Jahres 1918 schwenkten die Westmächte allmählich auf diesen Standpunkt ein.

Nachdem er Wilsons Vierzehn-Punkte-Programm zur Kenntnis genommen hatte, schrieb Kaiser Karl im Februar 1918 an Washington, wobei König Alfons XIII. von Spanien als Zwischenträger diente. Die Antwort traf im März in Wien ein: der Präsident der Vereinigten Staaten ersuchte den Kaiser, ihm detaillierte Vorschläge zur Erfüllung der Bestrebungen der Slawen, der Bevölkerung des Trentinos und des Küstenlands zu unterbreiten. Ende März hatte Karl geantwortet und dabei den Wunsch geäußert, die aufgeworfenen Fragen in einem persönlichen Gespräch zu erörtern. Urheber dieser Verzögerungstaktik, das sollte Zita später bezeugen, war Czernin gewesen; König Alfons XIII. schien die Antwort so unangemessen, daß er sie gar nicht erst übermittelte.

Im Februar 1918 hatte Northcliffe dem Foreign Office eine Note überreicht, worin er für eine Aufteilung des Habsburgerreichs nach Nationalitäten und die Vereinigung des Restgebiets »Österreichs« mit Deutschland plädierte. Im März war Steed erlaubt worden, hinter den österreichischen Linien Flugblätter abzuwerfen, worin den Völkern der Donaumonarchie ihre Unabhängigkeit versprochen wurde. Gegen Ende des Sommers 1918 wurde täglich mehr als eine Million solcher Flugblätter gedruckt.

Im April 1918 hatte in Rom ein Kongreß der von Österreich-Ungarn »unterdrückten Nationen« stattgefunden. Die Engländer Steed und Seton-Watson, der französische Sozialist Albert Thomas, der Tscheche Beneš, der Slowake Štefánik, der Kroate

Trumbić, ein polnischer Delegierter und ein Rumäne aus Siebenbürgen forderten, die Vernichtung Österreich-Ungarns auf die Liste der alliierten Kriegsziele zu setzen.

Im Mai 1918 hatte sich Masaryk in die Vereinigten Staaten begeben und dort zahlreiche Gespräche mit Präsident Wilson geführt. Im Juli hatte er den Pittsburgher Vertrag über den staatlichen Zusammenschluß von Tschechen und Slowaken (zwei Völker ohne historische Verbindung) im Hinblick auf die Gründung eines gemeinsamen Staats unterzeichnet. In Prag hatte Karel Kramář im gleichen Monat einen Tschechischen Nationalrat gegründet. Im Juni erkannten die Mächte der Entente das Polnische Nationalkomitee an. Im August wurde auch der Tschechische Nationalrat von Frankreich, Großbritannien und den Vereinigten Staaten als Kriegsverbündeter anerkannt.

Die Nachrichtendienste verhehlten dem Kaiser nichts. »Je größer der Hunger, desto größer die Friedenssehnsucht«, unterstreicht ein Bericht vom 31. Mai 1918.[18] Und die Zensurstelle betonte, das gelte für alle Bevölkerungskreise. In zahlreichen Briefen würden die Deutschen für die Fortsetzung des Kriegs verantwortlich gemacht. So stehe etwa in einem Brief aus Wien: »Man hungert, man schmachtet nach Ruhe und Frieden, und doch bleibt der Staatskurs Direktion Preußen.« Krieg, Entbehrungen, Hungersnot: die Kriegsmüdigkeit erfaßte alle.

Kaiserin Zita war unermüdlich. Sie besuchte Krankenhäuser und Heime. Auf ihre Anregung hin wurden zahlreiche Sozialwerke gegründet.

Für Karl und Zita lag über dem Herbst 1918 der Schatten der Melancholie. Werkmann erinnert sich, wie die beiden am 26. September eine Gruppe Wiener Kinder empfingen, die von einem Erholungsaufenthalt in Ungarn zurückkehrten: »Nie werde ich den Anblick vergessen, den Kaiser und Kaiserin boten, als sie dem Auto entstiegen. Der Monarch von langem Wachen und Sorgen zerstört, vergrämt. Die Kaiserin unter dem für die Welt bestimmten Lächeln die Lippen wie in großem Schmerz aufeinanderpressend.«[19]

Am 12. Oktober 1918 wurden dreiundzwanzig Abgeordnete und Anführer der Nationalitätenvertretungen im Reichsrat nach Baden beordert. Bei ihrer Ankunft am Bahnhof nahmen sie mit Verwunderung zur Kenntnis, daß kein Empfangskomitee da war: die vorgesehenen Autos hatten Verspätung. Zu Fuß mußten sie sich bei strömendem Regen in die kaiserliche Residenz begeben. Kaiser Karl kündigte ihnen eine spektakuläre Maßnahme an: in wenigen Tagen werde er ein Manifest veröffentlichen, womit das Reich in einen Staatenbund verwandelt werde.

Seit seiner Thronbesteigung hatte der Kaiser diese Reform erwogen. Im April 1917 hatte er von Polzer-Hoditz einen entsprechenden Plan angefordert. Dieser hatte vorgeschlagen, die traditionelle Aufteilung Österreichs in Kronländer durch eine Aufteilung nach Nationen zu ersetzen. Jede in Kreise unterteilte Nation hätte ihr Parlament – ein zentrales Parlament sollte die Reichsgesetze erarbeiten. Der Krieg hatte die Inangriffnahme dieses ehrgeizigen Plans verhindert, doch der Kaiser hatte diese Idee nicht aufgegeben. Er erwog sogar – darüber sollte Zita später berichten – die Errichtung von Republiken für bestimmte Völker innerhalb des Reichs. Nun war Karl, unter dem Druck der Ereignisse, entschlossen, Frieden zu schließen, solange Österreich-Ungarn noch standhielt. Als Antwort auf Wilson und den zehnten Punkt seines Vierzehn-Punkte-Programms, als Gegenmaßnahme gegen die Anerkennung der Nationalräte durch die Ententemächte mußte er zu einem Befreiungsschlag ausholen.

Doch es war zu spät. Allein schon die fünfstündige Diskussion mit den in Baden versammelten Delegierten hätten als Beweis genügt. Deutschösterreicher, Tschechen oder Südslawen – alle erhoben aus ihrer spezifisch nationalen Sicht Einwände. Das Bewußtsein für ein gemeinsames Interesse an der Doppelmonarchie war in Auflösung begriffen. Der Kaiser war entschlossen, sich darüber hinwegzusetzen. Doch der ungarische Ministerpräsident Wekerle zeigte sich ablehnend: der Plan stehe im Widerspruch zum Dualismus von 1867. Der Minister griff zur Erpressung: sollte man die Rechte Ungarns über Kroatien und Siebenbürgen antasten, dann schließe das Land seine Grenze zu Österreich. Wien aber war ausgehungert und lebte ausschließlich vom Weizen aus den magyarischen Tiefebenen. Karl gab nach. Max Hussarek, der österreichische Ministerpräsident, wurde mit der Ausarbeitung des endgültigen Texts beauftragt, den er gemeinsam mit dem Kaiser unterzeichnen sollte. Das am 16. Oktober 1918 unterzeichnete und »An meine getreuen österreichischen Völker« gerichtete Manifest bekräftigt zuerst den Friedenswillen Kaiser Karls I., dann dessen Wille zur Neuordnung des Reichs.

Österreich soll dem Willen seiner Völker gemäß zu einem Bundesstaate werden, in dem jeder Volksstamm auf seinem Siedlungsgebiete sein eigenes staatliches Gemeinwesen bildet ... Diese Neugestaltung, durch die die Integrität der Länder der Heiligen ungarischen Krone in keiner Weise berührt wird, soll jedem nationalen Einzelstaate seine Selbständigkeit gewährleisten ... An die Völker, auf deren Selbstbestimmungsrecht das neue Reich sich gründen wird, ergeht Mein Ruf, an dem großen Werke durch Nationalräte mitzuwirken, die – gebildet aus den Reichsratsabgeordneten jeder Nation – die Interessen der Völker zueinander sowie im Verkehr mit Meiner Regierung zur Geltung bringen sollen.[20]

Polzer-Hoditz hatte diese Reform ungeduldig erwartet. Seit einigen Monaten war er nicht mehr Karls Kabinettschef. Auch er entnahm den Wortlaut des Völkermanifests der Presse und war entsetzt. Man habe fünfzig Jahre Zeit gehabt, Österreich auf nationalföderalistische Grundlagen zu stellen; heute sei es zu spät. Ein solcher Schritt gebe unter den Verhältnissen, unter denen er erfolgte, Österreich den Todesstoß.[21]

Polzer-Hoditz sollte recht bekommen. Drei Wochen später war Karl nicht mehr an der Macht.

Das Ende eines Reichs

Oktober 1918. Österreich-Ungarn ist am Ende. Zivilbevölkerung wie Militär beschäftigt nur eines: die Lebensmittelversorgung. Zu Beginn des Jahres, nach einer Mißernte im Sommer 1917 und einem strengen Winter, mußten die Lebensmittelrationen gekürzt werden. In der österreichischen Reichshälfte wurde die Mehlration von 200 auf 165 Gramm pro Tag gekürzt. Ein Streik, der im Daimler-Werk in der Wiener Neustadt seinen Anfang genommen hatte, geriet im Januar zum Flächenbrand: Wien, Steiermark, Ober- und Niederösterreich, Tirol. Dann griff er über nach Ungarn und schließlich nach Mähren. Die Forderungen: Brot und Frieden. Siebenhunderttausend Arbeiter hatten sich an diesem Massenstreik beteiligt, dem die Sozialdemokraten seine politische Färbung gaben. Gleichwohl konnte sich die 1889 von Victor Adler gegründete Sozialdemokratische Partei, ihren linksextremen Flügel ausgenommen, mit der Monarchie durchaus arrangieren. Dank einer Mischung aus Konzessionsbereitschaft und Härte gelang es der Regierung, die Streiks zu beenden. Zurück blieb eine latente Unzufriedenheit. Wegen Schwarzmarktgeschäfte wurden vierzehn Todesurteile gefällt. Von seinem Begnadigungsrecht machte Karl nur in einem Fall Gebrauch.

Kein Brot und keine Kohle: die Bevölkerung hungerte und fror – und die Spanische Grippe fordert Tausende von Opfern.

Trotz Hunger und Alltagsnot blieben die Wiener sich selbst treu. Wie immer stritten sie über die »wirklich wichtigen Dinge«: Wer würde die Nachfolge des Burgtheaterdirektors antreten? Würde die diesjährige Inszenierung der *Zauberflöte* besser sein als die der letzten Saison? Ein Spruch machte die Runde: »In Deutschland ist die Lage ernst, aber nicht verzweifelt. In Österreich ist die Lage verzweifelt, aber nicht ernst.« An der Front lachte keiner mehr über solche Späße. Am 15. Juni hatte die kaiserliche Armee in Italien eine letzte Offensive gestartet. Nach vier Tagen war sie gescheitert. Seither herrschte ein auswegloser Stellungskrieg. Die Lebensmittelrationen waren erbärmlich. Die Malaria wütete. Wie konnte man sich vor der Kälte schützen, wenn die Soldaten nicht einmal mehr eine vollständige Uniform besaßen – was für mehr als die Hälfte der Truppen der Fall war? In den Tiroler Bergen, wo die Temperaturen in den Herbstnächten unter Null fallen, ließen die Soldaten, die abgelöst wurden, für ihre diensttuenden Kameraden ein Paar Hosen oder eine Jacke zurück und standen dann zuweilen in der Unterwäsche da. »Wir sind keine Helden«, murrten die Männer, »sondern Bettler.«[1]

Österreich mußte den Krieg beenden: mit oder ohne Deutschland. Am 14. September hatte Burián ein in Absprache mit dem Kaiser ausgearbeitetes, an alle kriegführenden Parteien gerichtetes Friedensangebot veröffentlicht, worin Österreich um die Eröffnung von Verhandlungen in einem neutralen Land ersuchte. Karl hatte Wilhelm II. darüber informiert. Der deutsche Kaiser zeigte sich aufs schmerzlichste überrascht. Doch weder Paris noch London, noch Washington zeigten sich interessiert.

Am 25. September dann ein schwerer Schlag für Wien: Bulgarien hatte nach dem Angriff von Franchet d'Esperey die Waffen niedergelegt. Damit war die direkte Verbindung zwischen Österreich und dem Osmanischen Reich unterbrochen und die Südostflanke Österreich-Ungarns ungeschützt. Im Westen drangen die Entente-Mächte vor. Am 26. September warf Marschall Foch alle seine Divisionen in die Schlacht; bis Mitte November sollten ganz Frankreich und Belgien befreit sein. Am 29. September hatten Hindenburg und Ludendorff Kaiser Wilhelm II. vollends aufgeklärt: es gab keine militärische Hoffnung mehr.

Am 4. Oktober richteten das Deutsche Reich, Österreich-Ungarn und die Türkei je ein Waffenstillstandsangebot an den amerikanischen Präsidenten. Wien präzisierte, Österreich betrachte Wilsons Vierzehn-Punkte-Programm und des Präsidenten spätere Erklärungen als eine annehmbare Verhandlungsgrundlage.

Am 9. Oktober teilte Washington Berlin mit, daß die sofortige Entsetzung Frankreichs und Belgiens Voraussetzung für jede Diskussion sei.

Wien wartete auf eine amerikanische Antwort. Mit der am 16. Oktober angeordneten Föderalisierung des Reichs wollte Kaiser Karl Wilsons Antwort beschleunigen. Das Verdikt fiel am 18. Oktober. In einer Reuter-Depesche ließ der amerikanische Präsident verlauten, er könne auf den vorliegenden Vorschlag nicht eingehen, »weil seit seiner Botschaft am 8. Januar gewisse Ereignisse von größter Bedeutung eingetreten sind, die notwendigerweise die Haltung und die Verantwortung der Vereinigten Staaten von Amerika geändert haben«.[2] Dann fuhr das Kommuniqué fort: Die Anerkennung des Tschechoslowakischen Nationalrats und der jugoslawischen Ansprüche auf Freiheit bedeuteten für diese Völker mehr als bloße Autonomie, nämlich die Unabhängigkeit. »Die Antwort Wilsons wirkte wie eine Bombe«, notiert Burián in seinen Erinnerungen.[3] Amerika hatte Österreich-Ungarn abgeschrieben.

Damit war der Kampf sinnlos geworden. An der Südfront hielten die Tiroler Regimenter stand, denn sie verteidigten ihren Boden. Die tschechischen, serbokroatischen oder bosnischen Einheiten aber weigerten sich zu kämpfen. Die ungarischen Truppen wollten nach Hause, denn im Osten bedrohten die Franzosen Franchet d'Espereys und die Rumänen ihre Heimat. Die einzige stabile österreichisch-ungarische Front begann zu wanken.

Am 26. Oktober 1918 richtete Karl ein Telegramm an Wilhelm II., worin er ihm mitteilte, er werde am nächsten Tag um einen sofortigen Waffenstillstand und einen Separatfrieden ersuchen. Via Stockholm gelangte die Note nach Washington. In Italien trat am 29. Oktober ein Offizier des österreichischen Generalstabs vor die feindlichen Linien, begleitet von zwei Trompetern und einer weißen Fahne.

Österreich-Ungarn brach zusammen – militärisch und politisch. Am 23. Oktober fuhr das Kaiserpaar mit seinen Kindern nach Ungarn. Offizieller Anlaß war die Einweihung der Universität

Debrecen. Reden, Musik, Jubel: Zita schöpfte neue Hoffnung. Doch mit der ihm eigenen Klarsicht entgegnete ihr Karl, kein Jubel könne den Lauf des Schicksals aufhalten. Wekerle, der ungarische Ministerpräsident, hatte sein Amt zur Verfügung gestellt; um einen Nachfolger zu finden, mußte Kaiser Karl vor Ort Gespräche führen. Zudem glaubte er, daß Ungarn, sollten die Ereignisse eine schlimme Wende nehmen, für die jungen Erzherzöge und Erzherzoginnen ein sicherer Platz war. Das war der andere – inoffizielle – Grund für diese Reise.

Am Abend des 23. Oktober brach das Herrscherpaar von Debrecen nach Gödöllö auf, dem ungarischen Schönbrunn, etwa dreißig Kilometer nordöstlich von Budapest gelegen. Im Zug diskutierte Karl mit Ludwig Windisch-Graetz, dem Ernährungsminister, der ihm die Warnung zukommen ließ, in Budapest bahne sich eine gegen die Dynastie gerichtete Revolution an.

»Wie kann die Revolution sich gegen mich wenden?« entrüstete sich Karl. »ich hatte doch dasselbe Programm wie Károlyi, wie Sie! Auch ich wollte einen Umsturz, auch ich eine Loslösung von Deutschland; aber viel ehrlicher. Wer unterstützte mich damals? Wollte ich nicht die Tschechen, die Südslawen befriedigen? Zaubern kann ich nicht. Es ist unmöglich, daß die Revolution sich gegen mich kehren kann. Daß ich nicht früher mit den radikalsten Reformen kam, beweist ja eben, daß ich nicht autokratisch regieren will ... Ich kann nicht aus den Bahnen heraus. Ich kann nicht Minister wegjagen, die eine Majorität haben.«[4]

Windisch-Graetz, der über die Szene berichtet, erinnert sich: »Er war sehr erregt und nervös geworden. Aus dem Nebencoupé kam die Königin Zita herein. Sie beruhigte ihn. Und hörte dann unserem Gespräche zu, ohne sich mit einem Worte hineinzumischen.«[5]

In Gödöllö gaben sich achtundvierzig Stunden lang die Politiker die Türklinke in die Hand. »Es ist immer schwierig, für ein sinkendes Schiff eine Mannschaft zu finden«, bemerkte Karl zu Zita.[6] Niemand wollte Wekerles Amt freiwillig übernehmen – ausgenommen Mihály (Michael) Károlyi, der reiche Erbe einer alten Patrizierfamilie und Verfechter ultraliberaler Ideen; in Ungarn wurde er übrigens der »rote Graf« genannt. Károlyi, ein unruhiger Geist, sollte in seinen Erinnerungen eingestehen, seit seiner Kindheit sei es sein sehnlichster Wunsch gewesen, eine Revolution zu erleben. Nun war es sein Wunsch, die Regierung zu übernehmen. Am 25. Oktober bildete er in Budapest einen ungarischen Nationalrat.

Doch Karl verschob die Ernennung des Ministerpräsidenten, denn während seines Aufenthalts in Ungarn überstürzten sich in Österreich die Ereignisse. In Wien stellte Außenminister Burián am 24. Oktober sein Amt zu Verfügung. Und auch der österreichische Ministerpräsident Hussarek demissionierte. Von Gödöllö aus regelte der Kaiser die Angelegenheit telefonisch. Er versuchte, das Amt des Ministerpräsidenten einem Sozialdemokraten zu übertragen. Karl Renner, diskret angefragt, stand kurz vor der Zusage, lehnte aber schließlich unter dem Druck seiner Partei ab. Heinrich Lammasch, ein angesehener Völkerrechtler, willigte ein. Zur Vereidigung des neuen Kabinetts kehrte der Monarch nach Österreich zurück. Zuvor hatte er in Budapest einen Stellvertreter ernannt, Erzherzog Josef August, von der ungarischen Linie des Hauses Habsburg.

Karl, der sich in der Nacht nur drei oder vier Stunden Schlaf gönnte, war erschöpft. Zita wollte ihn nicht allein lassen. In der Nacht vom 26. auf den 27. Oktober brachte sie der Hofzug nach Wien zurück – ohne die Kinder. Károlyi begleitete sie in der Überzeugung, zum Ministerpräsidenten ernannt zu werden. Doch inzwischen hatte Graf Gyula Andrássy das Außenministerium übernommen. Andrássy aber war Károlyis Schwiegervater, und dieser hielt seinen Schwiegersohn für gefährlich. Den König warnte er: sollte Károlyi das ungarische Kabinett leiten, werde er zurücktreten.

In Wien angekommen, vernahm Károlyi, Kaiser Karl habe Graf János Hadik zum Ministerpräsidenten ernannt. Bitter enttäuscht fuhr er mit den nächsten Zug nach Budapest zurück. Bei der Ankunft wurde er von einer begeisterten Menge empfangen. Nun fand sie statt, die Revolution, nach der er sich gesehnt und an die Karl nicht geglaubt hatte. Am 30. Oktober forderten Soldatenräte

– diese waren nach bolschewistischem Modell gebildet worden – die Ernennung Károlyis zum Ministerpräsidenten. Am 31. Oktober ernannte ihn Erzherzog Josef, unter dem Druck der Straße, zum Regierungschef. Am selben Tag wurde István Tisza von Aufständischen ermordet. Am 1. November nahm Kaiser Karl telefonisch Károlyis Eid entgegen. Doch all dies war nur noch Fiktion. Die Monarchie war in Auflösung begriffen.

Karl und Zita waren zurück in Schönbrunn. Noch vor Tagesanbruch läutete am 31. Oktober in den kaiserlichen Appartements das Telefon. Zita nahm den Anruf entgegen. Der Militärkommandant von Budapest verlangte den Kaiser zu sprechen. Zita weckte ihn. In der Stadt, so teilte der Offizier mit, sei der Aufstand ausgebrochen. Karl befahl ihm, die Ordnung wiederherzustellen. Niedergeschlagen bekannte der Anrufer, er verfüge nicht über die nötigen Truppen.

Unverzüglich befahl der Kaiser telephonisch, die in Gödöllö zurückgelassenen Kinder nach Wien zurückzubringen. Schon zuvor hatte der Kämmerer der Kaiserin überlegt, welcher Weg im Fall einer überstürzten Flucht einzuschlagen sei. Die Kaiserkronen auf den Automobilen wurden übermalt, die Chauffeure tauschten ihre Hoflivreen gegen gewöhnliche Militäruniformen. Gräfin Kerssenbrock weckte die Kinder. Den ersten Wagen bestiegen der Kämmerer und ein Offizier, den zweiten René von Bourbon-Parma, die Kinder und ihre Gouvernante. Auf den Knien von Zitas Bruder lagen zwei schußbereite Revolver. Der Prinz hatte die Benzinkanister füllen lassen in der Absicht, diese bei einem Zwischenfall als schützende Feuerwand in Flammen aufgehen zu lassen. Mehr als vierhundert Kilometer Fahrt waren in einem in Anarchie versunkenen Land zurückzulegen. Als Vorsichtsmaßnahme fuhr der erste Wagen einen Kilometer vor dem zweiten. An einer Straßensperre wurde er von zerlumpten Soldaten angehalten, die die Insassen fragten, weshalb sie die königliche Rosette nicht von ihren Mützen entfernt hätten. Nach einigen Ausflüchten wendete der Chauffeur den Wagen und fuhr zurück: der Konvoi würde einen Umweg machen. In Preßburg fuhr ihm Karls Gesandter, Graf Hunyády, entgegen.

Den ganzen Tag wartete Zita in höchster Sorge auf eine Nachricht von den Kindern. Ein Bild konnte sie nicht verscheuchen: die einige Monate zuvor umgebrachte Familie von Zar Nikolaus II. Nervös ging sie auf und ab, unfähig sich stillzuhalten. Um elf Uhr abends dann ein Seufzer der Erleichterung: die Kinder rannten gesund und munter in Schönbrunn die Treppe hinauf.

Überall im Reich brach die Revolution aus. Am 28. Oktober fanden sich am Sitz der kaiserlichen Regierung in Prag zwei Mitglieder des Nationalrats ein und erklärten, ab sofort würden sie die Geschicke des Landes leiten. Am gleichen Abend proklamierte der Rat die Schaffung des tschechoslowakischen Staats. Der Garnisonskommandant mußte sich den Tatsachen beugen: vierhundert Jahre Habsburger Herrschaft über Böhmen gingen ohne jedes Blutvergießen zu Ende. Am 14. November wurde Masaryk, der sich noch in den Vereinigten Staaten aufhielt, zum Präsidenten der Republik gewählt und Karel Kramář zum Ministerpräsidenten ernannt.

Am 29. Oktober brach das kroatische Parlament in Zagreb mit Wien und Budapest: Kroatien, Slawonien und Dalmatien erklärten sich zu Mitgliedern des souveränen Nationalstaates der Slowenen, Kroaten und Serben. Am 31. Oktober ratifizierte das slowenische Parlament in Ljubljana (Laibach) diesen Beschluß. Am 28. Oktober beschloß der Nationalrat der Bukowina die Angliederung der Provinz an Rumänien. Am 31. Oktober vollzogen die Rumänen Siebenbürgens denselben Schritt. Das polnische Nationalkomitee übernahm die Kontrolle über Galizien. Die Doppelmonarchie zerfiel.

Und das Herz des Kaiserreichs? Die Ungarn bilden eine Nation. Doch die Österreicher im strikten Sinn? In diesen hektischen Tagen wurde unversehens eine Frage aktuell, die dreißig Jahre lang die Geschicke Wiens bestimmen sollte: Was ist Österreich? Historisch gesehen war es ein Erbland der Habsburger. Die dort lebende Bevölkerung aber ist aufgrund ihrer ethnischen Herkunft, ihrer Sprache, ihrer Kultur deutsch. Zwar existiert als Resultat einer langen Geschichte ein österreichischer Geist, ein österreichischer Typus, eine österreichische Individualität, politisch gesehen aber beruhen Existenz und kollektives Selbstverständnis der Österreicher – d. h. der Österreicher deutscher Sprache – auf der Dynastie. Was hält sie noch zusammen, wenn die Krone wankt? Sollen sie – dieselbe Frage stellt sich auch den Sudetendeutschen in der Tschechoslowakei – der großen Gemeinschaft der Deutschen beitreten? Oder rechtfertigt ihre Spezifizität die Gründung eines eigenen Staats? Kann es eine österreichische Nation, eine 1918 noch unbekannte Vorstellung, geben?

Am 21. Oktober versammelten sich die deutschsprachigen Abgeordneten des österreichischen Abgeordnetenhauses und konstituierten sich als »Provisorische Nationalversammlung des selbständigen deutschösterreichischen Staats«, verstanden sich also auch als Vertreter der Deutschen Böhmens und Mährens. Diese Versammlung ernannte ein zwanzigköpfiges Exekutivkomitee: den Staatsrat, in dem alle Parteien vertreten waren. Zu jenem Zeitpunkt erhob dieses Exekutivkomitee noch keinen Anspruch auf die Macht – diese stand noch nicht zur Disposition.

Am 28. Oktober vereidigte Kaiser Karl endlich das Kabinett Lammasch. Formell regierte der Kaiser, der sich in Schönbrunn aufhielt; noch existierten der Hof und der gesamte Hofapparat. Am 30. Oktober wurde Karl auf dem Weg zur Hofburg von Passanten bejubelt. Zum selben Zeitpunkt demonstrierte allerdings auf dem Ring eine anders gesinnte Menge, aufgeboten von der Sozialdemokratischen Partei, deren linker Flügel zu dominieren begann. Zum ersten Mal war der Ruf »Es lebe die Republik« zu hören. Zita wiederum stattete am selben Tag einem Krankenhaus einen Besuch ab, wo ihr ein herzlicher Empfang bereitet wurde.

Doch mit dem Zusammenbruch der Front und der Sezession Prags und Budapests stürzte das ganze Gebäude ein. Am 31. Oktober entband Karl die Offiziere ihres Treuegelöbnisses: nun waren sie frei, sich dem entsprechenden Nationalrat zur Verfügung zu stellen. Das jahrhundertealte Band zwischen Kaiser und Armee war zerbrochen – Symbol der Auflösung der Monarchie.

Am 1. November 1918 begannen in Padua die Waffenstillstandsverhandlungen. Der Vertreter des Kaisers war befugt, alle Bedingungen anzunehmen, »die die Ehre der Armee nicht berühren oder die nicht einer Kapitulation gleichkämen«.[7] Noch am gleichen Abend wurden Schönbrunn die gestellten Bedingungen eröffnet: Demobilisierung der österreichisch-ungarischen Truppen; Rückzug aller Truppen bis hinter den Brenner, wodurch das Trentino und Südtirol an Italien fielen; freie Bewegung der verbündeten Streitkräfte auf österreichisch-ungarischem Boden. Der letzte Punkt allerdings bedeutete, daß Deutschland, das die Waffen noch nicht niedergelegt hatte, über Bayern angegriffen werden konnte.

Die Verhandlungen entschieden über die Zukunft des Landes. Deshalb lud Karl die Vertreter »Deutschösterreichs« zu Gesprächen ein. Ipso facto erlangten die fünf am 2. November in Schönbrunn eintreffenden Mitglieder des Staatsrats eine gewisse Legitimität.

Auf der Schloßtreppe erlitt Victor Adler, der Vater des österreichischen Sozialismus, einen Herzanfall, dem er wenige Tage später erliegen sollte. »Sie wollen mich töten«, rief er Zita entsetzt zu, als sie für ihn ein Glas Kognak anforderte. Als Adler sich erholt hatte, begannen die Gespräche. Sie trügen, so argumentierten die Mitglieder des Staatsrats, keinerlei Verantwortung für die Kriegserklärung. Der Kaiser allein müsse die Waffenstillstandsfrage regeln. Darauf antwortete der Kaiser: »Ich habe diesen Krieg ebensowenig begonnen wie Sie, aber ich habe immer versucht, ihn zu beenden, und Sie, meine Herren, haben mich bei meinen Friedensbemühungen niemals unterstützt.«[8]

Am Abend folgte eine Sitzung mit dem österreichischen Kabinett. Laufend trafen Berichte des Generalstabs ein. Die Auflösung der Armee war im Gang: die Nationalräte von Budapest, Prag und Zagreb beorderten ihre Truppen zurück.

Dem Kaiser blieb keine Wahl. Mit Tränen in den Augen ordnete er in der Nacht des 2. November an, die Waffenstillstandsbedingungen seien anzunehmen. Die österreichischen Unterhändler wurden telegrafisch angewiesen, die letzte Bedingung, die es den Westmächten erlaubte, Deutschland von Österreich her anzugreifen, in ihren Folgen abzuschwächen, denn im Namen seiner Soldatenehre konnte Karl darauf nicht eingehen. Dann bat er Ministerpräsident Lammasch und General Arz, den Staatsrat zu informieren. Sie trafen niemanden an; in der für das Land kritischen Situation hatten sich die Abgeordneten »Deutschösterreichs« schlafen gelegt.

Am 3. November nahmen die Italiener das österreichische Angebot an und ließen verlauten, die Feindseligkeiten würden am 4. November um 15 Uhr eingestellt. Die österreichische Armee aber hielt sich an den bereits erfolgten Feuereinstellungsbefehl des Kaisers. Vierundzwanzig Stunden lang zogen die italienischen Streitkräfte durch die Linien der keinen Widerstand leistenden, desorganisierten österreichischen Truppen. Kampflose Eroberung eines Territoriums, das sie seit 1915 in zwölf Offensiven nicht hatten gewinnen können. 350 000 austro-ungarische Soldaten wurden gefangengenommen – darunter Eliteregimenter wie die Tiroler Kaiserjäger, die während des gesamten Kriegs niemals zurückgewichen waren.

Der Waffenstillstand wurde im Namen Österreich-Ungarns und aller gegen Wien kämpfenden Mächte geschlossen. Auf der Balkanfront wurde am 7. November ein separates Waffenstillstandsabkommen unterzeichnet. In Begleitung von – keineswegs soldatisch gekleideten – Vertretern der Soldatenräte begab sich Károlyi in Franchet d'Espereys Hauptquartier. Der französische General musterte ihn von Kopf bis Fuß und warf dem »roten Grafen« dann an den Kopf: »So tief sind Sie gefallen?«

Am 4. November 1918 hatte Karl sich an Wilhelm II. gewandt: »So kam es, daß unter dem Drucke aller Verhältnisse um einen Waffenstillstand gebeten und Bedingungen angenommen wurden, die ich vor kurzer Zeit für indiskutabel gehalten hätte.«[9] Eine letzte Höflichkeitsgeste, die ohne Antwort bleiben wird. Bis zu Karls Tod wird es zwischen den beiden Männern keinen Kontakt mehr geben.[10]

Zur Zeit der Waffenstillstandsverhandlungen herrschte in Wien das Chaos. In der Nacht vom 2. auf den 3. November warnte der Polizeipräsident den Monarchen, er könne für die Sicherheit in Schloß Schönbrunn nicht mehr garantieren, die kaiserliche Familie solle sich irgendwo in Sicherheit bringen.

Zu jenem Zeitpunkt versah das ungarische Infanterieregiment Nr. 69 den Wachdienst im Schloß. Tags zuvor war es auf Befehl von Budapest abgezogen. Anschließend war, mit Ausnahme der Offiziere, die kaiserliche Leibgarde verschwunden. Auf die zweihundert Männer, die früher bei allen Feierlichkeiten in ihren prachtvollen Uniformen aufmarschiert waren, war in dem Moment, wo sie ihrem Namen hätten Ehre machen sollen, kein Verlaß. Zita erblickte sogar eine an die Wand gelehnte Hellebarde, deren Besitzer desertiert war. An den Haupteingängen zum Schloß standen nicht einmal mehr Wachposten. Schon bald lebten in Schönbrunn außer der kaiserlichen Familie nur noch die Flügeladjutanten des Kaisers, die Hofdamen der Kaiserin, die Gardeoffiziere sowie einige Angestellte und Bedienstete.

Doch dann ein Lichtblick. Unerwartet tauchten die Kadetten der Militärakademie von Wiener Neustadt auf, angeführt von Walter von Schuschnigg, dem Vetter des späteren österreichischen Bundeskanzlers, um über die Sicherheit des Kaisers zu wachen. Ihnen folgten Kadetten der Militärakademien von Mödling und Traiskirchen. »Es war eines der schönsten Beispiele von Treue, die ich in meinem Leben erfahren habe«, sollte Zita später dazu bemerken.[11] Das Kaiserreich brach zusammen, doch die achtzehnjährigen Kadetten hielten stand.

Schloß Schönbrunn wurde von einigen Gespenstern heimgesucht. Wie aus der Vergangenheit aufgetaucht, besuchte die über neunzigjährige Prinzessin Metternich die Kaiserin. Die letzte noch lebende Tochter des Kanzlers der Heiligen Allianz beruhigte Zita: »Nicht verzagen, Revolutionen sind wie Hochwasser, sie kommen und sie vergehen. Das Wasser rinnt wieder ab, Majestät!«[12] Auch Graf Walderdorff, einstmals Karls Kamerad bei den Siebner Dragonern eilte herbei. Im Krieg verwundet, war er aus dem Krankenhaus entlassen worden und bot in Jägerkleidung seine Dienste an – ein Gewehr unter dem Regenumhang. Andere taten dasselbe, doch erfuhren Karl und Zita es nicht. Feldmarschall Boroević, ein angesehener Truppenführer, hatte sein Armeekorps unversehrt von der italienischen Front nach Kärnten zurückgeführt. In zwei Telegrammen schlug er dem Kaiser vor, bis nach

Wien vorzudringen. Gleiches schlug Oberst Meraviglia-Crivelli an der Spitze des 5. Ulanenregiments vor. Doch in den wirren Zeiten erreichten ihre Meldungen Kaiser Karl nie. Auch in Salzburg und Innsbruck boten Truppenkommandanten an, in die Hauptstadt zu eilen. Doch überall herrschte das Chaos: die Züge fuhren nicht mehr, und die Regimenter verschwanden über Nacht.

In Wien kam es zu Demonstrationen. Um wenigstens den Anschein von Ordnung zu wahren, hatten die Sozialdemokraten eine bewaffnete Miliz aufgestellt: die Volkswehr. Extremisten unterstützten die radikalsten Elemente der – bolschewistischen – Roten Garde. In der Hauptstadt konstituierte sich eine Parallelgewalt. Auch die kümmerliche Garnison der Hofburg hatte sich in alle Winde zerstreut. Die noch vor Ort ausharrenden Offiziere und Kadetten verbarrikadierten das Schloß, die Maschinengewehre schußbereit. In ihrem Palais an der Favoritenstraße – neben dem Theresianum, der Kadettenakademie gelegen – ging Erzherzogin Maria Theresia auf und ab: das Gewehr in der Hand.

Trotz der Drohungen lehnte es Karl ab, Schönbrunn zu verlassen. Seine Abreise, davon war er überzeugt, würde die Lage nur verschlimmern, das Land vollends in den Abgrund stoßen. Von Budapest aus flehte ihn Erzherzog Josef an, auf den Thron Ungarns zu verzichten. Vergeblich. Verängstigt rieten andere Familienmitglieder Karl und Zita, sich zu verstecken.

Am 4. November, dem Namenstag des Kaisers, feierte Fürsterzbischof Piffl im Stephansdom zu Ehren des Kaisers ein Hochamt. Zugegen waren der Apostolische Nuntius sowie die Mitglieder des neuen Ministerkabinetts. Unter den Anwesenden ein einziger General in Uniform. Unter den Klängen von *Gott erhalte ...* löste sich die Gemeinde auf; es war das letzte Mal, daß unter dem Gewölbe des Stephansdoms die Kaiserhymne erklingen sollte. Bis zum 1. April 1989 anläßlich der Trauerfeierlichkeiten für Zita ...

Zur Messe, die am 4. November zu seinen Ehren in der Schloßkapelle gelesen wurde, erschien Karl ohne Zita, doch in Begleitung seiner beiden ältesten Kinder: Kronprinz Otto und Erzherzogin Adelhaid. In Wien war alles möglich. Als Karl und

Zita am Nachmittag unter den wachsamen Augen der Kadetten in den privaten Schloßgärten mit ihren Kindern einen Spaziergang machten, klatschten die Spaziergänger in dem der Öffentlichkeit zugänglichen Teil des Parks Beifall.

Die kaiserliche Regierung regierte nicht mehr. Am 8. November traf endlich Wilsons Antwort auf Kaiser Karls Schreiben vom 27. Oktober ein. Adressiert war sie an Karl Seitz, den Präsidenten des Staatsrats. Die Nationalräte in Prag und Budapest sollten Schreiben gleichen Wortlauts erhalten, worin begrüßt wurde, daß die souveränen Völker nun das Joch der österreichisch-ungarischen Monarchie abgeworfen hätten.

Am 6. November legte Ministerpräsident Heinrich Lammasch sein Amt nieder. Karl bat ihn, im Amt zu bleiben. Wenigstens auf seine Dienste als Vermittler mit dem Staatsrat von »Deutschösterreich« wollte er zählen können. Seit einer Woche debattierte dieser Rat über die künftige Staatsform. Inzwischen forderten sämtliche Sozialdemokraten die Republik, die Christlichsozialen wiederum verteidigten die Monarchie. Die Abgeordnetenversammlung hatte den entscheidenden Termin festgelegt: den 12. November. Dann sollte über Republik oder Monarchie entschieden werden.

Über Hauptmann Werkmann ersuchte Kaiser Karl Fürsterzbischof Piffl, diskret die Meinung des Anführers der Christlichsozialen, Prälat Hauser, zu sondieren. Dieser versicherte dem Kardinal: »Eminenz, ich versichere, daß ich die christlichsoziale Partei bei der kaiserlichen Fahne halten werde. Und wenn alle sich von ihr abwendeten, so werde ich bei ihr ausharren.«[13] Nachdem er Kardinal Werkmann über seinen Auftrag berichtet hatte, fügte er eine Empfehlung hinzu: »Die christlichsozialen Führer glauben, ihre Parteigenossen leichter bei der Stange halten zu können, wenn die Monarchie sich ... auch auf das Volk stützte. Sie bitten daher, Seine Majestät möge, seine Rechte zurückstellend, die Entscheidung über die Staatsform in die Hände des Volkes legen.«[14] Mit anderen Worten, dem Kaiser wurde empfohlen, sich vorläufig zurückzuziehen und die Bestätigung seiner Stellung durch das Parlament abzuwarten.

In Wirklichkeit war dieser Vorschlag im Ministerrat bereits erörtert worden. Denn der Wind hatte gedreht. Am 8. November rechnete das kaiserliche Kabinett die Möglichkeiten durch: die Chancen stiegen, daß die Abstimmung vom 12. November zugunsten der Republik ausfallen würde. Die Minister diskutierten nicht bloß über den Nutzen ihres Amtes, sondern auch über die Abdankung des Kaisers. Doch in Schönbrunn eingetroffen, wagte keiner, diese Möglichkeit zu erwähnen. Zu Hause zurück, vertraute Josef Redlich, seit zwölf Tagen Finanzminister, seinem Tagebuch folgende Zeilen an: »In dem Adjutantensaal die reizende Gräfin Bellegarde [eine von Zitas Hofdamen], die selbst wie eine leibhaftige Rokokomarquise über das Parkett schreitet, und die eleganten diensttuenden Offiziere, und über dem Ganzen ein Hauch des Vergehens, des Verfalles und zugleich auch feinster, wenn auch müde gewordener Kultur! Wird das, was sich hier bald breit machen wird, diese Kultur verstehen und fortbilden können?«[15]

Kaiser Karl gab sich keinen Illusionen hin. Alles, was nun geschah, hatte er vorhergesehen. Er wußte, daß er dem Zusammenbruch der Monarchie beiwohnte und den Gang der Dinge nicht aufhalten konnte. Doch aus prinzipiellen Gründen lehnte er eine Abdankung ab. Er war der Erbe der Krone, nicht deren Eigentümer, er hatte nicht das Recht, der jahrhundertealten Kette der Habsburger ein Ende zu setzen.

Die Nachrichten aus Deutschland bestärkten seine Ahnungen: schlossen die Herrscher keinen Frieden, dann würden es die Völker an ihrer Stelle tun. Nach letzten verzweifelten Kämpfen in Lothringen und im Norden hatte Berlin am 8. November um einen Waffenstillstand ersucht. Soeben hatte Kaiser Wilhelm II. abgedankt und den Weg in das bereits vorbereitete holländische Exil angetreten. Auch die Könige von Sachsen und von Bayern, Überlebende des alten, vorbismarckschen Deutschland, hatten ihren Thron aufgegeben.

Karl hingegen wollte das von ihm verkörperte Prinzip hochhalten: »Das Beispiel, das die deutsche Revolution gibt, wird Österreich zusammenbrechen lassen«, bemerkte er zu Werkmann und

Hunyády. »Die Republik wird gefordert, die Monarchie nicht verteidigt werden. Schon wurde mir gedroht, man werde die Arbeitermassen nach Schönbrunn führen, wenn ich nicht auf die Krone verzichtete. – Ich werde nicht abdanken, und ich werde nicht fliehen. Eine Dethronisation nimmt mir kein Recht – wenn ich nur selbst keines aufgebe.«[16]

Am 10. November hielt der Ministerrat zwei Sitzungen ab. Die Nachricht von der Revolution in Deutschland, der Druck der Volkswehr in den Straßen Wiens hatten die Spannung ansteigen lassen. Die Proklamation der Republik schien unausweichlich. Der Minister des Innern warnte: die Rote Garde bereite einen Schlag gegen den Herrscher vor. Allen stand das tragische Schicksal der Romanows vor Augen. Der Kaiser mußte sich zurückziehen; dies war nun die Meinung der Minister. Wie aber war er zu diesem Entschluß zu bewegen?

Am Morgen des 11. November debattierte das Kabinett über einen vom Staatsrat »Deutschösterreichs« unterbreiteten Abdankungsentwurf aus der Feder von Karl Renner. Der Text wurde zurückgewiesen. Nun beantragte Ignaz Seipel, Minister für soziale Verwaltung, eine Erklärung zu entwerfen, worin der Kaiser lediglich auf die Beteiligung an den Regierungsgeschäften verzichte. Das Dokument wurde sogleich abgefaßt, und um elf Uhr morgens fanden sich Ministerpräsident Lammasch und Innenminister von Gayer in Schönbrunn ein. Ersterer war, so erinnert sich Werkmann, »aufgeregt, zerfahren, nervös, einmal hierhin, dann dorthin horchend, keinen Satz zu Ende führend«, letzterer »sehr bewegt«.[17]

Karl und Zita hatten nicht geschlafen. Stundenlang hatten sie überlegt, wie sie auf eine mögliche Abdankungsforderung reagieren sollten.

Die beiden Regierungsvertreter informierten den Kaiser über den Beschluß des Ministerrats. Sie legten ihm den Entwurf vor. Karl las ihn langsam durch.

»Das ist doch eine Abdankung! Aber ich danke nicht ab.«[18]

Es handle sich nicht um eine Abdankung, entgegneten die Minister, sondern um einen vorläufigen Verzicht, der die künftigen Rechte der Krone in keiner Weise tangiere. Sie beschworen den Kaiser, das Manifest zu unterzeichnen, unterstrichen, welche Gefahr der kaiserlichen Familie drohe. »Wir brauchen es [das Manifest] sogleich, in dieser Minute«, drängte Gayer. »Es muß noch in die Staatsdruckerei gehen und soll schon um 3 Uhr kundgemacht sein. Diese Kundmachung allein kann diejenigen aufhalten, die vor nichts mehr zurückschrecken.«[19]

Karl weigerte sich, der Panik nachzugeben. Er bat Lammasch und Gayer, ihn allein zu lassen, forderte aber den ebenfalls anwesenden Werkmann auf, zu bleiben. Aufgrund der Versicherungen Kardinal Piffls war Werkmann überzeugt, der Rückzug des Kaisers werde es den Christlichsozialen ermöglichen, für die Monarchie zu stimmen. Auch er drängte: »Ich bitte Euere Majestät, zu unterschreiben.«

Der Kaiser erwiderte: »Dann soll auch Ihre Majestät Sie hören.«

Die Kaiserin wurde gerufen. Sie trat ein. Der Kaiser überreichte ihr das inhaltsschwere Blatt. Die Kaiserin überflog es: »Niemals! – Du kannst nicht abdanken!«

Der Kaiser wandte ein: »Das ist keine Abdankung.«

Die Kaiserin aber überhörte den Einwand und ereiferte sich: »Niemals kann ein Herrscher abdanken. Er kann abgesetzt, kann seiner Herrscherrechte verlustig erklärt werden. Gut. Das ist Gewalt. Sie verpflichtet ihn nicht zur Anerkennung, daß er seine Rechte verloren habe. Er kann sie verfolgen, je nach Zeit und Umständen, – aber abdanken – – nie, nie, nie! Lieber falle ich mit dir hier, dann wird Otto kommen. Und wenn wir alle fallen sollten – noch gibt es andere Habsburger.«

Der Flügeladjutant des Kaisers pochte an die Tür: »Euere Majestät, die Minister bitten dringendst um Antwort.«

»Sie mögen noch etwas warten!« beschied Karl verstimmt.

Schon nach wenigen Minuten kehrte der Flügeladjutant zurück. Dann trat Minister von Gayer ein. Nun zogen sich Karl und Zita, Werkmann zum Mitkommen auffordernd, in das Porzellanzimmer zurück. In ruhigerem Ton wurde nun die Diskussion fortgesetzt. Die Kaiserin nahm sich die Zeit, den Text zu lesen. Strenggenommen, so pflichtete sie dann bei, handle es sich nicht um eine

Abdankung. Karl wiederum brachte letzte Gründe gegen die Unterzeichnung des Manifests vor.

»Euere Majestät«, argumentierte Werkmann, »die Vernunft, die klare Überlegung spielt jetzt keine Rolle, sondern die Leidenschaft, die Verführung, die Vergewaltigung. – Da die treuesten Anhänger Euerer Majestät zu diesem Schritte raten, so darf man diesem Rat vertrauen.«

»Gibt es keine noch so kleine Macht, die willens wäre, die Monarchie zu verteidigen?«

»Euere Majestät, die paar hundert Leute, die notwendig wären, um die Masse im Zaum zu halten, sind vielleicht zu sammeln. Sie können verhindern, daß Euerer Majestät ein Leid geschehe. Sie könnten aber nicht erreichen, daß die Räder in den Fabriken sich drehen, daß die Eisenbahnen den gequälten Städtern Lebensmittel bringen.«[20]

Es war Mittag. Der Auseinandersetzung müde, zog Karl einen Bleistift aus der Tasche und setzte seine Unterschrift unter einen Text, der als letztes Dokument der österreichischen Monarchie in die Geschichte eingehen sollte. Werkmann übergab das Manifest den beiden Ministern, die unverzüglich in die Innere Stadt zurückfuhren.

An diesem 11. November 1918 wird das Manifest veröffentlicht – die letzte offizielle Bekanntmachung mit dem Wappen der Habsburger.

Seit Meiner Thronbesteigung war Ich unablässig bemüht, Meine Völker aus den Schrecknissen des Krieges herauszuführen, an dessen Ausbruch Ich keinerlei Schuld trage. Ich habe nicht gezögert, das verfassungsmäßige Leben wieder herzustellen, und habe den Völkern den Weg zu ihrer selbständigen staatlichen Entwicklung eröffnet. Nach wie vor von unwandelbarer Liebe für alle Meine Völker erfüllt, will Ich ihrer freien Entfaltung Meine Person nicht als Hindernis entgegenstellen. Im voraus erkenne ich die Entscheidung an, die Deutschösterreich über seine zukünftige Staatsform trifft. Das Volk hat durch seine Vertreter die Regierung übernommen. Ich verzichte auf jeden Anteil an den Staatsgeschäften. Gleichzeitig enthebe Ich Meine österreichische Regierung ihres Amtes.

Möge das Volk von Deutschösterreich in Eintracht und Versöhnlichkeit die Neuordnung schaffen und befestigen! Das Glück Meiner Völker war von Anbeginn das Ziel Meiner heißesten Wünsche. Nur der innere Friede kann die Wunden dieses Krieges heilen.«[21]

Um 14 Uhr erschien Lammasch wiederum mit seinen Ministern in Schönbrunn. Eine letzte Amtshandlung: die Verabschiedung des letzten kaiserlichen Kabinetts. Im nun verwaisten Schloß Schönbrunn präsentierte die Regierung offiziell ihre Demission. Unter Tränen hielt Lammasch stockend eine Abschiedsrede. Wie bei einer Verabschiedung üblich, verlieh der Kaiser jenen, die ihm gedient hatten, Auszeichnungen und Pensionen.

Man müsse den Leuten zeigen, hatte Zita eines Tages gesagt, daß die Herrscher dort seien, wohin die Pflicht sie rufe. Während der ganzen Krise hatte die Kaiserin sich außergewöhnlich tapfer verhalten. Nie hatte sie in der Öffentlichkeit ihre Beunruhigung gezeigt. Und dennoch hatte sie zum Journalisten Friedrich Funder gesagt: »Ich habe so große Angst.«[22] Weniger für sich als für ihren Gemahl und ihre Kinder.

Auch Karl hatte Charakter gezeigt. Der dreißigjährige Mann, an die Spitze eines alten Reichs gestellt, hatte praktisch allein gegen dessen Auflösung ankämpfen müssen. Ihm, der keinerlei Schuld am blutigen Krieg in Europa trug, wurde die gesamte Last aufgebürdet. Ihm stand kein Minister vom Format eines Kaunitz oder eines Metternich, kein Marschall vom Schlag eines Eugen von Savoyen oder eines Radetzky zur Seite. Im Verlauf seiner Geschichte hat Österreich viele große Männer hervorgebracht. 1918 gab es ihrer nur wenige.

Weshalb war die Monarchie so rasch zusammengebrochen? Wohl war sie von den Westmächten zum Tod verurteilt worden. Doch die Leiden des Kriegs, der Hunger, das Elend hatten die Bevölkerung zermürbt. Die Anarchie der Niederlage hatte die Armee, eine Stütze des Regimes, aufgelöst. Das Auseinanderbrechen des Reichs hatte die Verwaltung, eine weitere Stütze der Habsburger, desorganisiert. Auch die antidynastische Propaganda alldeutscher Kreise hatte sich negativ ausgewirkt. Daß ein neues Regime an die Macht kam, war eher Folge der Dauer des Weltkriegs und der Verzweiflung über die Niederlage als realer politischer Wille und Wunsch der Bevölkerung. Außerdem war, rein demokratisch gesehen, die Repräsentativität der Provisorischen Nationalversammlung durchaus fragwürdig, bestand sie doch aus Abgeordneten, die 1911 in einem ganz anderen verfassungsmäßigen Kontext gewählt worden waren.

Karls Minister hatten die Gefahr einer Revolution übertrieben – wie sich später zeigen sollte. In der allgemeinen Anarchie sorgte sich jeder mehr um das eigene Wohl als um den Staat. Diese Willfährigkeit der Eliten machte es denn auch möglich, daß eine siebenhundertjährige Institution in wenigen Tagen von der Bildfläche verschwand.

Verschiedene Orte waren als Zuflucht für das Herrscherpaar in Erwägung gezogen worden. Zuerst Tirol. Bereits 1848 war Kaiser Ferdinand vor der Wiener Revolution nach Innsbruck geflüchtet. Doch die ungeordnet von der italienischen Front zurückströmenden Soldaten machten die Alpentäler unsicher. Preßburg oder Brandeis? Die Nähe zu Prag machte aus Böhmen keinen ruhigen Zufluchtsort.

Am Nachmittag des 11. November erfuhr Karl, die Polizei habe angeordnet, Schloß Schönbrunn und die Hofburg seien durch die Volkswehr des neuen Regimes zu besetzen. Da fällte der Kaiser seine Entscheidung: er würde sich nach Schloß Eckertsau begeben, dreißig Kilometer östlich von Wien.

Bei Einbruch der Dämmerung versammelte sich die kaiserliche Familie zu einem letzten Gebet in der Schloßkapelle. Im Zeremoniensaal verabschiedeten sich Karl und Zita mit Händedruck von ihren Mitarbeitern und Dienern. Diese hatten bis zuletzt ausgeharrt. Alle, Männer wie Frauen, weinten. Um 20 Uhr traten die Kadetten und ihr Oberst vor den Kaiser. Bevor sie sich zerstreuten, wiederholten sie ihr Treuegelöbnis. Im Schloßhof marschierte bereits ein Volkswehrbataillon auf. Vierundzwanzig Leibgardisten – die einzigen, die nicht desertiert waren – bestiegen einen Lastwagen. Der Kaiser, die Kaiserin, ihre Kinder und ein kleines Gefolge setzten sich in die Wagen.

In der Dunkelheit verließen die Habsburger um 21 Uhr das Schloß. Sie sollten nicht zurückkehren.

Am folgenden Tag erließ die Provisorische Nationalversammlung das »Gesetz über die Staats- und Regierungsform von Deutschösterreich«. Mit Ausnahme von drei Abgeordneten stimmten die Christlichsozialen für die Republik...

Nach sieben Jahrhunderten ins Exil

Schloß Eckertsau, im Mittelalter erbaut und im Barock umgebaut, war schließlich für Franz Ferdinand hergerichtet worden. Eckertsau hatte dem Erzherzog-Thronfolger als Jagdsitz gedient und war keineswegs als Aufenthaltsort für die Kaiserfamilie gedacht. Noch lange sollte sich Zita an die nächtliche Ankunft in dem leeren und eiskalten Gebäude ohne Strom, Heizung und Bettlaken erinnern.

Der Aufenthalt in Eckertsau war von materiellen Sorgen überschattet. Karl und Zita waren keineswegs anspruchsvoll, persönlich machten ihnen die Entbehrungen nicht zu schaffen; sie mußten aber für den Unterhalt der Kinder, der Erzherzoginnen Maria Josefa (Karls Mutter) und Maria Theresia, des Gefolges sowie der Wachen und Bediensteten, also für insgesamt fünfzig bis hundert Personen, aufkommen.

Wald und Weideland bildeten ein weites Jagdgebiet. Karl ging auf die Jagd – aus Notwendigkeit –, um Wild zu erlegen, doch die Versorgungslage blieb prekär. Die Lastwagen aus Wien trafen in unregelmäßigen Abständen ein, falls sie nicht unterwegs geplündert wurden. Es mangelte an Seife und Streichhölzern. Ein Generator sicherte die kümmerliche Beleuchtung, doch der zu seinem Betrieb nötige Treibstoff fehlte. Nach Einbruch der Dämmerung flackerten in dem weiten Gebäude wenige, äußerst sparsam eingesetzte Kerzen.

Am 15. Dezember wurde Kaiser Karl von der Spanischen Grippe erfaßt. Die monatelangen Strapazen und die Mangelernährung hatten seinen Organismus geschwächt, Karl mußte neun Wochen lang das Krankenlager hüten. Auch die Kinder erkrankten an der Grippe; der damals acht Monate alte Karl Ludwig wäre beinahe gestorben.

Am 24. Dezember 1918 fand ein eher trauriges Weihnachtsfest statt. Zita hatte den traditionellen Weihnachtsbaum organisiert. Sie sorgte dafür, daß alle Bediensteten ein – eher symbolisches – Geschenk erhielten: Schokolade oder eine Kleinigkeit, die sie in einem mit Geschenken gefüllten Koffer aufgestöbert hatte. Karl nahm, in einem Sessel sitzend, an der Weihnachtsfeier teil.

Kurz nachdem die kaiserliche Familie Schönbrunn verlassen hatte, löste der Staatsrat die Leibgarde auf – die Maßnahme trat am 22. November in Kraft. Oberst Wolff wurde vom Herrscherpaar zu einer letzten Audienz empfangen. Seinen Männern überbrachte der Kommandant der Leibgarde den Dank des kaiserlichen Paars, dann entband er sie von ihrem Treueid. Der älteste Gardist ergriff das Wort und erklärte, die Garde wolle ihren Dienst auch ohne Sold weiter ausüben. Doch die Beibehaltung der Leibgarde hätte die Intervention der Volkswehr heraufbeschworen, weshalb der Offizier schweren Herzens ablehnen mußte.

Am nächsten Tag bewachten zehn Männer der Wiener Gendarmerie Eckertsau. Auch nach der Ausrufung der Republik im Amt, war der Wiener Polizeichef, Johann Schober, ein Getreuer Karls. Von welcher Seite drohte Gefahr? Nicht von der Bevölkerung, sondern von den Deserteuren und den aus der Armee entlassenen Soldaten, die marodierend durch Österreich zogen. Auch die Rote Garde machte die Gegend unsicher. Eines Morgens hefteten diese Fanatiker einen handgeschriebenen Zettel an das Parkgitter mit der Warnung, alle Bewohner des Schlosses würden erhängt werden.

Zwei Flügeladjutanten waren dem Kaiser ins Exil gefolgt: Oberst Graf Ledóchowski und Fregattenkapitän von Schonta. Jede Woche erschienen Obersthofmeister Graf Hunyády und der Chef der Militärkanzlei, Baron Zeidler, zu Beratungen. Werkmann, der Karl zehn Tage nach dessen Übersiedlung besuchte, berichtet, wie er den Kaiser antraf: »Er war in guter Stimmung. Das Bewußtsein, Österreich-Ungarn einen Bürgerkrieg erspart zu haben, und die Überzeugung, daß das Volk einmal zu ihm zurückkehren werde, hielten den Kaiser sehr lange aufrecht. Sorge bereitete ihm in jenen Tagen die Not des Volkes.«[1]

Am 13. November war eine ungarische Delegation eingetroffen, angeführt vom Fürstprimas von Ungarn und dem Präsidenten des ungarischen Oberhauses. Von Mihály Károlyi gesandt, sollten sie die Abdankung des Königs erwirken. In der dreistündigen Diskussion war Karl standhaft geblieben. Er hatte lediglich, ähnlich wie in Wien, einer kurzen Kompromißformel zugestimmt – mit Bleistift geschrieben, denn es fand sich weder Feder noch Tinte: »Ich wünschte der Entwicklung der ungarischen Nation nicht im Wege zu stehen, für die ich nach wie vor die gleiche unveränderte Liebe fühle. Daher verzichte ich auf meinen Anteil an den Staatsgeschäften und anerkenne die Entscheidung über die neue Regierungsform in Ungarn.«[2] Am 16. November 1918 wurde in Budapest die Republik ausgerufen.

Vier Tage zuvor, am 12. November 1918, war bereits Österreich eine Republik geworden. Eine paradoxe Republik – nach den Worten des Sozialdemokraten Karl Renner »eine Republik ohne Republikaner«.

Die Revolution nach österreichischer Manier hatte schließlich nur begrenzte Unruhen hervorgerufen: weder Schönbrunn noch die Hofburg wurden geplündert. Karl residierte eine Stunde von Wien entfernt. Einige Beamte standen auch weiterhin mit ihm in Verbindung. Für die neue Regierung war er ein Anlaß zur Beunruhigung. Selbst die stumme Präsenz Karls war eine potentielle Bedrohung für die aus dem Zufall geborene Republik. »Was machen wir«, fragte Staatssekretär Otto Bauer, ein Sozialdemokrat, »wenn Kaiser Karl Minister ernennt und sie uns durch seinen englischen Offizier präsentieren läßt? Wir könnten nichts anderes tun, als unsere Amtsräume schleunigst verlassen.«[3] Eine Lösung drängte sich auf. Sie fand am 17. November 1918 in den Spalten der sozialdemokratischen *Arbeiterzeitung* ihren Ausdruck: »Die Dynastie soll auswandern.«[4]

Am 23. Dezember tagte die Provisorische Nationalversammlung hinter verschlossener Tür. Selbst die Parlamentsdiener mußten den Raum verlassen. Nach Abschluß der Debatte verlangten die Abgeordneten die Abdankung des Kaisers. Wie war dies zu bewerkstelligen? Renner, zum Kanzler ernannt, übernahm die Aufgabe. Unangekündigt traf er Anfang Januar 1919 in Eckertsau ein. Karl weigerte sich, ihn zu empfangen. Flügeladjutant von Schonta sprach mit ihm und ließ ihm einen Imbiß servieren. Phlegmatisch und höflich, aber spöttisch wies der Flügeladjutant alle verlegen vorgebrachten Vorschläge seines Tischgenossen ab: Nein, die feuchte Luft sei der Gesundheit des Kaisers nicht abträglich. Nein, die Sicherheit sei kein Problem, mit dreißig Gewehren könne das Haus verteidigt werden, und im übrigen sei die Regierung für die Sicherheit der kaiserlichen Residenz verantwortlich. Nein, niemand sei gezwungen, den Kaiser mit »Majestät« anzusprechen, so wie er, Schonta, ohne hierzu gezwungen werden zu können, auch Dr. Renner als »Herr Doktor« anspreche ... Kleinlaut zog Renner von dannen.

In Wirklichkeit war alles ganz anders, doch der Stolz verbot Schonta dieses Eingeständnis. Die Lage im Schloß war düster. Mangelernährung, Unsicherheit, Abgeschnittenheit und ein Gefühl des Niedergangs schufen eine bedrückende Atmosphäre. Einmal mehr war es Zita, die sich am widerstandsfähigsten erwies. Obwohl erneut schwanger, kümmerte sie sich unermüdlich um alles.

Etwas Hoffnung in diese Zwangsverbannung brachte schließlich ein Brite, der für die Habsburger das tun sollte, was kein Österreicher hätte tun können.

Anfang Februar 1919 war Sixtus von Bourbon-Parma aus eigener Initiative an Poincaré und Georg V. gelangt und hatte sie über die der kaiserlichen Familie drohende Gefahr informiert. Der französische Präsident hatte sich außerstande erklärt, etwas zu unternehmen. Der König von England hingegen, der sich ein Leben lang schuldig fühlen sollte, weil er seinem Vetter, Zar Nikolaus II., nicht zu Hilfe geeilt war, sagte seine Unterstützung zu.

Am 15. Februar 1919 erhielt die alliierte Militärmission in Wien den Befehl, einen Offizier nach Eckertsau zu schicken, um den dortigen Bewohnern das Leben zu erleichtern und den ehemaligen Herrschern die moralische Unterstützung der Regierung Seiner Majestät, des Königs von Großbritannien, zu gewähren.

Oberst Summerhayes, ein Militärarzt, wurde am 20. Februar ins Schloß abgeordnet. An König Georg V. sandte Karl folgendes Dankesschreiben – auf französisch:

Majestät, ich bin glücklich, Eurer Majestät für die besondere Aufmerksamkeit, den Oberst Summerhayes zu mir entsandt zu haben, danken zu können. Ich bin von diesem zuvorkommenden Akt zutiefst berührt und weiß ihn zur gleichen Zeit zutiefst zu würdigen ... Für uns Souveräne ist die Situation in der ganzen Welt sehr schwierig. Möge Gott mit der leidenden Menschheit Mitleid haben und ihr jene Ruhe schenken, deren sie so sehr bedarf. Ich bin Eurer Majestät guter Bruder und Vetter Karl.[5]

Doch die alliierte Mission, auf gute Beziehungen zur Republik Österreich bedacht, gab mit einem nach Eckertsau entsandten Vertreter widersprüchliche Signale ab. Zurück in Wien, erfuhr Summerhayes, er sei seiner Aufgabe enthoben. An seine Stelle sollte ein bisher auf dem Balkan eingesetzter Oberstleutnant treten.

Die Feststellung, Sir Edward Lisle Strutt sei der geeignete Mann für diese Mission, wäre schlichte Untertreibung, vielmehr schien er dazu geradezu prädestiniert. Der Aristokrat und Katholik war hoch gebildet. Er beherrschte mehrere Sprachen, hatte in Oxford studiert und seine Deutschkenntnisse an der Universität Innsbruck vertieft. Seine gesellschaftlichen Beziehungen in Mitteleuropa gingen noch auf die Vorkriegszeit zurück. Als Offizier der Royal Scots diente er seit einigen Monaten als Verbindungsoffizier unter Franchet d'Esperey. Er konnte eine beeindruckende Reihe von Auszeichnungen vorweisen: Companion of the Order of the British Empire, Distinguished Service Order, französisches Kriegskreuz mit vier Palmen, Offizier der Ehrenlegion, Ritter des belgischen Sankt-Leopold-Ordens, belgisches Kriegskreuz mit der Palme und den Orden des Sterns von Rumänien.

Strutt befand sich im Urlaub und genoß den Reiz des Hotels Danieli in Venedig, als er über seine Sondermission informiert wurde. Am 25. Februar traf er in Wien ein, wo er im Hotelpalast Bristol abstieg. Auf der Straße begegnete ihm zufällig Graf Czernin, Karls ehemaliger Minister.

In Eckertsau, wo Strutt am 27. Februar eintraf, empfing ihn von Schonta. In dem für ihn hergerichteten Zimmer stand ein Paravent, bedeckt mit Jagdfotografien, darunter ein in Sankt Moritz aufgenommenes Bild, das Strutt zusammen mit Franz Ferdinand zeigte.

Strutt wurde Karl vorgestellt. Dazu Strutt in seinem Tagebuch: »Hier kann ich sagen, daß ich meistens mit dem Kaiser französisch sprach, er aber deutsch erwiderte. Sein Englisch, so sagte er mir, war eher mittelmäßig, aber sein Französisch war ausgezeichnet hinsichtlich der Aussprache, wenn es ihm auch etwas an Vokabular fehlte. Das Äußere des Kaisers beschreibt auch seinen Charakter. Es war unmöglich, ihn nicht zu lieben. Er war ein unerhört liebenswerter, wenn auch schwacher Mann, aber durchaus klug; bereit, seinem Ende so tapfer ins Gesicht zu sehen wie seine Vorfahrin Marie Antoinette.«[6]

Dann wurde er zur Kaiserin gerufen: »Sie war sehr einfach in Schwarz gekleidet und trug ihre wundervollen Perlen ... Sie sah blaß und krank aus. Von mittlerer Größe und mit ihrer schlanken Figur sah sie jünger aus, als sie war: sechsundzwanzig. Mein erster Eindruck war, daß sie eine außerordentliche Charakterstärke besaß, gemildert durch ihren bemerkenswerten Charme. Entschlossenheit lag in den Linien ihres geraden Kinns, Intelligenz in den lebhaften braunen Augen, Intellekt in der hohen Stirn, die halb von den Massen ihrer dunklen Haare verdeckt war ... Ich hörte niemals auch nur einen Ton der Klage, obgleich sie gewiß die Schwierigkeiten ihrer Situation mehr empfand als ihr Gatte.«[7]

Kompetent und effizient machte sich der Offizier an die Arbeit: Lebensmittelversorgung (den Transport übernahmen britische Militärlastwagen), Sicherheit – er wachte über alles. Als ausgezeichneter Schütze ging er mit Karl auf die Jagd, spazierte mit ihm im Park. Am Abend leistete er der kaiserlichen Familie im Salon Gesellschaft. Beim Whist suchte der ausgezeichnete Kartenspieler seine Überlegenheit zu verbergen. In zwei Wochen war Strutt, der vollkommene Gentleman, ein Freund geworden.

Am 16. Februar 1919 hatten im neuen Österreich die ersten Parlamentswahlen stattgefunden. Die Sozialdemokraten hatten die meisten Stimmen erhalten und bildeten mit den Christlichsozialen eine Koalitionsregierung. Karl Renner wurde wiederum Kanzler, nun aber stand er nicht mehr einer provisorischen Regierung vor. In den bald beginnenden Friedensverhandlungen würde er der Gesprächspartner der Westmächte sein.

Renner war daran gelegen, den Fall Kaiser Karl zu regeln. In dem Augenblick, da Bayern mit Kurt Eisner und Ungarn mit Béla Kun in bolschewistischen Terror fielen, konnte der ehemalige Monarch zum Bannerträger der Konservativen werden. Ein »rotes Tuch« hingegen war er für die nicht sehr zahlreichen österreichischen Kommunisten (mit dem Scheitern ihres Putschversuchs vom 15. Juni 1919 und ihres Generalstreiks vom 21. Juli 1919 gelangten sie endgültig ins Abseits). Doch um weder von rechts noch von links bedrängt zu werden, wollten die Sozialdemokraten das Problem Karl lösen. Renner unterbreitete ihm drei Vorschläge: Abdankung und Verbleib in Österreich als einfacher Bürger; keine Abdankung und Aufbruch ins Exil; Internierung bei der Ablehnung der beiden erstgenannten Lösungen.

Am 17. März erhielt Strutt ein Telegramm des britischen Kriegsministers, worin ihn dieser unterrichtete, es sei »höchst ratsam, den Kaiser aus Österreich herauszuschaffen und sofort in die Schweiz zu bringen«.[8]

Zuerst wollte Strutt den Kaiser allein außer Landes bringen. Doch Karl weigerte sich, Frau und Kinder zu verlassen. Am nächsten Tag plünderten Soldaten der Volkswehr unweit des Schlosses einen Versorgungswagen, wobei sie ein an »Herrn Karl Habsburg« adressiertes Schreiben hinterließen. »Dies brachte mich zu dem Entschluß«, so Strutts Tagebucheintrag, »es nun mit der Kaiserin als dem wahren Haupt der Familie zu einem Ende zu bringen ... Ich versprach ... sie aus dem Lande zu bringen, ohne daß der Kaiser abdanken müsse.«[9] Vom britischen Offizier überzeugt, konnte Zita dann Karl zum Einwilligen bewegen, nachdem ihm Strutt versprochen hatte, er werde »als Kaiser abreisen und nicht wie ein Dieb in der Nacht«.

Zwischen dem 20. und 23. März handelte Strutt mit Kanzler

Renner die Ausreisemodalitäten aus. Beim letzten Gespräch verlangte der Kanzler – ein letzter Winkelzug – die Abdankung des Kaisers. Strutt, der den Mann richtig einschätzte, hatte den Schachzug vorausgesehen und ein Telegramm an London vorbereitet, das er nun aus der Tasche zog: »Österreichische Regierung verweigert Abreiseerlaubnis für Kaiser, falls er nicht abdankt. Geben Sie daher Befehl, die Blockade wieder aufzunehmen, und halten Sie alle Lebensmittelzüge nach Österreich auf.«[10] Es war reiner Bluff: niemals hätte ein einfacher Oberstleutnant eine solche Entscheidung fällen können. Doch die Taktik ging auf. Verstört willigte Renner ein, daß Karl ohne jede Bedingung das Land verließ.

Strutt hatte den Hofzug instandstellen lassen (es sollte seine letzte Fahrt sein). Am 23. März wurde der Gepäckkonvoi von Eckertsau in den drei Kilometer entfernten kleinen Bahnhof von Kopfstetten geführt, eskortiert von sechs britischen Militärpolizisten. Das Verladen des Gepäcks und der beiden Wagen des Kaisers – ein Daimler und ein Mercedes, zwei der wenigen Annehmlichkeiten, die ihm geblieben waren – nahm den ganzen Nachmittag in Anspruch.

Im Schloß hatte der Abschied mit einer Zeremonie in der Schloßkapelle begonnen. Bischof Seydl, der Hofgeistliche, las die Messe, Erzherzog Otto ministrierte. Am Ende sangen alle die Kaiserhymne:

> Gott erhalte, Gott beschütze
> unseren Kaiser unser Land.
> Mächtig durch des Glaubens Stütze
> führt er uns mit weiser Hand.
> Laßt uns seiner Väter Krone
> schirmen wider jeden Feind.
> Innig bleibt mit Habsburgs Throne
> Österreichs Geschick vereint.

Ergriffenheit. Die Tränen zeigen an, was hier geschieht: ein Kapitel der Geschichte Österreichs geht zu Ende.

Der Kaiser übergab Strutt einen Koffer mit Juwelen und eine Kiste mit Dokumenten sowie eine Brieftasche mit Geld. Als die kaiserliche Familie die Marmortreppe hinunterstieg, wurde sie von den Bediensteten und Bauern des Guts unten erwartet. Mit Tränen in den Augen verabschiedeten Karl und Zita sich von jedem.

Am Bahnhof Kopfstetten hatten sich zweitausend Menschen versammelt, Bauern und Dorfbewohner aus der Umgebung. Ein ergreifender Augenblick. Um 19 Uhr fuhr der Zug an. Karl lehnte sich aus dem Fenster und sagte einfach: »Meine Freunde, auf Wiedersehen.« Dann, mit einem Seufzer zu Strutt gewandt: »Nach siebenhundert Jahren.« Mit erstickter Stimme wandte sich auch Zita dem Engländer zu: »Meine Familie ist aus Frankreich, Italien und Portugal vertrieben worden. Durch meine Heirat wurde ich Österreicherin, und nun bin ich aus Österreich vertrieben.«[11]

Frühmorgens am 24. März erreichte der Zug Tirol. Um 15 Uhr fuhr er in Feldkirch ein, an der österreichisch-schweizerischen Grenze gelegen. Karl zog seine Feldmarschalluniform aus und kleidete sich zivil.

Auf dem Bahnsteig befand sich zufällig ein berühmter Zeitzeuge: Stefan Zweig. In *Die Welt von Gestern* erinnert er sich: »Da erkannte ich hinter der Spiegelscheibe des Waggons hoch aufgerichtet Kaiser Karl, den letzten Kaiser von Österreich und seine schwarzgekleidete Gemahlin, Kaiserin Zita. Ich schrak zusammen: der letzte Kaiser von Österreich, der Erbe der habsburgischen Dynastie, die siebenhundert Jahre das Land regiert, verließ sein Reich! ... Nun stand der hohe ernste Mann am Fenster und sah zum letztenmal die Berge, die Häuser, die Menschen seines Landes ... ›Der Kaiser‹[gemeint ist Franz Joseph], dieses Wort war für uns der Inbegriff aller Macht, allen Reichtums gewesen, das Symbol von Österreichs Dauer, und man hatte von Kind an gelernt, diese zwei Silben mit Ehrfurcht auszusprechen. Und nun sah ich seinen Erben, den letzten Kaiser von Österreich, als Vertriebenen das Land verlassen ... Alle um uns spürten Geschichte, Weltgeschichte in dem tragischen Anblick.«[12]

Strutt, der alles beobachtete, wurde in diesem Augenblick selbst beobachtet. Flügeladjutant von Schonta erzählt: »Kolonel Strutt sagte da zu mir: ›Und das nennt sich Revolution!‹ In den Augen des harten Engländers schimmerte es feucht.«[13]

Am 10. April – seine Sondermission war beendet – verabschiedete sich Oberstleutnant Strutt. Einen Tag später sandte der Kaiser erneut ein Schreiben an König Georg V. – wiederum in französischer Sprache:

Mein Herr Bruder, da ich nun, begleitet von der militärischen Eskorte, die die Regierung Eurer Majestät mir freundlicherweise zur Verfügung gestellt hat, auf dem gastfreundlichen Boden der Schweiz angekommen bin, ist es mir ein Bedürfnis, Ihnen direkt und ohne Verzögerung meine Gefühle der Dankbarkeit auszudrücken für die sichere und großzügige Hilfe des britischen Empire angesichts der so grausamen Umstände, von denen ich glauben will, daß sie nur vorübergehend sind ... Sie haben es nicht zulassen wollen, daß das von Rußland gegebene, so ungerechte und grausame Beispiel sich nun an mir und den Meinen wiederholen sollte... Möge Gott Ihnen ersparen, künftig jemals zu erleben, was ich habe erleben müssen. Ich bin Eurer Majestät sehr verpflichteter und guter Bruder Karl.[14]

Schon am 21. März hatte die Kaiserin ein Telegramm an ihre Mutter aufgesetzt: »Aus Österreich ausgewiesen, möchten wir – Karl, die Kinder[15] und ich – Sie bitten, uns für einige Tage Gastfreundschaft auf Schloß Wartegg zu gewähren.«[16]

Die Schweizer Behörden bereiteten den Herrschern einen höflichen Empfang. Anschließend wurden sie von der Herzogin von Parma begrüßt. Schloß Wartegg beherbergte inzwischen zahlreiche Gäste. Im Dezember 1918 hatte sich Herzogin Maria Antonia endgültig dort niedergelassen. Bereits seit 1914 lebten dort vier Halbgeschwister von Zita – vier behinderte Kinder aus der ersten Ehe des Herzogs von Parma – sowie Zitas jüngere Geschwister, Felix, René, Isabella, Louis und Gaëtan. Ebenfalls auf Wartegg wohnten Maria Theresia und Dom Miguel von Bragança, Schwester und Bruder der Herzogin von Parma.

Erst später würden Sixtus und Xavier dazustoßen. Nur die Bande des Bluts konnten bewirken, daß letztere, die auf der Seite der Entente gekämpft hatten, sich sofort wieder verstanden mit Felix und René, die in den austro-ungarischen Streitkräften gedient hatten. Nach der ungeheuren Anspannung der letzten Jahre war Wartegg für Karl und Zita eine Oase des Friedens. Hier fand sich die Kaiserin in die Atmosphäre und in die Freuden ihrer Kindheit zurückversetzt; die familiäre Herzlichkeit heilte die Wunden. Acht Jahre waren vergangen, seit ihrem letzten Sommer in der Villa delle Pianore. Karl ruhte sich aus und erholte sich allmählich von der ständigen Anstrengung seiner kurzen, aber keineswegs heiteren Herrscherzeit. »Der Frohsinn, der die Jugend erfüllte, teilte sich dem Kaiserpaare mit«, schreibt Werkmann, der sich erinnert, Kaiser und Kaiserin bei Schneeballschlachten beobachtet zu haben.[17]

Karl und Zita wollten die Gastfreundschaft der Herzogin von Parma nicht strapazieren. Ohnehin war das Schloß für die Habsburger als definitive Residenz zu klein. Außerdem hatten die Schweizer Behörden eine Bedingung gestellt: der Kaiser müsse sich jeder politischen Tätigkeit enthalten und sich im Innern oder im Westen der Schweiz aufhalten, jedenfalls in gebührender Entfernung von der österreichischen Grenze.

Am 20. Mai 1919 zog die kaiserliche Familie nach Prangins, zwanzig Kilometer von Genf, am Ufer des Genfersees gelegen. Karl hatte eine große Villa mit Park gemietet, die einst für Prinz Jérôme Bonaparte erbaut worden war. Das Haus beherbergte nun den exilierten kleinen Hofstaat: Kaiser, Kaiserin und deren Kinder; Karls Mutter Erzherzogin Maria Josefa; den Hofgeistlichen, Bischof Seydl; die beiden Flügeladjutanten des Kaisers, Oberst Ledóchowski und Fregattenkapitän von Schonta; Karls Sekretär, Hauptmann Werkmann; die beiden Hofdamen der Kaiserin, die Gräfinnen Agnes Schönborn und Gabrielle Bellegarde; die Erzieher der Prinzen und deren Gouvernante, Gräfin Kerssenbrock; schließlich die ziemlich zahlreiche Dienerschaft. Alles in allem beinahe achtzig Personen.

Der Salon wurde in eine Kapelle umgewandelt. Jeden Morgen las Bischof Seydl dort vor dem Kaiserpaar die Messe. Dann wandte sich Karl der Lektüre der Zeitungen und der eingegangenen Korrespondenz zu. Zita wiederum war für ihre Kinder da. Zum ersten Mal konnte Karl seine Vaterpflichten wahrnehmen. Otto war sieben Jahre alt; für ihn wurde ein Lehrplan erstellt: Deutsch, Ungarisch, Religion.

Am 5. September 1919 kam das sechste Kind des Kaiserpaars zur Welt, Erzherzog Rudolf. Zu Ehren des in der Schweiz geborenen Habsburgers reiste Karl mit seiner Familie zur Wiege des Geschlechts, zur Habsburg (Habichtsburg) im Kanton Aargau. Ebenfalls in Prangins kam am 1. März 1921 das siebte Kind, Erzherzogin Charlotte, zur Welt. Wie bei früheren Geburten wurde Zita auch diesmal von Professor Peham und Doktor Delug betreut, die eigens aus Wien angereist waren.

Im Winter brachen die Kinder mit ihrer Gouvernante in die Berge auf. Sie fuhren zu einem neuen Bekannten ihres Vaters, der in Disentis, im Kanton Graubünden wohnte. Karl hatte Freundschaft geschlossen mit Pater Maurus Carnot, dem Historiker, Dichter und Kenner der rätoromanischen Kultur. Mit diesem Benediktiner, der sein geistlicher Führer geworden war, wurde unablässig über alles diskutiert.

In Prangins sprachen viele Besucher vor. Karl forderte sie zum Bleiben auf. Auch wer in Not war, konnte auf seine Großzügigkeit zählen. So galt seine Aufmerksamkeit etwa dem Schicksal des in Armut gefallenen Feldmarschalls Boroević; sein Familienbesitz in Kroatien war von Belgrad beschlagnahmt worden, und er bezog keine Pension. Der ruhmreiche Soldat schrieb ihm im April 1920 einen bewegenden Dankesbrief:

Die durch die munifizente Widmung Euerer Majestät betätigte Allergnädigste Fürsorge löst nicht weniger meinen alleruntertänigsten Dank, aber auch das lebhafteste Bedauern aus, daß irgendwer, wenn auch in bester Absicht, Euere Majestät mit meinen materiellen Sorgen belästigte. Ich habe dieselben bisher für mich behalten und als eine Fügung des unerforschlichen Schicksals betrachtet, gegen welches zu murren ebenso vergebens als unchristlich wäre.[18]

Doch die finanzielle Lage wurde prekär. Karl hatte lediglich im Juli 1918 sieben Versicherungspolicen zugunsten Zitas und der Kinder unterzeichnet. Als einzige weitere Vorsichtsmaßnahme hatte Graf Berchtold, ehemaliger Minister Franz Josephs, am 1. November 1918 Österreich mit vier Koffern Juwelen verlassen – nicht die in Wien zurückgelassenen Kronjuwelen, sondern privater Besitz – und sie in Bern bei der Schweizerischen Nationalbank hinterlegt.

Der Kaiser verfügte über keinerlei Einkünfte. Die Habsburger hatten – ein seltenes Vorkommnis in der Geschichte der Dynastien – ihr beträchtliches Vermögen ganz verloren.

Kanzler Renner versuchte, dem Exil der kaiserlichen Familie einen legalen Anstrich zu geben. Drei Tage nach ihrer Abreise, am 27. März 1919, legte er der Nationalversammlung einen Gesetzesentwurf vor. Gegen den Widerstand der Christlichsozialen wurde der Text am 3. April 1919 verabschiedet. Mit diesem Gesetz werden die Habsburger in Österreich all ihrer Herrscherrechte beraubt, die Mitglieder des Hauses Habsburg aus ihrer Heimat verbannt, ausgenommen diejenigen, die eine Verzichtserklärung abgeben und die Republik anerkennen. Schließlich erklärt sich der neue Staat zum Eigentümer aller auf seinem Territorium befindlichen mobilen und immobilen Besitztümer, die Teil des Vermögens der Krone oder Besitz der ehemaligen Herrscherdynastie sind, auch ihres jüngeren Zweigs.[19]

In Wien erstellten Karls Rechtsanwälte die Liste der Vermögenswerte der Habsburger samt Ursprungsnachweis. Eine erste Kategorie umfaßte jene Sachwerte, die an die Ausübung der Herrschaft gebunden waren (Kronärar). Darunter fielen in Wien und Umgebung die Hofburg, Schloß Schönbrunn, Schloß Belvedere, Palais Augarten, Hetzendorf, weiter die Residenz in Baden und das alte Schloß in Laxenburg; in Salzburg die Residenz; in Innsbruck und Umgebung die Hofburg sowie Schloß Ambras; in Prag und Umgebung die Hofburg und Burg Karlstein; in Budapest und Umgebung die Königsburg und Schloß Gödöllö; in Krakau Schloß Wawel; in Triest Schloß Miramare; in Slowenien das Gestüt von Lipizza. Die Einkünfte aus diesen Staatsgütern entsprachen einer Zivilliste, aus der der Kaiser in Wien früher Oper und Burgtheater, die kaiserlichen Sammlungen, die Nationalbibliothek, die der Öffentlichkeit zugänglichen kaiserlichen Gärten sowie im ganzen Land zahlreiche Kultur- oder Wohltätigkeitsstiftungen samt Gehältern und Pensionen der Angestellten dieser Institutionen finanziert hatte.

Die zweite Kategorie umfaßte das in drei Gruppen unterteilte Privatvermögen. Erstens den 1765 von Kaiserin Maria Theresia geschaffenen und nach und nach durch Privatkäufe aufgestockte Familienversorgungsfonds, der für jedes Mitglied des Erzhauses bereitstand, und zwar unabhängig von dessen Nähe zum Thron: Güter in der Tschechoslowakei, das neue Schloß in Laxenburg, Eckertsau, Gebäude in Wien und mobile Güter. Zweitens den von Kaiser Franz Joseph 1901 errichteten Fideikommiß: Güter in der Tschechoslowakei, Palais der Großherzöge von Toskana in Prag, Güter in Österreich, mobile Güter, in den Wiener Museen ausgestellte Kunstsammlungen. Drittens Karls persönliches Vermögen: Schloß Brandeis in der Tschechoslowakei (1917 erworben), Villa Wartholz, Schloß Feistritz (mit Zita erworben), Villa d'Este in Tivoli bei Rom (Vermächtnis von Franz Ferdinand), mobile Güter.

Ein wesentlicher Teil dieses Vermögens war nicht an das Herrscheramt gebunden und fiel folglich schlicht unter Privatrecht. Doch die Sozialdemokraten wollten das gesamte Vermögen der Habsburger konfiszieren. Am 30. Oktober 1919 nahm die Nationalversammlung Deutschösterreichs ein zweites Gesetz an, womit alle Privatgüter der Habsburger verstaatlicht wurden (ausgenommen die von Karl als Eigentum erworbenen oder ererbten Güter). Die Nachfolgestaaten des Kaiserreichs (Tschechoslowakei, Polen, Königreich der Serben, Kroaten und Slowenen) verabschiedeten ähnliche Gesetze; 1921 zog Ungarn nach. Artikel 208 des im September 1919 unterzeichneten Vertrags von Saint-Germain sah ebenfalls die Enteignung der Güter der vormaligen Herrscherfamilie vor. Ein eigentlicher Beutezug.

Die Habsburger fanden sich mit der Beschlagnahmung ihrer Staatsgüter ab. Stets aber würden sie gegen die Aneignung ihrer Privatgüter durch den österreichischen Staat protestieren. Um der Verbannung zu entgehen, unterzeichneten einige, etwa die Erzherzöge des Familienzweigs Habsburg-Toskana (mit Ausnahme der Erzherzöge Peter und Leopold), die Erklärung zur Anerkennung der Republik. Mit ihnen unterhielt Karl weiterhin verwandtschaftliche Beziehungen, betrachtete sie aber nicht mehr als Mitglieder des Erzhauses. Die übrigen Habsburger verließen Österreich und teilten mit dem Kaiserpaar das Schicksal des Exils.

Zwar blieb Karl legaler Besitzer seines Eigentums, doch dessen Einkünfte waren beschlagnahmt. In Prangins waren die aus Eckertsau mitgeführten 7 000 Schweizerfranken bereits ausgegeben. Es blieb nur eine Lösung: der Verkauf der Juwelen. Doch was mit den in Bern hinterlegten Preziosen geschah, scheint den Spalten eines Groschenromans entstiegen zu sein. In Wartegg hatte ein Geschäftsmann aus Österreich, Bruno Steiner, seine guten Dienste angeboten; er war Franz Ferdinands Verwalter in Italien gewesen. Der Kaiser faßte Vertrauen zu ihm und bevollmächtigte ihn, einen Teil des Schmucks zum bestmöglichen Preis zu verkaufen. 1922 verschwand Steiner – und mit ihm die Juwelen.

Nach Kriegsende hatte sich Paris als jene Hauptstadt durchgesetzt, wo die Besiegten verhandeln mußten. Fünf Verträge wurden unterzeichnet: am 28. Juni 1919 mit Deutschland in Versailles; am 10. September 1919 mit Österreich in Saint-Germain-en-Laye; am 27. November 1919 mit Bulgarien in Neuilly; am 4. Juni 1920 mit Ungarn in Trianon; am 10. August 1920 mit der Türkei in Sèvres. Damit war die Karte Europas tiefgreifend verändert. Polen, die Baltischen Staaten und Finnland erhielten ihre Unabhängigkeit zurück. Zwei neue Staaten wurden anerkannt: die Tschechoslowakei und das Königreich der Serben, Kroaten und Slowenen (seit 1929 Königreich Jugoslawien). Deutschland wurde amputiert, das Osmanische Reich auseinandergerissen. Und das Auseinanderbrechen des Österreichisch-Ungarischen Reichs wurde von der internationalen Staatengemeinschaft anerkannt.

Einstige Erbländer der Habsburger, Böhmen, Mähren, die Slowakei und die Karpato-Ukraine, bilden die Tschechoslowakei. Siebenbürgen, Ost-Banat und Bukowina werden Rumänien zugeschlagen. Galizien und Teschen gehen an Polen. Südtirol, Trentino, Istrien und Triest werden von Italien annektiert. Die slowenische Krain, Kroatien, Dalmatien, Slawonien, Bosnien und Herzegowina gehören nun zu Jugoslawien. Ungarn verliert zwei Drittel seines Territoriums an die angrenzenden Länder: Tschechoslowakei, Rumänien, Jugoslawien und sogar Österreich.

»Österreich ist, was übrigbleibt«, hatte Clemenceau gesagt. Was übrigbleibt, ist ein Land von sechs Millionen Einwohnern. Ein Land, das sich nicht im Gleichgewicht befindet: eine mehrheitlich sozialistische Hauptstadt – Wien, wo dreißig Prozent der Bevölkerung lebt – und die armen, katholischen und konservativen Alpenregionen. Ein Land auch, das von seinem natürlichen Wirtschaftsraum, dem Donaulauf, abgeschnitten ist. Hätte man einen nicht lebensfähigen Staat schaffen wollen, man hätte die Sache nicht anders angepackt. Bereits 1919 prangerte der Historiker Jacques Bainville in seinem prophetischen Essay *Les conséquences politiques de la paix (Die politischen Folgen des Friedens)* die Logik der Verträge an: es sei alles getan worden, um Österreich Deutschland in die Arme zu treiben.

Gegen diese Logik trat Kaiser Karl an. Er hatte wohl die Macht abgegeben, sich aber nicht aus der Politik zurückgezogen. In der Schweiz angekommen, wandte er sich in einem vom 24. März 1919 in Feldkirch datierten Manifest an einige Staatsoberhäupter. Darin protestiert er nicht bloß gegen sein Schicksal, sondern spricht dem in Wien konstituierten Staat auch die Legitimität ab. Das am 12. November 1918 erlassene »Gesetz über die Staats- und Regierungsform von Deutschösterreich« stipulierte nämlich in Artikel 2: »Deutschösterreich ist ein Bestandteil der Deutschen Republik.« Genau das aber hatte die Konstituierende Nationalversammlung vom März 1919 bestätigt.

Ein Anschluß Österreichs an Deutschland kam einer Verleugnung des historischen Werks der Habsburger gleich. In seinem Feldkircher Manifest betont Karl, mit dem Gesetz vom 12. November sei eine Entscheidung vorweggenommen: »Was die deutsch-österreichische Regierung, Provisorische und Konstituierende Nationalversammlung seit dem 11. November 1918 in diesen Belangen beschlossen und verfügt haben und weiter resolvieren werden, ist demnach für Mich und Mein Haus null und nichtig.«[20]

Der Kaiser nahm den Kampf um die Unabhängigkeit Österreichs auf, den die Seinen bis 1945 fortsetzen sollten.

Bereits zur Zeit Franz Josephs hatten die Alldeutschen um Schönerer von einer Vereinigung mit den Reichsdeutschen geträumt. Der alte Kaiser hatte das von der deutschnationalen Partei verfochtene Gedankengut heftig bekämpft. In der österreichischen Nationalversammlung von 1919 war diese Strömung nur noch durch sechsundzwanzig Abgeordnete vertreten. Doch der Zusammenbruch des Reichs lieferte jenen Argumente, für die Österreich keine Existenzberechtigung hatte. Dieser Staat sei nicht lebensfähig, behaupteten sie, die sechs Millionen seien den sechzig Millionen Deutschen anzugliedern.

Gleichwohl hatte sich der österreichische Partikularismus nicht einfach aufgelöst. An der Donau hatte man die Preußen nie geliebt. Der im Frühjahr 1919 in Wien tätige französische Diplomat Henry Allizé etwa meinte, zwei Drittel der Wähler würden für die Unabhängigkeit stimmen, könnten sie darauf zählen, daß der künftige Friedensvertrag für Österreich lebensfähige wirtschaftliche und finanzielle Bedingungen enthalte. Doch die materielle Lage war entsetzlich: Hungersnot, Elend, Arbeitslosigkeit, Inflation. Wien starb den Hungertod – buchstäblich. Im April 1919 brach ein während einer Demonstration verletztes Pferd eines Polizisten zusammen: ein Mann näherte sich und gab dem Tier den Gnadenstoß. Unverzüglich riß die Menge den Kadaver in Stücke und zerstreute sich dann, Stücke dampfenden Fleischs unter dem Arm. Die ganze Not eines Volks ist an dieser barbarischen Szene ablesbar.

Die Verzweiflung war so groß, daß die Österreicher nicht an Österreich glaubten, wie drei Konsultativabstimmungen in den alpinen Bundesländern zeigen: Vorarlberg sprach sich im Mai 1919 mit 80% für den Anschluß an die Schweiz, Tirol im April 1921 und die Region Salzburg im Mai 1921 mit 98% resp. 99,5% für den Anschluß an Deutschland aus.

Das aufgrund der Apathie der Christlichsozialen angenommene Gesetz vom 12. November 1918 war das Werk des Sozialdemokraten Karl Renner. Um 1918/1919 sprach sich die österreichische

Linke – paradoxerweise in Übereinstimmung mit den Deutschnationalen – gerade deshalb für die Angliederung Österreichs an Deutschland aus, weil dort die Revolution bevorzustehen schien. So bekräftigte etwa Otto Bauer: »Anschluß an Deutschland ist Anschluß an den Sozialismus.« Der Satz sollte bis zum Ende des Zweiten Weltkriegs das ideologische Glaubensbekenntnis zumindest des linksextremen Flügels der Sozialdemokraten Österreichs bleiben.

Im Exil setzte Kaiser Karl alle Hebel in Bewegung, um diesen Plan zum Scheitern zu bringen. Dabei bediente er sich vornehmlich internationaler Verbindungen. Nicht unwichtig ist, daß er weder in Österreich noch in Ungarn abgedankt hatte. Solange die Friedensverträge nicht unterzeichnet und die in der Folge neu entstandenen Staaten nicht stabilisiert waren, blieb Karl für die Kanzleien ein potentieller Mitspieler auf dem europäischen politischen Parkett. So ließ etwa im Mai 1919 Italien diskret sondieren, welches seine Zukunftsvorstellungen seien.

Das Geflecht der österreichischen Vertretungen spielte mit. Solange die Republik keine Diplomaten ernannt hatte, blieb das frühere Personal vor Ort. Diese Männer, Sprößlinge des Hochadels und im Geiste Franz Josephs geformt, hatten allen Grund, einem Otto Bauer zu mißtrauen, dem in Wien zum Außenminister ernannten Ultramarxisten. Während sie ihre offiziellen Berichte an den Ballhausplatz richteten, unterhielten einige Botschafter offiziöse Kontakte zum Kaiser, so etwa Baron Chlumecky. In Bern auf Posten, hatte er bereits vor Kriegsende mit der Botschaft Frankreichs in Verbindung gestanden. Im Winter 1918/19 verhandelte er über die Entsendung von Lebensmitteln der Westmächte nach Österreich. Paris reagierte positiv, stellte aber die Bedingung auf, die Idee eines Anschlusses an Deutschland sei aufzugeben. Nur allzu gern übermittelte Chlumecky, der in Absprache mit Karl diese Bedingung angeregt hatte, seinem Minister die Forderungen der Westmächte. Gleiches tat Heinrich Lammasch. Als Mitglied der österreichischen Delegation auf dem Weg zur Friedenskonferenz in Paris, machte der ehemalige (und letzte) Ministerpräsident des Kaisers Halt in Prangins, um dort Gespräche zu führen.

Am 19. Juni 1919 schrieb Karl über einen Schweizer Vertrauensmann an den französischen Präsidenten Poincaré. Dieses Schreiben sowie ein zur selben Zeit eigenhändig niedergeschriebenes Memorandum beweisen, daß sein Kampf gegen die Angliederung Österreichs an Deutschland weder persönlicher Enttäuschung noch dem Bemühen um den eigenen Vorteil entsprang, sondern einer geopolitischen Analyse:

»… die Desaggregation Österreich-Ungarns war eine Verletzung historischer, geographischer, ethnographischer, wirtschaftlicher, sozialer und kultureller Rücksichten.«[21] Die Gründung neuer Staaten werde, so unterstreicht Karl, die Frage der nationalen Minderheiten keineswegs lösen, denn es gebe weiterhin ethnische Minderheiten, Keimzellen künftiger Spannungen. Künstliche Staaten wie die Tschechoslowakei und Jugoslawien seien langfristig zum Untergang verurteilt. Dann plädiert der Kaiser für einen Donauwirtschaftsraum, eine Wirtschaftsgemeinschaft, ohne die in der Region kein dauerhafter sozialer oder politischer Friede erreicht werden könne. »Aus diesem Grunde«, so ließ Karl Präsident Poincaré über seinen Vertrauensmann wissen, »muß auch die Vereinigung Deutschlands mit Deutschösterreich verhindert werden. Wenn nicht, wird in der Zukunft Italien gemeinsam mit Deutschland die Westmächte vom Osten Europas abschneiden.«[22]

Die Achse Berlin-Rom gegen Paris (1936), das Auseinanderbrechen Jugoslawiens (1991) und der Tschechoslowakei (1992): war Karl von Österreich ein Visionär? Nein, nur ein Kenner historischer Gesetzmäßigkeiten.

Zwei Jahre später, am 28. Juli 1921, sollte ihn sein uneigennütziges Interesse an seinem Land dazu bringen, sich an Alexandre Millerand, den damaligen Präsidenten der Republik Frankreich, und an König Georg V. von England mit der Bitte zu wenden, dem von Konkurs bedrohten Österreich Kredite zu gewähren.

Schon vor der Unterzeichnung der Friedensverträge verstärkte Karl seine Bemühungen, die Vereinigung Österreichs mit Deutschland zu verhindern. In Frankreich dienten einmal mehr seine Schwäger Sixtus und Xavier von Bourbon-Parma als Zwischenträger. Sie führten Gespräche mit Paul-Eugène Dutasta, einem engen Mitarbeiter Clemenceaus und Generalsekretär der Friedenskonferenz, mit Briand sowie mit Marschall Lyautey. Desgleichen in England: im Februar 1919 wurden Sixtus und Xavier von Lloyd George zur Audienz empfangen. Und in Washington verteidigte Charles Penfield – ehemaliger Botschafter der Vereinigten Staaten in Wien und Freund von Karl und Zita – die Unabhängigkeit Österreichs vor Präsident Wilson.

Der im Juni 1919 mit Deutschland unterzeichnete Versailler Vertrag untersagte den Anschluß Österreichs. Der Vertrag von Saint-Germain-en-Laye vom 10. September 1919 wiederum untersagte die Bezeichnung »Deutschösterreich«, obwohl sich außer Lammasch die ganze österreichische Delegation, ganz besonders Renner, heftig dagegen gewehrt hatte.

Nicht wenige französische oder britische Politiker waren gegen eine Vereinigung von Österreich und Deutschland. Ihnen ist zweifellos zu verdanken, daß mit den Friedensverträgen Österreich nicht von der Landkarte verschwunden ist. Doch ohne es zu wissen, hatten sie die Unterstützung des Kaisers. Abgesetzt und exiliert hatte Karl seinem Land diesen letzten Dienst erwiesen – den allerhöchsten.

»Der Imperialismus«, so sollte sich der Sozialist Bauer beklagen, »hat uns den verhaßten Namen ›Österreich‹ aufgezwungen.«

Zurück nach Ungarn

Wien 25. März 1921. An diesem Karfreitagabend ist Tamás Erdödy, der Jugendfreund des Kaisers, zu Hause: in Wien ist kein Feuer ausgebrochen. Er ist, wie viele Offiziere der Kaiserzeit, aus dem Dienst entlassen worden und hat Arbeit gefunden. Nun arbeitet er tagsüber im Schlachthof und abends als Feuerwehrmann.

Um Mitternacht, er hatte sich bereits schlafen gelegt, klingelte es. Seine Frau ging an die Tür. Im Bett hörte er, wie sie erstaunt rief: »Mein Gott, Tamás, der Kaiser ist da.« Im Morgenmantel rannte Erdödy auf den Flur. Kein Zweifel, der Mann, der vor ihm steht, ist der Kaiser. Völlig unglaublich dann aber das, was er ihm mitteilt: er habe die Schweiz verlassen, um sich nach Ungarn zu begeben. Er wolle seinen Thron zurückerlangen. Erdödy müsse ihm helfen, die Grenze zu passieren. War das Unternehmen gut vorbereitet worden? Welche Garantien gab es?

Unter den Besuchern in Prangins gab es viele Ungarn, angefangen bei den Chefs auch noch der kleinsten Partei bis hin zu Persönlichkeiten an höchster Stelle: Baron Bornemisza, Botschafter in der Schweiz, Graf Apponyi, Leiter der ungarischen Delegation an der Friedenskonferenz. Alle sprachen von der Notwendigkeit der Restauration der Monarchie. Keiner hatte Ostern 1921 als optimalen Zeitpunkt bezeichnet. Es war Karls Entschluß gewesen, an diesem Datum den Versuch zu wagen.

Auch für Ungarn war die Nachkriegszeit hart gewesen. Franzosen und Briten der Armee Franchet d'Espereys, Tschechen, Serben und Rumänen – die Sieger – hatten das Land besetzt. Unter der Hungersnot litten die ländlichen Gebiete weniger als die Städte; hier herrschte als Folge der schlechten Versorgungslage Unzufriedenheit, was der im November 1918 gegründeten Kommunistischen Partei starken Auftrieb gegeben hatte. Unter dem Druck der Bolschewiken hatte der »rote Graf«, Mihály Károlyi, sein Amt niedergelegt. Am 21. März 1919 hatte dieser Kerenskij Béla Kun Platz gemacht. Kun, ein Anhänger Lenins, hatte während der hundertdreiunddreißig Tage der Räterepublik an der Spitze der aus Volkskommissaren gebildeten Räteregierung gestanden. Hundertdreiunddreißig Tage der Revolution, der Gewaltherrschaft und der standrechtlichen Hinrichtungen. Das Regime hatte eine militärische Offensive zur Rückgewinnung der von Rumänien eroberten Gebiete gestartet. Am 3. August 1919 hatten die siegreichen Rumänen Budapest besetzt. Béla Kun war geflohen.

Im Juni 1919 hatten die Gegner des Bolschewismus eine Gegenregierung eingesetzt, und zwar in Szeged, im Südosten Ungarns, wo die französischen Truppen stationiert waren. Die von den Monarchisten beherrschte Regierung, an deren Spitze Graf István Bethlen stand, hatte ihre Fühler nach Karl ausgestreckt. Offiziere waren vor der roten Diktatur geflohen und hatten einige Bataillone gestellt. Den Oberbefehl über diese Streitkräfte hatte Admiral Miklós von Horthy inne. Karl hatte ihn schon als Flügeladjutanten Franz Josephs gekannt; zur Hochzeit von Karl und Zita hatte er den alten Kaiser begleitet. Zum Oberbefehlshaber der österreichisch-ungarischen Flotte ernannt, war Horthy Anfang November 1918, als das Reich zusammenbrach, nach Schönbrunn geeilt, um den Herrscher seiner Treue zu versichern. Dieses Bild blieb Karl unvergeßlich.

Im November 1919, nachdem er eine eigentliche Armee aufgebaut und erreicht hatte, daß die Rumänen auf Anordnung der Entente-Mächte abziehen mußten, war Horthy als Befreier in Budapest eingezogen. Der Weiße Terror, vor dem er die Augen verschloß, empörte Karl. Doch im Januar 1920 hatten die Konservativen bei den Wahlen die Mehrheit errungen. Damit stellte sich die Frage nach dem Staatsoberhaupt. Den König zurückkehren lassen? Unmöglich, denn in Paris hatten die Westmächte am

2. Februar 1920 ihr Veto eingelegt. Dann war eine Einigung erzielt worden. Ungarn sollte provisorisch ein Königreich ohne König sein. Im März 1920 war Horthy von der Nationalversammlung zum Reichsverweser gewählt worden. Durch einen eigens nach Prangins entsandten Vertreter versicherte er den König erneut seiner Loyalität. Karl wiederum adressierte seine an das ungarische Volk gerichteten Erklärungen an Horthy. Sie wurden niemals veröffentlicht. Wann soll ich zurückkehren? drängte der Herrscher in seinen Briefen. Die Antworten fielen höflich, aber ausweichend aus. Erst später sollte Karl erfahren, daß in der Armee das Treuegelöbnis inzwischen auf den Reichsverweser abgelegt und der König nicht einmal erwähnt wurde. Horthy hatte wohl Geschmack an der Macht gefunden.

Dann hatte Karl beschlossen, nach Ungarn zurückzukehren – mit oder ohne Horthys Einverständnis. Im September 1920 hatte er Werkmann bei einem Spaziergang anvertraut: »Ich werde meine Rückkehr nicht über das Frühjahr verschieben können.«[1]

Noch war nicht klar, auf wen Karl zählen konnte. Einigen schwebte in Ungarn ein anderer Thronanwärter vor, beispielsweise Erzherzog Josef. Intrigen dieser Art hatte man im Keim ersticken müssen. Außerdem hatte Karl gegen den Nationalstolz der Magyaren anzutreten. Das war nichts Neues, hatten doch die Habsburger diesen Stolz schon oft zu spüren bekommen; neu war allerdings, daß die vom internationalen Recht anerkannte Unabhängigkeit Ungarns selbst den Legitimisten als unbestrittenes Faktum galt. Manche würden Karl nur dann als König anerkennen, wenn er auf den Thron Österreichs verzichtete! Schließlich war eine Übereinkunft erzielt worden: der Monarch könne in einem Drittland gekrönt werden, falls ein Vertrag zwischen den betroffenen Staaten die Unabhängigkeit Ungarns garantiere. Gewissermaßen ein neuer österreichisch-ungarischer Ausgleich.

Der stärkste Widerstand indes erwuchs einer Restauration auf internationaler Ebene. Im Vertrag von Trianon vom Juni 1920 hatten die Tschechoslowakei, Rumänien und das Königreich der Serben, Kroaten und Slowenen die Reste des königlichen Ungarn unter sich aufgeteilt. Die Staaten, schon bald in der Kleinen

Entente verbündet, waren kategorisch gegen eine Rückkehr der Habsburger. Frankreich aber, das dieses Bündnis gefördert hatte, war ihre Schutzmacht. Wie war das Hindernis zu umgehen?

Es war bereits umgangen, und zwar in Paris – so dachte Karl zumindest. Einmal mehr hatte er seine Beziehungen spielen lassen. Im Sommer 1920 hatte Sixtus von Bourbon-Parma Aristide Briand aufgesucht. Seit 1917 hielt sich der ehemalige Minister für den Dienst an der Republik bereit. In Erwartung seiner Stunde verfolgte er im Hintergrund weiterhin das politische Geschehen. Prinz Sixtus hatte er versichert, seiner Auffassung nach stelle die ungarische Monarchie einen für die Region notwendigen Stabilitätsfaktor dar: die Unterstützung Frankreichs für den Restaurationsplan lag im Bereich des Möglichen. Im Winter 1920/21 folgten weitere Gespräche mit Briand. Zwischen den Franzosen und Karl hatte es weitere Zwischenträger gegeben, insbesondere Magliavin, Sekretär von Paul Deschanel, dem nur wenige Monate im Amt verbliebenen Präsidenten der Republik.

Im Januar 1921 war Briand zurück in der Politik. Als Ministerpräsident hatte er sich das Ministerium des Äußeren zugeschanzt – eine Tradition der Dritten Republik. Karl hatte über Briands Vorstellungen mehr in Erfahrung bringen wollen. Zu diesem Zweck hatte er sich an Oberst Strutt gewandt, den Beschützer von Eckertsau. Daß Strutt intervenierte, geht aus einem später verfaßten vertraulichen Bericht hervor, der in den Londoner Archiven liegt.

Im Februar 1921 befand sich der britische Offizier in den Skiferien in Sankt Moritz. Unverzüglich wurde er nach Prangins eingeladen. Am 22. Februar fand ein zweistündiges Gespräch mit dem Kaiser statt. Dann speiste Strutt mit dem Paar. Zita, die kurz vor der Niederkunft stand, war blendender Laune. In wenigen Tagen, am 1. März 1921, sollte Erzherzogin Charlotte geboren werden. Für Karl waren am 19. Februar Nachrichten von Prinz Sixtus aus Paris eingetroffen. Briand habe ihm versichert, daß, »falls der Kaiser nach Ungarn zurückkehre und sich dort zum König proklamiere, auf diese Weise ein Fait accompli schaffend, weder Frankreich noch Großbritannien auch nur die geringste

Opposition machen würde«.² Weiter habe Briand erklärt, der Schritt sei spätestens in der zweiten Märzhälfte zu vollziehen. Karl bat Strutt, nach Paris zu reisen, sich mit Sixtus zu treffen und die Erklärung des Ministerpräsidenten bestätigen zu lassen (die kaiserliche Villa wurde überwacht und das Telefon abgehört, weshalb die Kontakte zwischen dem Kaiser und dessen Schwager immer über Drittpersonen liefen).

Am 23. Februar fand sich Strutt bei Prinz Sixtus an der Rue de Varennes Nr. 47 ein. Der Prinz berichtete ihm über sein Gespräch vom 14. Februar mit Briand, bei dem auch Marschall Lyautey zugegen gewesen war. Der Ministerpräsident hatte erklärt, falls der König seinen Thron zurückgewinne, werde er von Frankreich anerkannt. Mehr noch, Paris werde England, die Tschechoslowakei, Jugoslawien und Rumänien dazu zwingen, die Tatsachen anzuerkennen, und Ungarn wirtschaftlich und militärisch unterstützen. Abschließend habe Briand gesagt: »Nun ist es Zeit für den Kaiser, alle Energien, die er nur besitzt, zu zeigen.«³

Dem Foreign Office unterstellt, hatte der Offizier kein Mandat für eine Mission im Auftrag eines entthronten – und noch dazu ehemals feindlichen – Monarchen. Als Lord Curzon, sein vorgesetzter Minister, von der Sache erfuhr, erhielt Strutt eine Verwarnung. Die Sanktion hätte noch härter ausfallen können, falls die Angelegenheit wie von Zita berichtet abgelaufen ist. Diese zweite Version figuriert in einem 1930 von der Kaiserin diktierten, nicht zur Veröffentlichung bestimmten Memorandum, das in den Habsburger Familienarchiven verzeichnet ist – was ihm hohe Glaubwürdigkeit verleiht. Gemäß Zita habe sich Strutt in Begleitung des Prinzen Sixtus direkt zu Briand begeben. Am Gespräch habe nicht nur Marschall Lyautey teilgenommen, sondern auch Maurice Paléologue, ehemaliger Botschafter Frankreichs in Moskau und ehemaliger Generalsekretär im Außenministerium, der, im Gegensatz zu seinem Nachfolger Philippe Berthelot, den Habsburgern günstig gesinnt war. Falls das zutrifft, drängt sich die Schlußfolgerung auf, Strutt habe in seinem eigenen Bericht an die britischen Behörden die Wahrheit frisiert, um sich vor seinen Vorgesetzten zu schützen. Wo liegt die Wahrheit? Dies wird man vermutlich nie wissen. Auf Briands ausdrücklichen Wunsch durften keine Aufzeichnungen von den Diskussionen gemacht werden. Außerdem hatte der Ministerpräsident Weisung erteilt, unter keinen Umständen sei sein Name mit der Sache in Verbindung zu bringen, und gewarnt: sollte seine Billigung des Restaurationsversuchs in Ungarn publik werden, werde er dementieren.

Karl hatte es nicht an Ratgebern gefehlt, die ihn zur Geduld gemahnt, die ihn beschworen hatten, die mündlichen Zusicherungen der Franzosen seien keine Garantie, er solle sich vor Admiral von Horthy in acht nehmen und seinen Versuch gut vorbereiten: sein Sekretär Werkmann, sein Bruder Erzherzog Maximilian, sein Freund Erdödy, der ihn im Herbst 1920 in Prangins besucht hatte. Doch keiner von ihnen war über sämtliche Schritte des Kaisers informiert. Er allein hatte den Entschluß gefaßt: am 24. März 1921 würde er nach Wien abreisen. Unterwegs nach Budapest.

Am Donnerstagabend, dem 24. März 1921, verließ Karl Prangins, einen Stock in der Hand. Er trug einen spanischen Reisepaß bei sich, mit deutschen und österreichischen Visa gestempelt und auf einen falschen Namen lautend. Er überschritt die Grenze zu Frankreich und erreichte – niemand weiß wie – Straßburg. Dort bestieg er am 25. März den Expreß Paris–Wien. Ein reserviertes Abteil wartete auf ihn. Um 22.50 Uhr erreichte der Zug die österreichische Hauptstadt. Der Kaiser, das Gesicht hinter einer schwarzen Brille versteckt, bestieg ein Taxi und bat, an die Ecke der Landskrongasse geführt zu werden, unweit von Erdödys Domizil. Karl wollte die Fahrt mit Schweizergeld begleichen. Da er dafür keine Verwendung hatte, lehnte der Fahrer ab. Da bot ihm Karl einen 50-Franken-Schein an: ein kleines Vermögen. Erstaunt begab sich der Fahrer zur Polizei, um die Geschichte zu erzählen, und weil der seltsame Fahrgast überdies einen prächtigen Stock mit goldenem Knauf im Taxi vergessen hatte.

Samstag, den 26. März. In der Nacht, da er den Kaiser beherbergte, vermochte Erdödy kein Auge zu schließen. In den frühen

Morgenstunden organisierte er die Weiterfahrt. Ein ehemaliger Hofchauffeur brachte die beiden Männer von Wien bis zur Grenze. Am Zoll wies Erdödy seine Papiere vor. Sein Gefährte – mit hochgeschlagenem Mantelkragen und Autofahrermütze mit dunkler Brille – war nun im Besitz eines englischen Reisepasses. Der Zöllner ließ sie die Grenze passieren; doch mangels korrekter Papiere mußte der Fahrer samt Wagen zurück. Der Zöllner hatte ein Einsehen und führte die beiden bis ins nächste Dorf. »Ein merkwürdiges Gefühl«, flüsterte Karl, »unerkannt in der Heimat zu sein!«[4]

Das Essen nahmen sie in einem Gasthaus ein. Karl begann mit den Leuten zu plaudern. Wie sah der König aus? Es waren keine Fotografien vorhanden, doch die Tafelrunde stieß auf das Wohl des Königs an. Da in dem Dörfchen weder Taxi noch Wagen aufzutreiben war, setzten Karl und Erdödy ihren Weg auf einem Heuwagen fort. Um zehn Uhr abends erreichen sie Szombathely (Steinamanger), eine kleine Stadt, deren Bischof, Graf Mikes, ein entschiedener Legitimist war. Sie klingelten an der Pforte des Bischofspalais. Der Prälat begrüßte seine nächtlichen Gäste.

Dann entstand eine Pause, und Erdödy fragte, ob der Bischof seinen Begleiter nicht erkenne, es sei Seine Apostolische Majestät der König.

»Sind Sie es wirklich?« fragte Bischof Mikes.

»Der Bischof«, so berichtet Karl, »zitterte am ganzen Körper; er war furchtbar aufgeregt.«[5] Zufällig war der Unterrichtsminister, der Geistliche Josef Vass, zugegen. Oberbefehlshaber der Truppen in Westungarn war Oberst Anton Lehár – Bruder des Operettenkomponisten Franz Lehár und getreuer Monarchist. Der Offizier wurde benachrichtigt, begab sich ins Bischofspalais und ließ das Gebäude mit einem Bataillon umstellen.

Ein weiterer Zufall wollte es, daß Ministerpräsident Graf Pal Teleki zur Jagd auf dem vierzig Kilometer von Szombathely entfernten Gut des Regierungskommissars für Westungarn, Graf Antal Sigray, weilte. Auch er wurde benachrichtigt. Teleki riet, der König solle sich entweder unverzüglich nach Budapest begeben oder in die Schweiz zurückkehren. Wie Lehár glaubte er an die Loyalität von Reichsverweser Horthy. Deshalb wurde beschlossen, Karl solle ganz ohne Bewaffnung in die Hauptstadt reisen.

Frühmorgens wurde in der Kapelle des Bischofspalais die Ostermesse gelesen. Alle nahmen daran teil. Um sieben Uhr morgens brachen Teleki und Vass, die beiden Minister, im Wagen nach Budapest auf. Sie sollten Horthy informieren, daß der Herrscher ihnen folge. Eine Stunde später schlug Karl in der ihm von Lehár zur Verfügung gestellten Uniform den gleichen Weg ein, eskortiert von Sigray und zwei Offizieren Lehárs.

Am 27. März, um 14 Uhr, traf Karl in der Stadt ein. Vor der Königsburg wartete niemand auf ihn. Später sollten Teleki und Vass erklären, sie hätten eine Autopanne gehabt ... Karl ließ sich durch Sigray ankündigen; dieser kehrte nach langen Minuten mit düsterer Miene zurück:

»Eure Majestät müssen sehr energisch sein.«

»Das ist ein Unglück«, begann Horthy, als sich die beiden Männer gegenüberstanden. »Eure Majestät müssen sogleich weg, müssen sofort in die Schweiz zurück.«[6]

Das Gespräch dauerte zwei Stunden. Paradoxerweise wurde es auf deutsch geführt, denn Horthys Ungarischkenntnisse waren mangelhaft. Bekannt ist der Inhalt des Gesprächs dank des Berichts, den Karl seinem Sekretär Werkmann zwischen dem 15. und 19. April, also wenige Tage nach den Ereignissen, diktierte. Noch ein Bericht, dessen Zuverlässigkeit nicht zur Diskussion steht, da er ursprünglich gar nicht zur Veröffentlichung bestimmt war.

Karl dankte dem Reichsverweser für seine Arbeit und forderte ihn dann auf, ihm die Regierung des Königreichs zu übertragen. Seine Treue beteuernd, entgegnete Horthy, eine Machtübergabe werde unverzüglich die Besetzung des Landes durch die Kräfte der Kleinen Entente zur Folge haben. Karl insistierte. Da gab ihm Horthy eine verblüffende Antwort: »Was bieten mir Eure Majestät dafür, wenn ich jetzt übergebe?« Darauf folgte ein unwürdiges Feilschen, in dessen Verlauf Karl Horthy Titel und Ämter versprach; dieser aber beantwortete jedes zusätzliche Versprechen mit neuen Ausflüchten.

Karl war erschöpft. Die letzte Nacht hatte er gar nicht, die beiden Nächte zuvor kaum geschlafen. Und er war allein, ohne Waffe, ohne zu wissen, wo jene waren, die ihn in diesen Palast begleitet hatten, der eigentlich sein eigener war, nun aber von Horthys Leuten bevölkert war. Von Müdigkeit und vom Wunsch übermannt, seinen Widersacher zu bezwingen, beging Karl einen Fehler. Die Kleine Entente, so hatte der Admiral geschrien, werde zu den Waffen greifen, um die Restauration zu verhindern. Da ließ Karl den Namen Briand fallen. Paris unterstütze den König? Unter diesen Umständen willige er, der Reichsverweser, ein, in drei Wochen den Platz zu räumen; dann schwor er, über Briand Stillschweigen zu wahren. Ein geschickter Schachzug: Karl gab nach. »Heute ist der 27. März«, bemerkte der Herrscher, indem er seinen Kalender aus der Tasche zog, »drei Wochen sind am 17. April vorbei (und mit Nachdruck): Schauen Sie, Horthy, wenn Sie an dem Tag nicht in Szombathely sind, so bin ich an dem Tag in Budapest.«[7]

Horthy trug einen letzten Wunsch vor. Das Theresienritter-Ordenskapitel habe ihm die Ordenswürdigkeit zugesprochen. Ob ihm der König diese Auszeichnung verleihen könne? Karl bejahte, angeekelt, dann verließ er die Königsburg. Nach einem Mißerfolg.

Die Rückreise war schrecklich, der Wagen hatte mehrere Pannen. Erst um fünf Uhr morgens erreichte Karl, nach einer weiteren schlaflosen Nacht, Westungarn. Kaum hatte Karl ihm den Rücken zugewandt, rief Horthy den französischen Hochkommissar in Budapest zu sich und erklärte ihm, der König habe versucht, die Macht zu übernehmen. Weiter fragte er, ob es richtig sei, daß der französische Ministerpräsident das Vorhaben unterstütze. Völlig überrascht, ersuchte der Diplomat in Paris um Anweisungen. Selbstverständlich dementierte Briand. Anläßlich der Botschafterkonferenz vom 1. April bestätigte Jules Cambon, Frankreich habe mit den Machenschaften Karls von Habsburg nichts zu tun.

In Prangins hatte Zita Tage der Angst durchlebt. Erst am Montag, dem 28. März, als in Budapest bereits alles zu Ende war, hatte sie erfahren, daß Karl bis nach Wien durchgekommen war. Am 30. März wollte die Presse das königliche Abenteuer bestätigt wissen. Werkmann, der über die Sache nicht informiert war, mußte die Kaiserin um eine Bestätigung bitten. Doch niemand in der kaiserlichen Villa wußte, was in Ungarn vor sich ging.

Am Parkgitter lauerten die Journalisten, unter ihnen Albert Londres. Am 3. April sandte er seinen Artikel an *L'Excelsior*: »In diesem Haus, wo der König sein Herz zurückgelassen hat, während er zum großen Abenteuer aufgebrochen ist, weiß man nichts von ihm, verfolgt man sein Schicksal nur aus den Zeitungen. Die Kaiserin steigt nicht auf den Turm, denn es hat keinen Turm. Doch häufig erscheint sie mit wehendem schwarzem Haar und banger Seele am Fenster. Sie läßt den Blick über den See schweifen ...«

Karl verbrachte eine Woche in Szombathely, versuchte, in aller Eile ein Aktionsprogramm zustande zu bringen. Vergeblich. Die Tschechoslowakei, Rumänien und Jugoslawien drohten mit einem Feldzug, falls der König sich weigere, Ungarn zu verlassen.

Karl blieb in dieser Situation nichts anderes übrig als aufzugeben.

Was an diesem Oster-Unternehmen 1921 auffällt, ist dessen mangelhafte Vorbereitung. Wären die tausendfünfhundert Soldaten Lehárs überraschend nach Budapest geführt worden, hätte sich die Ausgangslage ganz anderes präsentiert. Doch Karl war allein aufgebrochen in der naiven Gewißheit, der an seinen Treueid gebundene Reichsverweser werde vor ihm niederknien. Aber Horthy war kein mittelalterlicher Vasall, der durch sein Ehrenwort an seinen Lehnsherr gebunden war: er war ein Diktator des 20. Jahrhunderts, der an Gewalt glaubt.

Die Schweizerische Eidgenossenschaft gewährte dem Monarchen am 3. April erneut Asyl, unter der Bedingung allerdings, daß er sich in einem anderen Kanton niederlasse und sich jeder politischen Tätigkeit enthalte.

Am 5. April, als sich Karl in Szombathely verabschiedete, wurde er von einer großen Menge bejubelt. Er gab Lehár seine Uniform zurück. Mit einem Codewort. Eines Tages werde der Offizier eine

Botschaft erhalten: »Näht den Kragen an.« Das sei die Ankündigung für Karls Rückkehr.

Am 6. April um sechs Uhr morgens klingelte in Prangins das Telefon. Nicht nur war die Restauration gescheitert, erfuhr Werkmann, sondern in diesem Augenblick befinde sich der Kaiser auf dem Weg zurück in die Schweiz. Aus dem Bett gerissen, rechnete Zita kurz nach: die Zeit würde genügen, um Karl an der Grenze zu empfangen. Mit der ihr in Krisenmomenten eigenen Energie ließ sie von Schonta und Gräfin Schönborn wecken, die sie begleiten sollten. Werkmann wiederum befahl sie, einen Wagen, den er selbst steuern sollte, bereitzustellen. Zwanzig Minuten später waren sie bereits unterwegs.

Niemand hatte Zeit gehabt, sich vorzusehen. In der eiskalten Nacht schien in der ungeheizten Limousine nur jemand die beißende Kälte nicht zu verspüren: die Kaiserin, die neben dem Fahrer saß, nie einnickte, bleich und stumm, das Auge auf den Kilometerzähler gerichtet. Lausanne, Freiburg, Bern. Um sieben Uhr morgens, in einem verschlafenen Dorf, wagte Werkmann die Frage, ob die Kaiserin nicht eine Tasse Tee wünsche. Man hielt an, man wärmte sich und nahm etwas zu sich. Nur Zita nicht. Und schon ging es weiter. Luzern, dann der Zürichsee. Erneuter Halt. Werkmann telefonierte. Wegen einer Verspätung, so wurde er informiert, erreiche der Zug Buchs – an der schweizerischen und liechtensteinischen Grenze zu Österreich gelegen – erst um 17 Uhr.

Der Zug fuhr zur genannten Stunde im Bahnhof ein. Auf dem Bahnsteig wartete Zita mit Tränen in den Augen.

Diesmal verweigerte der Kanton Waadt das Asyl: unmöglich, nach Prangins zurückzukehren. Am 6. April um Mitternacht stiegen Karl und Zita im Hotel National in Luzern ab. Albert Londres, der unermüdliche Reporter, verfolgte ihre Spur. Am 7. April überraschte er sie bereits in der Morgendämmerung beim Meßbesuch. Werkmann ersuchte er um einen Interviewtermin. Das Gespräch mit dem Kaiser fand am 12. April statt und wurde am 13. April 1921 im *Excelsior* veröffentlicht: »Die Nerven des Mannes liegen blank. Er hat die Züge eines Menschen, der nicht ruhigen Herzens geschlafen hat. Er ist vierunddreißig und hat weiße Haare.« Karl beschrieb die Begeisterung der ungarischen Bevölkerung, dementierte Briands Mitwisserschaft und sprach über das Elend in Österreich. Und schloß mit folgendem Satz: »Ich wäre Ihnen dankbar, wenn Sie im Hinblick auf den Nachfolgestaat meiner Monarchie an den Edelmut und an das Gerechtigkeitsgefühl Frankreichs appellieren würden.«

Das Kabinett des Monarchen hatte eine neue Zuflucht für die kaiserliche Familie gefunden: Schloß Hertenstein. Am Vierwaldstättersee liegend, war das ehemalige Hotel von Luzern per Schiff in einer halben Stunde zu erreichen. Am 15. April kehrte Zita nach Prangins zurück, um den Anfang Mai stattfindenden Umzug vorzubereiten.

Unter den Schweizer Behörden war eine heftige Kontroverse entbrannt. Nach internationalem Recht war Karl, in Österreich entthront, noch immer König von Ungarn. War ihm die jedem im Ausland residierenden Monarchen zustehende Exterritorialität zuzuerkennen? Bern suchte nach einem Drittland zur Aufnahme des Geächteten, doch kein Kandidat drängte sich vor. London und Paris wandten sich an Madrid. König Alfons XIII. ließ sie wissen, Spanien sei wohl bereit, den Kaiser aufzunehmen, nicht aber, für dessen Unterhalt aufzukommen. Die Botschafterkonferenz begann Karls finanzielle Lage unter die Lupe zu nehmen, was mehrere Monate in Anspruch nahm.

Karl verpflichtete sich, nach einem anderen Asylland zu suchen und das Schweizer Parlament über seine Abreise zu informieren, sobald er ein anderes Exil gefunden habe. Im Sommer 1921, noch immer war keine Lösung in Sicht, setzte Bern eine neue Frist: Oktober 1921 und dann Januar 1922.

Für die Familie begann auf Hertenstein eine ruhige Zeit. Erneut konnte Karl sich seinen Kindern widmen. Ein Foto zeigt die sieben kleinen Erzherzöge und Erzherzoginnen im Garten von Hertenstein mit ihren Eltern. Eine strahlende Zita in weißem Kleid. Letztes Glück einer harmonischen Familie.

Doch Karl wünschte nur eines: nach Budapest zurückkehren.

Formell galt er Horthy weiterhin als legitimer Herrscher. Am 4. September 1921 traf ein Schreiben des Reichsverwesers in Hertenstein ein, das unter anderem folgende Sätze enthielt: »Ich bitte auch bei dieser Gelegenheit Euere Majestät, die Versicherung entgegennehmen zu wollen, daß mir nichts fernersteht, als mich an meine derzeit innehabende Stellung zu klammern oder sie in irgendwelcher Weise zu erweitern. Im Gegenteil ersehne ich mit Ungeduld den Augenblick, der mich von diesem Sorgenstuhle erlöst.«[8]

Zwischen Ungarn und der Schweiz hatte das Hin und Her der Emissäre wieder begonnen. Aladár von Boroviczény, seit kurzem mit Zitas Hofdame Agnes Schönborn verheiratet, war Karls Adjutant, zugleich aber theoretisch noch immer ungarischer Diplomat, weshalb er sich zwischen Budapest und der Schweiz frei bewegen konnte. Er informierte und beriet. Karl wußte die Wahrheit: in der Regierung hatte er Freunde, angefangen beim Ministerpräsidenten bis hin zum Minister des Äußeren, doch der Reichsverweser riß immer mehr Macht an sich. Sukzessive waren in den Streitkräften die königstreuen Offiziere entfernt worden. Die Zeit arbeitete gegen den Monarchen. Wollte er die Stephanskrone zurückerobern, mußte er sich beeilen.

Ende April, drei Wochen nach dem gescheiterten Restaurationsversuch, hatte Karl seinen Schweizer Vertrauensmann, Seeholzer, nach Paris gesandt, um erneut mit Ministerpräsident Briand in Verbindung zu treten, in erster Linie aber um sich zu rechtfertigen, da Ostern nicht er, sondern Horthy eine Indiskretion begangen habe. Briand ließ die Erklärung gelten und beharrte auf seiner Position: sollte die Restauration in Ungarn Erfolg haben, werde er sich den Tatsachen fügen. Will man den habsburgischen Quellen Glauben schenken, dann entsandte auch der Ministerpräsident regelmäßig Emissäre nach Hertenstein. In Frankreich sollte ein offiziöser Vertreter des Monarchen ernannt werden; die Wahl fiel auf Oskar von Charmant, einen in Paris lebenden ungarischen Diplomaten. Karl erhielt auch Informationen, wonach Horthy die Botschafterkonferenz dazu zu bewegen suche, Karls Abdankung zu fordern.

8 Karl und Zita im Exil auf Schloß Hertenstein/Schweiz.

Noch auf eine weitere Unterstützung konnte Karl zählen: diejenige des Papstes. Auch hier ist Zita die Quelle, liegen doch die entsprechenden Dokumente in den vatikanischen Archiven noch immer unter Verschluß. Aber wer weiß, wie streng katholisch die Kaiserin war, der nimmt nicht an, sie habe den Sachverhalt verfälscht. Die Osteuropa drohende bolschewistische Gefahr war für den Heiligen Stuhl Anlaß zur Sorge: mit der Rückkehr des Königs würde Ungarn zum Bollwerk gegen die Revolution. Anfang Oktober 1921 traf Papst Benedikts XV. Sonderbeauftragter, Pater Coelestin, in Hertenstein ein. Die vatikanische Diplomatie hatte die Lage geprüft; es war Zeit, nach Budapest zurückzukehren.

Eine Analyse der internationalen politischen Lage bestätigt diese Einschätzung. Der König in Budapest? Großbritannien war nicht tangiert und würde sich neutral verhalten, Italien wäre nicht dagegen. Die Tschechoslowakei würde Sturm laufen, die Westmächte jedoch Beneš daran hindern, einen Krieg zu entfachen. Die Rumänen würden sich ruhig halten. Jugoslawien nicht unbedingt, doch beginnende Spannungen zwischen Kroaten und Serben könnten Belgrad lahmlegen. In Ungarn organisierten sich die Legitimisten.

Für Karl schließlich war ein Motiv ausschlaggebend: er war der gesalbte König von Ungarn. Vor Gott, davon war er zutiefst überzeugt, war er für das Land verantwortlich – eine Verpflichtung, der er sich nicht entziehen konnte.

Am 13. Oktober 1921 traf in Hertenstein die Meldung ein, die Division Lehárs wie das Gendarmeriebataillon unter Major Osztenburg werde am 23. Oktober von Westungarn nach Budapest verlegt. Lehár und Osztenburg – Karls Getreue. Ohne sie würde nichts mehr möglich sein. »Ich muß hingehen«, bemerkte Karl zu Boroviczény. Am 16. Oktober verfaßte er ein Testament, worin er seinen ältesten Sohn, Otto, zum Erben seiner souveränen Rechte machte.

Der zehnte Hochzeitstag von Karl und Zita fiel auf den 21. Oktober 1921. Auf Hertenstein wurde ein kleines Fest vorbereitet. Als Karl und Zita am Morgen des 20. Oktober den Wagen bestiegen, rannten ihm Otto, Adelhaid, Robert und Felix fröhlich bis zum Gitter nach. Die Kaiserin hatte ihnen versprochen, ihre Eltern seien am Abend »zu Hause«.

Die Kinder wären weniger fröhlich gewesen, hätten sie den Doppelsinn der Formulierung verstanden. »Zu Hause« – das war in Ungarn. Wie dorthin gelangen? Der Kaiser hatte das schnellste Transportmittel gewählt, das Flugzeug. Zita begleitete ihn. Boroviczény hatte versucht, sie davon abzubringen, doch sie hatte nur abgewinkt. Die Kinder unter der Obhut ihrer Großmutter, Erzherzogin Maria Josefa, und ihrer Gouvernante, Gräfin Kerssenbrock, würden sich nicht ängstigen. Es sei ihre Aufgabe, in diesem schwierigen Augenblick ihren Gemahl zu unterstützen. Der Hinweis auf die Gefahren des Unternehmens würde sie nur in ihrem Beschluß bestärken. Und die körperliche Strapaze des Flugs? »Wenn ich es aushalten *will*, so kann ich es!« hatte sie energisch erwidert. Kein Zögern, obwohl sie erneut schwanger war. Karl war bei diesem Wortwechsel zugegen gewesen und hatte seinen Mitarbeiter achselzuckend angeschaut, als wolle er sagen: »Ach lassen Sie, ich habe schon alles versucht.«

Boroviczény hatte bei der schweizerischen Fluggesellschaft Ad Astra eine auf dem Flugplatz Dübendorf bei Zürich stationierte Junkers F13 gemietet. Für 20 000 Schweizer Franken war ein deutscher Pilot angeheuert worden; hinzu kamen zwei ungarische Flieger, die vor Ort den Landeplatz ausgekundschaftet hatten. Die Flugpapiere waren auf den Namen eines russischen Ehepaars ausgestellt worden, das sich nach Genf begeben wollte.

Am 20. Oktober, zur Mittagszeit, hob das Flugzeug mit sechs Personen an Bord ab: Karl und Zita – für beide war es der erste Flug –, Boroviczény und die drei Piloten.

Karl war zuversichtlich. Alles war sorgfältig geplant worden, nicht wie damals an Ostern. Er würde mit militärischer Unterstützung in seine Hauptstadt einziehen. Über eine sichere Verbindung war die Botschaft übermittelt worden: »Näht den Kragen an.« Den Landeplatz sollten große Feuer weisen. Dort würde man sie erwarten. Dann würden sie direkt zu Lehárs und Osztenburgs Truppen fahren und unverzüglich nach Budapest aufbrechen – der König mit dreitausend entschlossenen und bewaffneten Offizieren und Soldaten. Zita? Das war noch ungewiß. In zwölf, spätestens achtzehn Stunden würde er in der Königsburg sein.

16 Uhr. Der Eindecker überfliegt die Pußta. Er nähert sich seinem Ziel. Rauch: hier muß es sein. Das Flugzeug setzt zur Landung an. Fehlalarm! Der Rauch ist ein von Bauern angezündeter Haufen Kartoffelstauden. Das Flugzeug zieht hoch. Kurz danach erkennen die beiden ungarischen Piloten den angepeilten Ort, doch kein Signalfeuer ist zu sehen. Landung – auf einem langen Stoppelfeld.

Damals war ein Flugzeug eine Sensation. Aus Dénesfa, dem nächstgelegenen Dorf, rannten Leute herbei. Andere benachrichtigten den Gutsherrn, Offiziere seien aus der Luft gelandet.[9] Graf Cziráky eilte herbei. Als er sich von der Überraschung erholt hatte, stellte er sich unverzüglich in den Dienst der Herrscher. Doch sein Haus war voll; heute wurde sein Sohn getauft. Unter den Gästen befanden sich auch Bischof Mikes von Szombathely und Gyula (Julius) Andrássy, letzter österreichisch-ungarischer Minister des Äußeren und Graf Czirákys Schwiegervater. Um kein Aufsehen zu erregen, wurden Karl und Zita in das Haus von Freunden geführt.

Endlich traf Oberst Lehár ein. Erst am Morgen des 20. Oktober hatte er Karls Botschaft erhalten (eine nie aufgeklärte Verspätung) und setzte alles in Bewegung, um für seine Soldaten einen Zugkonvoi zusammenstellen zu können, denn alle Wagen waren für den Ernttransport abgezogen worden. Das so sorgfältig vorbereitete Unternehmen begann schlecht: der Überraschungseffekt war dahin – gescheitert an den Unwägbarkeiten der Zuckerrübenernte.

Karl gab die Hoffnung nicht auf. Im Wagen fuhr er frühmorgens nach Sopron (Ödenburg) zur Kaserne von Major Osztenburgs Bataillon. Dort bildete Karl eine Regierung. An der Spitze des Kabinetts stand István (Stephan) Rákovszky, der frühere Präsident des Abgeordnetenhauses; Andrássy wurde Außenminister und Lehár, zum General befördert, Verteidigungsminister. Die Offiziere leisteten ihren Eid auf den König.

Zita und Karl bezogen für wenige Stunden in der Kaserne Quartier. »Die Königin«, erinnert sich Gräfin Andrássy, »bewohnte eine Soldatenstube, die Einrichtung bestand aus einem gewöhnlichen Kommißbett und zwei Holzsesseln. In einer Ecke des Raumes lagen Schaufeln, Besen und einige Paar Militärstiefel.«[10]

Am Tag inspizierte Karl unter dem Beifall der Bevölkerung seine Truppen. Am 21. Oktober waren Lokomotiven und Wagen zusammengestellt worden. Spätabends war der Zugkonvoi, bestehend aus vier Zügen, bereit. Für Karl und Zita stand ein Rotkreuzwagen zur Verfügung. Am 22. Oktober um vier Uhr morgens setzte sich der Konvoi in Bewegung.

Der König ist zurück: das Gerücht verbreitete sich wie ein Lauffeuer. In Györ (Raab) machte der Zug halt. Die dortige Garnison schwor dem König den Treueid. Unter dem Jubel der Bevölkerung defilierten die Truppen vor dem Herrscherpaar.

Kurz vor Komárom (Komorn) kam der Konvoi zum Stehen: die Schienen waren aufgerissen. Auch Budapest hatte vom Königszug gehört, und Horthy hatte seine Befehle erteilt. Rákovszky, der von Karl ernannte Ministerpräsident, rief Bethlen an, den amtierenden Regierungschef, der sich, obwohl monarchistisch gesinnt, auf die Seite Horthys schlug. Bethlen eröffnete Rákovszky, Minister Vass fahre dem Königszug entgegen, ein Schreiben Horthys überbringend. Lehár ließ die Schienen instandsetzen, entsandte ein Bataillon zum Sturm auf Komárom, doch die Garnison ergab sich. In jeder Stadt wiederholte sich die gleiche Szene. Praktisch ganz Westungarn unterstützte den königlichen Aufstand.

Um 18 Uhr führte Karl ein Gespräch mit dem Gesandten Horthys. Minister Vass, zu Ostern noch loyal, verteidigte den Reichsverweser. Das Kabinett sei dem König treu, argumentierte er, aber der Zeitpunkt schlecht gewählt. Seine Majestät möge zur Einschätzung der Lage allein nach Budapest fahren …

Der Konvoi setzte sich wieder in Bewegung. Mit den unterwegs zum König übergelaufenen Truppen transportierte er nun viertausend Mann. Die ganze Nacht fuhr er durch. In der Morgendämmerung geriet der erste Zug bei Budaörs, sechs Kilometer vor Budapest, unter Beschuß und stoppte. Auch der zweite Zug mit Karl und Zita kam plötzlich zum Stehen. Der 23. Oktober war ein Sonntag. Ein Feldaltar wurde aufgebaut; auf den Gleisen kniend, wohnten Karl und Zita der von den beiden Militärgeistlichen des

Bataillons Osztenburg zelebrierten Messe bei. Aus der Ferne waren Schüsse zu hören.

In Budapest wurde Horthy von Panik ergriffen – eine Aussage, die durch einige in Ungarn residierende Diplomaten verbürgt ist. Horthy hatte kein reguläres Regiment mobilisieren können, um sich dem Königszug entgegenzustellen. Vielmehr waren dreihundert Studenten rekrutiert worden, denen man weisgemacht hatte, tschechische Truppen marschierten auf Budapest. Unter dem Befehl Horthy-treuer Offiziere waren sie an den Stadtrand gebracht worden. Sie nahmen die Königstreuen unter Beschuß. Letztere verfügten über eine erdrückende Überlegenheit. Dennoch geriet das Unternehmen, so kurz vor dem Ziel, zum Fiasko.

Für den Einmarsch in die Hauptstadt betraute Karl, auf Empfehlung Lehárs, General Hegedüs mit dem Kommando. Hegedüs, Militärkommandant von Sopron, hatte von Anfang an am Feldzug teilgenommen – um einfacher Verrat üben zu können. Der britische Hochkommissar in Ungarn traf ihn an diesem Sonntag um 10.45 Uhr in Bethlens Büro: der Offizier beschrieb gerade die königlichen Einheiten und gab ihre Stellungen preis. Um 14 Uhr war Hegedüs wieder bei den Aufständischen. Sein Doppelspiel treibend, gestand er, er habe Bethlen und Horthy besucht. Budapest habe sich in eine Festung verwandelt. Von den Engländern unterstützt, werde sich Horthy an die Spitze seiner Soldaten stellen. Die Lösung? Ein Waffenstillstand, bis Verstärkung heranrückte.

Da beschloß der König, sich persönlich an die vorderste Front zu begeben: seine Kriegserfahrung hatte ihn gelehrt, daß sich ein Anführer seinen Männern zeigen muß. Eine Lokomotive wurde bereitgestellt. Jeder Diskussion vorbeugend, sprang Zita auf das Trittbrett und drängte sich in den engen Führerstand der Lokomotive. Karl wußte, keine Macht konnte sie mehr zum Absteigen bewegen. Er und einige Offiziere nahmen Platz, und die Maschine fuhr dem Kampfgeschehen entgegen. Den Gleisen entlang Leichen und Verwundete. Beim Kampfplatz angekommen, erfuhren sie, Horthys Truppen hätten einen Waffenstillstand vorgeschlagen. Karl wollte nicht darauf eingehen, doch die Offiziere machten geltend, die Soldaten hätten seit zwei Nächten nicht geschlafen. Da willigte er ein, das Feuer bis am nächsten Morgen um acht Uhr einzustellen.

Während Karl sich mit seinem Generalstab beriet, begab sich Zita in den Bahnhof von Budaörs, wo ein Feldlazarett eingerichtet worden war. Die Verwundeten beider Seiten wurden von den Offizieren der Division Lehár versorgt.

Für die Nacht fuhr das Herrscherpaar hinter die Frontlinien zurück. Unter dem Vorwand, seine beiden Söhne kämpften im feindlichen Lager, bat General Hegedüs darum, den Oberbefehl abzugeben. Man ließ ihn – ein unerklärlicher Fehler – die neuen Stellungen der Einheiten inspizieren und dann nach Budapest fahren. Um fünf Uhr morgens am 24. Oktober gingen die Regierungstruppen unter Verletzung des Waffenstillstands zum Angriff über. Im Schutz der Dunkelheit überrumpelten sie ihre Gegner. Wirre Kämpfe setzten ein, zuweilen Mann gegen Mann. Durch die karlistischen Truppen wurde ein Keil getrieben.

Dann trafen Horthys Bedingungen ein: Feuereinstellung, Abdankung des Königs – mit Sicherheitsgarantien für das Königspaar. Im Augenblick, da Karl und seine Offiziere die Forderungen zur Kenntnis nahmen, schlug wenige Meter von ihrem Wagen entfernt ein Geschoß ein. Osztenburg und Lehár sprangen vom Zug mit dem Ruf, bis zum letzten Blutstropfen kämpfen zu wollen. Der Kaiser schrie ihnen zu: »Lehár, Osztenburg! Halt, kommen Sie zurück! Ich verbiete den weiteren Kampf! Er ist sinnlos geworden ...«[11]

Plötzlich hatte er Angst um Zita. Schon jetzt waren zu viele Tote und Verwundete zu beklagen. Und wenn er die Krone zurückgewinnen wollte, dann für das Wohl Ungarns, nicht für einen Bürgerkrieg. Deshalb gab er auf. Nachdem der Rückzugsbefehl übermittelt worden war, fuhr der Königszug zurück. Boroviczény verfolgte die Szene. Er erblickt Zita, blaß, aber gefaßt. Bei der Ankündigung der Kapitulation hatte sie nur eine Frage: »Ist für die Verwundeten gesorgt worden, die im Stationsgebäude liegen?«[12] Ja, es wurde für sie gesorgt.

Nicht einmal vier Tage nach seiner Rückkehr hatte sich König

Karls Traum in Budaörs zerschlagen. Obwohl es sich bei der Auseinandersetzung eher um Scharmützel als um eine echte Schlacht gehandelt hatte. Hegedüs' Verrat war gewiß schwerwiegend gewesen, doch damit allein war das Debakel nicht zu erklären. Die karlistischen Truppen verfügten über die nötigen militärischen Mittel, um nach Budapest vorzudringen. Doch herrschte in ihrem Lager eine gewisse Unentschlossenheit. Karl schreckte davor zurück, ungarisches Blut zu vergießen. Und letztlich war er ein zu sanfter Charakter: zweifellos fehlte ihm die Entschlossenheit derjenigen, die mit Eisen und Feuer Geschichte schreiben.

Graf Franz Esterházy lud die Herrscher auf sein Schloß in Totis, dreißig Kilometer von Budapest entfernt, ein. Am nächstgelegenen Bahnhof wurden Karl und Zita von einer luxuriösen Equipage mit Kutschern in prächtiger Livree erwartet. In seinem festlich beleuchteten Schloß behandelte der Herr des Hauses sie so, wie es sich für einen großen Lehnsherrn geziemt, der unter seinem Dach den König und die Königin empfängt: mit größter Prunkentfaltung. Für Karl sollte es der letzte Empfang dieser Art sein. Um drei Uhr morgens gelang es sechs Bewaffneten, unerkannt in das Schloß einzudringen. Von gedämpften Geräuschen aus dem Schlaf gerissen, schlug Graf Esterházy Alarm und verjagte die Eindringlinge, die über die Treppe eilends die Flucht ergriffen. Gewiß waren sie gekommen, um Karl und Zita zu ermorden. Doch wer war ihr Auftraggeber?

Am nächsten Tag besetzten die Regierungstruppen nach einem letzten Scharmützel mit den von Osztenburg befehligten Wachen das Schloß. Bereits zuvor hatten Lehár und er einen Teil der karlistischen Truppen in ihre Kasernen zurückgeschickt. Die beiden Offiziere hingegen mußten fliehen. Am Abend des 25. Oktober 1921 wurden Karl und Zita nach Tihany am Plattensee gebracht, hundert Kilometer von Budapest entfernt.

Im Benediktinerkloster von Tihany waren Karl und Zita Gefangene. Vor ihren Türen standen Wachen. Drei Entente-Offiziere – ein Engländer, ein Franzose und ein Italiener – waren für ihre Sicherheit verantwortlich. Was sollte aus ihren Getreuen werden, die am royalistischen Feldzug teilgenommen hatten? Und wie stand es um ihre Familie in der Schweiz? Sie mußten sich gedulden und sich irgendwie die Zeit vertreiben. Esterházy hatte ihnen einige Sherlock Holmes ausgeliehen. Dem König die Treue hielt auch József Károlyi, ein Verwandter Mihály Károlyis, der die politischen Vorstellungen des »roten Grafen« nie geteilt hatte; er besorgte für Karl und Zita Spielkarten, Kleider, und Zigaretten – und, für Zita ein kostbares Geschenk, ein Foto der Kinder.

Als die Abgesandten der Regierung eintrafen, um seine Abdankung zu fordern, lehnte Karl dieses Ansinnen verächtlich ab. Am 29. Oktober verfaßte er ein Protestschreiben: »Solange mir Gott Kraft zur Erfüllung meines Berufes gewährt, werde ich auf den ungarischen Thron, an den mich mein Krönungseid bindet, nicht verzichten.«[13] Oberst Hinaux, dem für seine Überwachung zuständigen französischen Offizier (der ihn bereits Ostern in die Schweiz begleitet hatte), versicherte er, er liebe Frankreich; im übrigen sei die Königin Französin, und er verstehe nicht, weshalb ihn Frankreich im Stich lasse.

Die Westmächte allerdings diskutierten unter sich – und mit Horthy. Was sollte mit dem König von Ungarn geschehen? Die Kleine Entente übte Druck aus. Am 24. Oktober beschloß die Botschafterkonferenz auf Drängen Lord Curzons, des britischen Außenministers, den König ins Exil zu schicken. Der französische Ministerpräsident Briand hatte sich diesem Beschluß in keiner Weise widersetzt ... Die Schweiz wollte Karl nicht mehr aufnehmen, außerdem auch Karls Gefolge auf Hertenstein ausweisen. Die Vertreter des Kaisers machten geltend, er habe keinen Wortbruch begangen, als er die Schweiz verließ, ohne die Behörden zu benachrichtigen, habe er sich doch dazu verpflichtet, seinen Weggang in ein anderes Asylland anzumelden, Ungarn aber sei seine Heimat. Dieser Argumentation konnten die Schweizer Behörden nicht folgen.

Am Abend des 31. Oktober wurden Karl und Zita mit der Bahn nach Baja, einem ungarischen Städtchen an der Donau, gebracht. Dort wurden die beiden der Aufsicht des Befehlshabers der britischen Flotte unterstellt. Am 1. November bestiegen sie das englische Kriegsschiff »Glowworm«. Franz Esterházy und Agnes von Boroviczény begleiteten sie. Vor der Abfahrt überbrachte ihnen Nuntius Schioppa den Segen Papst Benedikts XV. Karl versicherte, er werde über die vom Papst empfangene Ermunterung Stillschweigen bewahren. Außerdem bat er den Prälaten, sich dafür einzusetzen, daß gegen keinen der am Restaurationsversuch Beteiligten das Todesurteil gefällt werde.

Das Schiff fuhr donauabwärts. In Rumänien war der Wasserstand am Eisernen Tor für die Weiterfahrt zu tief. Mit der Bahn und dem Auto ging die Reise weiter, stets unter der Eskorte von drei Entente-Offizieren und englischen Soldaten. Am 6. November erreichten sie bei Galati (Galatz) erneut die Donau. Die Westmächte boten Zita an, sie könne frei zurückkehren. Karl verlassen? Undenkbar. Die Kaiserin würde an seiner Seite bleiben. Graf József Hunyády (der ehemalige Oberthofmeister) war zu ihnen gestoßen, gemeinsam mit seiner Gattin, Gräfin Bellegarde, der einstigen Hofdame der Kaiserin. Nun übernahmen sie es, an Stelle von Graf Esterházy und Agnes von Boroviczény, die nach Ungarn zurückkehrten, das Herrscherpaar zu begleiten. Dann wurde erneut ein Schiff bestiegen, diesmal der rumänische Dampfer »Princessa Maria«. Karl legte Zivilkleidung an. Nie mehr in seinem Leben würde er eine Uniform tragen.

Am 7. November erreichte das Schiff Sulina, die Hafenstadt am Schwarzen Meer. Dort bestieg das Paar den britischen Kreuzer »Cardiff«. In diesen Tagen hatte Zita Tagebuch geführt, aus dem ersichtlich wird, mit welchem Respekt der Kapitän dem Kaiserpaar begegnete. Später gestand er, daß Seelenstärke, Frömmigkeit und Würde des Paars ihn stark beeindruckt hätten.

Nach der Fahrt im Schwarzen Meer erreichte die »Cardiff« am 8. November den Bosporus. Das Kriegsschiff kreuzte vor Konstantinopel in Erwartung der Befehle der Admiralität: der Kapitän wußte noch immer nicht, wohin er seine Passagiere bringen sollte. Diese für Karl und Zita grausame Ungewißheit milderte ein Telegramm von Oberst Strutt, worin ihnen ihr Beschützer mitteilte, die Kinder seien wohlauf. Es war seit achtzehn Tagen die erste Nachricht über die Familie.

Schließlich traf der Befehl ein. Kurs auf Gibraltar. Wohin sollte die Fahrt gehen? Das blieb ein Geheimnis. Am 16. November legte der Kreuzer an dem Spanien vorgelagerten britischen Felsen an. Dem Kaiserpaar wurde ein Landbesuch verweigert. Doch ein Priester kam an Bord, um eine Messe zu zelebrieren – die erste Messe seit siebzehn Tagen für sie, die sonst jeden Tag der Messe beiwohnten.

Karl und Zita lebten in der Angst, auf irgendeine verlassene Insel verbannt zu werden. Doch Sankt Helena blieb ihnen erspart. Die Instruktionen aus London lauteten: Kurs auf Madeira.

Sterben auf Madeira

Samstag, 19. November 1921. Die »Cardiff« läuft in den Hafen von Funchal ein, dem Hauptort der Insel Madeira. Die im Atlantik gelegene portugiesische Insel, fünfhundert Kilometer vom afrikanischen Festland entfernt, ist für ihr mildes Klima bekannt. Weinberge, Blumen, Früchte: ein tropischer Garten, ein Aufenthaltsort für reiche Engländer, die den Winter in einer warmen Gegend verbringen wollen. Von 1860 bis 1861 hatte Kaiserin Elisabeth hier Erholung für ihre zerrütteten Nerven gesucht. Sechzig Jahre später sollte diejenige, die ihren Platz als Kaiserin von Österreich eingenommen hatte, hier ein hartes Schicksal erleiden.

Zum Empfang der Herrscher stieg der britische Konsul an Bord. Doch die portugiesischen Behörden hatten ihre Instruktionen: Karl und Zita standen nun unter ihrer Obhut.

Es goß wie aus Kübeln, als Kaiser und Kaiserin mit Graf und Gräfin Hunyády und ihren beiden Bediensteten das Schiff verließen. Eine große Menge hatte sich versammelt. Zahlreiche neugierige Inselbewohner und Notabeln waren gekommen: Joaquim da Silva Vieira, Abgesandter der portugiesischen Regierung; António Vieira de Castro, Banquier und Eigentümer des Reid's Palace Hotel, eines im ausgehenden 19. Jahrhundert errichteten Hotelpalasts; Kanoniker Honem de Gouveia, Vertreter des Bischofs von Madeira.

Eine Dependance des Reid's, die Villa Victoria, war den Ankömmlingen zur Verfügung gestellt worden: eine bürgerliche Liegenschaft, zwei Schritte neben der Quinta Vigia, wo einst Sisi gewohnt hatte. Zwei Tage nach der Ankunft empfingen Karl und Zita dort Bischof Pereira de Ribeira von Madeira, den Papst

Benedikt XV. gebeten hatte, sich der Herrscher anzunehmen. Der Würdenträger stellte ihnen seine Privatkapelle zur Verfügung. Ihr Hausgeistlicher werde Kanoniker de Gouveia sein.

Was geschah in Europa mit ihren Angehörigen? Mitarbeiter und Bedienstete auf Hertenstein hatten die Schweiz verlassen müssen. Die meisten hatten sich nach Luxemburg begeben, eingeladen vom Großherzog von Luxemburg, Zitas Bruder Felix von Bourbon-Parma, seit 1919 mit seiner Cousine ersten Grades, Großherzogin Charlotte von Luxemburg, verheiratet. Karls Mutter, Erzherzogin Maria Josefa, war in ihre Heimat Sachsen zurückgekehrt. Mit Erlaubnis des Schweizer Bundesrats durften Karls und Zitas Kinder in Begleitung von Erzherzogin Maria Theresia und ihrer Gouvernante, Gräfin Kerssenbrock, auf Schloß Wartegg zu ihrer Großmutter, der Herzogin von Parma, übersiedeln. Kaum auf Madeira angekommen, ersuchten Karl und Zita um die Erlaubnis, sie nachkommen zu lassen. Doch zur Stunde waren sie fern.

Fern war auch die Heimat. Drängend und erniedrigend waren hingegen die materiellen Sorgen. Lissabon und London hatten sich geeinigt: Portugal würde dem Paar Asyl gewähren, nicht aber für dessen Lebensunterhalt aufkommen. Am 16. November hatte die Botschafterkonferenz auf britischen Antrag hin beschlossen, dem »Ex-Kaiser und seiner Familie« sei eine jährliche Apanage in der Höhe von 500 000 Goldfranc zu gewähren. Aufzubringen war der Betrag von den Nachfolgestaaten der Doppelmonarchie, der Tschechoslowakei, Jugoslawien, Polen und Rumänen. Doch blieb der Beschluß toter Buchstabe: weder Prag noch Belgrad, weder Warschau noch Bukarest waren willens, auch nur einen Centime zu bezahlen. Karl war mittellos. Jeder Lord, der im Reid's abstieg, war begüterter als Karl, der über ein Reich geherrscht hatte. Im Pensionspreis des Hotels war der Kaffee nach dem Mittagessen nicht inbegriffen: er wurde gestrichen. Ihre Lage war derart prekär, daß sie zu solchen Maßnahmen gezwungen waren. In den Straßen von Funchal begegneten die Bürger einer Kaiserin, die höchstpersönlich ihre Einkäufe tätigte, und einem Kaiser, der am Kiosk um die Ecke seine Zeitung erstand. Alle Einwohner von Madeira, so erinnert sich ein Zeuge, wußten um das traurige Los der Herrscher und brachten ihnen ihre aufrichtige Zuneigung entgegen; alle zogen den Hut und wurden mit einem traurigen Lächeln bedacht.

Einige wenige Juwelen waren noch aus Ungarn mitgeführt worden: der Kaiser verkaufte sie. Es waren die einzigen Einkünfte – neben der Unterstützung durch Freunde: Hunyády öffnete ungefragt seine Börse. Auch von einigen vermögenden Inselbewohnern flossen diskret einige Mittel zu.

Hunyády und seine Gattin waren bald selbst nicht mehr in der Lage zu bleiben. Eine schmerzliche Trennung. Gegen Ende des Jahres 1921 mußten die beiden zu ihrem Bedauern Karl und Zita verlassen und nach Europa aufbrechen. In Österreich und Ungarn erboten sich andere Getreue an, dem Paar beizustehen, doch die Entente-Mächte verweigerten die Visa. Karls einziger männlicher Gefährte war nun João de Almeida, einer der Anführer der monarchistischen Partei Portugals. Auf die Nachricht, der künftige Exilort des Kaiserpaars sei Madeira, war er spontan dorthin gereist: er hatte nicht vergessen, daß Zita die Tochter einer Prinzessin von Bragança war.

Eine Woche nach seiner Ankunft teilte Gräfin Kerssenbrock dem Kaiserpaar in einem Telegramm mit, der inzwischen sechsjährige Erzherzog Robert leide an einer akuten Blinddarmreizung, eine Operation sei unumgänglich. Unverzüglich ersuchte die Kaiserin um einen Reisepaß und die Erlaubnis, ihren Sohn in der Schweiz besuchen zu dürfen. Inzwischen hatte jedoch die Botschafterkonferenz der Übersiedlung der Kinder zugestimmt. Nach Ansicht der Ärzte mußte Erzherzog Robert vor seiner Reise nach Madeira operiert werden. Am 13. Dezember erlaubten die Schweizer Behörden der Kaiserin die Einreise, begrenzten ihren Aufenthalt aber auf zehn Tage. Um ihre Abreise festlegen zu können, mußte Zita abwarten, bis der Operationstermin feststand.

Weihnachten wurde zum traurigen Fest. Fern von ihren Lieben, fern von ihrer Heimat, fanden sie nur im Glauben Trost.

Am 4. Januar 1922 endlich konnte Zita die Insel verlassen, versehen mit einem Reisepaß auf den Namen einer Gräfin de Lusace (von Lausitz). In Lissabon wurde sie von João de Almeidas Gattin empfangen, die Zita im Zug bis an die spanische Grenze begleitete. Dort wurde sie von einem von König Alfons XIII. abgeordneten Offizier abgelöst. In Frankreich schließlich begleitete Xavier von Bourbon-Parma seine Schwester. Über Paris gelangte Zita am 12. Januar nach Basel. Neben ihrer Tante Maria Theresia stand auch ein Vertreter der Schweizer Regierung zu ihrem Empfang bereit. Auf dem Weg nach Zürich wiederholte er ihr die getroffene Vereinbarung. Die Kaiserin dürfe das Areal der Klinik, wo ihr Sohn operiert und ihr eine Wohnung zugewiesen werde, nicht verlassen; keine Besuche auf Schloß Wartegg, die Kinder würden sie in der Klinik besuchen; erlaubt seien ausschließlich Besuche ihrer Familienangehörigen und des Schweizer Vertreters; sie müsse die Schweiz verlassen, sobald Erzherzog Robert außer Gefahr sei.

Eine gewisse Besorgnis, deren Ausgangspunkt in Mitteleuropa zu suchen war, wurde in Kreisen der Botschafterkonferenz spürbar. Ein Gerücht, vielleicht von Beneš, vielleicht von Horthy ausgestreut, machte die Runde: von der Schweiz werde Zita gemeinsam mit ihrem ältesten Sohn nach Ungarn reisen und ihn dort zum König ausrufen lassen. Ein Hirngespinst, das zur Folge hatte, daß Zita wie eine international gesuchte Terroristin überwacht wurde. Die Schweizer Polizei kontrollierte auch das Kommen und Gehen auf Schloß Wartegg. In der Paracelsus-Klinik in Zürich mußten die Nonnen ihren Schleier abnehmen, damit die vor dem Eingang aufgestellten Polizisten ihr Gesicht genau mustern konnten.

Am 14. Januar wurde Erzherzog Robert operiert. Die Operation verlief ohne Komplikationen. Am Morgen des 16. Januar schließlich wurden Otto, Adelhaid, Felix, Karl Ludwig, Rudolf und Charlotte in die Klinik gebracht. Charlotte war erst sechs Monate alt. Die anderen stürzten sich in die Arme ihrer Mutter. Zita weinte vor Freude: fast drei Monate waren seit der Trennung vergangen. Am Abend hieß es, wieder Abschied nehmen. Doch diesmal nicht für lange Zeit.

Am 22. Januar mußte Zita ausreisen. Die Botschafterkonferenz hatte drakonische Bedingungen gestellt. Per Bahn sollte Zita über Genf, Lyon und Bordeaux nach San Sebastián reisen. Erst auf eine persönliche Intervention Raymond Poincarés hin, der von Xavier

Bourbon-Parma benachrichtigt worden war, wurde der im sechsten Monat schwangeren Frau erlaubt, in Lyon und Bordeaux in einem Bett zu schlafen: das ursprüngliche Programm sah vor, daß sie die Nacht im Bahnhof verbrachte und dort auf den Anschluß wartete!

Wie auf der Hinreise begleitete Prinz Xavier seine Schwester auch auf der Rückreise durch Frankreich. In San Sebastián nahm ein Flügeladjutant Alfons' XIII. die Kaiserin in seine Obhut. In der spanischen Hauptstadt wurde ihr am 25. Januar ein ihres Rangs würdiger Empfang bereitet. König und Königin waren persönlich herbeigeeilt, begleitet von hohen Würdenträgern des Hofs und der Regierung; auch eine Ehrenkompanie war angetreten.

Am 27. Januar konnte Zita ihre Kinder in die Arme schließen; in Begleitung von Gräfin Mensdorff, Zitas neuer Hofdame, waren sie von Schloß Wartegg nach Madrid gereist. Robert, noch nicht vollständig genesen, blieb in der Schweiz. Am 1. Februar schifften sie sich in Lissabon gemeinsam nach Madeira ein.

Am 2. Februar 1922, um sieben Uhr morgens, landete das Schiff im Hafen von Funchal. Karl stand ungeduldig auf dem Kai. Bereits vor Anbruch der Dämmerung hatte er nach dem Schiff Ausschau gehalten. Eine Aufnahme zeigt den Kaiser, wie er die Gangway hinuntergeht, den kleinen Rudolf in den Armen. Wer den Kaiser damals sah, gewann den Eindruck, er sei ein vor Müdigkeit und Rührung gebrochener, vorzeitig gealterter, abgemagerter und gebeugter Mann mit weißem Haar.

Aus der Schweiz brachte Zita schlechte Nachrichten mit. Eigentlich hätte sie den Erlös aus dem Verkauf der Bruno Steiner anvertrauten Juwelen mitbringen sollen. In Zürich war sie von ihrem Beauftragten über ihre finanzielle Lage aufgeklärt worden: der angebliche Vertrauensmann war verschwunden. Das wenige Geld, das ihnen auf Madeira noch geblieben war, hatte die Reise verschlungen.

Im Januar hatten sich in Le Havre der ungarische Priester Zsambóki, ihr künftiger Hausgeistlicher, ein österreichischer Erzieher und vier Bedienstete eingeschifft. Sie trafen am 7. Februar auf Madeira ein. Womit ihre Gehälter bezahlen? Womit die in Luxemburg gebliebenen Getreuen – Ledóchowski, Schonta oder Werkmann – unterstützen? Womit die Rechnung des Reid's begleichen? Karl und Zita waren aufgelöst: sie fühlten sich jenen gegenüber verpflichtet, die sich in ihren Dienst gestellt hatten. Hinzu kam, daß ihre Erziehung und ihr Rang sie nicht gelehrt hatten, sich mit finanziellen Dingen herumzuschlagen.

Schon bei der Ankunft in Funchal im November war klar gewesen, daß die Villa Victoria zu teuer war. Und nun waren auch noch die Kinder und ein Gefolge unterzubringen; Erzherzog Robert sollte am 2. März in Begleitung von Erzherzogin Maria Theresia und Gräfin Kerssenbrock eintreffen.

Am 18. Februar zog die kaiserliche Familie um. Ein einheimischer Grundbesitzer, der von Karls finanziellen Schwierigkeiten gehört hatte, stellte ihm unentgeltlich seine Sommervilla hoch über Funchal in den Bergen zur Verfügung: die Quinta do Monte.

Das eher geräumige, aber für die künftigen Bewohner dennoch zu enge Haus war von einem Eichen-, Palmen- und Eukalyptuswald umgeben. Der Blick auf das Meer war bezaubernd, wenn die Sonne schien; doch Madeiras Berge waren besonders im Februar meist in Regen und Nebel gehüllt. Die Quinta do Monte war, wie alle Patrizierhäuser am Hügel, eigentlich eine Sommerresidenz und nicht dazu bestimmt, ganzjährig bewohnt zu werden.

Beinahe dreißig Personen wohnten dort dicht aufeinander. Der letzte kaiserliche Hof, der mehrere Monate gegen ganz banale Feinde kämpfte: Kälte und Hunger.

Am 12. März schickte Zitas Kammerfrau ihrer Familie in Österreich einen Brief, in dem sie den Alltag auf Madeira beschrieb:

Hätte mein Versprechen, Dir zuerst einen ausführlichen Brief zu schreiben, längst eingelöst, aber wir sind von Funchal auf den Berg übersiedelt, und da waren fast keine Möbel heroben und mußten fast alle leihweise vom ›Hotel Viktoria‹ nehmen. Unser Transport war auch noch nicht da mit Wäsche, Geschirr und Glas und mußten daher auch das vom Hotel leihweise mitnehmen ... hier oben hatten wir wirklich erst drei schöne Tage, sonst immer Nebel, Regen und feucht. Es ist natürlich viel wärmer als bei uns, aber man friert hier bei uns auf den Bergen. Hier oben haben wir kein elektrisches Licht, nur ein Wasserklosett im ganzen Hause, nur im ersten Stock Wasser und unten in der Küche ... Zum Heizen nur ganz grünes Holz, das beständig raucht. Gewaschen wird hier nur mit kaltem Wasser und Seife ... Das Haus ist so feucht, es riecht im ganzen Haus nach Moder, und bei jedem sieht man den Hauch. Die Verkehrsmittel sind nur Auto und Ochsen, welche man nicht bezahlen kann; sonst geht auch eine Bergbahn herauf, aber nicht jeden Tag. Zu Fuß kann man nicht hinunter, da man fast den ganzen Tag brauchen würde, um zurückzukommen. Der arme Kaiser, welcher nur drei Mahlzeiten einnimmt, kann abends kein Fleisch bekommen, nur Gemüse und Mehlspeisen, das bedauern wir am meisten. Für uns wäre es ganz gleich, mir fehlt es nicht, aber nicht einmal genug zu essen haben sie hier ... Was noch das Allerärgste ist, Ihre Majestät kommt im Mai nieder, da soll weder eine Hebamme noch ein Arzt genommen werden. Es ist bloß eine Kinderpflegerin da, die aber keine Erfahrung hat. Also nicht einmal eine richtige Hebamme soll kommen. Ich bin ganz desparat darüber. Ich schreibe ohne Wissen Ihrer Majestät, aber ich kann es nicht zulassen, daß man die zwei unschuldigen Menschen hier in einem gänzlich unzulänglichen Haus längere Zeit läßt. Es soll ein Protest eingelegt werden! Die Majestäten werden sich nicht rühren und lassen sich, ohne zu mucken, in ein Kellerloch bei Wasser und Brot einsperren, wenn es von ihnen verlangt würde. In unserer Hauskapelle ist an der Wand ganz dicht der Pilz. In sämtlichen Zimmern könnte man es nicht aushalten, wenn nicht beständig Kaminfeuer wäre. Wir helfen natürlich alle zusammen, um all dem Übel abzuhelfen; manchmal wollten wir schon verzagen, aber wenn wir sehen, wie geduldig die Majestäten alles hinnehmen, dann machen wir getrost wieder weiter.[1]

Aus Österreich und Ungarn empfing der Kaiser zahlreiche Schreiben, die er regelmäßig beantwortete. Aber er war bedrückt. Zwar beklagte er sich nie – genausowenig wie Zita –, doch das Exil und die finanziellen Sorgen setzten ihm psychisch und physisch zu.

Politische Pläne gab es keine mehr. Und hätte es sie gegeben, dem Kaiser hätte die nötige Kraft und Motivation gefehlt. Deshalb widmete er sich seinen Kindern. In der Erinnerung Ottos von Habsburg fühlte er sich gerade während des Aufenthalts auf Madeira mit seinem Vater zutiefst verbunden.

Jeden Tag machte der Kaiser einen zweistündigen Spaziergang. Zuweilen stieg er bis nach Funchal hinunter. Am 9. März fuhr er mit dem Fahrrad in die Stadt. Er wollte ein Geschenk für Karl Ludwig kaufen, der am nächsten Tag Geburtstag feierte. Das Wetter war schön. Von einem Mantel wollte er nichts wissen, als er mit der Bergbahn hinauffuhr, war es bereits wieder kalt.

Am 10. März feierte Erzherzog Karl Ludwig seinen vierten Geburtstag im Bett: er war an einer Grippe erkrankt. Und auch sein Vater fröstelte. Vermutlich hatte er sich am Tag zuvor eine Erkältung zugezogen. In den folgenden Tagen machte sich bleierne Müdigkeit bemerkbar. Am 14. März teilte er Zita am Nachmittag mit, er fühle sich nicht wohl und lege sich ins Bett. Am nächsten Tag hatte er 39 Grad Fieber. Fünf Tage lang blieb sein Zustand stationär.

Am 20. März traf der treue József Károlyi aus Ungarn in der Quinta do Monte ein. In seinen Lebenserinnerungen berichtet er, der Monarch habe ihn im Bett empfangen. Er habe praktisch kein Fieber mehr gehabt. Sie hätten sich, wie der Kaiser selbst, über dessen Krankheit kaum Sorgen gemacht. Er habe zahlreiche Briefe mitgebracht, die der Kaiser unverzüglich gelesen habe.

Am 21. März war Karl beim Aufwachen erneut fiebrig und hustete ununterbrochen. Aus Spargründen hatte er sich seit einer Woche geweigert, einen Arzt hinzuzuziehen. Diesmal gab er Zitas Drängen nach. Der Arzt diagnostizierte eine Bronchitis und verschrieb Aspirin und Umschläge. Am nächsten Tag stand das Fieberthermometer auf 40 Grad.

Erzherzog Karl Ludwig war inzwischen wieder gesund, nun aber war Adelhaid an der Grippe erkrankt. Auch das Personal wurde angesteckt. Gräfin Kerssenbrock pflegte die Kinder, um die sich auch Zita trotz ihrer Schwangerschaft persönlich kümmerte. Ein zweiter, vom Hausarzt beigezogener Kollege bestätigte den Befund: generalisierte Bronchitis.

Für Karls geschwächten Organismus erwies sich die angewandte Behandlung als unwirksam. Einige Jahre später hätten ihn Sulfonamide oder Antibiotika gerettet.

Tag für Tag verschlechterte sich sein Zustand. Er lag im ersten Stock in einem engen, an Zitas Zimmer angrenzenden Raum. Dann überließ ihm Erzherzogin Maria Theresia ihr im Erdgeschoß gelegenes, geräumigeres Zimmer neben dem als Hauskapelle genutzten Salon. Das Fieber war unverändert hoch: 39 bis 40 Grad. Sank es einmal, stieg es in den nächsten Stunden erneut. Angst machte sich breit. Angesichts der Klagen der Kinder, sie sähen ihren Vater nicht mehr, erlaubte ihnen die Kaiserin, ihn an seinem Krankenlager zu besuchen. Sein bleiches und unrasiertes Gesicht flößte ihnen Angst ein. Der sechsjährige Robert begann zu schluchzen.

Zita betete unaufhörlich. Sie wich nicht mehr von der Seite ihres Gemahls, sorgte dafür, daß er schlief, aß, trank, daß das Kaminfeuer brannte, um die in den Bettlaken festsitzende Feuchtigkeit zu vertreiben.

Sonntag, den 26. März. Seit zwölf Tagen lag der Kaiser krank darnieder. An der jährlichen Prozession der Einwohner Funchals zur Kirche Nossa Senhora do Monte – diesmal wurde auch für die Genesung König Karls gebetet – nahm auch die Kaiserin teil. Im Zimmer des Kranken feierte der Hausgeistliche Zsambóki die Messe, am folgenden Tag spendete er ihm die Letzte Ölung. Nachdem der Priester die Liturgie beendet hatte, flüsterte Karl, er vergebe allen, die gegen ihn gearbeitet hätten, und werde weiterhin für sie beten und leiden. Otto, noch keine zehn Jahre alt, war zugegen. Sein Vater wollte es so: »Er soll wissen, wie man sich in solchen Lagen benimmt, als Kaiser und als Katholik.«[2]

Am 28. März keimte wieder Hoffnung auf. Das Fieber war gesunken: 39 Grad. Am Abend stieg es erneut: 40,5 Grad. Die Ärzte diagnostizierten eine doppelseitige Lungenentzündung. Sie verabreichten dem Patienten Terpentinspritzen und setzten ihm Schröpfköpfe an. Am 29. März morgens um drei Uhr traten erste Anzeichen von Herzschwäche auf. Der Arzt spritzte Koffein. Eine weitere Krise eine Stunde später: dieselbe Behandlung. Dann traten Atembeschwerden auf, und die Sauerstoffmaske wurde eingesetzt. Karl litt unsäglich, doch beklagte er sich nicht. Geduldig ließ er die qualvolle Behandlung über sich ergehen. Für jeden, der sich über ihn beugte, hatte er ein freundliches Wort, ein Lächeln. Als Erzherzogin Maria Theresia an seiner Seite wachte, erkundigte er sich nach ihrem Wohlbefinden.

31. März. Siebzehnter Krankheitstag. Karl lag im Delirium. Sein Körper war mit Einstichen und Brandwunden übersät. Erneut wurden Schröpfköpfe angesetzt; es folgten Terpentin- und Adrenalinspritzen. Die Ärzte versuchten ihm Erleichterung zu verschaffen, die Hoffnung auf Heilung hatten sie aber bereits aufgegeben. Zita wollte jedoch gegen alle Hoffnung weiterhin hoffen, nicht nur für sich und die Kinder, sondern auch für Österreich und Ungarn. Zu ihrer Tante sagte sie: »Gott selbst hat Karl für seine große Aufgabe erzogen. Er ist notwendig für Österreich.«[3] In den gemeinsam mit ihren Kindern gesprochenen Gebeten flehte sie denn auch, das Leben des Kaisers möge verschont bleiben, vorab für sein Land und erst in zweiter Linie für seine Familie.

»Wir machen jetzt das Leiden durch«, flüsterte Zita, »dann aber kommt die Auferstehung.«[4] Es war Karfreitag. Karl von Habsburg begann seinen Leidensweg. »Wenn man den Willen Gottes kennt«, sprach er zu seiner Gemahlin, »ist alles gut«. Er betete laut, seine zitternden Hände umfaßten das Kruzifix. Zita bat ihn, sich nicht zu ermüden. Doch er entgegnete, er müsse für viele Leute beten: »Ich muß soviel leiden, damit meine Völker wieder zusammenfinden.«[5]

Am 1. April 1922 sank das Fieber. Doch dann stieg es erneut. Zum ersten Mal beklagte sich Karl: er hatte Atembeschwerden, Gelenkstarre trat ein. Er litt qualvolle Schmerzen. Die Ärzte gaben ihm nur noch wenige Stunden. Um neun Uhr morgens brachte Priester Zsambóki wie jeden Tag die Kommunion. Vor den Augen des Sterbenden stellte er das Allerheiligste in der Monstranz aus.

»Komm«, bat der Kaiser Zita, »setz dich zu mir. Halte mich und stütze mich.« Vier Stunden lang saß sie am Bettrand, stützte mit der Linken in einer zärtlichen Geste der Liebe den Kaiser, der seinen Kopf auf ihre Schulter lehnte.

Es war der Todeskampf. Der Kaiser bat, Otto herbeizurufen, der Zeuge sein solle, wie ein Christ zu seinem Schöpfer heimkehrt. Der Puls verlangsamte sich. Karl war bei klarem Verstand, er sammelte alle seine Kräfte, um zu sprechen. »Ich habe meine Kinder so lieb, was machen wir mit dem Kleinsten? – Ich gehe nach

Hause, ich möchte mit dir nach Hause gehen, ich bin so müde.« Er stammelte einige Worte über seine Mutter, die so fern sei. Zita bat ihn, sich nicht zu ermüden: »Denk nur, der liebe Heiland ist hier und hält dich in seinen Armen, denk nur daran und überlasse dich ganz ihm.« – »Ja«, antwortete er, »in den Armen des Heilands, du und ich und unsere lieben Kinder.« Dann ein Blick auf die Monstranz. Der Geistliche begriff und spendete ihm erneut die Kommunion. »Lieber Heiland, wenn es dein Wille ist, so mach mich wieder gesund... «

Das Ende nahte. Ein letzter Gedanke für die Seinen: »Lieber Heiland, beschütze unsere lieben Kinder, Otto, Mädi, Robert, Felix, Carl, Rudolf, Lotti und das ganz, ganz kleine... bewahre sie an Leib und Seele und lasse sie lieber sterben, als eine Todsünde begehen. Amen.« Dann fiel sein Kopf auf Zitas Schulter. Einige Minuten später: »Jesus, komm, komm!«[6]

Verzweifelt schrie die Kaiserin: »Karl, was fang ich an allein?«[7] Dann fing sie sich auf und betete laut: »Herr, Dein Wille geschehe!« Der Kaiser röchelte. Dann flüsterte er: »Mein Jesus, wie du willst.« Dann einige Augenblicke der Stille. Und ein letzter Atemzug: »Jesus.«[8] Dann schwieg er – für immer.

Karsamstag, den 1. April 1922, 12.35 Uhr. Im Alter von vierunddreißig Jahren hauchte Kaiser Karl I. von Österreich, vierter König Ungarns des gleichen Namens seine Seele aus.

Zita schloß ihm die Augen, legte einen Rosenkranz und ein Kruzifix in seine Hände und faltete sie. Neben Otto kniend, betete sie.

Sie brauchte ihren ganzen Glauben, um ihr Schicksal anzunehmen: Gott hatte von ihr das größte aller Opfer gefordert. Vor den anderen durfte Zita sich nicht gehenlassen, für ihre Kinder, für ihre eigene Würde mußte sie durchhalten. Stark sein heißt, seine Schwäche nicht zeigen.

An jenem Tag trug die Kaiserin ein rosa Kleid. Es war das letzte Mal, daß sie Farbe trug.

Telegrafisch wurden Papst Pius XI. (seit zwei Monaten im Amt) und König Alfons XIII. über den Tod des Kaisers informiert. Der

Bischof von Funchal, der gekommen war, um dem Kaiser die letzte Ehre zu erweisen, schlug vor, ihn in der Kirche Nossa Senhora do Monte beizusetzen. Gräfin Kerssenbrock wusch und kleidete den Toten. Der Kaiser trug eine einfache Felduniform und hatte das Goldene Vlies umgelegt. Am Abend entnahmen ihm die Ärzte das Herz, dann wurde der Körper einbalsamiert. Das Herz, in einer silbernen Urne aufbewahrt, sollte Zita an ihre künftigen Orte des Exils begleiten.

Die Trauerfeierlichkeiten waren auf den 5. April festgelegt worden. Den Gouverneur, der eine portugiesische Ehrenkompanie vorgeschlagen hatte, ließ Zita wissen, das sei unmöglich, denn das Oberhaupt des Hauses Österreich könne nicht von ausländischen Soldaten gegrüßt werden, ohne von seiner eigenen Armee geehrt worden zu sein.

Die Inselbehörden hatten Trauer angeordnet. In Funchal standen am 5. April die Fahnen auf Halbmast, die Geschäfte waren geschlossen. Aus der ganzen Insel herbeigeströmt, drängten sich mehrere Tausend Menschen um die Kirche Nossa Senhora do Monte. In der Hauskapelle erwies das Volk dem Kaiser die letzte Ehre.

Nachdem der Leichnam in den Sarg gelegt worden war, wurde die Totenmaske abgenommen. Der Bischof von Funchal nahm die Einsegnung vor. Dann setzte sich der Zug in Bewegung. An der Spitze die Geistlichkeit. Wie auf Madeira üblich, wurde der Sarg auf einem niedrigen Handkarren gezogen. Graf József Károlyi trug ein Kissen mit den Orden des Kaisers. Zita und Otto gingen hinter dem Leichenwagen. Dann folgten Erzherzogin Maria Theresia mit Adelhaid und Robert, die Gräfinnen Mensdorff und Kerssenbrock mit den übrigen Kindern. Die Dienerschaft trug Kränze. Hinter ihnen die lokalen Notabeln, die Konsuln Spaniens, Frankreichs und Großbritanniens.

Von den Inselfestungen wurden hundert Salutschüsse gefeuert. Feierlich und gesammelt, entfaltete die katholische Totenliturgie ihre nüchterne Pracht. Auf dem Katafalk die kaiserliche Flagge und zwei Kränze: einer in den Farben Österreichs, einer in den

Farben Ungarns. Aus Wien war von General Arz ein dritter Kranz bestellt worden »im Namen der Offiziere, Unteroffiziere und Soldaten der kaiserlichen und königlichen Armee«.

In einen langen schwarzen Schleier gehüllt, hielt Zita sich aufrecht. Nach dem Totengebet, während der Sarg unter dem Sankt-Antonius-Altar in der Kapelle zur Unbefleckten Empfängnis[9] eingelassen wurde, trat der Bischof auf sie zu und wechselte einige Worte mit ihr. Da brach sie auf einmal zusammen, schluchzte und drückte Otto an sich, doch bald faßte sie sich wieder. Am Kirchenportal nahm sie die Beileidsbezeigungen der Trauergäste entgegen, ruhig, majestätisch, für jeden fand sie ein Dankeswort. Immer eine würdige Haltung bewahren – wie es sich einer Kaiserin geziemt.

Zitas Familie, über den dramatischen Verlauf der Krankheit des Kaisers informiert, kam am 7. April an: Herzogin Maria Antonia mit Prinzessin Isabella und den Prinzen Sixtus, Xavier, Felix und René. Sie hatten zu spät Funchal erreicht, doch ihre Anwesenheit war für Zita ein unschätzbarer Trost. Am 16. April traf auch Erzherzog Max, Karls Bruder, ein.

Was hielt die Kaiserin auf Madeira? Am 19. Mai, eineinhalb Monate nach Karls Tod, verließ Zita mit den Kindern die Insel in Richtung Spanien.

Der König von Spanien, Alfons XIII., hatte ihr Asyl angeboten. Zusammen mit dem König von England hatte er der Botschafterkonferenz die Zustimmung zu diesem Vorhaben abgerungen. Am 2. April notiert Jacques Bainville in Paris in seinem Tagebuch, der Habsburger sei in Armut gestorben, Wilhelm II. aber lebe in einem goldenen Exil. Er sei wohlbehalten, das Vermögen sei in Sicherheit gebracht. Karl von Habsburg gegenüber sei alles erlaubt. Der ›europäische Edelmann‹ habe, im Gegensatz zum Hohenzollern, keine Vorsorgemaßnahmen getroffen. Man habe ihm buchstäblich nichts gelassen, womit er seinen Lebensunterhalt hätte bestreiten können.

Einige Minuten nach Karls Tod hatte Zita Otto beiseite genommen und ihm gesagt, sein Vater schlafe den ewigen Schlaf, und nun sei er der Kaiser und König. Und dann hatte die Kaiserin vor ihrem neunjährigen Sohn eine Verbeugung angedeutet. Seine Mutter und seine Geschwister würden Otto weiterhin bei seinem Vornamen nennen, doch für die anderen war er von nun an »Seine Majestät«. Das Haus Habsburg ging nicht unter.

Eine Witwe und acht Waisen

Am 20. Mai 1922 ging die Kaiserin mit ihrer Familie in Cádiz an Land; tags darauf traf sie in Madrid ein. Für Otto und Zita hatte das Protokoll den für Monarchen vorgesehenen Empfang festgelegt. Am Bahnhof wurden sie von König und Königin, den Infanten, der Königinmutter, der Regierung und dem Apostolischen Nuntius erwartet. Vom 38. spanischen Bataillon, dem Bataillon Franz Josephs I., wurden sie mit militärischen Ehren empfangen.

Das Schicksal der Familie erregte das Mitleid von König Alfons XIII. Trotz Zitas Verwandtschaft mit dem karlistischen Zweig der Bourbonen vergaß der König nicht, daß sie, wie alle Bourbonen von Parma, Infantin von Spanien war. Neben dieser Verwandtschaft gab es noch ein zweites Band, und zwar über die Habsburger. Die Mutter Alfons' XIII., Königin Maria Christina, war eine Erzherzogin von Österreich. Bis zu ihrem Tod im Jahr 1929 sollte diese hochherzige Frau der Kaiserin eine unverbrüchliche Stütze sein.

Alfons XIII. stellte Zita Schloß El Pardo zur Verfügung. Die zwanzig Kilometer nördlich von Madrid gelegene Sommerresidenz der Könige von Spanien stand seit etwa vierzig Jahren leer. Rasch wurde das Schloß modernisiert: elektrische Installationen und einige weitere Annehmlichkeiten. Mit seinen Wandteppichen, Gemälden und kostbaren Möbeln gab es einen feierlichen Rahmen ab.

Am 31. Mai 1922 brachte die Kaiserin ihre dritte Tochter zur Welt. Professor Delug, bei der Geburt aller kaiserlichen Kinder zugegen, war eigens aus Wien angereist. Da im Schloß keine Windeln aufzutreiben waren, mußte Gräfin Mensdorff aus ihrer eigenen Wäsche Stoffstücke zurechtschneiden. Das Kind wurde auf

9 Alfons XIII. und Zita in Madrid beim Besuch des Prado.

den Namen Elisabeth getauft, den Karl gemeinsam mit seiner Gemahlin zu Ehren der ermordeten Kaiserin gewählt hatte. Am 3. Juni fand die Taufe statt; Paten waren König Alfons XIII. und Königinmutter Maria Christina.

Zita war nun dreißig Jahre alt, Witwe und hatte acht Kinder. Wohl durfte sie von seiten der Parma wie der Habsburger viel rührende Zuneigung erfahren, doch für die Erziehung ihrer Kinder und die Bewältigung der Widrigkeiten des Lebens war sie allein.

»Wie soll ich jetzt plötzlich alles selbst und allein beschließen? Karl hat alles geleitet und geregelt.«[1] In diesem Geständnis, das Zita Erzherzogin Maria Theresia gegenüber machte, spiegelt sich ihre Verzweiflung. Die Kaiserin war zwar eine starke Persönlichkeit, aber es wäre falsch gewesen zu behaupten, sie sei der »einzige Mann in der Familie«. Trotz seines zögerlichen politischen Handelns war der Kaiser hartnäckig und willensstark, häufig war er es, der seine Gemahlin führte. In Wirklichkeit bildeten Karl und Zita ein Ausnahmepaar – unzertrennlich und geeint.

Nun war Zita das Familienoberhaupt der Habsburger. Sie war die Witwe des Kaisers von Österreich, die Kaiserin von Österreich und die Königin von Ungarn. Sie war die Mutter des Kaisers von Österreich und Königs von Ungarn. Das waren die drei entscheidenden Koordinaten ihres Lebens.

Zita, die Witwe, wollte niemals wieder heiraten; ihre einzige Liebe erfüllte ihr ganzes Leben. Als Symbol der Treue sollte sie bis an ihr Lebensende Trauer tragen: siebenundsechzig Jahre von Kopf bis Fuß in Schwarz gehüllt. Jeden Tag hielt sie in ihren Gebeten Zwiesprache mit ihrem verstorbenen Gemahl – am intensivsten bei anstehenden Schwierigkeiten. Als Kaiserin und Königin hielt Zita stets an ihren dynastischen Pflichten fest. Selbst im Exil, selbst in der Not war sie durch ihre Stellung gebunden: das Erbe bedeutete zuallererst Verpflichtung, erst in zweiter Linie verlieh es Rechte. Als Mutter des Kaisers – am spanischen Hof sowie an zahlreichen weiteren europäischen Höfen wurde Otto als Kaiser behandelt – war Zita auch Regentin. Bis zur Volljährigkeit ihres ältesten Sohns mußte sie ihn auf seine Aufgabe vorbereiten und die Kontinuität des Hauses Habsburg sichern.

Das sollte sie Karl Werkmann wenige Monate später anvertrauen: »Ich habe *eine* große politische Aufgabe, und vielleicht nur diese. Ich habe meine Kinder in dem vom Kaiser überkommenen Geiste zu gottesfürchtigen, guten Menschen zu erziehen und vor allem Otto auf die Zukunft vorzubereiten. Niemand von uns kennt diese Zukunft. Niemand weiß, ob das, was wir als eine glückliche Zukunft ansehen könnten, nahe ist oder in weiter Ferne liegt ... Die Geschichte der Völker und Dynastien aber, die nicht mit Menschenaltern, sondern mit viel längeren Zeitläuften rechnet, läßt Vertrauen fassen.«[2]

Anders als manche Emigranten träumte Zita nicht von der Wiederkehr der Vergangenheit. Wiederum Werkmann gegenüber stellte sie folgende, von politischer Einsicht zeugende Überlegung an: »Eine Erscheinung hat sich in fast allen gegenrevolutionären und in manchen Restaurationsakten gezeigt: die Unfähigkeit einzelner Köpfe, zu begreifen, daß die Vergangenheit nicht wiederkehrt. *L'histoire ne se refait pas* ... Das ist es, was ich Otto, ohne auf

10 Zita mit ihren acht Kindern: Otto, Adelhaid, Robert, Felix, Karl Ludwig, Rudolf, Charlotte und Elisabeth.

seinen eventuellen Fall zu exemplifizieren, in Fleisch und Blut übergehen lassen muß. Noch eine jede Revolution hat Tatsachen geschaffen, die zu übersehen unmöglich und schädlich wäre. Man darf nicht vergessen, daß auch die Monarchie in der von der Revolution ausgefüllten Zeit fortgeschritten wäre. Während der Revolution erworbene Rechte, die sittlich sind, dürfen nicht wieder beseitigt werden, will man nicht eine neue Klasse von Entrechteten schaffen.«[3]

Dennoch glaubte Zita nicht an den unausweichlichen Gang der Geschichte: in der Politik sei, so ihre Auffassung, Verzweiflung eine absolute Dummheit. Für Österreich, für Ungarn sei die Erbmonarchie eine Notwendigkeit. Diese Staatsform stille das Bedürfnis der Gesellschaft nach einer von den Parteien unabhängigen, schiedsrichterlichen Gewalt an der Spitze des Staats. Die Monarchie, eine in der Dauer verankerte Institution, ein Symbol mit menschlichem Antlitz für den Fortbestand eines Volkes, sei, so die Kaiserin, nicht rückwärtsgewandte Vorstellung, sondern ewige Realität. Durch seine Geburt war Otto berufen, das Oberhaupt des Hauses Habsburg zu sein. Ihre jüngeren Söhne jedoch sollte Zita schon im Alter von neun oder zehn Jahren lehren, sie hätten sich in der Welt zu bewähren, einen Beruf zu ergreifen.

Alfons XIII. bot an, für Ottos Ausbildung im besten Gymnasium des Königreichs aufzukommen. Zita lehnte das Angebot dankend ab. Sie hatte sich entschieden: sie würde sich in Spanien niederlassen, hatte ihr doch das Land großzügig seine Gastfreundschaft gewährt. Ihre Kinder aber würden nach österreichischer und ungarischer Sitte unter ihrer direkten Obhut erzogen.

Acht Kinder erziehen, den ältesten Sohn zum Nachfolger seines Vaters heranbilden: das gab Zita nach der erlittenen Prüfung eine gewisse Lebensfreude oder zumindest ihre Ausgeglichenheit zurück.

In den ersten Julitagen 1922 schickte Zita ihre Kinder unter der Obhut von Erzherzogin Maria Theresia nach Bilbao ans Meer. Der ehemalige österreichische Konsul dieser Stadt ließ ihr dann einen Vorschlag zukommen: in Lequeitio, einem Fischerdorf an der baskischen Küste, sei für ein halbes Jahr die Villa Uribarren zu mieten. Die einstige Sommerresidenz von Königin Isabella II., ein dreistöckiges Gebäude mit dreißig Räumen, entsprach durchaus den Bedürfnissen der kaiserlichen Familie. Der Vertrag kam zustande, und am 18. August 1922 zog die Kaiserin samt Kindern und Gefolge dort ein. Zita verfügte nicht über mehr Geld als auf Madeira, doch in Österreich und Ungarn trugen Freunde ihr Scherflein bei. Diese Unterstützung nahm sie dankbar an.

Lequeitio hatte viertausend Einwohner. Der Pfarrer, seine Vikare, der Bürgermeister, der Arzt und einige wohlhabende Bürgerfamilien waren die einzigen Notabeln in diesem armen Fischerdorf. Der Ort war nicht an die großen Transportwege angeschlossen. Der einfache Aufenthaltsort war willkommen: Zita war hier, um sich ausschließlich um ihre Kinder zu kümmern, nicht um das gesellschaftliche Leben, aus dem sie sich von nun an zurückzog.

Am 1. Januar 1923 weigerte sich der Besitzer, den Mietvertrag zu verlängern. Am 31. Januar war die Familie gezwungen, nach San Sebastián in die Dependance eines Grand Hotels umzuziehen – eine zu kostspielige und für eine herumtollende Kinderschar zu einengende Lösung. Glücklicherweise residierte Königin Christina im Seebad und ließ jeden Tag die Kinder zu sich kommen, wo sie im Park ihrer Residenz Miramar spielen konnten.

Schließlich wurde die Villa Uribarren zum Verkauf angeboten. Da entschloß sich ein Patrizier von Lequeitio, Graf Urquijo y Barra, zu Spenden aufzurufen. Es gelang ihm, die zum Kauf der Villa nötige Summe von 600 000 Peseten zusammenzubringen. Das Haus wurde renoviert und der Kaiserin zur Verfügung gestellt. Die Übertragungsurkunde legt fest, Zita könne so lange sie wolle dort leben, anschließend werde die Villa einem Wohltätigkeitswerk übertragen.

Am 6. Juni 1923 kehrte die Kaiserin nach Lequeitio zurück. Beflaggte Straßen, Te Deum, Ständchen, Feuerwerk: das Dorf feierte die Rückkehr der kaiserlichen Familie. Eine rührende Sympathiekundgebung, die bezeugt, daß Zita mit ihrer ruhigen und einfachen Würde im Volk große Zuneigung genoß.

Die Familie verbrachte sechs heitere Jahre im Baskenland. Um Otto auf seine künftige Aufgabe vorzubereiten, war eine feste männliche Hand nötig. Graf Heinrich Degenfeld wurde sein Erzieher. Der Jurist, dessen Vater als Erzieher von Franz Ferdinand und Otto, Karls Vater, tätig gewesen war, starb in den sechziger Jahren im Dienste Ottos von Habsburg. Vierzig Jahre lang war er sein Lehrer, sein Berater, sein Minister im Exil.

Für die acht kaiserlichen Kinder wurde die Villa Uribarren eine Art Privatschule. Als erstes bemühte sich Zita, für Otto eine Gruppe von Lehrern zu gewinnen. Neben Graf Degenfeld trafen fünf Benediktinermönche aus dem Kloster Martinsberg im ungarischen Pannonhalma (Szentmárton) in Lequeitio ein. Ein österreichischer Erzieher unterrichtete Griechisch, Deutsch und Geographie, eine Engländerin Englisch und eine Französin Französisch. Eine Ordensschwester aus Ungarn und eine Lehrerin aus Österreich betreuten die jüngeren Kinder.

Zita ersuchte zwei Persönlichkeiten, einem Ausschuß vorzustehen, der Ottos Lehrplan festlegte und seine schulischen Fortschritte überwachte. Diese Aufgabe übernahmen Max Hussarek, ehemaliger österreichischer Ministerpräsident, sowie János Zichy, ehemaliger ungarischer Kultusminister. Sie lebten in Wien bzw. Budapest und reisten jeweils nach Lequeitio, damit der junge »Kaiser und König« vor ihnen die Prüfungen ablegen konnte. Der Lehrplan entsprach dem der Gymnasien im ehemaligen Österreich-Ungarn. Hinzu kamen die wichtigsten im ehemaligen Reich gesprochenen Sprachen (Deutsch, Ungarisch, Serbokroatisch und Tschechisch) sowie ein vertiefter Unterricht der Geschichte der Habsburgermonarchie.

Ottos Stundenplan konnte es mit demjenigen jedes Internatszöglings aufnehmen: von sechs bis acht Uhr Hausaufgaben, nach einer halbstündigen Pause Unterricht von halb neun bis zwölf Uhr und von zwei bis fünf Uhr nachmittags, anschließend Hausaufgaben von fünf bis sieben Uhr. Am Abend erteilte Degenfeld oder einer der Lehrer ihm politischen Unterricht. Später sollte Erzherzogin Charlotte bemerken, eigentlich habe für ihren ältesten Bruder die Kindheit im zehnten Lebensjahr geendet ... In Österreich wurde sogar Besorgnis über den strikten Stundenplan laut. Doch zeigte sich Zita diesen Kritiken gegenüber taub. Und Otto von Habsburg blieb seiner Mutter für die von ihr konzipierte, seinem Eingeständnis nach strenge Erziehung zeitlebens dankbar.

Zita persönlich überwachte die Schularbeiten ihrer Kinder. Jeden Tag prüfte sie ihre Hausaufgaben, stellte ihnen Fragen, besprach sich mit ihren Lehrern. Bei Prüfungen hielt sie sich schweigend im Hintergrund.

Doch im Leben der jungen Habsburger war nicht bloß für Lernen Platz, auch Erholung, Freizeit und Sport kamen nicht zu kurz: Wandern, Schwimmen, Tennis, Fechten und Reiten: Otto erhielt Reitunterricht vom ehemaligen Flügeladjutanten seines Vaters, Ledóchowski, der sich häufig in Lequeitio aufhielt.

Auch die Musik wurde nicht vernachlässigt. In jungen Jahren hatte Zita gern Klavier gespielt. Nach Karls Tod spielte sie nicht mehr, erteilte aber ihren Kindern Klavierunterricht. Zudem erhielten sie klassischen Gesangsunterricht, wenn auch mit unterschiedlichem Erfolg: Otto konnte klassischer Musik nie viel abgewinnen.

Die Kaiserin ging um Mitternacht zu Bett und stand um fünf Uhr morgens auf. Um halb sechs nahm sie in der Kirche von Lequeitio inmitten der Fischersfrauen an der Messe teil. Zurück um sieben Uhr, weckte sie ihre Kinder, die ihr Bett selbst machen und ihre Schuhe selbst putzen mußten. Während sie sich zurechtmachten, las Zita einem der Kinder aus dem Leben des jeweiligen Tagesheiligen vor. Um halb acht fand man sich zur Messe in der Kapelle ein. Im Turnus verrichteten die Jungen Ministrantendienst.

Zitas Frömmigkeit blieb unerschüttert. Sie lehrte die jüngsten Kinder den Katechismus, jedem Kind fertigte sie eigens ein Gebetbuch mit Heiligenbildchen an. Alle feierten ihre Erstkommunion mit vier Jahren, bevor sie lesen und schreiben konnten. Das Abendgebet wurde gemeinsam gesprochen, unter ihrer Anleitung.

Allmählich verbesserte sich die finanzielle Lage. Vergeblich übermittelten die Rechtsanwälte der Kaiserin aus der Schweiz zahlreiche Gesuche an die Botschafterkonferenz – von dieser Seite war nichts zu erwarten. Doch im Verlauf der zwanziger Jahre begannen einige Einnahmen zu fließen. Nach Aufhebung der Beschlagnahmung von Karls und Zitas Privatbesitz wurden die Liegenschaften vermietet und warfen einige Erträge ab. Die Metternichsche Herrschaft Johannisberg im Rheinland, ein Geschenk Kaiser Franz' I. an Metternich, begann erneut, den Habsburgern den »Weinzehent« zu entrichten, entsprechend dem Vertrag von ...1816.

In Wien hatte es sich Markgraf Pallavicini zur Aufgabe gemacht, bei den großen austro-ungarischen Familien Spenden zu sammeln. Diese waren nicht nur eine zusätzliche Einnahme, sondern ein unerläßliches Einkommen, und zwar nicht ausschließlich für die Bewohner der Villa Uribarren. Zita unterstützte alle Habsburger – auch sie hatten 1919 ihr Vermögen verloren – wie auch die in Armut lebenden Diener des Kaisers. Es herrschte keine Not mehr wie auf Madeira, aber auch kein Wohlstand: die Hausverwalter, Baron und Baronin Gudenus, mußten sparen und genau rechnen.

Lequeitio war abgelegen, aber nicht von der Welt abgeschnitten. Im Haus gab es österreichische, ungarische, französische und englische Zeitungen. Abends wurden sie gelesen und diskutiert. Man hörte Radio (ein Geschenk), und die Kaiserin analysierte das Zeitgeschehen. Während die Erzherzöge und Erzherzoginnen unter sich Deutsch sprachen, führte Zita die Unterhaltung jeden Tag in einer anderen Sprache: Deutsch am Montag, Ungarisch am Dienstag, Französisch am Mittwoch, Englisch am Donnerstag usw.

Vom gesellschaftlichen Leben hielt sich die Familie fern, lebte aber keineswegs nur auf sich selbst bezogen. Die Kinder kannten die Fischer im Dorf. Wenn Zita Ausflüge organisierte, stellte Königin Maria Christina ein Auto mit Fahrer zur Verfügung. Es kam vor, daß ein Fabrikbesuch in Bilbao auf dem Programm stand – damals ein ungewöhnliches Unterfangen für eine Königsfamilie.

Es kamen auch zahlreiche Besucher: Österreicher und Ungarn, einfache Lourdes-Pilger oder ehemalige Minister wollten so ihre Treue bezeugen. Bischof Seydl, der ehemalige Hofgeistliche, reiste 1923 zur Firmung der fünf ältesten, 1928 der drei jüngsten Kinder nach Lequeitio (Zitas Kinder empfingen dieses Sakrament sehr früh); beide Male blieb er mehrere Wochen. Erzherzogin Maria Josefa und die Herzogin von Parma besuchten ihre Enkelkinder. Zu Weihnachten trafen, eine kostbare Aufmerksamkeit, Geschenke aus der Heimat ein: die Tiroler ließen ihnen eine Krippe und jedes Jahr einen Weihnachtsbaum zukommen.

Zita unterhielt, von Degenfeld unterstützt, der gleichsam als Kanzler tätig war, eine umfangreiche Korrespondenz mit Österreich und Ungarn. Um der Zensur zu entgehen, wurden Codenamen verwendet. Größere Reisen waren die Ausnahme. 1925 begab sich die Kaiserin auf eine Wallfahrt nach Lourdes. Inkognito verbrachte sie die Nacht auf einem Feldbett in einem Schlafsaal inmitten von etwa vierzig Frauen. 1927 reiste sie nach Frankreich, wo sie auf Schloß Lignières, im Departement Cher, an der Hochzeit ihres Bruders Xavier mit Madeleine de Bourbon-Busset teilnahm.

Im Frühjahr desselben Jahres begleitete Zita Otto nach Luxemburg. Dem Wunsch seines Vaters entsprechend sollte der Vierzehnjährige seine spirituelle und philosophische Ausbildung in einem Benediktinerkloster vervollständigen. Otto verbrachte vierzehn Monate in Clervaux, in der Abtei Saint-Maurice et Saint-Maur. Aus zwei Gründen war die Wahl auf dieses Kloster gefallen: zum einen war es ein Filialkloster der Benediktiner-Kongregation von Solesmes, der drei Schwestern Zitas beigetreten waren – Adelhaid 1908, Franziska 1913 und Maria Antonia 1919 –, zum anderen würde Zitas Bruder Felix, Prinzgemahl im Großherzogtum Luxemburg, über seinen Neffen wachen. Auf dem Weg nach Luxemburg machte die Kaiserin in Nancy halt, wo sie ihren Sohn in der Franziskanerkirche vor die Grabmäler seiner Ahnen, der Lothringer Herzöge, führte. 1736 hatte Franz III. von Lothringen sich mit Kaiserin Maria Theresia von Habsburg vermählt.

Kurz nach seiner Rückkehr nach Spanien wurde Otto sechzehn Jahre alt: das Ende der Gymnasialzeit rückte näher. In Kürze würden auch seine Brüder und Schwestern soweit sein. Das Dorf Lequeitio war für die allmählich erwachsen werdenden Jugendlichen nicht mehr der richtige Aufenthaltsort. Zita wiederum hatte ein gewisses inneres Gleichgewicht gefunden; ihr war klar, daß ihre Familie, nach einer Zeit des Rückzugs, sich der Welt öffnen mußte. Ihre Kinder sollten wie seinerzeit deren Vater im Kreis von Mitschülern studieren.

Das bedeutete, sich nach einem anderen Asylort umzusehen. Wo sollte sich die Familie niederlassen? Zwangsläufig in der Universitätsstadt eines Staates, der bereit war, die kaiserliche Familie aufzunehmen. Nach Ottos Aufenthalt in Luxemburg stand Belgien im Vordergrund. Zwischen diesem Königreich und Österreich bestanden jahrhundertealte Bande: von Karl V. bis Joseph II. hatten die Habsburger in den Südlichen Niederlanden regiert. Zudem war die belgische Königsfamilie mit den Habsburgern verschwägert. Königin Elisabeths Vater, Herzog Karl Theodor in Bayern, war Sisis Bruder; ihre Mutter, Maria José von Bragança war eine Schwester der Herzogin von Parma: die Königin der Belgier war demnach Zitas Cousine ersten Grads.

Im Juni 1929 begab sich die Kaiserin inkognito nach Brüssel. König Albert I., ihr angeheirateter Vetter, gab sein Einverständnis zur Übersiedlung der Familie nach Belgien. Die Regierung stimmte der Vereinbarung unter der Bedingung zu, daß die Habsburger sich politisch strikt neutral verhielten. Für Otto schlug der König die Katholische Universität von Löwen als Studienort vor; 1425 gegründet, war sie eine der ältesten in ganz Europa.

Bis eine endgültige Lösung getroffen war, bot Graf Hippolyte d'Ursel, Eigentümer eines großen Stadthauses im Zentrum von Brüssel, seine Gastfreundschaft an. Am 15. September 1929 traf Zita mit den jüngsten Kindern in Brüssel ein. Am nächsten Tag berichtet *La Libre Belgique* im Stil der damaligen Zeit über das Ereignis:

»Die aus Spanien angereiste Monarchin traf am Sonntagnachmittag in der Gare du Midi ein. Die Nachricht von ihrer Ankunft war geheim geblieben auf Ersuchen der bemerkenswerten Frau, die, als Witwe eines im Exil verstorbenen Fürsten und selbst seit langen Jahren auf fremdem Boden lebend, von der Welt und ihren Ehren unbeachtet ihr Leben führen will. Über ihre Familie ist ein düsteres Schicksal hereingebrochen. Sie hat es mit einer Gelassenheit angenommen, die einem jeden Bewun-

derung abfordert. Alle aufrechten Herzen verneigen sich, ungeachtet ihrer politischen Überzeugungen, vor dem Unglück der kaiserlichen Familie. Sie nehmen die Nachricht vom Eintreffen Kaiserin Zitas mit einer Mischung aus Freude und Stolz auf.
Um 17.18 Uhr traf der Schnellzug aus Paris auf Bahnsteig 16 ein. Da der Zug ungewöhnlich lang war, war viel Aufmerksamkeit nötig, um in der Menge auf dem Bahnsteig die kaiserliche Familie zu erspähen. Doch eine Frau mit vier Kindern zog bald unsere Blicke auf sich. Die Monarchin war derart einfach gekleidet, daß sie auf der Fahrt hatte unerkannt bleiben müssen. Ein kleiner schwarzer Mantel, ein Hut gleicher Farbe. Nicht der geringste Schmuck. Ihre Augen, die ein fröhliches Dankeschön ausdrücken wollen, verraten mit ihrem tiefen Blick eine schmerzliche Odyssee. Doch dann flüstert die Menge: der Name Zita wird zehn-, zwanzigmal wiederholt, und augenblicklich werden die Hüte gezogen...«

Vier Monate hielten sich die Habsburger im Haus des Grafen d'Ursel auf. Ein Franzose, Marquis Jean de Croix, bot ihnen sein Schloß Ham in Steenokkerzeel zur Miete an. Eine Straßenbahn verband das fünfzehn Kilometer nordöstlich von Brüssel gelegene Arbeiter- und Bauerndorf mit der Hauptstadt. Das viereckige Gebäude stammt aus dem 16. Jahrhundert. Obwohl der Eigentümer unverzüglich veranlaßt hatte, fließendes Wasser und eine Zentralheizung zu installieren, war das Haus keineswegs komfortabel. In dem mittelalterlich anmutenden Gebäude mit zahlreichen Stiegen und dunklen Ecken war der Platz beschränkt. Etwas Wesentliches jedoch besaß das von drei Seiten von Wasser umgebene Wehrschloß mit seinen vier Türmen: Charakter. Zita zog mit ihrer Familie Ende Januar 1930 dort ein. Sie sollte zehn Jahre dort verbringen.
Der Rektor der Universität Löwen hatte den Herzog von Bar (unter diesem Namen, einem angestammten Titel aus dem burgundisch-lothringischen Erbe der Habsburger, hatte Otto sich eingeschrieben) unter Sonderstatus zugelassen, denn der neue Student hatte seine Reifeprüfung noch nicht abgelegt. 1929/30 belegte Otto am Philosophischen Institut der Universität Löwen einen Vorbereitungskurs für thomistische Philosophie, den er mit *grande distinction* bestand. Nach Beendigung des Schuljahrs verbrachte die Familie ein letztes Mal ihre Sommerferien in Lequeitio. Dort legte

Otto auch die Reifeprüfung ab. In dem vom 1. Oktober 1930 datierten Zeugnis bescheinigte die Prüfungskommission, »Seine Majestät, Kaiser und König Otto«, habe die Reifeprüfung mit Auszeichnung bestanden. Drei Wochen später schrieb sich Otto in Löwen an der Fakultät für Politik- und Sozialwissenschaften ein. Im Juni 1935 würde er das Studium mit der Promotion abschließen. Seine Dissertation über »Das gewohnheitsrechtliche und gesetzliche bäuerliche Erbrecht und die Unteilbarkeit des ländlichen Grundbesitzes in Österreich« verfaßte er auf deutsch und übersetzte sie dann selbst ins Französische. Die ebenfalls auf französisch verteidigte Dissertation trug ihm die höchste Auszeichnung ein: *summa cum laude*.

In Steenokkerzeel fuhr Otto zunächst jeden Tag mit dem Fahrrad zum nächsten Bahnhof, wo er den Zug nach Löwen, rund dreißig Kilometer von Brüssel entfernt, bestieg. Schon bald brachte ein Wagen ihn und seine ebenfalls an der Universität eingeschriebene Schwester Adelhaid dorthin. Später steuerte er den Wagen selbst.

Ein weiterer Wagen – den ersten hatte Felix von Luxemburg seiner Schwester zur Verfügung gestellt, der zweite war ein Geschenk von Freunden – führte die jüngeren Kinder nach Brüssel. Robert, Felix, Karl Ludwig und Rudolf besuchten das von Jesuiten geführte Collège Saint-Michel, Charlotte und Elisabeth ihrerseits das Gymnasium der Dames de Marie.

Schloß Ham war, wie zuvor die Quinta do Monte und die Villa Uribarren, Sitz eines winzigen Exilhofs. Jeder Bewohner hatte eine Aufgabe, in Wirklichkeit waren die Habsburger von einer Art zweiter Familie umgeben. Gräfin Kerssenbrock war seit Schönbrunn an der Seite der Kaiserin; Gräfin Mensdorff seit Madeira; Graf Degenfeld sowie Baron und Baronin Gudenus seit Lequeitio. In Steenokkerzeel wurde der ungarische Benediktiner, Pater Weber, Hausgeistlicher. Gouvernanten und Erzieher lösten einander ab. Mademoiselle d'Abrantès, eine Nachfahrin von Napoleons General Junot, erteilte den jüngsten Kindern einige Jahre lang Sprachunterricht. Ebenfalls zum ständigen Haushalt gehörten eine Sekretärin, ein oder zwei Fahrer sowie einige Bedienstete.

Nach Ottos Volljährigkeit standen mehrere Freiwillige nacheinander in seinem Dienst: Ratgeber aus Wien – etwa Edmund Czernin, ein Neffe des ehemaligen Ministers – oder Budapest – etwa Alexander Pallavicini – oder junge Leute in Ottos Alter, die ihn mit dem Leben in Österreich oder Ungarn vertraut machten.

In ihrem Haus hielt Zita an der Etikette fest. Sie war Kaiserin und Königin. Jeder wandte sich in der vorgeschriebenen Form an sie, die Damen machten den Hofknicks, die Besucher verließen den Raum rückwärts schreitend, wie in Schönbrunn. Doch wie in Spanien war auch in Steenokkerzeel der Lebensstil keineswegs königlich. Ein österreichischer Journalist, zum Abendessen eingeladen, erinnert sich, daß das Menü aus Pellkartoffeln, Ölsardinen, Edamer und Wasser bestand. In Löwen nahm »Kaiser und König« Otto wie alle Studenten seine Mahlzeiten in der Mensa ein.

Nicht anders als in Spanien trieben die Geschwister viel Sport. Im Sommer wurden zuweilen Ausflüge an die Nordseestrände organisiert. Otto hatte, der Tradition der Habsburger folgend, seine Leidenschaft für die Jagd entdeckt. Im Schloßstall versorgten die jüngsten Kinder die ihnen geschenkten Tiere (1938 fünfundzwanzig Ziegen und Schafe). Waren sie mit Schulaufgaben beschäftigt, dann fütterte Zita die Tiere und wechselte das Stroh. Viele Stunden verbrachte Zita im Garten mit der Pflege von Rosen und Tulpen.

Mit der Zeit gestattete Zita den älteren Kindern auszugehen, um in Brüssel Theater, Konzerte und Museen zu besuchen, insbesondere wenn die Wiener Sängerknaben oder die Salzburger Marionetten zu Gast waren. Für die Jüngsten wiederum gab es den Zirkus. Und alle nahmen an Sportanlässen teil: mit euphorischen Gefühlen am Abend, da die österreichische Nationalmannschaft den belgischen Fußballern auf ihrem Terrain eine vernichtende Niederlage bereitete.

Im Februar 1934 wurde Zita aus Anlaß des Throneids Leopolds III. bei Hof eingeladen, doch im allgemeinen lehnte sie Einladungen ab. Marquis de Croix, der sie zu einem Gartenfest einlud, ließ sie wissen: »Sehr gern, aber ich habe nichts anzuziehen.« Zweifellos ein Vorwand. Sie hatte solchen Zerstreuungen für immer abgeschworen; da sie im Leben soviel gelitten hatte, legte sie in all ihr Tun eine gewisse Ernsthaftigkeit, ja Strenge. So berichtet etwa ein Besucher, er habe Zita wohl lächeln, nie aber lachen gesehen – ein Wesenszug, der sich viele Jahre später abschwächen sollte. Doch echte Freude brachten ihr letztlich allein die Familie und einige Getreue. So berichtet etwa ein Zeuge später über ein Telefongespräch mit Graf Hunyády, der ihr unglückliches Exil auf Madeira geteilt hatte: »Sie sprach herzlich und einfach mit ihm, wie eine alte Freundin.«[4]

Neben den Getreuen wurden auf Schloß Ham nur Verwandte empfangen: das belgische Königspaar, Königin Elisabeth und der 1934 verstorbene König Albert I., ihr Sohn Leopold III. und dessen Gemahlin Astrid; der Großherzog und die Großherzogin von Luxemburg; die Bourbon-Parma; die Prinzen von Hohenberg, Erzherzog Franz Ferdinands Kinder.

Die Kaiserin empfing – es war eine der seltenen Ausnahmen – den italienischen Kronprinzen Umberto von Italien; er war nach Brüssel gereist, um seine Verlobung mit Marie José, der Tochter Alberts I., zu feiern. Auch der Graf und die Gräfin von Paris statteten Zita als jungverheiratetes, ebenfalls in Belgien im Exil lebendes Paar einen formellen Besuch ab. Sie wurden, so erinnert sich Isabelle von Orléans, von einer Hofdame empfangen und in einen großen Salon geführt, wo die Kaiserin, ganz in Schwarz, ihre Gäste erwartete. Da sie im Gegenlicht vor einem Fenster stand, konnten die Eintretenden nur eine hohe, schlanke Gestalt erkennen. Nach Hofknicks und Handkuß setzte sie sich auf ein großes Sofa, die Gäste nahmen ihr gegenüber Platz. Zwei Hofdamen servierten den Tee und nach einer kurzen, stockenden Konversation erhob sich die Kaiserin und verabschiedete sich von ihren Gästen, worauf diese rückwärts zur Tür schritten.

Am 20. November 1930 feierte Otto seinen achtzehnten Geburtstag. Für die Kaiserin war dieses Datum von höchster Bedeutung: ihr Sohn wurde mit allen Rechten Oberhaupt des Hauses Habsburg. Seit dem Tod Kaiser Karls hatte Zita eine moralische Regentschaft ausgeübt, ihren Sohn auf seine Aufgabe vorbereitet.

Nun hatte sie ihre Mission erfüllt, ihr Auftrag war zu Ende.

Auf Schloß Ham fand die Feier in privatem Rahmen in Gegenwart von rund vierzig Personen statt. Die Presse war zur Feier nicht zugelassen; ein belgischer Journalist, der sich unter das für den Tag zusätzlich angestellte Servierpersonal mischte, wurde entlarvt und mußte verschwinden. Am Vorabend eingetroffen waren Erzherzogin Maria Josefa und Erzherzog Max, Ottos Großmutter und Onkel väterlicherseits, sowie einige Gäste aus Österreich und Ungarn, darunter alle Lehrer Ottos. Vier Körbe mit Gratulationsbriefen und -telegrammen, darunter auch eine Botschaft des belgischen Königspaars und ein Schreiben aus dem Vatikan mit dem päpstlichen Segen, waren angekommen.

Der Tag begann mit einer Messe in der Schloßkapelle, dann versammelte man sich im großen Salon. Zita, ganz in Schwarz, trug den Sternkreuzorden (Orden des Erzhauses Österreich für Damen aus dem römisch-katholischen Hochadel). Otto war im Straßenanzug. In einer kurzen Ansprache erklärte die Kaiserin die ihr übertragene Vormundschaft über ihren Sohn für erloschen und begrüßte ihn als Oberhaupt des Hauses. Otto verneigte sich tief und bedankte sich bei seiner Mutter für ihre aufopfernde Zuwendung. Dann bat er sie, ihn bis zur Beendigung seiner Studien weiterhin zu unterstützen und gegebenenfalls zu vertreten. Ein Protokoll wurde unterzeichnet. Zum Abschluß feierte Bischof Seydl einen Dankgottesdienst.

Otto von Habsburg würde später erklären, daß dieser feierliche Akt den Grund gelegt hatte für sein wachsendes Verständnis für seine Aufgabe. Einige Jahre noch traf Zita im Namen der Familie die Entscheidungen, stets jedoch nach vorheriger Beratung mit dem jungen Erzherzog. Zwischen Mutter und Sohn herrschte in dieser Zeit des Übergangs nach Ottos eigener Aussage ein partnerschaftliches Verhältnis.

Dennoch stellte der 20. November 1930 eine Wende dar. Mehr und mehr würde die Kaiserin hinter Otto zurücktreten, so wie sie hinter ihrem Gemahl zurückgetreten war. Akzeptiert hatte sie den Perspektivenwechsel, weil er nur folgerichtig war. Und auch, weil sie wußte, welchen Einfluß eine Frau ausüben kann. Wie seine

Geschwister stand Otto seiner Mutter nahe. Ein Augenzeuge berichtet, wie in Steenokkerzeel Zita eines Tages in den Salon eintrat, wo Otto sich gerade mit einigen Besuchern unterhielt: »Sie ging auf ihren Sohn zu und machte vor ihm einen tiefen Hofknicks. Ich werde den Blick voller Liebe und Bewunderung, den sie ihrem ältesten Sohn zuwarf, nie vergessen.«[5]

Für die Habsburger ist der Orden vom Goldenen Vlies ein Zeichen, das den zeitlosen Bestand der Dynastie symbolisiert. 1430 von Philipp dem Guten, Herzog von Burgund, gestiftet, ging der Orden mit der Heirat Maximilians I. mit Maria von Burgund, der Tochter Karls des Kühnen, an das Haus Österreich über. Mit dem Erlöschen des spanischen Zweigs der Habsburger entstanden zwei getrennte Orden, die vom König von Spanien wie vom Kaiser von Österreich verliehen werden.

Seit 1922 hatte der Orden in der Obhut von Erzherzog Max, Karls Bruder, gelegen – in Erwartung der Volljährigkeit Ottos. Im November 1932 gab Otto seine Absicht bekannt, sein Amt als Großmeister des Ordens auszuüben. Als erstes ernannte er sieben neue Ritter, unter ihnen seinen Bruder Robert, Herzog Max von Hohenberg, Graf Degenfeld und Baron Gudenus. Die Überreichung der Ordenscolliers fand im Februar 1933 auf Schloß Ham statt. Gemäß altem Brauch hatte das Schwert, mit dem zuerst Otto, dann die sieben Anwärter zum Ritter geschlagen wurden, die ganze Nacht auf dem Altar der Schloßkapelle gelegen. Sechzig Jahre später ist Erzherzog Otto noch immer Großmeister des Ordens vom Goldenen Vlies, dessen einundfünfzig Colliers ausschließlich Mitgliedern des Hauses Habsburg, des Hochadels oder Staatsoberhäuptern verliehen werden können.

Nun begann Otto, ohne seine Mutter zu reisen. Von Belgien aus konnte er ganz Europa durchstreifen – zuallererst Frankreich, das Land seiner bourbonischen Vorfahren. Mit Degenfeld, seinen Onkeln Sixtus und Xavier von Bourbon-Parma, zuweilen begleitet von seiner Schwester Adelhaid, besichtigte der Erzherzog die Provence, die Loire-Schlösser und die Schlachtfelder von Verdun. In Paris, wohin er sich häufig begab, lernte er Lyautey und

Franchet d'Esperey kennen. In Schweden ließ ihm König Gustav V. einen halboffiziellen Empfang zuteil werden. Alfons XIII. versuchte, Otto dem König von England vorzustellen, doch unter dem Druck des Foreign Office mußte Georg V. absagen.

Zita hingegen verließ Belgien nur selten. Bei seinem Besuch in Steenokkerzeel hatte der italienische Thronprätendent Umberto ihr eine Einladung seiner Eltern überbracht. Zunächst zögerte die Kaiserin: wegen der Zwangsannexion Südtirols im Jahr 1919 herrschten zwischen Italien und Österreich gespannte Beziehungen. Doch die 1930 sich anbahnende diplomatische Annäherung zwischen Rom und Wien ließ sie dann ihre Meinung ändern. Italien wiedersehen hieß, an ihre Jugend anzuknüpfen.

Am 1. Juni 1931 traf Zita in der Villa delle Pianore ein. Dorthin war ihre Mutter mit Zitas jüngsten Geschwistern vor einiger Zeit zurückgekehrt – Momente des Glücks in diesem Haus, das sie zwanzig Jahre zuvor verlassen hatte. Am 9. Juni empfing Papst Pius XI. die Kaiserin zu einer Privataudienz. In die Villa delle Pianore zurückgekehrt, wurde sie für den 13. Juni zu König Viktor Emanuel III. und Königin Helena auf deren Sommerresidenz San Rossore eingeladen. Am darauffolgenden Tag machte das Königspaar einen Gegenbesuch in der Villa delle Pianore. Es waren freundschaftliche, keineswegs politisch gefärbte Begegnungen. 1939 sollte Prinzessin Maria, die jüngste Tochter des Königs von Italien, Louis von Bourbon-Parma, Zitas zweitjüngsten Bruder, heiraten.

Zitas übrige Reisen waren rein familiärer Natur: Tag der Freude 1931 in Paris, als ihr Bruder Gaëtan sich mit Margarethe von Thurn und Taxis vermählte. Tag der Trauer 1934 in der Abtei von Souvigny, im Bourbonnais, als ihr Bruder Sixtus, mit achtundvierzig Jahren von einer Blutvergiftung dahingerafft, zu Grabe getragen wurde. Wie sein Bruder Xavier war Prinz Sixtus, der sich unermüdlich für die Habsburger eingesetzt hatte, ein Schutzengel Zitas gewesen.

Januar 1933. Otto ging für einige Wochen nach Berlin in der Absicht, die Forschungen für seine Dissertation in den dortigen

Bibliotheken zu vervollständigen. Der Erzherzog reiste unter dem Namen Herzog von Bar. Der Presse aber entging seine Gegenwart nicht: am 19. Januar wurde er als Zuhörer im Preußischen Landtag fotografiert.

In Potsdam stattete Otto den Hohenzollern einen Besuch ab. Wenige Tage später traf er mit Prinz August Wilhelm von Preußen zusammen. Als Parteigänger und Abgeordneter der Nationalsozialisten empfing ihn der vierte Sohn Wilhelms II. in SA-Uniform und erbot sich an, ihm eine Einladung zu einem Gespräch mit Hitler und Göring zu verschaffen. Ein unverzüglich abgelehntes Angebot ... Am 28. Januar stattete Otto Reichspräsident Hindenburg einen Höflichkeitsbesuch ab. Der alte Marschall trug die ihm von Franz Joseph und Karl verliehenen Dekorationen. »Wissen Sie, Majestät«, meinte Hindenburg zu Otto, »hier in Berlin hat nur *ein* Mensch habsburgfeindliche Gefühle, und der ist ›Österreicher‹.«[6]

Diesen »Österreicher« hatte Otto eines Abends auf dem Bülowplatz reden hören. Der Erzherzog stand inmitten einer Gruppe von Kommunisten, die entschlossen waren, sich mit ihm anzulegen. Doch dann habe Hitler zu sprechen begonnen und alle in seinen Bann geschlagen.

Am 30. Januar 1933 ernannte Hindenburg Adolf Hitler zum Reichskanzler. Noch am selben Abend brach Otto auf. Gegen den Wahn des Hakenkreuzes, der Deutschland erfaßt hatte, Österreich bedrohte und ganz Europa die Stirn bieten würde, würde er, von Zita unterstützt, einen ungleichen, aber gnadenlosen Kampf führen – einen Kreuzzug, der den Habsburgern zur Ehre gereicht.

Habsburg contra Hitler

1932 wurde Engelbert Dollfuß österreichischer Bundeskanzler. In der neueren Geschichtsschreibung wird der Politiker eher negativ beurteilt, einigen gilt er gar als Diktator. Dabei wird das Wesentliche übersehen: Dollfuß ist in erster Linie der Mann, der seinen ganzen Willen, seine ganze Energie und seinen ganzen Mut in den Dienst von Österreichs Unabhängigkeit stellte. Um dieses Ziel zu erreichen, schlug er allerdings nicht den Weg der parlamentarischen Demokratie ein. Doch hätte er anders vorgehen können – im Europa der Zwischenkriegszeit und an der Spitze eines Landes, wo sich die zum Bürgerkrieg bereiten Parteien zerfleischten, unter der ständigen Bedrohung des Nationalsozialismus und mit Mussolinis Italien als einziger diplomatischer Stütze?

In all diesen Jahren blieb Österreichs Genie ungebrochen fruchtbar. Von Fritz Lang bis Robert Musil, von Oskar Kokoschka bis Joseph Roth und bis hin zu den acht Wissenschaftlern, denen in den Bereichen Medizin und Naturwissenschaften der Nobelpreis zugesprochen wurde – für sie alle galt: das Talent hatte sich ins intellektuelle Leben geflüchtet. Österreich, Erbe eines prestigeträchtigen Reichs, zweifelte an seiner politischen Legitimität. Dollfuß' Verdienst war es, dem Land die Daseinsberechtigung zu geben. Im Namen des katholischen Österreich wandte sich der kleine Reichskanzler – er war nur 1,51 m groß – gegen den Nationalsozialismus, der sich Deutschlands bemächtigte. Hierin liegt seine Größe.

Schon im Jahrzehnt zuvor hatte in Wien ein Mann der Vorsehung gewirkt. Ignaz Seipel, katholischer Priester und Prälat, christlichsozialer Bundeskanzler von 1922–1924 und von 1926–1929, hatte dank Völkerbundsanleihen die Republik vor dem

Ruin bewahrt. Doch trotz dieses wirtschaftlichen Erfolgs waren die Gegensätze weiterhin unüberbrückbar. Die Linke hatte seit den zwanziger Jahren ihren Wehrverband, den *Republikanischen Schutzbund*; stark verankert war die marxistische und antiklerikale Gruppierung vor allem im sozialistischen Wien und in den Industriestädten. Im anderen Lager hatte Ernst Rüdiger von Starhemberg unter der Fahne der *Heimwehr* die patriotischen, konservativen und christlichen Vereinigungen versammelt; die Heimwehr war vor allem im ländlichen und alpinen Österreich verwurzelt. Jede Seite konnte 30 000 Mann mobilisieren. Noch gefährlicher wurde diese explosive Konstellation mit dem Auftreten einer dritten Partei: den Nationalsozialisten. Im April 1932 erhielten letztere bei den Regionalwahlen in Wien, Niederösterreich und Salzburg 336 000 Stimmen und eroberten fünfzehn von hundert Sitzen im Wiener Gemeinderat.

Einen Monat später gelangte der vierzigjährige Dollfuß an die Macht. Die Soziallehre der katholischen Kirche war ihm, wie seinem geistigen Ziehvater Seipel, die Richtschnur seines politischen Handelns. Seine politische Karriere hatte den aus ärmlichen bäuerlichen Verhältnissen stammenden Dollfuß, der sich der Christlichsozialen Partei angeschlossen hatte, zu einer im ländlichen Österreich verehrten Gestalt gemacht: er war Präsident des mächtigen Niederösterreichischen Bauernbunds gewesen, hatte die bäuerlichen Sozialversicherungen ins Leben gerufen und als Landwirtschaftsminister gewirkt.

Am 20. Mai 1932 an die Spitze einer Regierung getreten, die über eine Mehrheit von einer Stimme verfügte, wollte er die Koalition zwischen Christlichsozialen und Sozialdemokraten erneuern. Doch die führenden Sozialdemokraten, denen er ein Ministerium anbot, lehnten ab: Karl Renner, Julius Deutsch und Karl Seitz, der Bürgermeister von Wien. Denn das oberste Ziel des sozialdemokratischen Programms blieb weiterhin der Anschluß an Deutschland. Noch im Mai 1933 – in Berlin war Hitler bereits Reichskanzler – sollte die Sozialdemokratische Partei erklären, der Anschluß an ein freies und friedliches Deutschland bleibe auch in Zukunft ihr Ziel. Dollfuß hingegen war aus tiefster Überzeugung

11 Engelbert Dollfuß wurde 1932 österreichischer Bundeskanzler. Porträtaufnahme um 1933.

gegen den Anschluß. Sein Vaterland war nicht Großdeutschland, sondern Österreich.

Österreich war keine bedeutende Macht mehr. Dollfuß aber wollte dem Land sein Selbstwertgefühl, seinen Stolz zurückgeben, indem er dessen spezifische Rolle im Verein der Nationen beschwor. Von der Mission seines Landes förmlich durchdrungen, wollte er beharrlich einen österreichischen Patriotismus zum Leben erwecken, ja eine österreichischen Mystik, wie sie der Schriftsteller Anton Wildgans 1930 in seiner *Rede über Österreich* verherrlicht hatte.

Dollfuß konnte sich mit der Linken nicht einigen und suchte deshalb Verbündete bei der Rechten. Immer unverhohlener plädierte der Republikanische Schutzbund für den Aufstand; obwohl im März 1933 aufgelöst, führte er seine Tätigkeit im Untergrund fort. Im März kam es im Nationalrat nach einem bei einer Abstimmung unterlaufenen Formfehler zu einem Eklat, worauf der Präsident und die beiden Vizepräsidenten ihren Rücktritt einreichten. Gestützt auf ein kriegswirtschaftliches Ermächtigungsgesetz, beschloß Dollfuß, eine Zeitlang ohne Parlament zu regieren. Armee, Polizei und Heimwehr unterstützten ihn. Im Mai gründete er die Vaterländische Front. Unter dem Emblem des Krückenkreuzes der Kreuzfahrer sammelten sich bald Zehntausende von Anhängern.

Die Ernennung Hitlers zum Reichskanzler im Januar 1933 gab der Nationalsozialistischen Partei in Österreich Auftrieb. Der Nationalsozialismus war für Dollfuß eine abstoßende Ideologie, weil sie in ihren Prinzipien der katholischen Moral widersprach, weil ihre erklärte Absicht der Anschluß Österreichs an Deutschland war.

Bald kam es zwischen Berlin und Wien zu Zwischenfällen. Anläßlich einer Reise durch Österreich ließ sich der bayerische Justizminister zu dollfußfeindlichen Äußerungen hinreißen. Er wurde unverzüglich außer Landes verwiesen. Als Vergeltungsmaßnahme verhängte Deutschland die Tausend-Mark-Sperre gegen Österreich; fortan hatte jeder nach Österreich reisende deutsche Staatsbürger eine Gebühr in dieser Höhe zu entrichten –

eine verhängnisvolle Maßnahme für den für das Land lebenswichtigen Tourismus. Die Propaganda der österreichischen Nationalsozialisten intensivierte sich. Nach Tätlichkeiten gegen den politischen Gegner kam es zu Anschlägen auf öffentliche Gebäude. Der Kanzler ließ sich nicht einschüchtern. Im Juni 1933 ließ er den Anführer der Nationalsozialisten, Theo Habicht, des Landes verweisen und mehr als tausend seiner Anhänger verhaften. In der Folge häuften sich die Anschläge. Da griff Dollfuß zu drastischen Maßnahmen: die Nationalsozialistische Partei wurde verboten, fünftausend Anhänger der Partei interniert. Mit dem Segen Berlins wurden die nach Deutschland geflohenen Parteimitglieder in der Österreichischen Legion zusammengefaßt – rückwärtige Basis für terroristische Anschläge.

Unter einem rot-weiß-roten Fahnenmeer – Österreichs Nationalfarben – versammelte die Vaterländische Front am 11. September 1933 im Prater 80 000 Menschen: Dollfuß feierte den zweihundertfünfzigsten Jahrestag des Siegs über die Türken bei der Belagerung Wiens im Jahr 1683. Er beschwor Österreichs Berufung zum christlichen Bollwerk gegen die vor den Toren der Stadt lagernden Barbaren und löste damit unter der Menge, die die Anspielung sehr wohl verstand, Begeisterung aus.

Im gleichen Monat, Dollfuß hoffte noch immer auf eine Verständigung mit der Linken, sprach er sich für die Durchführung des Kongresses der Sozialistischen Arbeiter-Internationale in Wien aus. Mit den gemäßigten Sozialdemokraten führte er geheime Verhandlungen, um die Gewerkschaften zum Eintritt in die Vaterländische Front zu bewegen. Doch der illegale Republikanische Schutzbund stellte seine Aktivitäten nicht ein, ganz im Gegenteil: Polizeirapporte berichteten, in aller Heimlichkeit würden Waffenlager angelegt. Die roten Anführer waren entschlossen, im Fall einer Auflösung von Partei oder Gewerkschaften oder eines Angriffs auf das sozialistische Wien zum Generalstreik aufzurufen. Doch Dollfuß beabsichtigte nichts dergleichen. Auf Bitte des französischen Sozialistenführers Léon Blum beauftragte der französische Ministerpräsident Édouard Daladier den französischen Botschafter in Wien, Gabriel Puaux, bei der Regierung Garantien

241

für die österreichischen Sozialdemokraten zu erwirken. Dollfuß gewährte sie. Auf seiner Rechten aber mußte Dollfuß dem Druck der Heimwehr widerstehen, die für einen Präventivschlag gegen den Schutzbund plädierte.

Dann überstürzten sich die Ereignisse. In den frühen Morgenstunden des 12. Februar 1934 begann die Linzer Polizei mit einer Hausdurchsuchung am Sitz der Sozialdemokratischen Partei, um das dortige Waffenlager auszuheben. Es kam zu einem Schußwechsel; welche Seite den ersten Schuß abgab, konnte nie geklärt werden. Doch es war der Funke, der das Pulverfaß zum Explodieren brachte. Der Zwischenfall eskalierte, und bald wurde in der ganzen Stadt gekämpft. Wie ein Lauffeuer breitete sich die Bewegung aus: Graz, Innsbruck, Krems, Steyr. Um acht Uhr morgens rief Otto Bauer zum Generalstreik auf, ohne daß auch nur eine der drei vom Schutzbund erwähnten Bedingungen erfüllt wäre. Einem Diplomaten gegenüber gestand Karl Renner, nach der Auslösung des Generalstreiks nehme nun der Wahnsinn seinen Lauf.

Schon am frühen Nachmittag wurde klar, daß die Arbeitermassen nicht mitzogen: der Generalstreik war gescheitert. In Wiens Außenbezirken, den Hochburgen der Sozialdemokraten, bekämpften sich marxistische Milizen und Ordnungskräfte. Die Auseinandersetzungen dauerten vier Tage und forderten 196 Tote und 300 Verwundete auf seiten der Sozialdemokraten, 128 Tote und 400 Verwundete auf seiten der Regierungskräfte. Nach der Niederschlagung des Aufstands wurde die Sozialdemokratische Partei verboten, zahlreiche Verhaftungen durchgeführt, die Sozialisten – wie bereits zuvor die Nationalsozialisten – in Internierungslager gesteckt. Renner und Seitz wurden inhaftiert, Deutsch und Bauer flüchteten in die Tschechoslowakei. In einer wenige Monate später in Prag veröffentlichten Broschüre räumte Bauer selbstkritisch ein, möglicherweise hätten sich die Sozialdemokraten, als sie mächtig waren, zu wenig um Verständigung mit den Christlichsozialen bemüht. Diese hätten sich, von der sozialdemokratischen Unnachgiebigkeit enttäuscht, den Heimwehren zugewandt. Und so habe dann die Katastrophe ihren Lauf genommen. Die Sozialdemokraten seien zu weit links gestanden. Ein bedeutsames Eingeständnis, das Dollfuß vom Vorwurf entlastet, er habe den viertägigen Bürgerkrieg heraufbeschworen.

Am 18. Februar rief der Kanzler zur Beruhigung der Lage auf. Bei den Zwischenfällen handle es sich nicht um einen Kampf der Arbeiterwelt gegen die Regierung, sondern um den Kampf von extremistischen Grüppchen gegen Staat und Gesellschaft. Vordringlich sei nun die Hilfe für die Familien der Opfer, auch für die Familien der Aufständischen. Dollfuß setzte sich persönlich für eine baldige Haftentlassung Renners und Seitz' ein, denn in seinen Augen war das Hakenkreuz die eigentliche Gefahr. Vor hunderttausend in Wien versammelten Bauern geißelte er die »nationalsozialistischen Terroristen«. Im Kampf gegen letztere war er auf die Sozialdemokraten angewiesen. Aufgrund von Gnadenerlassen und Amnestien leerten sich die Gefängnisse allmählich.

Am 1. Mai 1934 wurde im Namen Gottes, der Quelle allen Rechts, eine neue Verfassung erlassen. Österreich wurde ein »christlicher, deutscher Bundesstaat auf ständischer Grundlage«: der Bundespräsident soll von den Bürgermeistern Österreichs gewählt werden (der bereits gewählte Bundespräsident Wilhelm Miklas bleibt im Amt), er ernennt den Kanzler; vier beratende Körperschaften bilden die gesetzgebende Körperschaft (Bundestag). Die berufsständischen Organisationen werden in sieben Korporationen zusammengefaßt, in denen Arbeitgeber und Arbeitnehmer vertreten sind.

Da der Staat sich der Einflußnahme auf die Gesellschaft, insbesondere auf die Jugend, enthält, kann das Regime nicht mit dem Faschismus gleichgesetzt werden; in Wirklichkeit orientiert es sich – wie Salazars Portugal – an der 1931 von Papst Pius XI. veröffentlichten Sozialenzyklika *Quadragesimo anno*. Die Kirche von Österreich brachte denn auch Dollfuß ihre uneingeschränkte Unterstützung entgegen – ein Damm gegen das nationalsozialistische Heidentum. In ihrem Weihnachtshirtenbrief vom Dezember 1933 wandten sich die österreichischen Bischöfe gegen Nationalsozialismus und Rassenlehre.

Auf wieviel Unterstützung konnte Österreich im Ausland zählen? In Paris hatte Dollfuß mit Daladier Gespräche geführt. Im

Februar 1934 veröffentlichten Frankreich und England eine gemeinsame Erklärung, worin sie erneut bekräftigten, sie hielten an der Unabhängigkeit Österreichs fest. Doch diese Resolution entband sie ihrer Verantwortung gegenüber dem Völkerbund, stellte folglich keine Garantie dar. Damals konnte Wien nur auf einen Verbündeten zählen: Italien. Mit den *Römer Protokollen* hatten Italien, Ungarn und Österreich einen Freundschaftspakt unterzeichnet, der zugleich ein gegen Deutschland gerichteter Verteidigungspakt war. Noch wollte Mussolini nicht, daß das Deutsche Reich am Brenner Fuß faßte. Sein erstes Treffen mit Hitler am 14. Juni 1934 verlief unerfreulich. Hingegen fühlte sich der Duce Dollfuß verbunden. Was er auch beweisen würde.

Hitler wollte sich aber des ärgerlichen kleinen Mannes entledigen. Am 25. Juli 1934 starteten die österreichischen Nationalsozialisten einen von Berlin gesteuerten Putschversuch. In Wien besetzten hundertvierundfünfzig Verschwörer Rundfunk und Bundeskanzleramt, dessen Tore aufgrund eines Mißverständnisses offen geblieben waren. Eine kleine Gruppe drang bis ins Büro des Kanzlers vor und streckte ihn mit Schüssen nieder. Ohne ärztlichen oder priesterlichen Beistand rang Dollfuß drei Stunden mit dem Tod. Dollfuß, erstes blutiges Opfer des Nationalsozialismus, starb, weil er furchtlos und allein den Kampf für den Glauben und für die Freiheit seines Vaterlands führte in einem Europa, das sich duckte.

In Wien hatten die Ordnungskräfte die Lage unter Kontrolle. Kurt von Schuschnigg, Justiz- und Unterrichtsminister, wurde zum Kanzler ernannt. In Kärnten und in der Steiermark, wo die Nationalsozialisten am stärksten waren, lieferten Bundesheer und Heimwehr den Putschisten regelrechte Schlachten. Nach zwei Tagen war der Aufstand mit Waffengewalt niedergeschlagen. Die Putschisten wurden verhaftet, zum Tod verurteilt und hingerichtet. Wutschnaubend mußte Hitler jede Verwicklung Deutschlands in den Putsch bestreiten. Nach erfolgtem Anschluß wurde Dollfuß' Mörder, Feldwebel Otto Planetta, zum deutschen Nationalhelden erklärt – ein spätes Geständnis.

Unmittelbar nach Bekanntwerden des Putschversuchs hatte

Mussolini vier Divisionen am Brenner und an der Grenze zu Kärnten zusammengezogen: eine Warnung an Hitler. Und in seiner direkten Sprache hatte der Duce dem *Popolo di Roma* am 29. Juli 1934 seine Einschätzung der Nationalsozialisten geliefert: »Mörder und Homosexuelle.«

In allen Hauptstädten Europas fanden Gedenkgottesdienste zu Ehren des verstorbenen Kanzlers statt. Aus Steenokkerzeel sandte Zita ein Telegramm an Dollfuß' Witwe: »Meine tiefste Anteilnahme an dem Schmerz, der Sie und Ihre Kinder traf. Ich flehe zu Gott, Ihnen Kraft und Unterstützung zu geben und ewige Belohnung dem heldenmütigen Verteidiger der österreichischen Unabhängigkeit.«[1]

Am 28. Juli 1934 fand in Wien das Staatsbegräbnis für den Kanzler statt; unter den Blumen um den Sarg ein Kranz mit der Schleife: »Otto – Zita.« Am selben Tag versammelte sich die kaiserliche Familie zu einem Requiem für den Verstorbenen in der Schloßkapelle von Ham.

Die Habsburger hatten Dollfuß' Patriotismus, seine Unerschrockenheit, seine antinationalsozialistische Einstellung bewundert. Sie hatten sein soziales Wirken mit Sympathie verfolgt. Seine Politik hatte aber nicht immer ihren Beifall erhalten. Nach dem sozialdemokratischen Februaraufstand 1934 hatte Otto Wien gedrängt, auf Todesurteile zu verzichten (neun Todesurteile wurden vollstreckt). Der Erzherzog war der Auffassung, der Kanzler verfüge über eine zu schmale Regierungsbasis und die deutsche Bedrohung erfordere die Einheit aller Österreicher.

Aus der Verfassung von 1934 war das Wort »Republik« verschwunden, Staatswappen war wieder der Doppeladler – das Kaiseremblem. Dollfuß war allerdings kein Monarchist. Gesprächspartnern, die Otto als »Seine Kaiserliche Hoheit« oder als »Kaiser« bezeichneten, antwortete er mit dem Hinweis auf den »jungen Herrn«. Gleichwohl suchte er die Unterstützung der Monarchisten. Kaum an der Regierung, hatte er die Verhandlungen zur Außerkraftsetzung der Habsburger-Gesetze von 1919 in Angriff genommen. Und die politischen Ansichten des Kanzlers, der in seinen jungen Jahren Republikaner gewesen war, wandelten sich. Im Herbst 1933 etwa hatte er Max von Hohenberg, der an der Spitze der Kaisertreuen stand, wissen lassen, er nähere sich seinem Standpunkt mehr und mehr an. In seinem Umkreis gab es denn auch Monarchisten: sein Minister Schuschnigg; Ludwig Draxler, Rechtsanwalt der Heimwehr und nach dem Krieg Rechtsanwalt der Habsburger; sein enger Freund Ernst Karl Winter. Mit ihm, dem thomistischen Philosophen und katholischen Soziologen, hatte er im Krieg bei den Tiroler Kaiserjägern gedient. Er hatte ihn zum stellvertretenden Bürgermeister von Wien ernannt und ihm einen Auftrag gegeben: die Annäherung an die Sozialdemokraten zu betreiben.

Am 24. Juli 1934 hatte Winter mit Dollfuß ein langes Gespräch geführt. Der Kanzler hatte ihm versichert, er sei entschlossen, alle den Nationalsozialisten feindlichen Kräfte zu sammeln. Zum einen wollte er sich mit den Sozialdemokraten versöhnen, zum anderen die Verhandlungen über den Status der Habsburger rasch zu einem Ende bringen, da er die Monarchisten in die Vaterländische Front einbinden wollte. Grundsätzlich sei er, Dollfuß, für eine monarchistische Restauration. Doch der Zeitpunkt dafür sei noch nicht gekommen, denn weder Mussolini noch die Kleine Entente würden sie akzeptieren. Am Tag nach diesem Gespräch war der Bundeskanzler ermordet worden.

Dollfuß war bekanntlich kein Anhänger der Habsburger. Wenn er an eine Restauration dachte, dann nicht aus nostalgischen Gründen. Seine Logik war eine ganz andere. In Berlin war Hitler an der Macht, deshalb mußten die österreichischen Patrioten ihre Kräfte verstärken. Um dieses Ziel – und eine breite Mobilisierung – zu erreichen, beriefen sie sich auf alles, was der Unabhängigkeit Österreichs einen Sinngehalt verleihen konnte. Dieser Weg führte unweigerlich zurück in Geschichte, Kultur und Ruhm des alten kaiserlichen und katholischen Österreich. Im Namen der österreichischen Legitimität kämpfen bedeutete, sich mit dem geistigen Erbe der Habsburger auseinanderzusetzen – die Dynastie, die siebenhundert Jahre lang diese Legitimität verkörpert hatte. In den dreißiger Jahren sollte die monarchistische Strömung im Kampf um die Freiheit Österreichs eine häufig verkannte Rolle spielen.

Schon im Winter 1918/19 hatten sich am Rande der Legalität Zirkel gebildet, etwa das Zentralkomitee des Prinzen Johannes von und zu Liechtenstein. Das Komitee versammelte hohe Beamte und Politiker und verfügte in höheren Kreisen über ein breites Beziehungsnetz. Der ehemalige Kommandant der kaiserlichen Leibgarde, Oberst Gustav Wolff, hatte seinerseits in aller Öffentlichkeit einen Offiziers- und Unteroffizierszirkel initiiert: die Schwarz-Gelben Legitimisten, später umbenannt in Kaisertreue Volkspartei. Diese Gruppierung richtete sich eher an den Mittelstand und war in der Steiermark, in Kärnten und vor allem in Tirol gut vertreten.

Vor den Wahlen von 1923 hatten die Christlichsozialen den Monarchisten einige Sitze zugesichert. Doch die Rechte schnitt schlecht ab, weshalb nur ein Abgeordneter ins Parlament einziehen konnte. Nach diesem Mißerfolg hatten Friedrich von Wiesner und Hans Karl von Zessner-Spitzenberg der Bewegung im Rahmen des bereits 1921 gegründeten Reichsbunds der Österreicher neue Impulse verliehen. Ziel war, österreichisches Denken und Patriotismus zu erhalten und zu fördern; die österreichische Geschichte und die sich übernational verstehende Tradition der Habsburger zu pflegen im Hinblick auf die politische und moralische Einheit der Völker der ehemaligen österreichisch-ungarischen Monarchie; die Gegenpropaganda zu bekämpfen und die eigenen Vorstellungen der Zeit anzupassen, um sie für die Zukunft fruchtbar zu machen.

Nach dem Tod Kaiser Karls hatte Fürsterzbischof Kardinal Piffl im Stephansdom eine Messe für den Verstorbenen gelesen; ein halboffizieller Anlaß, hatten doch die christlichsozialen Minister daran teilgenommen. Nicht alle Gläubigen hatten in dem gewaltigen Bau Platz gefunden. In den zwanziger Jahren allerdings waren dann die militanten Monarchisten wenig zahlreich gewesen. Im Juni 1922 waren laut Wiener Polizei Flugblätter mit dem Titel »Es lebe Kaiser Otto« verteilt worden. Ein politisch bedeutungsloser sentimentaler Aktivismus. Es war dann der Nationalsozialismus, der, als Antithese, das österreichische Gewissen aufrüttelte und eine Reaktion heraufbeschwor, von der die Bannerträger der Dynastie profitierten.

Seit 1931 hatte der Reichsbund plötzlich großen Zulauf. Eine Jugendorganisation wurde auf die Beine gestellt, in Anspielung auf den Thronprätendenten Ottonia genannt. Die beiden Gruppierungen schlossen sich im selben Jahr zu einem Dachverband zusammen, dem Eisernen Ring. 1938 waren in diesem Zentralverband des Legitimismus fünfzig Vereinigungen vertreten, die weitaus größten waren Reichsbund und Ottonia mit ihren zwanzigtausend Mitgliedern. Dann folgten die Studentenverbindungen: die Corps-Ottonen – eine schlagende Verbindung – oder die Landsmannschaften – nicht-schlagende Verbindungen –, deren erste, die Maximiliana, 1922 gegründet worden war. Innerhalb des Eisernen Rings gab es auch Offiziersvereinigungen, einen adeligen Verein, einen legitimistischen Arbeiterbund (mit seinem Stoßtrupp, der Schwarz-gelben Aktion der Jugend), Frauenorganisationen, Pfadfinder, Kulturzirkel, lokale Brauchtumsgruppen.

Der von Max von Hohenberg präsidierte Eiserne Ring wurde von Friedrich von Wiesner betreut. Hohenberg, Franz Ferdinands ältester Sohn, brachte das Ansehen seines Geschlechts und seine Beziehungen ein; Wiesner, der ehemalige Diplomat und bemerkenswerte Organisator, war die operationelle Spitze der Bewegung. Unzählige Male reiste er zwischen Wien und Belgien hin und her, um sich mit Otto zu besprechen. Keine Vergangenheitsnostalgie bei diesem der Tradition verpflichteten Mann, kein Sektierertum bei diesem Katholiken: Protestanten und Juden hatten bei den Kaisertreuen ihren Platz. Wiesner hatte begriffen, daß das monarchistische Gedankengut dann attraktiv war, wenn es nicht als Einforderung historischer Rechte, sondern als Alternative zu den momentanen Schwierigkeiten Österreichs verstanden wurde. Und mit dieser Auffassung wußte er sich mit Otto und Zita einig.

Aktiv, aber nicht kritiklos unterstützten die Monarchisten Dollfuß in seinem Kampf für die Unabhängigkeit Österreichs: unablässig forderten sie eine Annäherung an die Sozialdemokraten. Für Wiesner war das strategisches Kalkül, da er in der Arbeiterwelt ein Potential für die Sache der Monarchie sah und entsprechende Beziehungen pflegte. Nach dem Februaraufstand von 1934 hatte er in einem Aufruf an die Arbeiter den Klassenkampf als falsche Lösung angeprangert, an die Sozialgesetzgebung der Habsburger erinnert und die Schiedsrichterfunktion der Monarchie unterstrichen.

Seinen Erfolg in den dreißiger Jahren verdankte der Legitimismus auch einer intensiven geistigen Auseinandersetzung. Zeitungen, Zeitschriften, Kolloquien trugen das ihre bei zur Erarbeitung eines eigentlichen Lehrkorpus, das eintrat für die Idee Österreich und gegen den Nationalsozialismus, für die christliche und soziale Monarchie und gegen den liberalen Kapitalismus, für die Pluralität und die Achtung der Minderheiten und gegen den Rassismus, für die Freundschaft mit den Ländern des ehemaligen Reichs und gegen den übersteigerten Nationalismus.

Der Österreicher, ein 1925 gegründetes Monatsheft, war das offizielle Organ der Kaisertreuen; unter der Leitung von Karl Werkmann, Kaiser Karls ehemaligem Sekretär, wurde es bald zur Wochenzeitschrift. Zahlreiche weitere Zeitschriften befaßten sich mit denselben Themen: *Vaterland* von Wilhelm Schmid; *Österreichische Akademische Blätter*, herausgegeben von den Studenten der Landsmannschaften; *Wiener Politische Blätter* von Ernst Karl Winter; *Monatshefte für österreichische Aktivisten*, in Salzburg von Hermann M. Görgen publiziert. Zessner-Spitzenberg leitete die Österreichische Gesellschaft für Kunst und Wissenschaften, deren Ehrenpräsident Otto war. Er gab das *Gedächtnis-Jahrbuch* heraus, das ganz dem Andenken Kaiser Karls und der Habsburgerdynastie gewidmet ist. Der deutsche katholische Philosoph Dietrich von Hildebrand, ein enger Freund von Kardinal Pacelli (dem späteren Papst Pius XII.), emigrierte 1933 nach Österreich und ließ sich dort naturalisieren. Er war Herausgeber des Wochenblatts *Der Christliche Ständestaat*. Ohne ausdrücklich monarchistisch zu sein, vertrat dieses Organ ähnliche Positionen wie die Kaisertreuen. In der Gegenüberstellung von Habsburger Zivilisation und preußischem Geist entwickelte sie christlich-soziales Gedankengut in Anlehnung an Karl von Vogelsang, den vierzig Jahre zuvor in Wien verstorbenen katholischen Sozialtheoretiker.

Die 1927 gegründete Österreichische Aktion (die Analogie zur *Action française* ist gewollt), Vereinigung und Publikationsorgan zugleich, wollte die Grundlagen für eine neue Identität des Landes schaffen. Zu dieser Gruppe gehören Alfred Missong, Ernst Karl Winter, Hans Karl von Zessner-Spitzenberg, Wilhelm Schmid und August Maria Knoll. Was ist Österreich? Die Antwort der Legitimisten auf die seit 1918 aktuelle Frage lautete: Stärkung der Identität als Grundlage einer Nation, die ihren Platz in der Geschichte wahren will. Gern erinnerten sie daran, daß bereits in den mittelalterlichen Universitäten die aus Österreich stammenden Studenten im Zeichen der *natio austriaca* versammelt waren.

Die Monarchisten übten schonungslose Kritik am Nationalsozialismus. 1932 erschienen zwei Werke, die Hitlers Strategie erstaunlich präzis entlarvten: *Der Nazispiegel*, von Alfred Missong unter dem Pseudonym Thomas Murner veröffentlicht, und *Die Hakenkreuzler* des Franziskaners Cyrill Fischer. Ausgehend vom Nachweis, daß der Mythos von Rasse und Blut dem katholischen Glauben zutiefst widerspricht, sahen sie voraus, daß der nationalsozialistische Totalitarismus in der Apokalypse enden werde.

Um 1935 zählte die monarchistische Strömung dreißigtausend Anhänger – zahlenmäßig keine Massenbewegung. Ihre Ausstrahlung indes war beträchtlich, rekrutierten sich doch ihre Mitglieder aus der Oberschicht: Offiziere, Mittelschul- oder Universitätsprofessoren, Bürgermeister, Bankdirektoren, Industrielle, Magistraten, Beamte, Studenten. In Tirol etwa verfügten die Kaisertreuen im Volk über echten Rückhalt.

Die Durchschlagskraft legitimistischer Ideen war groß. Dabei spielt auch der Zeitfaktor eine Rolle: zu Beginn der dreißiger Jahren hatte jeder Österreicher, Kinder ausgenommen, unter der Monarchie gelebt. Beinahe alle Beamten und Offiziere hatten in der kaiserlichen Verwaltung oder Armee gedient. Jeder Erwachsene wußte noch um das Ansehen des Landes unter Franz Joseph, um dessen Wohlstand, um die Lebensqualität der k. u. k. Zeit. Der Bruch mit der Dynastie war zwar vollzogen, lag aber erst zwölf

Jahre zurück. Und mit Ausnahme der äußersten Linken in der Sozialdemokratie waren die Österreicher stets nur Republikaner wider Willen gewesen. Das galt bei der Rechten insbesondere für die Christlichsozialen. Selbst innerhalb des Staatsapparats gab es Anhänger der Habsburger, die sich in Steenokkerzeel diskret als solche zu erkennen gaben. So versicherte etwa Johann Schober, Bundeskanzler und Außenminister in den Jahren 1929–1930, Polizeipräsident bis 1932, Zita und Otto schriftlich seiner Loyalität.

Die Kaiserin und ihr Sohn präsidierten insgesamt vierhundertfünfundsiebzig Organisationen: Union bürgerlicher Kaufleute, christliche Frauen, katholische Arbeitervereine, Tiroler Schützengesellschaften, Studentenverbindungen. Im Dezember 1931 ernannte das Tiroler Dorf Ampaß Otto zum Ehrenbürger. Es war der Anfang einer Flutwelle: 1938 hatten 1603 Gemeinden (davon 1 000 in Tirol) dem Haupt des Hauses Habsburg das Ehrenbürgerrecht verliehen, also mehr als ein Drittel der insgesamt 4 400 österreichischen Gemeinden.

Mehr noch als die Volljährigkeitserklärung war es diese Sympathiewelle aus dem Volk, die Otto seine Verantwortung und Aufgaben erkennen ließ. Seit dem Tod des Vaters war er der »Kaiser«. Eine rein theoretische Herrschaft, die kaum jemanden bewegte. Ab 1930 änderte sich die Konstellation. Spontan erinnerten sich die Österreicher seiner. Angesichts des Gespensts des Nationalsozialismus wandten sie sich der väterlichen und schützenden Figur des Kaisers zu – und sei es in der Gestalt eines achtzehnjährigen Jünglings.

Eine gewaltige Aufgabe harrte seiner: Gespräche mit den monarchistischen Spitzenvertretern in Steenokkerzeel, umfangreiche Korrespondenz. Bis 1935 bewältigte er dieses Pensum neben dem Studium in Absprache mit seiner Mutter. Ohne je Ottos Stelle einnehmen zu wollen, stand sie ihm beratend zur Seite. Im Juli 1930, als ihr Wiesner den Programmentwurf der Legitimisten unterbreitete, griff sie zwei Punkte auf. Was die Form betraf, so bedauerte sie, daß ihr Sohn als »Otto von Österreich« und nicht als »Seine Majestät, Otto I.« bezeichnet wurde. Sie ließ sich davon überzeugen, daß die erste Bezeichnung angemessener sei. Was den Inhalt betraf, so bekam sie recht: Zita hatte darauf hingewiesen, daß weder die sozialpolitischen Entwürfe der Monarchisten noch deren kategorische Ablehnung des Anschlusses genügend hervorgehoben wurden. Der nächsten Fassung stimmte sie dann zu.

Otto machte seine eigenen Vorstellungen in Briefen publik, die er zu Hunderten nach Österreich sandte. Seine Position, so betonte er unermüdlich, stelle ihn über die Parteien. Diese Unabhängigkeit war seiner Auffassung nach der Schlüssel zu einem neuen sozialen Gleichgewicht: »... ist die durch den Umsturz schutzlos gewordene breite Masse des Volkes der Willkür des Liberalismus oder dem Terror des Sozialismus preisgegeben worden«, schreibt er etwa an die katholischen Arbeiter von Roppen in Tirol, und versichert ihnen: »Ich will die katholisch-soziale Monarchie der Zukunft aufbauen auf den Grundsätzen, die die großen sozialen Päpste verkündet haben ... An Stelle des sozialen Kampfes wollen wir die christliche Brüderlichkeit in das öffentliche Leben einführen. Nicht Klassenkampf, sondern Klassenverständigung und soziale Gerechtigkeit ist unsere Parole ... Der Kaiser gehört keiner Partei, keiner Gruppe an, er ist für das ganze Volk da.«[2]

Nach Dollfuß' Ermordung glaubte Otto, seine Stunde sei gekommen. Er war vierundzwanzig. Nichts konnte ihm angelastet werden, da er weder an der Republik noch am Ständestaat je beteiligt gewesen war. Mit der aufstrebenden monarchistischen Bewegung verfügte er über eine Basis. Nicht nur Österreich, sondern die ganze Welt war über das nationalsozialistische Attentat empört. Nach dem Tod der charismatischen Kanzlerfigur war eine spektakuläre Tat geboten – das konnte nur die Rückkehr Ottos nach Österreich sein. Am 27. Juli, zwei Tage nach dem Putschversuch, traf Max von Hohenberg mit Schuschnigg zusammen und eröffnete ihm Ottos Absicht. Wenig später kam in Steenokkerzeel ein Telegramm mit der Antwort des neuen Kanzlers an: sie war negativ.

Im Machtvakuum, das Dollfuß' Tod geschaffen hatte, wäre alles möglich gewesen. 1934 hätte Hitler großen Schaden anrichten können, doch er hätte sich einer Rückkehr der Habsburger nicht mit Waffengewalt widersetzt. Denn ihm fehlten die nötigen Mittel: bis 1938 beruhte die Machtposition des Reichs auf einem Bluff. Die Kleine Entente hätte nicht eingegriffen, denn Paris und London hätten ihre Zustimmung verweigert, war doch für sie Österreich zu unbedeutend, um einen regionalen Konflikt zu riskieren. Mussolini wiederum, damals noch auf antideutschem Kurs, hätte sich der Präsenz Ottos in Wien nicht widersetzt. Hatte es in Österreich je eine Chance zur Restauration der Monarchie gegeben, dann damals.

Kurt von Schuschnigg war eine komplexe Persönlichkeit: ein differenzierter und kluger Mann von Format. Sehr selbstsicher, zugleich aber diskret und zurückhaltend, ging er selten aus seiner Reserve heraus. Er war mutig – das hatte er 1930 mit der Gründung der Ostmärkischen Sturmscharen bewiesen, eines Ordnungsdiensts zum Schutz katholischer Demonstrationen. Als Christ, Patriot, Adliger und Tiroler verabscheute er den Nationalsozialismus, doch wie einige seiner Generation hing er »großösterreichischem« Gedankengut an. Als Anhänger der Habsburger war er von ihrer historischen Rolle im deutschen Raum überzeugt, zugleich aber geprägt vom gemeinsamen Erbe von Österreichern und Deutschen in Sprache und Kultur. »Eine Nation, zwei Staaten« lautete Seipels Formel: Schuschnigg stand dieser Vorstellung ziemlich nah. Dollfuß hatte sich zuweilen dieser »deutschösterreichischen« Rhetorik bedient als Ausdruck dafür, daß Wien zum Refugium der deutschen Kultur geworden war, nachdem in Deutschland die Barbarei herrschte. Doch der kleine Kanzler, dem noch etwas von seiner bäuerlichen Derbheit anhaftete, hätte ohne Gewissensbisse einen Schießbefehl gegen die Preußen erteilt. Nicht so Schuschnigg. Für ihn, den Intellektuellen, war die Debatte um Österreichs Identität noch nicht entschieden.

Gleichwohl war Schuschnigg Monarchist, und zwar ein aufrichtiger. Seine vier Jahre am Ballhausplatz waren ein ständiges Abwägen, ob die Rückkehr Ottos opportun sei, welches die Chancen einer Restauration seien – ein unentschlossenes Hin und Her. Vier Jahre lang schob Schuschnigg die Entscheidung vor sich her, wollte Zeit gewinnen. Otto ließ sich nicht entmutigen und drang immer wieder auf ihn ein. Tatsache ist: in den Jahren 1934 bis 1938 war die Restauration der Monarchie in Österreich mehr als bloße Hypothese. Es war eine im Land selbst wie in den Zentren der Macht diskutierte Möglichkeit. Die Habsburger und ihre Anhänger waren die einzigen, die unbeirrt an der kategorischen Ablehnung des Anschlusses festhielten; daher die enge Verknüpfung der Geschichte des Legitimismus mit dem Kampf um die Unabhängigkeit Österreichs.

Schuschnigg hatte Dollfuß vorgeschlagen, zwei anstehende Fragen getrennt zu behandeln: Grundsatz der Restauration auf der einen, Rückkehr der kaiserlichen Familie ins Land auf der anderen Seite. Im Frühjahr 1933 hatte Schuschnigg im Auftrag des Kanzlers mit Otto in Paris Gespräche über die Außerkraftsetzung der Habsburger-Gesetze geführt.

Einmal Regierungschef, trieb Schuschnigg die Verhandlungen voran. Um die Lage zu entspannen, ließ Zita im Dezember 1934 über ihren Rechtsanwalt eine Erklärung veröffentlichen, wonach die Beschlagnahmung von Privatbesitzungen der kaiserlichen Familie eine unrechtmäßige Tat gewesen sei. Ihre Majestät wünsche nicht so sehr die Rückgabe ihres Besitzes, sondern vor allem eine Geste der Entschuldigung als Anerkennung der ihr gegenüber begangenen Ungerechtigkeit. Die Kaiserin verlange, mit Rücksicht auf den finanziellen und wirtschaftlichen Zustand Österreichs, die Rückgabe der Güter in einer Form und zu einem Zeitpunkt, die für das Land keinerlei schwerwiegende Finanzprobleme verursachen würden. Dieses Entgegenkommen erleichterte den Ausgang der Verhandlungen.

Am 10. Juli 1935 beschloß der österreichische Bundestag, die Habsburger-Gesetze vom April 1919 außer Kraft zu setzen. Den Habsburgern wurden ihre Privatgüter zurückerstattet – Eigentum des Staats blieben Paläste und Sammlungen. Die rechtliche Lage war indes derart verworren, daß sie bis zum Zeitpunkt des Anschlusses nicht bereinigt war (ausgenommen einige Immobilien, die Mieterträge abwarfen).

Wesentlich war, daß auch die Landesverweisung aufgehoben wurde. Otto war mit Schuschnigg übereingekommen, er werde von diesem Recht nur mit dessen Zustimmung Gebrauch machen. Für Zita hingegen war nur eine Rückkehr als Kaiserin vorstellbar, nicht etwa aus Stolz, sondern aus Treue zu Karls Vermächtnis. Doch von ihr ermutigt, taten drei ihrer Kinder den Schritt und betraten den heimatlichen Boden. 1936 war Adelhaid, die Otto sehr nahestand, zweiundzwanzig Jahre alt. Im Zusammenhang mit ihrer später in Löwen eingereichten wirtschaftswissenschaftlichen Dissertation reiste sie regelmäßig nach Österreich, wo sie vornehmlich soziale Institutionen besuchte. Überall, in Wien wie in Tirol, trat sie als Ottos Botschafterin auf. Beim ersten Mal bereitete ihr die katholische Jugend in Salzburg einen begeisterten Empfang. Erzherzog Felix, der in Löwen Jura studierte, beging seinen einundzwanzigsten Geburtstag mit dem Eintritt in die Theresianische Militärakademie in Wiener Neustadt. Einige seiner Professoren hatten unter Karl gedient. 1937 legte Karl Ludwig im Wiener Schottengymnasium, das bereits sein Vater besucht hatte, die Reifeprüfung ab.

Außenpolitisch verfolgte Schuschnigg die gleiche Linie wie Dollfuß: die Unabhängigkeit Österreichs bewahren, Deutschland die Stirn bieten. Kurz nach Regierungsantritt stattete er etlichen Hauptstädten Europas einen Besuch ab. Im September 1934 warnte ihn Louis Barthou, der französische Außenminister: »Ne restaurez pas les Habsbourgs.«[3] Ansonsten sicherten ihm Paris und London ihre Unterstützung zu. Doch Schuschnigg befürchtete, das seien leere Worte. Am meisten Rückhalt fand er in Rom. Ging es um Deutschland, war Italien noch immer Frankreichs und Englands Verbündeter. An der Dreimächtekonferenz in Stresa im April 1935 zeigten sich die drei Länder entschlossen, eine Verletzung des Versailler Vertrags nicht zuzulassen und Österreichs Unabhängigkeit zu garantieren.

Im September 1935 fand in Mühlhausen (Elsaß) ein geheimes Treffen zwischen Schuschnigg und Otto statt. Der Erzherzog hatte dieses zweite – wie alle späteren – Treffen mit seiner Mutter vorbereitet. Der Kanzler, der Otto mit »Seine Majestät« ansprach, beteuerte, wegen Mussolinis Widerstand sei eine Restauration innert Jahresfrist unmöglich. Um diesen Punkt zu klären, schickte der Erzherzog zwei Monate später Wiesner nach Rom: der Duce sprach sich für die österreichische Monarchie aus. Doch bereits zuvor, im Oktober 1935, hatte sich das Bündnis von Stresa zerschlagen. Grund dafür war Mussolinis Abessinienfeldzug, mit dem er Italien ein Kolonialreich verschaffen wollte. An der Eroberung Äthiopiens entzündete sich eine der wenigen Meinungsverschiedenheiten zwischen Otto und seiner Mutter: Otto nahm Partei für Italien, Österreichs Beschützer; Zita für den Negus, da sie die internationalen Folgen des Konflikts auf afrikanischem Boden in Betracht zog. Paris und London machten sich im Völkerbund für Sanktionen gegen Rom stark. Das Ergebnis war unausweichlich: von Frankreich und England zurückgewiesen, begann Mussolini sich Deutschland anzunähern, bevor er sich dann in Hitlers Arme stürzte. Österreich hatte seinen einzigen Fürsprecher verloren.

Nach dem Mord an Dollfuß hatte Hitler Franz von Papen zum Botschafter in Österreich ernannt; der ehemalige Reichskanzler, Katholik und gewiefter Diplomat, sollte den Dialog mit Wien wiederaufnehmen. Nach zwölfmonatigen Gesprächen war von Papens Umgarnungsstrategie am Ziel: am 11. Juli 1936 wurde das Juliabkommen zwischen Österreich und dem Deutschen Reich unterzeichnet. Darin erkannte Berlin die Souveränität Österreichs an und verpflichtete sich, sich nicht in die inneren Angelegenheiten Österreichs einzumischen, auch nicht in der Frage des österreichischen Nationalsozialismus. Im Gegenzug traten zwei Freunde Deutschlands, Edmund Glaise-Horstenau und Guido Schmidt (mehr Deutschnationale als Nationalsozialisten), in die Regierung ein.

Schuschnigg bat Otto, Paris (wo der Erzherzog zahlreiche Beziehungen unterhielt) wissen zu lassen, es handle sich um eine taktische Konzession, die weder die Unabhängigkeit des Landes noch sein Bemühen um anglo-französische Unterstützung in Frage stelle. Doch Otto lehnte die Mission ab. In seinen Augen war ein entscheidender Fehler begangen worden: das Abkommen sei ein Schwindel und schwäche das Widerstandspotential Österreichs.

Im September 1936 fand in Genf ein drittes Treffen zwischen Otto und Schuschnigg statt. Der Kanzler rechtfertigte sich und betonte, er sei noch immer ein Befürworter der Restauration. Otto erwiderte unnachgiebig, die Zeit, die seit Juli 1934 hätte genutzt werden müssen, sei in Wahrheit vertan worden. Die Atmosphäre war frostig.

Berlin verstärkte nun den Druck auf Wien. Göring wiederholte unablässig, das Reich werde das Abkommen vom 11. Juli 1936 respektieren, ausgenommen im Fall der Rückkehr der Habsburger. Im Herbst 1936 ließ er den Botschafter Österreichs in Belgrad wissen, die Divisionen, die in diesem Fall in Österreich einmarschieren würden, seien bereits bestimmt.

Im Winter 1936/37 sondierte Schuschnigg nochmals die Lage bei Mussolini. Doch der Diktator hatte sein Lager gewählt: in Rom hatte er im Januar 1937 Göring wissen lassen, Italien widersetze sich einem Anschluß nicht. In Wien drohte der deutsche Außenminister Neurath Kanzler Schuschnigg, eine Restauration der Habsburger in Österreich käme einem Selbstmord gleich. Zum damaligen Zeitpunkt arbeitete der Generalstab der Wehrmacht einen Einmarschplan aus, um Österreich zum Verzicht auf die Monarchie zu zwingen. Der Plan lief unter dem Decknamen »Operation Otto«. Im Dezember 1937 fand im Kloster Einsiedeln in der Schweiz das vierte Treffen zwischen Schuschnigg und Otto statt. Der Thronprätendent wollte wissen, welche Vorkehrungen getroffen würden, um den bewaffneten Widerstand gegen Deutschland zu organisieren. Die Antwort blieb im vagen.

Kaum auf Posten in Wien, informierte Papen Berlin, der Gedanke der Restauration gewinne an Terrain. Eine neue Anhängerschaft stärkte die traditionell kaisertreuen Kräfte. Tausende von Österreichern aus liberalen jüdischen Kreisen und aus den unteren Schichten setzten ihre Hoffnung auf Habsburg. Martin Fuchs, ein legitimistischer Jude und damaliger Presseattaché an der österreichischen Botschaft in Paris, betonte, die Restauration der Monarchie sei das einzige Mittel, die tragische Kluft, die sich im

Februar 1934 aufgetan habe, zu schließen und die nationale Einheit auf rein österreichischer Basis wiederherzustellen. Nach dem Bürgerkrieg könne nur eine oberste Gewalt, ein über den Parteien stehender Schiedsrichter, den Frieden durchsetzen.

Daß sich so viele Arbeiter der kaiserlichen Familie zuwandten, beunruhigte sogar den Sozialdemokraten Otto Bauer in seinem Prager Exil. Er schätzte die Habsburger als gefährlicher ein als Hitler. Anscheinend war die Luft in Böhmen antidynastischen Haßgefühlen förderlich; schließlich war es doch der tschechoslowakische Außenminister Beneš gewesen, der 1934 die unsägliche Parole »Lieber Hitler als Habsburg« geprägt hatte!

Das österreichisch-deutsche Abkommen vom 11. Juli 1936 hatte die Glaubwürdigkeit der Vaterländischen Front beeinträchtigt. Wie konnte eine Regierungspartei eine vom Kanzler selbst ratifizierte Übereinkunft kritisieren? Von der Ambivalenz der Vaterländischen Front profitierten die Kaisertreuen. In den Augen der Patrioten war die zu keinerlei Kompromissen bereite monarchistische Bewegung die Sturmspitze der Front gegen den Nationalsozialismus.

Die Nazi-Propaganda wütete. Bereits 1935 hatte *Der Angriff*, das Organ von Propagandaminister Goebbels, Zita, »die schwarze Frau«, angegriffen: »Worauf hofft diese Frau aus dem Hause Bourbon-Parma, deren Ehrgeiz einen schwachen Kaiser zum Verrat an Deutschland mitten im Kriege antrieb ... Was will Zita, die ihren Mann zweimal in einen Putsch jagte, der unter Gelächter und Maschinengewehren wie ein blasser Traum zerstoben ist?« 1937 dann eine weitere Salve: »Seit Jahr und Tag hält die ergraute Ex-Kaiserin Zita mit ihrer zahlreichen Kinderschar Schulungskurse im spanischen Hofzeremoniell ab, damit sie sich dereinst – ach, dereinst – in der Hofburg beim legitimistischen Maskentreiben wieder erlaucht genug benehmen kann.«[4]

Die seit 1933 verbotene NS-Partei setzte ihre Wühlarbeit fort, insgeheim von Deutschland finanziert. Im Mai 1937 ordneten ihre Anführer die Sprengung legitimistischer Treffen an. In blutigen Zusammenstößen gerieten Hakenkreuz-Anhänger und Monarchisten aneinander, und zwar immer häufiger und erbitterter, da die Habsburg-Anhänger Aufwind hatten. Aus Anlaß von Ottos fünfundzwanzigstem Geburtstag fand am 20. November 1937 im Konzerthaus in Wien eine legitimistische Versammlung statt. Eine gewaltige Menge drängte sich, und mehrere tausend Personen fanden im Innern keinen Platz. Die Hälfte des Saals füllten junge Leute und Arbeiter. Erzherzog Felix, in der Uniform der Offiziersaspiranten, und Erzherzogin Adelhaid wurden bejubelt, während die Menge skandierte: »Wir wollen den Kaiser.« Im Rahmen einer Propagandakampagne fanden am 11. Januar 1938 in ganz Österreich sechzig Versammlungen statt, mehrere davon in Wien. An jenem Tag folgten hunderttausend Österreicher dem Aufruf der Legitimisten – zur Erbitterung der Nationalsozialisten.

Am 25. Januar 1938 hielt Schuschnigg die Beweise für ein Komplott der österreichischen Nationalsozialisten in den Händen. Die Verschwörer wurden verhaftet. Diese Ordnungsmaßnahme verschärfte die Lage. Papen, wie immer ein geschickter Unterhändler, konnte den Kanzler von der Notwendigkeit eines direkten Treffens mit Hitler überzeugen, um die Schwierigkeiten zwischen den beiden Staaten zu bereinigen. Schuschnigg ließ sich nicht täuschen, stimmte aber der Begegnung gleichwohl zu. Zuvor hatte er mit Rom telefoniert und Gespräche mit den Botschaftern Frankreichs und Großbritanniens geführt: keine konkrete Hilfe wurde ihm zugesichert.

Allein, physisch und psychisch allein, hatte er sich einer Begegnung zu stellen, die sich als Falle erweisen sollte. Bei der Abreise in Salzburg gab er Befehl, falls er bis acht Uhr abends nicht zurück sei, sei die Grenze zu schließen und die Armee in Alarmbereitschaft zu versetzen. In Hitlers Adlerhorst in Berchtesgaden wurde er dann behandelt, wie kein Regierungschef je bei einem Auslandsbesuch behandelt worden ist.

Der deutsche Reichskanzler, vom Armeegeneralstab *in corpore* umgeben, verfolgte Schuschnigg gegenüber eine unerhörte psychologische Einschüchterungsstrategie. Der Kettenraucher Schuschnigg erhielt Rauchverbot, weil sich Hitler durch den Tabak belästigt fühlte. Zu Beginn wurde ihm der Einmarschplan für Österreich vorgelegt. Bald flehte Hitler, der Schmierenkomödiant, bald drohte er; er wälzte sich am Boden, biß in den Teppich, ließ unter dem entsetzten Blick des österreichischen Kanzlers bald die Tränen fließen, bald brüllte er. Vor Wut schäumend, warf der Führer Schuschnigg vor, sein Volk, sein deutsches Volk in Österreich zu unterdrücken und zu quälen. Wenn sich das Land nicht unterwerfe, so drohte er, werde es, wie die übrige Welt, zermalmt. Acht Stunden lang sträubte sich Schuschnigg. Acht der elf von den Deutschen aufgezwungenen Klauseln lehnte der Kanzler ab, drei nahm er an: Verpflichtung Deutschlands, die Unabhängigkeit Österreichs zu respektieren; Ernennung eines Nationalsozialisten zum Innenminister; Amnestie für die inhaftierten Nationalsozialisten. Die Beschlüsse würden, so Schuschnigg, erst mit der Unterzeichnung durch Bundespräsident Miklas Gültigkeit erlangen. Der Österreicher verließ den Ort als ein Geschlagener. Und mit der Gewißheit, daß Hitler wahnsinnig sei und Europa dem Krieg entgegenrase.

Wäre Dollfuß an seiner Stelle gewesen, er hätte die Wahrheit enthüllt, die ganze Welt alarmiert. Schuschnigg aber schwieg, von seinem Geheimnis erdrückt. Anfangs lehnte Wilhelm Miklas die in Berchtesgaden gemachten Zugeständnisse ab, aber er wußte um die deutschen Einmarschpläne und um die Isoliertheit des Landes auf internationalem Parkett. In die Enge getrieben, willigte er schließlich in die Amnestie für die österreichischen Nationalsozialisten ein. Am 15. Februar wurde die Regierung umgebildet: Arthur Seyß-Inquart, ein nationalsozialistischer Rechtsanwalt, wurde Innenminister.

Die Anhänger des Hakenkreuzes zogen jubelnd durch die Straßen. Unter den Patrioten machte sich Niedergeschlagenheit breit. Schuschnigg suchte, entmutigt und verzweifelt, überall im Ausland Unterstützung. Am 21. Februar wurde er in Paris empfangen – mehr oder weniger verschämt: sein Zug traf im kleinen Bahnhof von Reuilly ein. Und angeboten wurden ihm lediglich mündliche Zusicherungen.

Otto hatte die Lage erkannt. Nun war nicht mehr die Zeit der politischen Diskussionen, sondern der nationalen Einheit. Er wußte um den Glanz seines Namens und ahnte, daß Tausende auf ihn blickten, und so träumte er denn davon, Träger des Überlebenswillens seines Volkes zu sein. Er brannte darauf, nach Österreich zurückzukehren, und zwar nicht um Kaiser zu werden, sondern um sich an die Spitze der Regierung zu stellen. Miklas sollte Staatsoberhaupt bleiben, ein Sozialdemokrat und ein Christlichsozialer sollten Vizekanzler werden, das Parlament seine vollen Rechte zurückerlangen, General Wilhelm Zehner – der Staatssekretär im Verteidigungsministerium und glühende Patriot stand seit langem in Verbindung mit ihm – freie Hand haben, die von Schuschnigg in die Vaterländische Front überführte Heimwehr wiederhergestellt und bewaffnet werden, der Schutzbund, mit dem Wiesner Kontakte hatte, mobilisiert werden: ganz Österreich gegen Hitler...

Am 17. Februar 1938 wandte sich Otto von Steenokkerzeel aus in einem Schreiben, das er keinem seiner sonstigen Ratgeber, nicht einmal Wiesner, unterbreitete hatte, an Schuschnigg. Nur Zita hatte den Brief gelesen und einige Änderungen vorgeschlagen.

»In dieser Stunde muß ich reden – zu Ihnen reden, der Sie heute so große Verantwortung für meine Heimat vor Gott und dem Volke tragen. Diese Verantwortung ist furchtbar. Sie besteht gegenüber dem Volke, welches an Sie, den Verfechter des Unabhängigkeitsgedankens, glaubt und Sie in dieser Politik unterstützen will.« Otto erinnerte daran, daß er das Juliabkommen von 1936 stets abgelehnt hatte, und unterstrich die Unvereinbarkeit zwischen den »neuheidnischen Bestrebungen« im Dritten Reich und der katholischen Zivilisation. Dann forderte er die Aussöhnung mit der Linken: »Die Arbeiter haben in den letzten Tagen bewiesen, daß sie Patrioten sind.« Er bat Schuschnigg, von weiteren Konzessionen an Deutschland abzusehen: »Sollten Sie einem Druck von deutscher oder von Betont-Nationaler Seite nicht mehr widerstehen zu können glauben, so bitte ich Sie, mir, wie immer die Lage auch sei, das Amt eines Kanzlers zu übergeben.« Nach der Beteuerung, es gehe ihm nicht um die Restauration der Monarchie, sondern um die Übernahme des Kanzleramts im

Rahmen der geltenden Verfassung, schloß Otto: »Ich handle nur deswegen so, weil ich dies als meine Pflicht ansehe, denn, wenn Österreich in Gefahr ist, hat der Erbe des Hauses Österreich mit diesem Lande zu stehen und zu fallen.«[5]

Am 25. Februar traf der Brief bei Schuschnigg ein. Am 2. März antwortete er ihm mit dem Argument, er allein könne die Lage abschätzen. Doch zuvor, am 24. Februar, hatte sich Schuschnigg aus seiner Erstarrung gelöst. Vor dem österreichischen Bundestag hämmerte er seinen Hörern ein, Österreich müsse frei bleiben, und damit Österreich frei bleibe, würden sie bis zum Tod kämpfen. »Rot-weiß-rot bis in den Tod, Österreich!«

Erneut keimte Hoffnung auf. Im ganzen Land loderte Patriotismus auf. Sozialdemokratische Gewerkschaften begannen eine Unterschriftensammlung für die Freiheit Österreichs; in achtundvierzig Stunden erzielte man eine Million Unterschriften. Dem Botschafter Belgiens, der ihm zu seiner Rede vor dem Bundestag gratulierte, entgegnete Schuschnigg, man habe ihm im Ausland viel Beifall gezollt, ihn aber allein gelassen. In einer Debatte zur Auslandspolitik in Paris sprach sich die Nationalversammlung, von der extremen Linken bis zur extremen Rechten, am 26. Februar für die Unabhängigkeit Österreichs aus. Doch wo blieben die Taten der Regierung?

Mit ihren 38 000 Anhängern bildeten die Nationalsozialisten in Österreich eine äußerst aktive Minderheit. Von den 1 800 000 Wienern waren etwa 5 000 militante Nationalsozialisten. In Innsbruck waren es 1 000 von 60 000 Einwohnern, in Graz 8 000 von 100 000 Einwohnern. Dort aber hielt Seyß-Inquart eine öffentliche Versammlung mit 20 000 Teilnehmern ab. Wie ist diese gewaltige Zahl zu erklären? G. E. R. Gedye, Wiener Korrespondent des *Daily Express*, ging der Sache nach. Was er entdeckte, gibt Aufschluß über die NS-Propagandatechniken: alle Aktivisten in Innsbruck, Salzburg, Linz und Klagenfurt waren nach Graz abkommandiert worden. Wenige Tage später trat dieser Wanderzirkus dann in Linz auf. Ein Meisterwerk der Massenmanipulation, vermittelten die Nationalsozialisten doch so den Eindruck, die großen Städte Österreichs zu beherrschen.

Am 4. März empfing Schuschnigg eine Delegation sozialdemokratischer Gewerkschafter. Doch der Versöhnungsversuch erfolgte zu spät. Aus Bayern wurden Truppenbewegungen gemeldet. Am 8. März fand am Sitz des Eisernen Rings, Wollzeile 7, ein Spitzentreffen der Kaisertreuen statt. Otto wollte wissen, ob er nach Österreich reisen solle. Das Fazit der Gespräche: sein Kommen sei nicht opportun, würde er doch zu einer Geisel Hitlers. Die Versammlung löste sich auf. Gelassen und traurig lächelte Karl Werkmann seinen Freunden zu: »Die Würfel sind gefallen. Auf Wiedersehen in Dachau.«

Am Mittwoch, dem 9. März, setzte Schuschnigg alles auf eine Karte. In Innsbruck, seiner Heimat, verkündete er, am nächsten Sonntag, dem 13. März, werde eine Volksabstimmung stattfinden. Stimmen sollten die Österreicher für »ein freies und deutsches, unabhängiges und soziales, für ein christliches und einiges Österreich«. Der Kanzler war wie verwandelt. Er war aus seiner Reserve herausgetreten und hatte die Toga des Volkstribuns übergestreift. Begeisternd und lyrisch zugleich, beendete er seine Rede mit dem alten Kriegsruf des Andreas Hofer, des Tiroler Freiheitskämpfers, der hundertdreißig Jahre zuvor mit den gleichen Worten die Bauern zum Aufstand gegen den napoleonischen Besatzer aufgerufen hatte: »Mander, 's ischt Zeit!«

Die Wirkung im Volk war unbeschreiblich. Die Patrioten mobilisierten sich. Von der Vaterländischen Front bis zu den Sozialdemokraten – alle setzten sich für den Erfolg der Volksabstimmung ein, nicht zuletzt die Legitimisten. Doch nach wie vor blieb Wiesner überzeugt, Deutschland werde ins Land einmarschieren.

65 bis 80 Prozent der Wähler würden, so schätzten die Beobachter, auf die gestellte Frage mit Ja antworten. Allerdings mußte die Abstimmung erst stattfinden... Denn einer wußte ganz genau, daß Österreich gegen den Anschluß an Deutschland stimmen würde: Adolf Hitler. Die Ankündigung der Abstimmung besiegelte seinen Entschluß: die Volksbefragung durfte nicht stattfinden. Der Führer befahl den Start der Operation Otto. Schon am Donnerstag, dem 10. März, wurden an der Grenze militärische Bewegungen vermerkt. In Österreich hatte man Kenntnis davon

und auch in Steenokkerzeel: am Telefon verfolgten Otto und Zita die Entwicklung Stunde für Stunde.

In Wien und im übrigen Land wuchs die Spannung. Flugblätter wurden verteilt, Plakate angeschlagen, auf den Straßen Lastwagen mit Lautsprechern und Demonstranten mit Spruchbändern und rot-weiß-roten Fahnen. Zwischen Patrioten und Nationalsozialisten heftige Beschimpfungen und dann Handgemenge. In Wien belagerte eine Horde Nazis das Haus der Legitimisten: »Verräter, verrecke!« »Mit dem Otto, diesem Schuft, in die Kapuzinergruft!« Dann folgten Steine. Mit dem Schlagstock in der Hand stürzte der legitimistische Ordnungsdienst nach außen, teilte Schläge aus und kehrte, nachdem er den Platz geräumt hatte, wieder zurück.

Die Meldungen von der Grenze lauteten immer bedrohlicher. Die patriotischen Organisationen begannen, ihre Mitgliederlisten zu vernichten. In den Räumen des Eisernen Rings wurden Archive und Karteien verbrannt. Dreißigtausend Namen sollten verschwinden. Es dauerte zu lang: in der Nacht versenkte August Lovrek, Präsident der monarchistischen Studenten, einen Teil der Adressen im Donaukanal.

Freitag, 11. März 1938. Im Morgengrauen schließen die Deutschen die Grenze. Um halb zehn Uhr empfängt Schuschnigg ein Ultimatum aus Berlin: die Volksabstimmung ist zu annullieren. Sonst werden die Reichstruppen einmarschieren. Der österreichische Rundfunk sendet pausenlos Musik. Jede Viertelstunde unterbrochen von der Meldung, sämtliche unverheiratete Reservisten der Klasse 15 hätten sich unverzüglich zu stellen. Der Kanzler telefoniert. Mussolini ist nicht erreichbar. London vertagt seine Antwort. Paris ist nach dem tags zuvor erfolgten Rücktritt Chautemps ohne Regierung. Österreich ist allein, hoffnungslos allein.

Um halb drei Uhr nachmittags gibt Schuschnigg nach. Er sagt die Volksabstimmung ab. Hitler wird benachrichtigt. Göring ruft Seyß-Inquart an und befiehlt, der Kanzler solle zurücktreten und er selbst das Amt übernehmen. Um halb vier Uhr legt Schuschnigg die Entscheidung in die Hände von Präsident Miklas. Vergeblich sucht das Staatsoberhaupt nach einem Nachfolger. Um acht Uhr abends gibt Schuschnigg am Rundfunk seinen Rücktritt bekannt. Er beendet seine Ansprache mit den Worten: »Gott schütze Österreich ...« Dann bricht er in Tränen aus. Um Mitternacht bestätigt Miklas Seyß-Inquart als Kanzler. Dann erklärt er sich außerstande, sein Amt auszuüben. Seyß-Inquart bleibt vierundzwanzig Stunden lang Kanzler.

Wien rast. Gröhlende Banden ziehen durch die Straßen mit dem Ruf: »Heil Hitler! Juda verrecke! Schuschnigg an den Galgen! Die Katholiken an den Galgen!« Die von den Nationalsozialisten unterwanderte Wiener Gendarmerie trägt bereits Hakenkreuz-Armbinden.

In den Lokalen der patriotischen Parteien werden hastig kompromittierende Papiere vernichtet. Zu Hause verbrennt Wiesner seine Korrespondenz mit den Habsburgern.

Samstag, 12. März. Auf dem Flughafen Aspern läßt die Luftwaffe SS- und SA-Truppen einfliegen. In Wien besetzen sie die öffentlichen Gebäude. Die 8. Deutsche Armee überschreitet die Grenze und besetzt Salzburg, Innsbruck und Linz. Dann marschiert sie gegen Wien.

Schuschnigg weigert sich zu fliehen. Er steht unter Hausarrest, bevor ihn die Gestapo interniert. Achtzig Kilometer von Wien entfernt drängen sich an der tschechoslowakischen und ungarischen Grenze lange Reihen von Flüchtlingen: Sozialdemokraten, Juden, Mitglieder der Vaterländischen Front, Katholiken, Monarchisten. Alexander Pallavicini gelingt es, Zitas Kinder Adelhaid und Felix im Wagen über die Grenze nach Ungarn zu bringen. Eine Woche später werden sie über Jugoslawien, Italien und Frankreich nach Belgien zurückkehren. Dollfuß' Witwe flüchtet sich mit ihren Kindern in die Botschaft Frankreichs, von wo ein Diplomat sie im letzten Augenblick in die Tschechoslowakei führt.

Sonntag, 13. März 1938. Hitler marschiert in Linz ein. Dort verkündet er feierlich den Anschluß. Erst am Dienstag, dem 15. März, wird er in Wien seinen Sieg über die Stadt feiern, die ihn einst verachtet und die er gehaßt hat. Auf dem Heldenplatz wird er von 200 000 fanatischen Anhängern bejubelt. Nach bewährter Methode sind sie aus dem ganzen Land per Bahn, Lastwagen oder Autobus herangekarrt worden.

Für die anderen beginnt der Terror. Schon zuvor hatten die Nationalisten Listen von Verdächtigen erstellt. Die ersten Verhaftungswellen setzen ein, die Internierten werden gequält. In jüdischen Familien kommt es zu zahlreichen Selbstmorden.
Finis Austriae?

Der Kampf um Österreich

Österreich wurde erobert, ohne daß ein Schuß fiel. Weshalb? Der Patriotismus des Bundesheers stand außer Frage, seine Moral war ausgezeichnet, seine Loyalität unbestritten: die in den Archiven entdeckten Listen beweisen, daß es in den Reihen der Armee nicht mehr als fünf Prozent Nazi-Sympathisanten gab. Freitag, 11. März, hatte Generalmajor Tovarek an seine vierhundert Kadetten Munition verteilen lassen. Vergeblich warteten sie auf den Schußbefehl. Staatssekretär General Zehner und Generalstabschef Marschall Jansa waren bereit, auf den deutschen Angriff zu antworten. Ihr Plan kam nicht zum Einsatz. Die Regimenter der ersten Verteidigungslinie hätten ihre Stellung vierundzwanzig Stunden halten können. In achtundvierzig Stunden wären sechs Divisionen im Kampfgebiet aufmarschiert – in den folgenden fünf Tagen hätten weitere fünfzigtausend Mann mobilisiert werden können. Ein letztes Ehrengefecht: der Kampf hätte eine Woche gedauert. Doch Österreich hätte den Widerstand gegen die nationalsozialistische Aggression symbolisiert – wie dann Polen 1940. Nun aber steht der Nachwelt ein anderes Bild vor Augen: die Menge, die Hitlers Panzer mit zum Gruß erhobenem Arm empfängt …

Schuschnigg hatte die Volksabstimmung abgesagt und den Streitkräften sogleich den Befehl erteilt, sich fünfzehn Kilometer hinter die Grenze zurückzuziehen. Am 12. März wurde ihnen kein Angriffsbefehl übermittelt. Zur Verteidigung des Landes mangelte es weder an Truppen noch an Mitteln. Was fehlte, war der politische Wille, auf die Eroberer zu schießen. Das tragische Paradox des österreichischen Patriotismus: er fiel demjenigen zum Opfer, der ihn anführen wollte. Schuschnigg – so sagte er noch in seiner Abschiedsrede – wollte »um keinen Preis ... deutsches Blut vergießen«. Das Drama Österreichs im März 1938 war, daß es sich seiner aufkeimenden nationalen Identität noch nicht gewiß war.

Übrigens stellt der Begriff Anschluß, der sich als Bezeichnung für die Ereignisse durchgesetzt hat, an sich schon einen Erfolg der NS-Propaganda dar. Österreich hat seine Vereinigung mit Deutschland nicht freiwillig vollzogen, vielmehr ist das Land Opfer einer klassischen militärischen Eroberung mit anschließender Zwangsintegration ins Deutsche Reich. Und alles inmitten weltweiter Gleichgültigkeit. Frankreich blieb stumm; England erkannte am 2. April die vollendeten Tatsachen an; der amerikanische Außenminister, Staatssekretär Cordell Hull, empfing ungerührt den Botschafter Deutschlands, der ihm die Nachricht überbrachte. Die einzigen Proteste kamen aus Chile, aus Mexiko, aus China und aus der UdSSR. Nach Österreich sollte dann Monate später die Tschechoslowakei an der Reihe sein… Der Zweite Weltkrieg hatte begonnen.

Am 13. März 1938 wurde das österreichische Bundesheer in die deutsche Wehrmacht integriert. Der Oberbefehlshaber und zwanzig Generäle wurden abgesetzt, ein Drittel der Offiziere in den Ruhestand versetzt, die übrigen über das ganze Reich verteilt, General Zehner ermordet.

In drei Tagen kam es zu 76 000 Verhaftungen: führende Persönlichkeiten des Ständestaats, Mitglieder der Vaterländischen Front, Legitimisten, katholische Aktivisten, Sozialdemokraten, Professoren, Journalisten. Antisemitische Maßnahmen wurden ergriffen. Sechstausend Beamte wurden entlassen, die Landeswährung, der Schilling, abgeschafft, Gold und Devisen der Nationalbank nach Berlin überführt. Alle in Österreich lebenden Diplomaten wurden inhaftiert, die im Ausland weilenden abgesetzt. In London weigerte sich Georg von Franckenstein, seine Botschaft den Deutschen zu übergeben: er wurde von den britischen Behörden dazu gezwungen.

Die österreichische Staatsbürgerschaft wurde aufgehoben. Die Güter der ins Ausland Geflüchteten, denen man die »deutsche« Nationalität aberkannte, wurden konfisziert. Bei Bekanntwerden dieser Maßnahme bemerkte Ernst Rüdiger von Starhemberg – er wurde auf seiner Hochzeitsreise in die USA vom Anschluß überrascht – verächtlich: »Welcher Nationalität glaubt Hitler mich berauben zu können? Ich bin seit dem 12. Jahrhundert Österreicher.« 1940 sollte der ehemalige Anführer der Heimwehr sich der französischen Luftwaffe anschließen.

Hitler wollte dem Ausland den Eindruck vermitteln, das österreichische Volk stehe auf seiner Seite. Am 15. März hatte er in seiner Rede auf dem Heldenplatz verkündet, binnen Monatsfrist werde der Anschluß in einer Volksabstimmung ratifiziert. Zwei Tage später traf er mit dem Wiener Erzbischof Kardinal Innitzer zusammen und versprach ihm, die Kirche zu respektieren. Am 18. März veranlaßte Kardinal Innitzer mehrere Bischöfe, eine Erklärung zu unterzeichnen, worin die Katholiken zum Respekt vor den neuen Machthabern aufgefordert wurden. Am 27. März ließ Kardinal Innitzer diesen Hirtenbrief Gauleiter Bürckel zukommen, zusammen mit einem handschriftlichen Schreiben, worin er bekräftigte, er werde bei der Volksabstimmung ein Ja einlegen – der Brief endete mit »Heil Hitler«. Es war derselbe Kardinal, der Dollfuß und Schuschnigg in ihrem Kampf um die Unabhängigkeit Österreichs unterstützt hatte; im Oktober 1934 hatte er noch die nationalsozialistische Häresie angeprangert.

Am 2. April 1938 ließ der *Osservatore Romano* wissen, die bischöfliche Erklärung vom 18. März sei nicht im Einvernehmen und ohne nachträgliches Einverständnis des Heiligen Stuhls verfaßt und unterzeichnet worden. Nach Rom zitiert, wurde Kardinal Innitzer am 6. April von Pius XI. in Audienz empfangen. Im Namen der österreichischen Bischöfe unterzeichnete er eine vom *Osservatore Romano* am 7. April 1938 veröffentlichte Erklärung, worin er bekanntgab, die vorherige Erklärung sei nicht als Billigung dessen zu verstehen, was mit dem göttlichen Gesetz, der Freiheit und den Rechten der katholischen Kirche unvereinbar ist und bleibt. In Österreich, wo die Nationalsozialisten die Medien gleichgeschaltet hatten, wurde diese Kehrtwende nicht bekannt. Hingegen verbreiteten sie den ersten Hirtenbrief und Kardinal Innitzers Schreiben an Bürckel in Form von Flugblättern und Plakaten.

Nicht nur von seiten der Kirche kam der Volksabstimmung Unterstützung zu. Am 3. April sprach sich Karl Renner für ein Ja aus, seien doch die Sozialdemokraten seit jeher für den Anschluß Österreichs an Deutschland eingetreten.

Am 10. April 1938 stimmte Österreich dem Anschluß mit 99,73 % der Stimmen zu: ein Abstimmungsergebnis, das dem im Aufbau befindlichen totalitären Regime würdig war. Ein besetztes Land, ein zerschlagener Staat, inhaftierte Eliten, gleichgeschaltete Presse, Klima des Terrors, Propaganda – alles hatte zu diesem Ergebnis beigetragen, das die Gefühle der Mehrheit der Bevölkerung keineswegs widerspiegelt. Eine aussagekräftige Einzelheit: die in Rom lebenden österreichischen Priester, Ordensleute und Seminaristen stimmten Nein: zu 99 Prozent!

Österreich verlor seine Einheit (das Land wurde in sieben Gaue, die reichsdeutsche Verwaltungseinheit, eingeteilt) und seinen Namen: die sieben Gaue bildeten die Ostmark. Österreich, das verbotene Wort, wurde zum Symbol des Widerstands.

Denn im Geiste hat Österreich niemals zu existieren aufgehört. Nach der manipulierten Volksabstimmung wurden mehrere tausend Personen aus der Haft entlassen. Trotz Repressalien bildeten sich Widerstandsgruppen in der Armee, in den Betrieben, an den Universitäten.

Am 7. Oktober 1938 versammelten sich achttausend Studenten im Stephansdom zum Rosenkranzfest. Nach Abschluß der Feier traten sie vor die Kathedrale und skandierten: »Österreich, Österreich; Christus ist unser Führer.« Es war die einzige Straßendemonstration gegen die Nationalsozialisten in der Geschichte des Dritten Reichs. Am nächsten Tag überfielen rund hundert Angehörige der Hitlerjugend das Erzbischöfliche Palais. Ein Priester wurde aus dem Fenster gestürzt und starb. Kardinal Innitzer hatte sein Leben einigen Mitarbeitern zu verdanken, die ihn versteckten. Noch am gleichen Tag wurden die Verantwortlichen der katholischen Vereine verhaftet, die theologischen Fakultäten und christlichen Schulen geschlossen, die Jugendorganisationen (Studentenverbindungen, Katholische Aktion, Pfadfinder) verboten, die staatlichen Unterstützungsgelder für die Kirchen gestrichen.

Im Dezember 1938 wurde Otto Neururer, der Pfarrer von Götzens (Tirol), verhaftet, weil er sich geweigert hatte, eine Frau aus seiner Pfarrei mit einem geschiedenen NSDAP-Mitglied zu verheiraten. Erst in Dachau, dann in Buchenwald interniert, wurde er beim Austeilen der Kommunion überrascht und starb im Mai 1940 einen qualvollen Tod (1996 hat Johannes Paul II. den Märtyrer seliggesprochen). Zwischen 1938 und 1945 wurde über 1 500 der insgesamt 7 500 österreichischen Priester ein Lehr- und Predigtverbot verhängt, 724 wurden ins Gefängnis geworfen, 110 in Konzentrationslager deportiert, 90 starben dort.

In den sieben Jahren der Besatzung wurden 2 700 Widerstandskämpfer hingerichtet, 700 von ihnen in Wien. Allein in Wien sind 17 000 politische Verfahren registriert. Das Land wurde mit einem diktatorischen System in Schach gehalten; nach Ausbruch des Kriegs wurden die wehrtauglichen Männer mobilisiert. Gemessen an der passiven Masse und dem kollaborierenden Bevölkerungsteil, war es eine Minderheit, die Widerstand leistete, doch sie genügte, um den Nationalsozialisten Schwierigkeiten zu bereiten.

Unter den Widerstandskämpfern waren Sozialdemokraten, etliche Kommunisten sowie zahlreiche Patrioten und Katholiken, die die offizielle Geschichtsschreibung vergessen hat. Gegen sie erhoben Gestapo und Gerichte die schwerwiegendste Anklage: »sezessionistische Umtriebe«, denn sie kämpften gegen den Nationalsozialismus und für die Unabhängigkeit Österreichs. In den Reihen dieser Helden sind viele Anhänger der Habsburger zu finden.

Kaum war der Anschluß vollzogen, ging der Kampf gegen die Kaisertreuen los. Ihre Lokale wurden geplündert, ihr Vermögen beschlagnahmt, ihre Struktur liquidiert. Friedrich von Wiesner, am 13. März verhaftet, wurde von einem Gefängnis ins andere verlegt und schließlich in Buchenwald interniert. Hans Karl von Zessner-Spitzenberg wurde während des Gottesdiensts von der Gestapo aufgegriffen. Am 1. April mit dem ersten Transport nach Dachau deportiert, starb er dort am 1. August 1938. Im selben Transport befanden sich mehrere bekannte Monarchisten: Max und Ernst von Hohenberg, die beiden Söhne von Erzherzog Franz

Ferdinand, Ludwig Draxler, Karl Werkmann, August Lovrek. Schuschnigg folgte später.

Bis zur Befreiung zeichneten sich die Monarchisten im Widerstand aus. Im Mai 1938 gründete Chorherr Roman Karl Scholz vom Stift Klosterneuburg die Österreichische Freiheitsbewegung. »Preußen raus«, forderten ihre Flugblätter: »Wir wollen keine Kolonie sein. Österreich den Österreichern.« Rechtsanwalt Jacob Kastelic gründete eine ähnlich gesinnte Bewegung: die Großösterreichische Freiheitsbewegung, genauso sein Berufskollege Karl Lederer, Gründer des Österreichischen Kampfbundes. Diese illegalen Widerstandsbewegungen mit insgesamt rund tausend Mitgliedern standen im Juli 1940 kurz vor dem Zusammenschluß, als ihre Anführer und zweihundert Aktivisten verhaftet wurden. Keiner redete unter der Folter: die restlichen Aktivisten entgingen dem Gefängnis, aber die Anführer wurden hingerichtet. In Wien war Erich Thanner bis im Herbst 1939 für die legitimistische Sache tätig; er wurde eingekerkert, doch sein Werk ging weiter. Hauptmann Karl Burián, einer der Gründer der Corps-Ottonen, baute eine monarchistische Widerstandsbewegung auf und wurde im März 1944 ermordet. In Tirol und in Kärnten wurden namhafte Gruppierungen von der Gestapo zerschlagen. Österreichische Volksfront, Österreichische Kaisertreue Front, Antifaschistische Freiheitsbewegung Österreichs – im Dokumentationsarchiv des österreichischen Widerstandes in Wien sind die Spuren der Gruppierungen zu finden, die während des ganzen Kriegs für den Sturz des NS-Regimes und die Restauration der Monarchie gekämpft haben. Die Zahl der Opfer unter den vor dem Anschluß aktiven legitimistischen Studentenverbindungen belegt ihren Kampf: von dreihundert Mitgliedern der Landsmannschaften waren siebzig aktiv im Widerstand tätig, wurden von der Gestapo verhaftet oder in ein Konzentrationslager verschleppt.

Am Tag nach dem Anschluß verließ Otto von Habsburg Belgien und reiste nach Paris, während Zita in Steenokkerzeel blieb. In den Augen des Erzherzogs war die französische Hauptstadt, die weltweites Ansehen genoß und wo er bereits über gute Verbindungen verfügte, der geeignete Schauplatz für eine langfristige Aktion: den Kampf um Österreich. Nach 1918 hatten die Habsburger sich unermüdlich für die Unabhängigkeit Österreichs eingesetzt und der patriotischen Bewegung der dreißiger Jahre wichtige Impulse verliehen. Nun, da das Land besetzt war, setzte sich Otto mit ganzer Kraft dafür ein, Österreich seinen Namen und seine Freiheit zurückzugeben. Sein Kampf verfolgte zwei Ziele: den Schutz seiner emigrierten Landsleute und die internationale Anerkennung, daß der Anschluß ein Akt der Gewalt war und daß Österreich in seiner Souveränität wiederherzustellen sei.

In Paris ließ sich der »Herzog von Bar« im Hôtel Cayré, Boulevard Raspail Nr. 4, nieder. Bis im Juni 1940 sollte der legitimistische Widerstand im Exil in diesen bescheidenen Räumen seinen Sitz haben.

Kaum angekommen, versammelte Otto dort die verfügbaren österreichischen Emigranten: fünfundzwanzig Männer, die über die Schweiz aus Österreich geflohen oder bereits seit einigen Monaten in Paris waren. Ottos Zielvorgabe: bis zur Befreiung den Kampf nicht mehr im Namen der Monarchie führen, sondern im Namen der Unabhängigkeit des Landes, gemeinsam mit allen Österreichern guten Willens. In einem Pressekommuniqué verurteilte der Erzherzog die Völkerrechtsverletzung Deutschlands, betonte die Nichtigkeit der Volksabstimmung, die unter dem Druck ausländischer Besatzungstruppen stattfinden werde, forderte die Westmächte auf, das österreichische Volk zu unterstützen. Diese Erklärung trug ihm am 29. März in Wien einen Haftbefehl ein. Am 20. April 1938 widmete das Naziblatt *Völkischer Beobachter* seine Frontseite Otto von Habsburg: »Habsburgs entartetster Sproß – ein landesflüchtiger Verbrecher ... Sohn des Verräters Kaiser Karl.« Dieser Angriff war der Auftakt zu dem am 22. April 1938 in Wien unterzeichneten Erlaß des Justizministeriums, worin Otto von Habsburg des Hochverrats für schuldig erklärt wurde.

Kein anderer österreichischer Emigrant verfügte über so zahlreiche Verbindungen wie Otto. Dank seines Namens standen ihm viele Türen offen, etwa jene der französischen Regierung. Zwischen März 1938 und Mai 1940 wurde er von Ministerpräsident Édouard Daladier und von dessen Nachfolger Paul Reynaud, von den Ministern Georges Mandel, Anatole de Monzie, Louis Marin, Albert Sarraut, César Campinchi, Pierre Laval und Jean Giraudoux sowie von Marschall Pétain und Léon Blum empfangen. Er hatte Verbindungen zum Außenministerium und zum Kriegsministerium. In katholischen Intellektuellenkreisen konnte er auf die Freundschaft des Historikers Jean de Pange und des Publizisten Robert d'Harcourt zählen. Otto war sechsundzwanzig, doch sein scharfer Verstand, seine Reife und sein Wissen beeindruckten seine Gesprächspartner.

Der Erzherzog ließ seine Beziehungen in erster Linie zugunsten seiner ins Ausland geflüchteten Landsleute spielen. Mehrere Tausend Österreicher, unter ihnen zahlreiche Juden, ließen sich in Frankreich nieder (100 000 Juden verließen zwischen März 1938 und Mai 1939 Österreich). Ottos setzte sich dafür ein, daß ihnen der Status des politischen Flüchtlings zuerkannt wurde und daß sie, völkerrechtlich gesehen, die österreichische Nationalität behalten konnten, worüber aber unter den Emigranten selbst keineswegs Einigkeit herrschte. Teile der Sozialdemokratie waren nämlich noch immer gegen ein unabhängiges Österreich. Im April 1938 verfaßten Otto Bauer, Julius Deutsch und Friedrich Adler (Sohn des Parteigründers Victor Adler) in Brüssel eine Resolution, worin sie den Anschluß Österreichs an Deutschland als Tatsache anerkannten und ausdrücklich die Vorstellung ablehnten, Österreich von Deutschland zu trennen. Es sei nicht Aufgabe der österreichischen Arbeiterbewegung, für die Wiederherstellung der Souveränität Österreichs zu kämpfen, sondern für die Verwandlung des jetzigen Nazideutschland in ein sozialistisches Deutschland. Bei einem Aufenthalt in Paris wiederholte Otto Bauer dieses Glaubensbekenntnis: » ... die Parole, die wir der Fremdherrschaft der faschistischen Satrapen aus dem Reiche über Österreich entgegensetzen, kann nicht die reaktionäre Parole der Wiederherstellung der Unabhängigkeit Österreichs sein, sondern nur die Parole der gesamtdeutschen Revolution, die allein mit den anderen deutschen Stämmen auch den österreichischen Stamm der Nation von der Gewaltherrschaft der faschistischen Zwingherren befreien kann.«[1]

Ottos Mitarbeiter Martin Fuchs, Ernst Hoor und Alfred Kupscha gründeten den »Bund der Österreicher – Entraide Autrichienne«. Diese Vereinigung unterstützte Hunderte von unglücklichen Emigranten, die, nachdem sie alles verloren hatten, in ein Land einreisten, dessen Sprache sie nicht einmal verstanden. Sie erledigte die administrativen Formalitäten, besorgte Papiere, Unterkunft und Arbeit. Die von Monarchisten gegründete Vereinigung behandelte alle Fälle ohne Ansehen von Gesinnung oder Religion – zahlreiche Sozialisten und Juden wandten sich an sie. Einfluß hatten die Kaisertreuen auch beim *Accueil aux Autrichiens*, einer von François Mauriac präsidierten französischen Organisation, die vom Erzbischof von Paris, Kardinal Verdier, unterstützt wurde.

Otto war auch in Presse und Rundfunk tätig. 1939 führte der französische Rundfunk viertelstündige österreichische Sendungen ein, die dreimal täglich von einem in Straßburg stationierten Sender ausgestrahlt wurden. Dafür verantwortlich war Georg Bittner, ehemaliger Chefredakteur des *Österreicher*, des legitimistischen Organs.

In Frankreich verfügten die Monarchisten über ihr eigenes Publikationsorgan, die von Martin Fuchs herausgegebene *Österreichische Post*. Die zwischen 1938 und 1940 in Paris erschienene Halbmonatsschrift trat für die von den Legitimisten schon vor dem Anschluß vertretene Lehre ein: Unabhängigkeit Österreichs, soziale Monarchie, Solidarität im Donauraum. Unter den Redakteuren figurieren bemerkenswerte Namen: der Schriftsteller Franz Werfel und vor allem Joseph Roth. Roth, Jude und Sozialist, hatte sich 1933 zweifach bekehrt: zum Katholizismus und zur Monarchie. Zum nostalgischen Verfechter des alten kaiserlichen Österreich geworden, betrachtete der Schriftsteller die Habsburger als die einzig kultivierte Antwort auf die Nazi-Barbarei. Im Pariser Exil stellte Roth seine glänzende Feder in den Dienst seiner neuen Überzeugungen. Die erste Version seines Werks *Die Kapuzinergruft*, Fortsetzung seines Meisterwerks *Radetzkymarsch*, wurde in den Spalten der *Österreichischen Post* veröffentlicht. Der kurze Roman beschreibt das Ende Österreichs am Leitfaden des Lebens eines Offiziers, der sich am 12. März 1938, während über Wien bereits die Hakenkreuzfahne weht, in die Kaisergruft flüchtet, weil dort Österreich ist. Von Verzweiflung und Alkohol zerstört, starb Joseph Roth im Mai 1939 im Hôpital Necker in Paris. Bei seiner Beerdigung in Thiais, einem trostlosen Vorortsfriedhof, legte Heinrich Degenfeld auf sein Grab einen Kranz mit gelb-schwarzer Schleife mit einem einfachen Namenszug nieder: Otto.

Im Frühjahr 1939 verhandelte der Erzherzog mit Paris über die Schaffung einer bewaffneten österreichischen Einheit (*Centre militaire pour les Autrichiens*). Innerhalb der französischen Armee sollte eine Einheit geschaffen werden, in die ehemalige Offiziere in ihrem Rang eintreten konnten. Der Plan stand kurz vor der Verwirklichung, als die Kriegserklärung ihn zunichte machte. Zum Zeitpunkt des Einmarschs in Polen und der Kriegserklärung im September 1939 und dann wieder bei der Eroberung Frankreichs im Mai 1940 konnte Otto bei den Militärbehörden die Freilassung der als Deutsche internierten Österreicher erwirken. Mit Daladier verhandelte er über die Bildung einer Exilregierung. Diese Vielparteieninstitution hätte den politischen Differenzen der Österreicher ein Ende gesetzt. Das Vorhaben scheiterte an der Unnachgiebigkeit der Sozialistenführer gegenüber Habsburg, an ihrer grundsätzlichen Ablehnung eines souveränen Österreich und am Widerstand Großbritanniens – in London hatten die ebenfalls habsburgfeindlichen Exilstschechen großen Einfluß.

In dieser Zeit bewältigte Otto ein gewaltiges Arbeitspensum. In Steenokkerzeel beklagte sich Zita im September 1939 in einem Brief, daß sie ihn gar nicht mehr zu Gesicht bekäme. Doch sie konnte stolz sein auf ihren Sohn. Das Oberhaupt des Hauses Habsburg, der würdige Nachfolger seines Vaters, kämpfte im Namen aller ihm tradierten Werte rastlos für sein Land. So eindrücklich verkörperte er den Widerstandswillen der österreichischen Seele, daß er, der junge Erzherzog im Exil, weiterhin Zielscheibe der NS-Schmähungen war. Auf einer NS-Massenveranstaltung in Wien verunglimpfte Gauleiter Bürckel am 27. Januar 1940 Otto, den Sohn einer französischen Bourbonin und des Verräters Karl, der nicht mehr wert sei als sein Vater. Er sei ein vaterlandsloser Geselle und internationaler Bandit. Das Reich hatte Zita und ihren Kindern die »deutsche« Staatsbürgerschaft aberkannt. Kaum war der Anschluß vollzogen, hatte der Innenminister angeordnet, die 1931 in der Kapuzinergruft angebrachte Büste Kaiser Karls sei zu entfernen. Auf Befehl der Besatzungsmacht mußte 1942 die Beisetzung von Karls Mutter, Erzherzogin Maria Josefa, und 1944 jene von Erzherzogin Maria Theresia heimlich stattfinden. Da die Habsburger Österreichs Gedächtnis verkörperten, flößten sie den Nationalsozialisten weiterhin Angst ein.

Am 9. Mai 1940 war die Familie in Steenokkerzeel beinahe vollständig versammelt; es fehlte nur Felix, der in den Vereinigten Staaten lebte. Zita feierte ihren achtundvierzigsten Geburtstag. Es war aber auch der Zeitpunkt, da der Generalstab der Wehrmacht sich anschickte, seine Panzer auf einem rasanten Eroberungszug durch Belgien und Frankreich zu jagen, um dann nach fünfwöchigem Vormarsch die Atlantikküste zu erreichen.

Auf Schloß Ham klingelte am Abend ununterbrochen das Telefon. Der König der Belgier und der Großherzog von Luxemburg warnten: die Deutschen greifen an. In Krisenmomenten war Zitas Selbstbeherrschung stets am größten, unter ihrem Dach führte sie das Kommando. Deshalb ordnete sie an, jedermann solle sich zum Aufbruch rüsten, sich dann aber schlafen legen. Kurz vor der Morgendämmerung am 10. Mai überflog ein Flugzeug den Sektor, kurz darauf donnerten die Flakgeschütze, dann ertönte ein dumpfes Brummen: eine Messerschmitt-Formation. Es war keine Zeit zu verlieren: die siebzehn Hausbewohner drängten sich mit einigem Gepäck in drei Wagen: die Kaiserin, sieben ihrer Kinder, drei Neffen (Söhne der Großherzogin von Luxemburg), Degenfeld, die Gräfin Kerssenbrock und das Personal. Schon vor einigen Monaten waren die Archive und das kostbarste Gepäck nach Frankreich überführt worden. Zwei Stunden nach dem Aufbruch der kaiserlichen Familie zersplitterte das Schloßdach unter einem Bombenangriff. »Eine kleine Aufmerksamkeit Hitlers«, kommentierte Otto.

Ein erster Halt in Brüssel. Otto und Karl Ludwig organisierten die Flucht der Tausenden von österreichischen Emigranten, die in der belgischen Hauptstadt wohnten. Dann passierte der Konvoi die französische Grenze; die Nacht wurde in einem Hotel in Dünkirchen verbracht. Nächstes Tagesziel war Laon. Bereits einige Wochen zuvor hatte Zita die Route vorbereitet, die sie schließlich nach Bostz, im Departement Allier, ins Schloß von Xavier von Bourbon-Parma führte.

Otto blieb in Paris, um sich für die Österreicher einzusetzen, für die Freilassung derjenigen, die unterschiedslos als »Deutsche« interniert worden waren. In einem Land, in dem der Staat abtrat, wo sich Zehntausende von Flüchtlingen auf den Straßen drängten, gelang ihm das Wunder, für mehrere hundert seiner Landsleute Visa zu erhalten und sie außer Landes zu schaffen.

Am 10. Juni verließ die Regierung Paris und begab sich nach Tours. Otto erinnert sich an die unwirkliche Stimmung in der verlassenen Hauptstadt am Abend des 9. Juni: auf Einladung des amerikanischen Botschafters in Belgien speiste er im Hotel Ritz, wo alles ablief, als sei nichts geschehen. Im goldenen Buch des Luxushotels folgt auf Ottos Unterschrift jene von Rommel.

Am 10. Juni verließen Otto und seine Mitarbeiter Paris. Der Erzherzog hatte seine Mutter in Bostz telefonisch aufgefordert zu fliehen. Als Treffpunkt wurde Bordeaux vereinbart. Am 16. Juni traf die kaiserliche Familie in der Dordogne auf Schloß Lamonzie-Montastruc ein, wo sich auch die großherzogliche Familie von Luxemburg aufhielt. Der Botschafter der Vereinigten Staaten, William Bullitt, war ein Freund Ottos. Er bot ihm an, die Habsburger-Archive als Diplomatengepäck außer Landes zu schaffen: elf Kisten, die auf dem letzten Schiff nach Amerika Platz fanden.

Marschall Pétain, Regierungschef geworden, ersuchte um einen Waffenstillstand. Eine große Zahl von Flüchtlingen befand sich in Bordeaux; unter den Ausländern, die vor dem Hakenkreuz flohen, Juden und Nazi-Gegner – Deutsche oder Österreicher. Otto wurde bei den Konsuln von Spanien und Portugal vorstellig. In fünf Tagen stellte letzterer nicht weniger als dreißigtausend Visa für sein Land aus. Der Erzherzog ließ sich von den Diplomaten Francos und Salazars die für jeden Österreicher lebensrettenden Papiere übergeben.

Schon vor der Unterzeichnung des Waffenstillstands am 22. Juni 1940 war Otto gewarnt worden: die Deutschen wollten seinen Kopf. Am 18. Juni hatte sich die ganze Familie, inmitten eines chaotischen Exodusstroms, auf den Weg nach Süden begeben. An der spanischen Grenze begann eine endlose Wartezeit. Doch plötzlich erkannte der Leiter der Zollstation Zita: »Aber das ist doch die Kaiserin von Lequeitio!« und rief seinen Leuten zu: »Die durften schon immer herein!« Dann fragten die Zöllner Otto von Habsburg, wer denn zu seinem Konvoi gehöre; frech zeigte er auf all jene, die hinter ihm standen. So betraten etwa hundert Österreicher, Juden, Kommunisten oder Sozialisten, einige von ihnen Ehemalige der Internationalen Brigaden, unter dem Schutz der Habsburger spanischen Boden – ein Beispiel für die Unparteilichkeit der Dynastie, eine Geste, die um so großherziger ist, als sie nicht auf Gegenseitigkeit beruhte.

Das Land, das die Kaiserin und ihr Gefolge durchquerten, war nicht mehr das Land, das sie vor zehn Jahren verlassen hatten. In der Zwischenzeit hatte ein mörderischer Bürgerkrieg gewütet, in den auch Angehörige Zitas verwickelt gewesen waren. 1936 hatte der letzte karlistische Thronprätendent Don Alfonso Carlos, Zitas Onkel, der ohne Erbe starb, kurz vor seinem Tod seinen Neffen Xavier von Bourbon-Parma zum Regenten der Traditionalisten ernannt und ihn mit der Mission betraut, die Prinzipien der Karlisten hochzuhalten. Zwischen 1936 und 1939 hatte sich nicht bloß Xavier, sondern auch Prinzessin Isabella und Prinz Gaëtan (Zitas Geschwister) im karlistischen Wehrverband (*Requetés*) engagiert.[2]

In Portugal entbrannte innerhalb der Familie eine Debatte um den Exilort. Sollte man sich wie Erzherzog Robert nach England begeben oder nach Amerika? Im Frühjahr 1940 hatte Otto zwei Monate dort verbracht. Auf Betreiben William Bullitts war eine Einladung Präsident Franklin D. Roosevelts an ihn ergangen. Im Weißen Haus hatte er die Lage Österreichs schildern und darlegen können, daß der Anschluß keine freiwillige Wiedervereinigung, sondern ein militärischer Einmarsch gewesen war. Otto war in New York, Washington, Chicago und Detroit gewesen. Im Kapitol war er mit den einem Staatsoberhaupt vorbehaltenen Ehren empfangen worden. Senator Alben W. Barkley hatte Otto als Kaiserliche Hoheit und als Verkörperung des Überlebenswillens Österreichs begrüßt.

In Lissabon rief Salazar Otto zu sich und warnte ihn, sollte das Reich seine Auslieferung verlangen, werde Portugal dem deutschen Druck nicht lange widerstehen können. Zudem mangele es nicht an Geheimagenten, die ein Attentat auf ihn planen könnten. Ende Juni flog Otto in die Vereinigten Staaten. Felix, der sich bereits dort befand, ersuchte um ein Gespräch mit Roosevelt. Am 9. Juli instruierte der Präsident seinen Botschafter in Portugal: für die kaiserliche Familie und ihr Gefolge seien amerikanische Visa auszustellen.

Am 16. Juli bestieg Zita zum zweiten Mal in ihrem Leben ein Flugzeug. Nach einem unplanmäßigen Zwischenhalt auf den Azoren wegen eines technischen Defekts traf die Kaiserin am 27. Juli 1940 in New York ein. Bei der Ankunft wurde sie von Journalisten erwartet. Am nächsten Tag verbreitete die Presse folgendes Kommuniqué: »Die Kaiserin, die fest an die Demokratie in Europa glaubt, ist überzeugt vom Sieg der Freiheit und des Christentums über den barbarischen Totalitarismus. Ihre Ideen über Europas Zukunft sind dieselben, die von Erzherzog Otto geäußert wurden. Sie glaubt an eine zentrale europäische Konföderation der Staaten, beruhend auf demokratischen Prinzipien, die im Donaugebiet nach der Niederlage des Nazismus gebildet werden muß. Ein solcher Staatenbund könnte ein Bollwerk gegen die künftigen Aggressoren des Pangermanismus und Bolschewismus sein.«[3]

Erzherzog Felix hatte Steenokkerzeel bereits 1939 verlassen. Vom Kriegsausbruch in den Vereinigten Staaten überrascht, blieb er dort. Er hatte eine Vortragsreihe über Österreich und Mitteleuropa begonnen. Felix behagte der Lebensstil in der Neuen Welt so sehr, daß er für immer dort blieb; im Sommer 1940 hatte er alles für den Empfang der Seinen vorbereitet. Einer seiner Freunde, der Financier Calvin Bullock, stellte der Familie ein Haus in Royalston, in der Nähe von Boston, zur Verfügung. Es war nur eine vorübergehende Bleibe. Zitas jüngste Kinder hatten ihre Schulausbildung noch nicht abgeschlossen. In Belgien hatten sie sich an Französisch als an ihre Schulsprache gewöhnt: deshalb schien das frankophone Kanada, das zudem katholisch ist, die geeignete Zufluchtsstätte. Im Oktober 1940 hatte der Erzbischof von Quebec, Kardinal Villeneuve, eine neue Bleibe für die Kaiserin gefunden: die Villa Saint-Joseph. Ein einfaches Holzhaus im amerikanischen Stil, auf dem Boden des Klosters der Sœurs de Jeanne d'Arc gelegen, wenige Kilometer von Quebec entfernt: einstöckig und mit kleinen Zimmern. Doch es genügte, denn inzwischen hatte sich die Familie zerstreut.

Otto lebte in den Vereinigten Staaten; in New York und Washington war er politisch tätig. Adelhaid folgte ihm. In New York arbeitete sie in der Fürsorge und hielt Soziologievorlesungen an der Fordham University. In England begann Robert seine berufliche Laufbahn in einer Import-Export-Firma. Felix stand Otto zur Seite; er bereiste Nord- und Südamerika, knüpfte Kontakte und hielt Vorträge.

Nur noch die vier jüngsten Kinder lebten bei ihrer Mutter. Karl Ludwig und Rudolf waren an der Universität Laval in Quebec eingeschrieben, wo sie 1941 bzw. 1942 ihre Studien abschlossen, dann Otto und Felix in die Vereinigten Staaten folgten und schließlich in die amerikanische Armee eintraten.

Charlotte studierte ebenfalls an der Universität Laval in Quebec und schloß 1942 mit dem Diplom in Volkswirtschaft ab; dann siedelte sie nach New York über, wo sie an der Fordham University Sozialwissenschaften studierte; von 1943 bis 1955 wirkte sie als Sozialarbeiterin bei der Caritas Socialis in New York. Elisabeth legte ihre Reifeprüfung in Quebec ab, studierte Politikwissenschaft an der Universität Laval, bevor sie in New York und Washington in der Fürsorge tätig war.

Eine traumhafte akademische Laufbahn für Zitas Kinder: Promotion in Staatswissenschaften für Otto, Adelhaid und Robert; Lizentiat in Jurisprudenz für Felix; Promotion in Jurisprudenz, Staatswissenschaften, Wirtschafts- und Sozialwissenschaften für Karl Ludwig; Promotion in Sozial- und Wirtschaftswissenschaften für Rudolf; Volkswirtschaftsdiplom für Charlotte; Diplom der Staats- und Sozialwissenschaften für Elisabeth. Diese Auflistung zeigt auch, wo die Hauptinteressen der Familie liegen: Staat, Politik, Wirtschaft oder Soziologie – stets geht es um das Gemeinwohl.

Nach und nach standen alle Kinder auf eigenen Füßen, und Zita sah sie seltener, obwohl sie zu kurzen Besuchen in Quebec weilten (selbst Robert reiste eines Tages aus England an). Zita zur Seite standen noch immer die unentbehrliche Gräfin Kerssenbrock und Heinrich Degenfeld, der später in die Vereinigten Staaten übersiedelte, um Otto zu unterstützen. Zwei Monate nach Zitas Ankunft in Quebec trafen auch ihre Mutter, Herzogin Maria Antonia, und ihre Schwester Isabella ein.

Nach Spanien und Belgien ging das Exil weiter. Inzwischen war es mehr als zwanzig Jahre her, seit Zita Österreich verlassen hatte. Würde sie ihre Heimat je wiedersehen? Weder die Kaiserin noch Otto zweifelten am Sieg über Deutschland und an ihrer Rückkehr nach Europa. Erzherzogin Adelhaid gab später zu, sie habe bei ihrer Abreise nach Amerika befürchtet, nie mehr nach Europa zurückzukehren.

Es gab immer noch kein Geld. Zur Finanzierung seiner Tätigkeit verschuldete sich Otto; erst etliche Jahre nach dem Krieg waren sämtliche Schulden zurückbezahlt. Dank der Großzügigkeit von Freunden konnten Zitas Kinder ihre Studien fortsetzen, doch die aus Europa fließenden Quellen waren versiegt. So früh wie möglich übten die Erzherzöge und Erzherzoginnen deshalb einen Beruf aus.

Auch in Quebec wurde ein Zimmer des Hauses als Kapelle benutzt; hier las ein kanadischer Priester jeden Morgen die Messe. Die Lebensführung war spartanisch. Prinzessin Alice – Gattin des Gouverneurs von Kanada und Enkelin Königin Victorias –, in die Villa Saint-Joseph eingeladen, nahm verwundert zur Kenntnis, daß an den Fenstern im Salon keine Vorhänge hingen und die Böden mit Linoleum ausgelegt waren. Ihr wurden Tee und Trockengebäck serviert, während sich die Gastgeber mit einem

Glas Wasser begnügten. Sie gewann den Eindruck, so bemerkte sie später, die Hausbewohner seien sehr arm.

Kurz nach seiner Ankunft in den Vereinigten Staaten traf Otto mit Präsident Roosevelt zusammen. Seine Aufgabe war noch immer die gleiche wie in Paris. Bei Begegnungen mit Abgeordneten und Senatoren, Staatssekretären und Journalisten setzte sich der Erzherzog mit den Methoden des Lobbying für die Interessen seines untergegangenen Landes ein. Sein Ziel: zu erreichen, daß den Vereinigten Staaten der Anschluß als null und nichtig galt und daß sie, nach ihrem Eintritt in den Krieg, die Wiederherstellung Österreichs zu einem ihrer Kriegsziele erklärten.

Unterstützt wurde Otto von einigen nach Amerika geflüchteten Getreuen: Martin Fuchs, Georg Bittner, Hans Rott (ein ehemaliger Minister), Walter von Schuschnigg (Vetter des Kanzlers, ehemaliger Konsul in Lissabon; er war im November 1918 mit seinen Kadetten zum Schutz des Kaisers nach Schönbrunn geeilt). Wie ihre Landsleute hofften auch die Monarchisten auf die Wiedergeburt Österreichs. Mit Guido Zernatto, dem ehemaligen Sekretär der Vaterländischen Front, Franz von Hildebrand, dem Sohn des katholischen Philosophen, dem Dirigenten Bruno Walter und dem Schriftsteller Franz Werfel gründeten sie das Österreichische Nationalkomitee (Austrian National Committee) und die Frei-Österreicher-Bewegung (The Free Austrian Movement).

Einige erfolgreiche Initiativen dieser Gruppe waren von nicht unbeträchtlichem Symbolgehalt. Zum achten Jahrestag der Ermordung von Bundeskanzler Dollfuß wurde am 25. Juli 1942 in fünfzehn amerikanischen Bundesstaaten ein Österreich-Tag abgehalten. Im November 1943 gab die US-Post eine Briefmarkenserie über die von Hitler besetzten Staaten heraus. Dank der Bemühungen des Erzherzogs wurde auch Österreich in die Reihe aufgenommen. Auf dem Briefumschlag der Ersttagsausgabe war zudem ein österreichisch-ungarisches Postwertzeichen aus dem Jahr 1917 mit dem Bildnis Kaiser Karls wiedergegeben. Mehr an das amerikanische Gemüt rührte schließlich die Familie des Barons von Trapp (legendär geworden mit dem Film »Die Trappfamilie«);

die der Sache der Habsburger treu ergebenen Sänger, die vor Hitler aus Österreich geflohen waren, taten viel für Österreich; dank ihnen entdeckte Amerika das traditionelle Liedgut Österreichs.

Otto versuchte, eine österreichische Vertretung zu schaffen, an deren Spitze Richard Coudenhove-Kalergi, eine unabhängige Persönlichkeit, hätte stehen sollen. Wie vor Kriegsausbruch in Europa scheiterte der Plan im Januar 1942 an der Uneinigkeit der Emigranten. Der ebenfalls in die USA geflüchtete Sozialdemokrat Julius Deutsch hatte eine eigene Organisation gebildet, das Österreichische Arbeiterkomitee (Austrian Labour Committee), das weiterhin gegen die Habsburger kämpfte und die Legitimität eines unabhängigen Österreich verneinte. In einem 1942 in New York veröffentlichten Artikel begründete K. H. Sailer, ein emigrierter Sozialdemokrat, seine Ablehnung der Patrioten. Es könne nicht angezweifelt werden, daß Österreich Teil des deutschen Bodens sei. Jeder Versuch, die Kluft zwischen den Österreichern und den übrigen Deutschen zu vergrößern, sei Drecksarbeit. In seinen Lebenserinnerungen bedauert Julius Deutsch den Einfluß der kaiserlichen Familie in Amerika: »... bei der völligen Ahnungslosigkeit der Amerikaner gegenüber europäischen Verhältnissen waren die Chancen der Monarchisten hier sogar noch größer als in Frankreich. Die Exkaiserin Zita und ihr Sohn Otto spielten in der ›Gesellschaft‹ eine bedeutende Rolle; sie dominierten bei Parties und Dinners... Selbst in Washington, im Weißen Haus des Präsidenten, waren Zita und Otto Habsburg gerngesehene Gäste.«[4]

In Europa hatte Otto, der Erbe des ungarischen Throns, die magyarischen Angelegenheiten stets aufmerksam verfolgt. In Steenokkerzeel tauchten immer wieder ungarische Legitimisten auf. Die im Parlament vertretene Partei der Kleinbauern tat ihre Verbundenheit mit der Dynastie kund. Nach seiner Wahl ins Parlament hatte Antal Sigray, der als Polizeipräsident Kaiser Karl beim ersten Restaurationsversuch von Ostern 1921 unterstützt hatte, eine monarchistische Bewegung gegründet: Magyar Szentkorona-Szövetség (Liga der Heiligen ungarischen Stephanskrone), die in den dreißiger Jahren einigen Zulauf hatte.

Auch in Amerika beschäftigte sich Erzherzog Otto, den seine

Getreuen als König Otto II. betrachteten, mit Ungarn. Er stand in Verbindung mit dem Anführer der Legitimisten, Antal Sigray, und mit Pal Teleki, dem Ministerpräsidenten, die beide für die Westmächte optierten. Bei Ausbruch des Zweiten Weltkriegs blieb das Land neutral. Sein Ziel blieb die Revision des Trianon-Vertrags, mit dem Ungarn zwei Drittel seines historischen Gebiets verloren hatte. Im April 1941 griffen die Achsenmächte Jugoslawien an. In der Absicht, frühere ungarische Gebiete zurückzugewinnen, erlaubte Horthy den deutschen Truppen den Durchzug, dann erklärte er der UdSSR den Krieg; daraufhin beging Teleki Selbstmord. Horthy, mit dem Dritten Reich verbündet, empfand keinerlei Sympathie für den Nationalsozialismus, bewahrte vielmehr Distanz zu ihm: 140 000 Polen waren nach Ungarn geflüchtet, unter ihnen 14 000 Juden, denen christliche Personalausweise ausgestellt wurden. Doch Ende 1941 erklärte der Admiral schließlich England und den Vereinigten Staaten den Krieg. In Ungarn setzten die Gegner des Bündnisses mit Deutschland ihre Hoffnungen mehr denn je auf Otto.

Die Ungarnfrage war Teil einer umfassenderen Politik. Was sollte nach dem Sieg über das Deutsche Reich aus Mitteleuropa und dem Balkan werden? Stalin wollte das Gebiet in die kommunistische Machtsphäre eingliedern. Churchill, der die Gefahr ahnte, wollte die Sowjetstrategie durchkreuzen. Schiedsrichter in dieser Dreierpartie waren die Vereinigten Staaten. In New York und Washington setzte sich Otto folglich dafür ein, daß für die beiden Nachfolgeterritorien des Habsburgerreichs die Entscheidung zugunsten der Freiheit ausfiel; zu diesem Zweck plädierte er für die Bildung einer Donauföderation nach Kriegsende.

Die verschiedensten Seiten suchten auf amerikanische Stellen Einfluß zu nehmen. Der amerikanische Außenminister, Staatssekretär Cordell Hull, zeigte sich Stalin und Beneš gegenüber immer zugänglicher. Beneš, der nach London geflüchtete tschechische Präsident und Freund Moskaus, setzte auf den Kommunismus in Osteuropa. Auch Harry Hopkins, Präsident Roosevelts Sonderberater, entging dem sowjetischen Einfluß nicht. Um die Russen nicht zu verstimmen, riet Roosevelt Otto davon ab, eine österreichische Exilregierung zu schaffen. Hingegen schlug er ihm die Schaffung einer österreichischen Einheit innerhalb der amerikanischen Streitkräfte vor. Das Österreichische Bataillon entstand 1942, erste Anwärter waren die Erzherzöge Felix, Karl Ludwig und Rudolf. Doch dann führten die sozialdemokratischen Emigranten eine Kampagne gegen das Bataillon. Und zwar mit Unterstützung Beneš'. In den USA zu Besuch, ließ er sich zur Bemerkung hinreißen: »Hier in Amerika haben wir einen schlimmeren Feind als Hitler: Otto von Habsburg.« Da sich zu wenige Freiwillige meldeten, wurde das Österreichische Bataillon 1943 aufgelöst.

Nach mehrmonatigen Bemühungen errang Otto doch noch einen Erfolg. Im Juni 1943 ließ Roosevelt in einem Schreiben Otto (»My dear Otto«) wissen, die Vereinigten Staaten würden die Wiederherstellung eines souveränen Österreich befürworten. Im Juli 1943 nahm das Repräsentantenhaus eine Resolution an, worin der Anschluß verurteilt und die österreichische Nationalität anerkannt wurde.

Auch in England war das Terrain für den hart erkämpften Erfolg der Habsburger vorbereitet worden. In London verfolgte Erzherzog Robert die gleiche Mission wie sein Bruder. Mit Georg von Franckenstein bemühte er sich, ein österreichisches Nationalkomitee mit Vertretern aller Parteien zu gründen. Auch hier scheiterte das Projekt am Widerstand der von Außenminister Anthony Eden unterstützten sozialdemokratischen Emigranten. Der britische Außenminister verhehlte seine Abneigung gegen Österreich keineswegs: »Österreich, was ist das? Fünf Erzherzöge und einige hundert Juden.« Robert bemühte sich methodisch um die englischen Politiker; zudem traf er sich regelmäßig mit Winston Churchill. Wie Otto ihn schon im Juli 1940 gebeten hatte, stand er auch mit De Gaulle in Verbindung.

Im Sommer 1943, kurz bevor die Alliierten sich mit Stalin über die künftige Landkarte Europas verständigen sollten, bereitete der englische Premierminister mit Robert von Habsburg die Österreich betreffenden Resolutionen vor. Im August trafen Roosevelt und Churchill zu Gesprächen in Quebec zusammen. Von Churchill zu einem Gespräch empfangen, bestätigte Otto die Vorschläge seines Bruders und faßte sie in einem an Roosevelt gerichteten Memorandum zusammen. Präsident Roosevelt lud Otto im September zu Gesprächen über die Vorschläge ein. Zwei Tage vor dem vereinbarten Datum erkrankte Otto an einer schweren Grippe. Das Gespräch konnte nicht verschoben werden, weil zu viel auf dem Spiel stand. Die einzige Lösung war, sich vertreten zu lassen. Und für Otto gab es nur eine Person, der er vorbehaltlos vertraute und die genügend politische Erfahrung für ein Treffen mit einem Staatsoberhaupt mit sich brachte: seine Mutter. Am 11. September 1943 plädierte also Kaiserin Zita in Roosevelts Privathaus – in Hyde Park, am Hudson – für Österreich und für den Plan einer Donauföderation.

Am 1. November 1943 erkannten die Vereinigten Staaten, Großbritannien und die UdSSR in Moskau Österreich den Status eines angegriffenen Landes zu und erklärten, sie strebten die Wiederherstellung seiner Souveränität an. Indes war es Molotow gelungen, eine gegenteilige Klausel einzufügen, worin dem Land eine Kriegsschuld zugewiesen und präzisiert wurde, das endgültige Schicksal des Landes könne nur in Funktion seines inneren Widerstands gegen Deutschland geregelt werden.

Ungarns Ministerpräsident Miklós Kállay hatte sich mit Otto in Verbindung gesetzt. Er war einverstanden, daß sich Ungarn auf die Seite der Alliierten schlug, falls eine militärische Landung auf dem Balkan vorgesehen war. Zu Verhandlungen sollte ein Vertreter nach Portugal entsandt werden, wo Budapest eine Legation unterhielt. Mit Roosevelts Zustimmung brach Erzherzog Karl Ludwig nach Lissabon auf.

Bei der Konferenz von Teheran vom 28. November bis 1. Dezember 1943 plädierte nur Churchill für eine Landung alliierter Truppen in Italien, in der Nähe von Triest, um Deutschland vom Süden her anzugreifen und gegen Wien und Budapest zu marschieren. Roosevelt, von Krankheit gezeichnet und von Stalin (»Uncle Joe«) fasziniert, gab nach. In der Normandie und in der Provence setzten sich die Alliierten im Verlauf des Sommers 1944 fest. Die Rote Armee drang gegen Westen vor, besetzte das

Donaubecken. Im März 1944 marschierten die Deutschen in Ungarn ein. Miklós Kállay trat zurück, Antal Sigray wurde inhaftiert. Im Oktober ersuchte Horthy die Sowjetunion um einen Waffenstillstand, aber er wurde von der SS entführt und nach Deutschland verschleppt.[5]

Im Januar 1945 besetzten die Russen Ungarn. Im Februar lieferte ihnen der todkranke Franklin Roosevelt ganz Osteuropa aus. Damals träumte man von einer friedlichen Weltdemokratie – ein Mythos, der mit dem Kalten Krieg ein abruptes Ende nehmen sollte. Vor die Wahl zwischen den beiden Widerstandslagern in Jugoslawien gestellt, zog der Westen den Marxisten Tito dem Monarchisten Mihailović vor – zur Empörung Ottos und Zitas, die bei Roosevelt und Churchill Protest einlegten. Bei den freien Wahlen vom Oktober 1945 in Ungarn erhielt die Partei der Kleinbauern sechzig Prozent der Stimmen. Vier Jahre später setzte Stalin eine kommunistische Regierung ein. Über die ehemaligen Habsburgergebiete brach erneut der Totalitarismus herein.

Im Oktober 1944 in Europa gelandet, führte Otto in Paris Gespräche mit De Gaulle. Er wollte wissen, ob es den Amerikanern gelingen werde, als erste in Wien einzumarschieren. Doch der Deutschlandfeldzug im Winter 1944/45 war härter als erwartet. Die Erzherzöge Rudolf und Karl Ludwig – letzterer war von seiner Mission in Lissabon zurückgekehrt, die sich als nutzlos erweisen sollte – gelangten heimlich nach Tirol. Dort herrschten noch die Nationalsozialisten. Einige Widerstandsgruppen waren unter dem Befehl von General Kirsch, einem Legitimisten, aktiv. Mutig, aber in zu geringer Anzahl und von den Alliierten nicht unterstützt, besaßen sie nicht das Gewicht der österreichischen Kommunisten – mit Jugoslawien als Hinterland und Waffen von Tito und Stalin.

Am 13. April 1945 marschierte die Rote Armee in Wien ein. Da Amerikaner, Engländer und Franzosen vom Westen her in Österreich einmarschierten, wurden die Kämpfe am 7. Mai 1945 eingestellt. Am 1. Mai proklamierte eine Provisorische Staatsregierung die Republik und setzte das Bundesverfassungsgesetz von 1920 in der Fassung von 1929 wieder in Kraft. Im Widerstand hatten nun auch die Sozialdemokraten ab 1943 begonnen, sich für ein unabhängiges Österreich auszusprechen. Das Land war ausgeblutet und wie eine besiegte Nation besetzt. Doch die Zukunft war gerettet: die Souveränität war wiederhergestellt.

Im Juni 1945 war Otto in Tirol und traf mit seinen Brüdern Karl Ludwig und Rudolf, später auch mit Robert zusammen. Aus dem Konzentrationslager befreit, gründeten Friedrich von Wiesner, August Lovrek und Erich Thanner eine monarchistische Gruppierung. In Tirol, der französischen Besatzungszone, sah General Béthouart über ihre Aktivitäten hinweg. In Wien, mit seinen vier Besatzungszonen, wollte Otto Kandidaten für die ersten Wahlen im November 1945 aufstellen. Franzosen, Amerikaner und Briten waren einverstanden, aber die Russen legten ihr Veto ein. Bei den Wahlen wurden die Kommunisten (KPÖ) geschlagen, die Christlichsozialen (ÖVP) errangen die Mehrheit und bildeten eine Koalition mit den Sozialdemokraten (SPÖ). Leopold Feigl, ein echter katholischer Patriot, der Dachau und Mauthausen überlebt hatte, wurde Kanzler. Im Dezember wählte die Bundesversammlung Karl Renner zum Bundespräsidenten. Der Innenminister, ebenfalls ein Sozialdemokrat, beschloß die mit der Verfassung wiedereingeführten Habsburger-Gesetze anzuwenden: Im Januar 1946 erhielten die vier Söhne Zitas in Innsbruck ein Schreiben Renners, worin sie aufgefordert wurden, Österreich zu verlassen. Renner, der sich bei der NS-Volksabstimmung vom April 1938 für ein Ja ausgesprochen hatte, verjagte jene, die sieben Jahre lang für das Existenzrecht Österreichs gekämpft hatten, des Landes. Für die Habsburger ging das Exil weiter.

In den Kriegsjahren hatte Zita ihr fünfzigstes Lebensjahr vollendet. Alle Kinder waren erwachsen. Nun konnte sie ihre Zeit anderen Menschen widmen – Österreichern, Ungarn. In Quebec unterhielt sie eine umfangreiche Korrespondenz. Flüchtlinge, die um Unterstützung baten, fanden bei ihr ein offenes Ohr.

Schon vor Kriegsende hatte die Kaiserin begonnen, die Aufmerksamkeit auf das Los der Zivilbevölkerung zu lenken. Aus eigener Erfahrung kannte sie die Schwierigkeiten der Nachkriegszeit. Man würde also, so überlegte sie, Österreich helfen müssen. Noch bevor es soweit war, wandte sich Zita an reiche Spender, die ihre Unterstützung zusagten. Dann unternahm sie auf Einladung katholischer Wohltätigkeitsorganisationen eine Vortragsreihe durch Kanada, in deren Verlauf sie etwa fünfzig Vorträge hielt. Sie sprach über Mitteleuropa, die bombardierten Städte, die beschädigten Häuser ohne Licht und Heizung, den Mangel an Kleidung und Nahrung. Der schwarzgekleideten Frau gelang es, Mitgefühl und Großzügigkeit für die fernen Länder zu wecken. Beim ersten Mal las sie einen vorbereiteten Text vor, später sprach sie frei und beantwortete Fragen aus dem Publikum.

In Quebec trafen Spenden in Form von Naturalien ein: Medikamente, Kleider, Schuhe. Zita dankte jedem Spender in einem persönlichen Brief. Gemeinsam mit ihrer Mutter, der Herzogin von Parma, ihrer Schwester, Prinzessin Isabella, und ihrer jüngsten Tochter, Elisabeth, sortierte, reinigte und verpackte die Kaiserin die Sachen. Um die Pakete in Kisten zu verpacken, halfen ihr Pfadfinder – als erste Erzherzogin von Österreich war Elisabeth in Lord Baden-Powells Bewegung eingetreten. Der Erlös aus den ersten Vorträgen ging an die Diözese Salzburg in der amerikanischen Besatzungszone.

Angesichts des Erfolgs organisierte Zita 1946 und 1947 eine zweite Vortragstournee, diesmal durch die Vereinigten Staaten. Sie organisierte ihre Reisen selbst, übernachtete meistens in religiösen Institutionen und reiste in einem Abteil zweiter Klasse mit der Bahn. In New York, Denver, Saint Joseph, Saint Louis, Boston, Philadelphia, Pittsburgh, Kansas City und sogar im südlichen Florida bat die Kaiserin um Unterstützung für Österreich. In Chicago hielt sie sechs Vorträge vor jeweils etwa tausend Zuhörern. Einer der Vorträge wurde vom Rundfunk direkt übertragen. Die amerikanischen Zeitungen baten Zita um Interviews; sie sagte zu in der Hoffnung, die Publizität werde ihre Früchte tragen. Dank der Hilfsorganisation Care (Cooperative for American Remittances to Europe) wurden Tausende von Paketen nach Wien, Graz und nach Tirol gesandt. Für die zerstörten Kirchen sammelte die Kaiserin auch liturgische Geräte und Gewänder.

1948 hatte sich die Lage in Österreich soweit verbessert, daß diese Hilfeleistungen eingestellt werden konnten. In Quebec ließen die Schwestern Zita wissen, sie benötigten die Villa Saint-Joseph wieder für eigene Zwecke. Einmal mehr galt es umzuziehen. Doch wohin? Otto reiste in der Welt herum, hielt Vorträge und veröffentlichte Artikel, um seinen Lebensunterhalt zu bestreiten. Adelhaid und Elisabeth befanden sich in Europa, wo sie sich um Flüchtlinge kümmerten. Die übrigen Kinder hatten in Amerika Fuß gefaßt: Robert, der Banquier, reiste zwischen den Vereinigten Staaten und Asien; Felix leitete eine Firma in Mexiko; Karl Ludwig, Rudolf und Charlotte arbeiteten als Banquier, Financier bzw. Sozialarbeiterin in New York. Zita beschloß folglich, in die Nähe dieser Stadt zu ziehen.

Weihnachten 1948 zog die Kaiserin in Tuxedo ein, sechzig Kilometer von New York entfernt. Ihre Kinder hatten ihr ein einst vom Schriftsteller Mark Twain bewohntes Haus gekauft. Dort verbrachten sie ihre Wochenenden. Herzogin Maria Antonia war mit Prinzessin Isabella nach Europa zurückgekehrt. Glücklicherweise war Gräfin Kerssenbrock noch immer da.

Zita lebte zwei Jahre in Tuxedo, einfach wie immer und nicht ohne ihrem Land einen letzten Dienst zu erweisen. Im Senat wurde über den Marshall-Plan debattiert. Einige amerikanische Parlamentarier wollten Österreich vom Europäischen Wiederaufbauprogramm ausschließen mit der Begründung, die Massen hätten 1938 Hitler mit offenen Armen empfangen. In Absprache mit Otto arbeitete sie eine Gegenoffensive aus. Sie lud etwa fünfzig Senatorengattinnen ein und klärte sie darüber auf, was der Anschluß wirklich gewesen sei. Diese versuchten dann ihre Ehegatten umzustimmen. Bei der Abstimmung kam ein positives Resultat zustande, und Österreich kam in den Genuß von Unterstützungsgeldern aus Amerika.

Dies war Zitas letzter politischer Akt.

Europas Großmutter

»Karl ist der Lohn, den Gott diesem Österreich gewährt für alles, was es für die Kirche getan hat!«[1] Ging Zita dieser Satz durch den Kopf, als sie eines Morgens in Tuxedo ihre Korrespondenz durchging – der Satz, den Papst Pius X. 1911 zu ihr, der Verlobten Karls, gesagt hatte? Wohl möglich, denn das Schreiben, das sie an jenem Tag des Jahres 1948 erhielt, wühlte sie auf, berührte ihren Glauben an Gott und zugleich die Liebe ihres Lebens. Der Vatikan nahm im Hinblick auf die Eröffnung des Seligsprechungsprozesses für Kaiser Karl eine Voruntersuchung auf. Zita wurde gebeten, einen Fragebogen mit hundertsechzig Fragen zu ihrer Ehe und zur Persönlichkeit ihres Gemahls zu beantworten.

Kurze Zeit nach Karls Tod hatte sich der Gedanke einer Seligsprechung in jenen festgesetzt, die von der Frömmigkeit des Herrschers und seinem erbaulichen Ende beeindruckt waren. Karl, so hatte Erzherzogin Maria Theresia gesagt, sei ein Heiliger. Er habe wie ein Heiliger gelebt und sei wie ein Heiliger gestorben. Ostern 1923 hatte Wilhelm Miklas folgende Zeilen an Kardinal Piffl gerichtet: »Ein Jahr erst ist seit dem Heimgang Kaiser Karls um, und schon sprechen Tausende nicht nur in Österreich, sondern auf dem ganzen Erdenrund von ihm nicht anders als von einem Heiligen des Himmels.«[2] Der spätere Präsident der Republik drängte den Prälaten, sich beim Papst für die Eröffnung eines Seligsprechungsprozesses zu verwenden.

1925 war die Kaiser-Karl-Gebetsliga kirchlich approbiert worden, die im Hinblick auf die Seligsprechung des Kaisers gegründet worden war. Die von Hans Karl von Zessner-Spitzenberg und Emmy Gehrig präsidierte Vereinigung hatte bereits die Zeugnisse zahlreicher Katholiken gesammelt, die angaben, Karl in ihren Gebeten anzurufen. 1938, als im Zuge des Anschlusses die Verantwortlichen der Liga verhaftet wurden, hatte die Sekretärin die Archive verbrannt und verhindert, daß die Namen der fünfundzwanzigtausend Anhänger in die Hände der Gestapo fielen. Nach dem Krieg machte sich Emmy Gehrig an den Wiederaufbau ihrer Organisation. Sie sammelte erneut Fälle von Gebetserhörungen und Spontanheilungen, die auf das Gebet zum verstorbenen Kaiser zurückgeführt werden könnten. Der von Zita ausgefüllte Fragebogen war Teil der gesammelten Unterlagen, die es Kardinal Innitzer am 11. Juli 1949 in Wien erlaubten, das Dokument zur Eröffnung des Prüfungsverfahrens für Karl zu unterzeichnen.

Am 3. November 1949 eröffnete Radio Vatikan offiziell den Selig- und Heiligsprechungsprozeß des »Dieners Gottes Karl aus dem Hause Österreich, Kaiser von Österreich und König von Ungarn«. Der Prozeß werde eingeleitet, um der Ehre Gottes und des Ruhmes der Kirche willen, um unserer Zeit in der Person des Dieners Gottes einen Fürsprecher zu geben, dessen Vorbild als verantwortungsbewußter moderner Herrscher, als Gemahl und katholischer Familienvater für unsere Zeit der Korruption und der Sittenzerrüttung, des Niedergangs von Ehe und Familie so dringend nötig sei.

Bis zu ihrem Tod sollte dieses Gebetsanliegen Zita nie mehr verlassen.[3]

1949 unternahm die Kaiserin eine mehrmonatige Europareise. Anlaß war die Hochzeit ihrer jüngsten Tochter. Am 12. September 1949 heiratete Erzherzogin Elisabeth Heinrich von und zu Liechtenstein, den Vetter des regierenden Fürsten. Die Feierlichkeiten fanden in Frankreich bei Xavier von Bourbon-Parma auf Schloß Lignières statt – für Zita nach langen Jahren die Gelegenheit, ihre Brüder wiederzusehen. Xavier, in der Résistance tätig, war nach Dachau deportiert worden (bei der Befreiung wog er noch sechsunddreißig Kilos). Felix, Großherzog von Luxemburg, Offizier in der britischen Armee, hatte aktiv an der Befreiung des Großherzogtums teilgenommen. René, in die Vereinigten Staaten geflüchtet, war 1944 in das I. Armeekorps unter dem französischen

General de Lattre eingetreten; drei seiner Kinder, Zitas Neffen, hatten an der Seite der Alliierten gekämpft: Jacques als Pilot in der Royal Air Force, Anne, spätere Gattin des Ex-Königs von Rumänien, als Sanitäterin in der amerikanischen Armee und Michel als Fallschirmjäger der Forces françaises libres. Louis, Schwiegersohn des Königs von Italien, war nach dem Bruch zwischen Viktor Emanuel III. und Mussolini ebenfalls von den Deutschen deportiert worden. Gaëtan schließlich hatte in der amerikanischen Armee an der Landung in der Normandie und am Deutschlandfeldzug teilgenommen.

Die Kaiserin hatte jung geheiratet, mit neunzehn Jahren; alle ihre Kinder heirateten relativ spät: Elisabeth mit siebenundzwanzig, Karl Ludwig mit einunddreißig, Otto mit achtunddreißig, Felix mit sechsunddreißig, Rudolf mit dreiunddreißig, Robert mit achtunddreißig, Charlotte mit vierunddreißig. Zita war eine Liebesheirat eingegangen und ermunterte ihre Söhne und Töchter, es ihr gleichzutun, dennoch hatte sie ihre Kinder gemäß den Regeln des Habsburger Hausgesetzes erzogen, über die sie sich nicht hinwegsetzen sollten. Katholisches Fürstenhaus oder katholischer Hochadel mit denselben Werthaltungen: das waren die Bedingungen *sine qua non* für die Zustimmung der Kaiserin.

1950 überquerte Zita ein weiteres Mal den Atlantik: Am 17. Januar vermählte sich Karl Ludwig auf Schloß Belœil in Belgien mit Prinzessin Yolande de Ligne. Die Kaiserin verbrachte mehrere Monate in Europa. Am 8. Mai 1950 wurde sie in Begleitung ihres Bruders Xavier von Papst Pius XII. in Privataudienz empfangen. Auch ihre drei Schwestern, die als Benediktinerinnen in Solesmes lebten, besuchte sie.

Mit achtundfünfzig Jahren wurde Zita am 30. Juli 1950 erstmals Großmutter: Elisabeths ältester Sohn, Prinz Vinzenz, war das erste ihrer dreiunddreißig Enkelkinder.

Als Otto in jenem Sommer einem Krankenhaus in Bayern einen Besuch abstattete, lernte er dort eine hübsche Krankenschwester kennen. Regina war die Tochter von Herzog Georg von Sachsen-Meiningen, der, 1945 von den Sowjets deportiert, in Sibirien starb. Zu Weihnachten fand die offizielle Verlobung statt, und

Nancy wurde als Hochzeitsort bekanntgegeben. Aus Österreich verbannt, hatte Otto den ehemaligen Sitz der Lothringer Herzöge gewählt, um seine Ehe unter den Auspizien seiner Vorfahren schließen zu können.

Am 10. Mai 1951 verwandelte sich Nancy für einen Tag gewissermaßen in eine kaiserliche Hauptstadt: Österreicher, Ungarn, Slowaken, Tschechen, Kroaten: neuntausend Personen, viele in Nationaltracht, hielten die Stadt friedlich besetzt. Als Zita auf dem Balkon des Grand Hotel an der Place Stanislas erschien, wurde sie

12 Otto von Habsburg heiratet Prinzessin Regina von Sachsen-Meiningen am 10. Mai 1951 in Nancy.

von der Menge der Anhänger bejubelt, die sie bisher nur von Fotos kannten. Das letzte Mal war sie 1921 in Ungarn von ihren Landsleuten bejubelt worden ... Nach dreißigjährigem Exil galt sie ihnen noch immer als ihre Herrscherin.

Am Morgen des 10. Mai 1951 versammelten sich die Brautleute mit ihren Familien zur Frühmesse in der Kirche Saint-Epvre. Anschließend wurde im Rathaus von Nancy die Ziviltrauung vollzogen. Der Bürgermeister und Senator Lionel Pellerin begrüßte Otto mit folgenden Worten: »Eure Jugend verlief nicht ohne Unglück und Prüfungen, doch den starken Seelen verhelfen Unglück und Prüfungen zu Charakterstärke und Herzensgüte. Diese beiden Tugenden, sie wurden den Herzögen von Lothringen im Verlauf der Geschichte immer wieder zuteil, so wie sie Euch zuteil geworden sind, mit der noblen Seele Eures erlauchten Vaters und der wachsamen Aufmerksamkeit Ihrer Majestät, Kaiserin Zita, Eurer Mutter, deren Würde der ganzen Welt Respekt abfordert und die im Namen Lothringens zu begrüßen mir eine ganz besondere Ehre ist.« Die kirchliche Trauung fand in der Franziskanerkirche statt, in der herzoglichen Kapelle über der Gruft der Herzöge von Lothringen. Erzherzogin Regina trug – ein Geschenk ihrer Schwiegermutter – das Diadem, das Franz Joseph Zita zu ihrer Hochzeit geschenkt hatte und das alle Wirren überstanden hatte. Die Messe zelebrierte Bischof Lallier von Nancy. Während der Predigt wandte er sich an die Brautleute: »Ich denke an Ihren Vater, Madame, der grausam den Seinen entrissen wurde, von einem Lager zum anderen geschleppt wurde und in der Verlassenheit der Verbannung gestorben ist. Ich denke, Monseigneur, an Kaiser Karl, den Friedfertigen, der so frühzeitig, fern von seiner Heimat in das Vaterhaus heimgerufen wurde ... so seid Ihr doch Kinder Gottes, wenn auch verbannt und von Unglück geprüft, beraubt Eures Vaters und Eures Vaterlandes.«[4]

Beim Auszug bildete sich ein langes Spalier – für die dreihundert aus aller Welt angereisten Journalisten und Fotografen ein farbenprächtiges Spektakel, für die Beteiligten ein historischer Moment: Tiroler Musikanten, Studenten der Landsmannschaften im Vollwichs, Ungarn im Magnatenkostüm, Bürger aus Wien oder Bäuerinnen aus der Steiermark, Erzherzöge und Erzherzoginnen, Prinzen und Prinzessinnen – alle waren sie gekommen, ihre Treue zu bezeugen und allen Widrigkeiten zum Trotz ihre Verbundenheit mit dem Haus Habsburg, das weiter fortbestand, zu bekunden.

Nach der Heirat war Zita in die Vereinigten Staaten zurückgekehrt. Doch fühlte sie sich dort immer einsamer. Otto, der in der ersten Zeit seiner Ehe in der Nähe von Rambouillet gelebt hatte, ließ sich bald endgültig im bayerischen Pöcking nieder. Adelhaid, die nicht geheiratet hatte, arbeitete in Europa für Wohltätigkeitsinstitutionen. Karl Ludwig leitete in Brüssel eine Bank. Die drei anderen Brüder sollten ebenfalls bald heiraten. Im November 1952 vermählte sich Felix in Beaulieu-sur-Mer mit Prinzessin Anna Eugenie von Arenberg, dann kehrte er für die Verwaltung seiner Unternehmen nach Mexiko zurück. Im Juni 1953 nahm Rudolf in Tuxedo Gräfin Xenia Tschernitschew-Besobrasow – sie stammt aus einer nach der Revolution vertriebenen russischen Familie – zur Frau; anschließend führte ihn seine berufliche Laufbahn nach Belgisch-Kongo und später nach Brüssel. Im Dezember 1953 vermählte sich Robert mit Prinzessin Margherita von Savoyen, Tochter des Herzogs von Aosta; Robert, ebenfalls Banquier, lebte in Brüssel. Als letzte heiratete Charlotte im Juli 1956 in Pöcking Herzog Georg zu Mecklenburg; sie ließ sich in Deutschland nieder. Elisabeth lebte mit ihrem Gatten in Österreich.

Für jede Trauung reiste die Kaiserin aus Amerika an. Doch der Schwerpunkt der Familie hatte sich nach Europa verlagert. 1952 erkrankte Zitas hochbetagte Mutter schwer – ein Grund mehr, ihr näher zu sein. Nach Kriegsende hatte sich die Herzogin von Parma auf Schloß Berg in Luxemburg niedergelassen. 1953 verließ Zita ihr Haus in Tuxedo endgültig und siedelte zu ihrer Mutter über. 1959 starb Herzogin Maria Antonia im Alter von siebenundneunzig Jahren. Sie wurde in Oberösterreich begraben, auf Schloß Puchheim, dem Besitz der Bourbon-Parma. Doch die Kaiserin durfte nicht am Begräbnis ihrer Mutter teilnehmen: die Republik Österreich verweigerte ihr den Zutritt zum Land.

Zita war zwar nicht mehr in der Öffentlichkeit tätig, aber sie interessierte sich weiterhin für die politischen Geschicke der Welt. Otto von Habsburg erzählt, seine Mutter habe regelmäßig die Tagespolitik verfolgt. Am Ende ihres Lebens habe sie mit ihrer überragenden Intelligenz die moderne Welt besser verstanden, als manche glauben. Er selbst habe Dinge getan, die für Menschen aus der Generation vor dem Ersten Weltkrieg unannehmbar seien, seine Mutter aber habe ihn stets unterstützt. Zita freute sich 1955 über den Staatsvertrag, der mit dem Ende der Besatzung Österreichs Souveränität wiederherstellte. ÖVP und SPÖ regierten abwechslungsweise den kleinen Staat, der sich langsam erholte. Die Kaiserin aber verfolgte schweren Herzens das Los der von der Sowjetunion unterdrückten Donauvölker – ihrer Völker. Und für die Königin von Ungarn war das Scheitern des Ungarnaufstands von 1956 eine schmerzliche Stunde.

Eine andere Prüfung harrte ihrer.

Otto besuchte alle Kontinente, hielt Vorträge, verfaßte Artikel und Bücher über Politik, Soziologie und Geschichte, die in viele Sprachen übersetzt wurden. Überall war er anerkannt und geachtet, doch sein Heimatland blieb ihm verschlossen: unter dem Druck der Sozialdemokraten wurden die Habsburger-Gesetze von 1919 in den Staatsvertrag von 1955 aufgenommen.

Noch immer konnte der Erzherzog auf Anhänger zählen. Friedrich von Wiesner war 1951 gestorben, gesundheitlich ruiniert von der Haft in den NS-Gefängnissen. Doch seit 1947 befand sich die Monarchistische Bewegung Österreichs unter der Leitung von August Lovrek und Karl Serschen im Aufwind. Zahlreiche bedeutende Christlichsoziale blieben dem Haus Habsburg weiterhin in Treue verbunden und berieten sich mit Otto von Habsburg in Pöcking. Laut einer damaligen Schätzung war eine halbe Million Österreicher monarchistischem Gedankengut zugetan.

Doch Otto genügte das nicht. Dynamisch, leidenschaftlich an Politik interessiert, konnte er sich mit einem nicht absehbaren Exil nicht abfinden. Außerdem hatte sich sein Denken gewandelt. Österreich war seit zwei Generationen eine Republik; die jungen Österreicher kannten das Kaisertum nicht. Die Gesellschaft erholte sich allmählich vom Trauma des Anschlusses und des Krieges. Mit theoretischen Rechten konnte man nicht an die Dynastie anknüpfen, vielmehr mußten die Habsburger im Land präsent sein, dort eine Rolle spielen, sich erneut in den Dienst Österreichs stellen und dort erneut Legitimität erlangen.

1958 faßte der Erzherzog seinen Entschluß. Am 21. Februar verfaßte er folgende Erklärung:

> Um in meine Heimat zurückkehren zu können, erkläre ich im eigenen Namen und im Namen meiner Gemahlin und meiner minderjährigen Kinder als österreichischer Staatsbürger, die derzeit in Österreich geltenden Gesetze anzuerkennen und mich als getreuer Bürger der Republik zu bekennen.[5]

Es war der Anfang einer heftig geführten, sechs Jahre dauernden juristischen und politischen Auseinandersetzung in Österreich. Der von Otto unterbreitete Text genügte den Christlichsozialen, nicht aber den Sozialdemokraten, deren Abneigung noch immer virulent war. Sie ließen verbreiten, Otto fordere die Rückgabe sämtlicher früherer Besitztümer der Dynastie, obwohl er im Namen der Familie lediglich Verhandlungen über seinen Privatbesitz eröffnen wollte. Um die festgefahrene Situation zu entkrampfen, unterzeichnete der Erzherzog am 31. Mai 1961 eine zweite Erklärung:

> Ich, Endesgefertigter, erkläre hiermit gemäß § 2 des Gesetzes vom 3. April 1919, Staatsgesetzblatt für den Staat Deutsch-Österreich Nr. 209, daß ich auf meine Mitgliedschaft zum Hause Habsburg-Lothringen und auf alle aus ihr gefolgerten Herrschaftsansprüche ausdrücklich verzichte und mich als getreuer Staatsbürger der Republik bekenne.
> Pöcking, den 31. Mai 1961   Otto Habsburg-Lothringen[6]

Noch war das Hin und Her zwischen Regierung, Parlament, Verfassungsgerichtshof und Ottos Anwalt, Ludwig Draxler, nicht zu Ende. Das Thema Verzichtserklärung erregte weiter die Gemüter und löste sogar eine politische Krise aus: über die allmächtige Gewerkschaftszentrale drohte die SPÖ mit einem Generalstreik, sollte der Erzherzog österreichischen Boden betreten. 1963 klebte an den Mauern Österreichs die sozialdemokratische Parole: »Republik in Gefahr!« Die Affäre ging weiter. Erst im Juni 1966 wurde Otto von Habsburg ein österreichischer Paß ohne einschränkende Bestimmungen übergeben, der ihm erlaubte, Österreichs Grenze zu überschreiten.[7] Seine Rückkehr nach Österreich erfolgte in Tirol – Symbol des jahrhundertealten Bundes zwischen dem Hause Österreich und diesem Land. Im Oktober 1966 traf er zu einem kurzen Besuch in Österreich ein. Im Juli 1967 absolvierte er eine eigentliche Tournee durch alle Tiroler Täler und wurde in allen Dörfern gefeiert, die ihm vor dem Krieg die Ehrenbürgerschaft verliehen hatten.

Von nun an durfte Otto von Habsburg, der in Bayern wohnte, frei nach Österreich reisen. 1972 kam es in Wien zu einem historischen Händedruck mit dem sozialdemokratischen Bundeskanzler Bruno Kreisky, der einst ein vehementer Gegner Ottos gewesen war: das Kriegsbeil war begraben. Doch Otto wandte sich mehr und mehr einem anderen Ziel zu: dem Aufbau Europas. Es war deshalb nur folgerichtig, daß er 1979 die deutsche Staatsbürgerschaft erwarb (aber weiterhin österreichischer und ungarischer Bürger blieb), um für das Europa-Parlament in Straßburg kandidieren zu können.

Nach Ottos Verzichterklärung von 1963 wandelte sich die monarchistische Bewegung grundlegend. Sie nannte sich ›Aktion Österreich Europa‹, verband sich mit der Paneuropäischen Bewegung von Richard Coudenhove-Kalergi und folgte dem Beispiel des Oberhaupts des Hauses Habsburg, indem sie den Schwerpunkt auf die europäische Berufung Österreichs legte: ein von konservativen Werten dominiertes christliches Europa. Das monarchistische Gedankengut wurde mehr und mehr bloß noch von einigen durchaus aktiven und intellektuell hochstehenden, aber politisch wenig einflußreichen Gruppierungen vertreten. Doch im konservativen Österreich, insbesondere in Tirol, lebt die Treue zur Dynastie fort in Brauchtum und Pflege des geschichtlichen Erbes. 1989/90 sollte sie einen neuen politischen Gehalt gewinnen, als die Donauländer nach dem Fall des Eisernen Vorhangs ihr gemeinsames Erbe, das Erbe der Habsburger, wiederentdeckten.

»Ich aber glaube nicht an abstrakte Rechte«,[8] hatte Otto anläßlich der Unterzeichnung seiner Verzichtserklärung bemerkt. Zita befand sich in einer anderen Situation. Sie war niemals Thronanwärterin gewesen: seit 1916 *war* sie Kaiserin. Der Erzherzog hatte seinen Entschluß ohne vorherige Beratung mit seiner Mutter gefaßt, da er wußte, daß sie darunter leiden würde, so wie Tausende von Österreichern darunter litten, die für ihre monarchistischen Überzeugungen gekämpft und Gefängnis, Folter oder Exil in Kauf genommen hatten. Einige reisten zur Kaiserin, baten sie, sie solle ihren Sohn von seinem Entschluß abbringen, auf die Krone zu verzichten. Doch sie versuchte es nicht: »Wie ich Otto kenne, war ich mir sicher, daß er weiß, was er tut und warum. Er bat mich nur, für ihn zu beten.«[9]

Wie dachte sie wirklich darüber? »Meine Großmutter war einverstanden. Falls sie es nicht war, werden wir es niemals wissen«, sagt Karl von Habsburg, Ottos ältester Sohn, heute. Tatsächlich hat die Kaiserin weder schriftlich noch mündlich je etwas über ihre innerste Überzeugung verlauten lassen. Was bleibt, ist die Logik der Dinge und der Menschen. Vierzig Jahre lang hatte Zita gelebt, um die Prinzipien der österreichisch-ungarischen Monarchie hochzuhalten. In Erfüllung der Bitte Kaiser Karls auf seinem Totenbett hatte sie ihren ältesten Sohn dazu erzogen, Kaiser zu werden. Pater Beda von Döbrentey, Vertrauter der Kaiserin in ihren alten Tagen, konnte sich zum Eingeständnis durchringen, er sei davon überzeugt, daß sie nicht einverstanden war, habe aber darüber geschwiegen.

Seit dem Tod ihrer Mutter lebte Zita bei ihren Kindern, entweder in Belgien oder in Deutschland. Am 9. Mai 1962 fand sich die ganze Familie in Pöcking bei Otto ein, um ihren siebzigsten Geburtstag zu feiern. Doch die Kaiserin wollte wieder ein eigenes Heim haben. Sie fand es in der Schweiz, im Johannesstift in Zizers, nicht weit von Chur, in der Bündner Herrschaft gelegen. Österreich, wo ihre Tochter Elisabeth lebte, war nahe, aber auch Bayern, wo Otto, Adelhaid und Charlotte wohnten. Robert, Karl Ludwig und Rudolf waren in Brüssel tätig, doch ihre Geschäfte führten sie häufig in die Schweiz. Felix war weit weg, in Mexiko. Die geographische Lage von Zizers schien demnach zentral. Hier, an ihrem letzten Wohnort, verbrachte sie siebenundzwanzig Jahre.

Das Johannesstift, ein ehemaliges Kloster, ist ein von Schwestern geführtes Altersheim. Im zweiten Stock bewohnte Zita drei einfache Zimmer, eines davon mit einer Glasveranda. In ihrem Zimmer standen ein Bett, ein Nachttisch, ein Kleiderschrank, ein Tisch, eine Kommode, ein Bücherregal – Möbel, die dem Stift gehörten. Was sich sonst im Raum befand, gehörte der Kaiserin: ein Ölporträt von Kaiser Karl, ein Landschaftsgemälde mit der ungarischen Tiefebene, Aquarelle mit Alpensujets, Fotos von Karl, den Kindern und den Enkelkindern. Auf dem Tisch die Reiseschreibmaschine, von der sie sich nie trennte. Und die Bücher.

Gräfin Therese Kerssenbrock folgte ihr. Seit 1917 hatte sie Zita nicht mehr verlassen. »Korffi«, wie sie liebevoll genannt wurde, hatte alle Kinder Zitas aufgezogen. Später hielt sie sich bei dem einen oder anderen auf und pflegte Zitas Enkelkinder. Sie gehörte zur Familie. Zu ihrem achtzigsten Geburtstag im Jahr 1968 reisten denn auch alle nach Zizers an, selbst Felix aus Mexiko. Sie starb 1973 in den Armen der Kaiserin und wurde mit einer Ehrbezeigung bedacht, die in der Dynastie nur einen Präzendenzfall hat: wie Gräfin Fuchs, die Gouvernante der Kinder von Kaiserin Maria Theresia, in der Kaisergruft ihre letzte Ruhe gefunden hatte, so wurde Gräfin Kerssenbrock in der neuen Familiengruft der Habsburger begraben, im Kloster Muri in der Schweiz.

In Zizers stand Zita im Sommer wie im Winter morgens um fünf Uhr auf. Sie besuchte die Messe in der Hauskapelle, beim Frühstück hörte sie die Rundfunknachrichten oder las die Zeitungen: *Die Presse, Le Figaro, The Harald Tribune*. Dann folgte die Korrespondenz. Unermüdlich schrieb sie ihre Briefe mit der Schreibmaschine, nur bei besonderen Gelegenheiten griff sie zur Feder. Der Morgen ging mit Besuchen bei den Mitbewohnern des Johannesstifts zu Ende. Nach dem Mittagessen eine kurze Ruhepause, gefolgt von einem langen Spaziergang. Gegen Abend las Zita, schrieb wieder Briefe, bis ihre Augen schmerzten. In der Hauskapelle nahm sie am Rosenkranzgebet teil. Nach dem

Abendessen besuchte sie häufig nochmals die Messe. Die Abende waren kurz, und als ihre Sehkraft schwand, verbrachte sie diese meist vor dem Fernseher.

Regelmäßig war in den Spalten der Weltpresse von ihr die Rede, wenn auch nur in kurzen Mitteilungen: was ist über ein so geradliniges, so bescheidenes Leben zu erzählen? Die Kaiserin folgte nie den Einladungen des europäischen Hochadels, und die Habsburger mit ihrem untadeligen Lebenswandel lieferten der Sensationspresse keinerlei Stoff. Zita lebte zurückgezogen, aber nicht einsam; häufig erhielt sie Besuch von Verwandten oder nahen Freunden. Ihr Geburtstag war immer Anlaß, den ganzen Clan zu versammeln. 1972, bei ihrem achtzigsten Geburtstag, feierte Kardinal Mindszenty – der ungarische Märtyrer des Kommunismus – einen Dankgottesdienst.

Zuweilen verließ die Kaiserin Zizers aus familiären oder religiösen Gründen. 1962 machte sie in Begleitung von Gräfin Kerssenbrock eine Pilgerfahrt ins Heilige Land, 1967 nahm sie in Lissabon an der Überführung der Asche ihrer Großmutter, Königin Adelhaid von Bragança, teil. 1968 begab sie sich erstmals seit 1922 nach Madeira zur Einsegnung eines neuen Sarkophags für den Kaiser. Im selben Jahr stand sie ihrem Sohn Rudolf nach dem tödlichen Autounfall seiner Gattin mehrere Wochen tröstend zur Seite. 1970, als Otto in Paris zum Mitglied der Académie des Sciences Morales et Politiques gewählt wurde, war sie bei der Aufnahmefeier zugegen.

1971 nahm sie glücklich an der Wiedervermählung ihres Sohns Rudolf mit Prinzessin Anna Gabriela von Wrede teil. Doch diese Freude vermochte kaum den Schmerz zu lindern, daß sie zwei Wochen zuvor nicht am Begräbnis ihrer Tochter Adelhaid hatte teilnehmen können. Mit siebenundfünfzig Jahren an schwerer Gelenkentzündung gestorben, wurde die Erzherzogin in Tulfes begraben, dem Tiroler Dorf, dessen Ehrenbürgerin sie war. Die Republik Österreich versagte es, in strikter Anwendung der Habsburger-Gesetze, einer Mutter, am Grab ihrer Tochter zu beten.

Am 1. April 1972, anläßlich von Karls fünfzigstem Todestag, befand sich Zita erneut auf Madeira. Im Rahmen des Seligsprechungsprozesses für den Kaiser war eine Identifikation der sterblichen Überreste notwendig. Robert und Karl Ludwig blieben mit der Mutter in der Stadt; nur Otto und Rudolf wohnten in der Kirche Nossa Senhora do Monte mit äußerster Bewegung der Sargöffnung bei. Noch dreimal sollte die Kaiserin nach Rom reisen: 1975 anläßlich der Heiligsprechung von drei Österreichern durch Papst Paul VI.; im Mai 1979 und im Januar 1984 zu einer Privataudienz bei Papst Johannes Paul II.

Mit den Jahren wuchs die Zahl ihrer Enkelkinder. Die Großmutter mit dem gütigen Lächeln und einer für ihr Alter außerordentlichen geistigen Beweglichkeit weckte die Zuneigung und den Respekt aller. Als Trösterin weilte sie einige Monate bei Rudolf in Brüssel, als dieser seinen zwölfjährigen Sohn bei einem Fahrradunfall verlor.

1976 wohnte Zita der Hochzeit von einem ihrer Enkelkinder, Erzherzog Rudolf, Karl Ludwigs ältestem Sohn, bei. 1977 wurde sie mit fünfundachtzig Jahren zum ersten Mal Urgroßmutter. Solange sie reisen konnte, war sie bei Hochzeiten oder Taufen immer zugegen. Einige ihrer Enkelkinder gingen eine Ehe ein mit angesehenen, aber bürgerlichen Familien. 1982 heiratete Karl Ludwigs zweitältester Sohn Christian seine Cousine Marie-Astrid, die Tochter des Großherzogs von Luxemburg. 1984 vermählte sich Roberts ältester Sohn Lorenz mit Prinzessin Astrid von Belgien, der Tochter des jetzigen belgischen Königs. Bei solchen Anlässen saß die ehemalige Kaiserin von Österreich und Königin von Ungarn inmitten der gekrönten Häupter Europas.

Zita war, und sei es durch Heirat, mit fast allen regierenden Häusern – ausgenommen die protestantischen Geschlechter – Europas verwandt: Habsburg-Lothringen, Bourbon-Parma, Bragança (Portugal), sizilianische Bourbonen, Liechtenstein, Wettin (Sachsen), Wittelsbach (Bayern), Sachsen-Coburg-Gotha (Belgien), Nassau (Luxemburg), Sachsen-Coburg-Gotha (Bulgarien), Savoyen, spanische Bourbonen, Bourbon-Orléans, Sachsen-Meiningen. Zu diesen regierenden oder ehemals herrschenden Familien waren zahlreiche Fürsten- oder Herzogshäuser hinzuzufügen. Am Ende ihres Lebens war Zita die Großmutter Europas.

13 Zitas Audienz bei Papst Johannes Paul II.

Die Kaiserin war stets redegewandt gewesen. Im Gespräch glänzte sie durch Humor und Schlagfertigkeit, blieb aber immer zurückhaltend. Als Achtzigjährige wurde ihr klar, daß sich das Rad der Zeit gedreht hatte, daß einige Staatsgeheimnisse ihrer Jugend nur noch Geschichte waren und daß diese Geheimnisse mit ihrem Tod endgültig verloren wären. Da entschloß sie sich zu reden.

Zwei Männer konnten ihr Vertrauen gewinnen. Zuerst ein Engländer, Gordon Brook-Shepherd. Der Journalist und Historiker arbeitete zwischen 1966 und 1968 an einer Biographie über Kaiser Karl. Zita und Otto öffneten ihm ihre Archive, die Kaiserin vertraute ihm ihre Erinnerungen an. 1968 in London erschienen, war *The Last Habsburg* (deutsch ebenfalls 1968: *Um Krone und Reich*) ein Pionierwerk, und zwar nicht nur, weil es bisher Unbekanntes enthielt, sondern auch aufgrund der darin zum Ausdruck kommenden Einstellung. Waren westliche Publikationen über Mitteleuropa in der Regel eher habsburgfeindlich, rückte Brook-Shepherd die Regierungszeit Karls I. in die entscheidende Perspektive: das Abenteuer eines Herrschers, der nur eines will, sein Land aus dem Krieg herauslösen.

Der zweite Mann war Erich Feigl. Für das Österreichische Fernsehen drehte der Wiener Journalist einen einstündigen Dokumentarfilm über Kaiserin Zita. Die am 21. Dezember 1972 ausgestrahlte Sendung war ein Schock. Für die Öffentlichkeit war seit vierzig Jahren Otto das Oberhaupt des Hauses Habsburg. Seine Mutter hatte das Land 1919 verlassen und viele glaubten, sie sei tot. Andere hatten noch immer die Bilder der deutschnationalen Propaganda vor Augen und meinten, sie sei Italienerin – wozu auch ihr mediterraner Vorname beitrug. Wieder andere dachten, sie spreche nur Französisch. Groß war die Verwunderung, als sie eine Dame in Schwarz entdeckten, die vor der Kamera frei sprach – mit dem reinen Akzent Schönbrunns von vor 1918. Erstaunen weckte aber vor allem das, was sie erzählte, eine von den Schulbüchern vertuschte, in Österreich verkannte Version der Geschichte: die Friedensinitiativen von Kaiser Karl, seine sozialen Vorstellungen, der Kampf der ausgewiesenen Familie um die Unabhängigkeit des Landes. Aufgrund der Sendung verfaßte Feigl 1975 ein Buch. Diese Biographie, ein eigentlicher Bestseller, wurde immer wieder ergänzt und hat inzwischen die fünfte Auflage erreicht.

Am 9. Mai 1982 feierte Zita ihren neunzigsten Geburtstag. Zum Festtag versammelte sich die Familie einmal mehr in Zizers. Der österreichische Rundfunk interviewte Zita, und das Fernsehen strahlte Feigls Film erneut aus. Doch das schönste Geschenk erhielt sie zwei Tage später: die Tageszeitung *Die Presse* kündigte an, die Kaiserin sei berechtigt, in Österreich einzureisen, ohne jede Bedingung.

1980 hatte sich einer ihrer in Madrid lebenden Enkel mit der Bitte an König Juan Carlos gewandt, er möge sich bei den österreichischen Behörden für Zita verwenden. Der König von Spanien hatte Bundeskanzler Bruno Kreisky getroffen, der regelmäßig seine Ferien auf Mallorca verbrachte. Am 4. Mai 1982, nach einer Kabinettssitzung von einem Journalisten über die Möglichkeit einer Rückkehr der Kaiserin befragt, gab Kreisky zur Antwort: »Wenn es sich rechtlich vertreten läßt, werden wir eine menschliche Lösung finden.«[10] Es war rechtlich vertretbar. Schon im Februar 1980 hatte der Verwaltungsgerichtshof anerkannt, die Habsburger-Gesetze von 1919 seien nur auf jene Mitglieder des Hauses Habsburg-Lothringen anwendbar, die nach den bis November 1918 geltenden Gesetzen für die Thronfolge in Frage kämen. Nicht betroffen waren jene, die nach diesem Datum geboren oder als angeheiratetes Mitglied des Hauses von der Nachfolge ausgeschlossen waren. Zita konnte österreichischen Boden betreten, ohne eine Verzichtserklärung abzugeben. Es war das Eingeständnis, daß ihr aufgrund einer inzwischen hinfällig gewordenen Gesetzesinterpretation ein dreiundsechzigjähriges Exil aufgezwungen worden war. *A posteriori* war ihre Verbannung gewissermaßen illegal ... Doch 1982 war die Kaiserin über das Alter hinaus, da man Forderungen stellt. Die Freude darüber, daß sie nun in ihr Land zurückkehren konnte, war derart überwältigend, daß jede Bitterkeit verflog: sie schrieb Kreisky einen Dankesbrief. Gerührt erwähnte der alte sozialdemokratische Kämpfer in seiner Abschiedsrede vor dem Parlament im Jahr 1983 dieses Schreiben.

Mit ihrem einzigen Reisepaß, einem spanischen Dokument aus der Vorkriegszeit, das auf den Namen Gräfin von Bar lautete, überschritt Zita am 16. Mai 1982 die Grenze bei Feldkirch: dort, wo sie Österreich am 24. März 1919 verlassen hatte. Ein eintägiger Abstecher in Begleitung ihrer Tochter Elisabeth und ihres Schwiegersohns, gerade Zeit genug, um an Adelhaids Grab in Tulfes ihrer Tochter zu gedenken und Innsbruck einen Besuch abzustatten. Ein unauffälliger Besuch ohne Empfangskomitee.

Ihre eigentliche Rückkehr erfolgte Schritt für Schritt – was auch ganz buchstäblich zu verstehen ist, ging doch Zita inzwischen an zwei Stöcken. Von 1982 bis 1988 verbrachte die Kaiserin den Sommer bei ihrer Tochter Elisabeth auf Schloß Waldstein in der Steiermark. Bei ihrem ersten Aufenthalt unternahm sie eine Wallfahrt nach Mariazell, dem geistlichen Zentrum Österreichs, wo sie von einer kleinen Menge bejubelt wurde. Schon damals machte sich das Interesse an ihrer Person in Briefen, Telegrammen und Audienzgesuchen bemerkbar.

Ihren Triumph erlebte sie indessen in Wien. Am 13. November

1982 sollte sie an einer Messe im Stephansdom teilnehmen. Für das in den Zeitungen angekündigte Ereignis erwartete die Polizei etwa dreitausend Menschen. Doch am besagten Tag drängten sich zwanzigtausend Österreicher im Stephansdom, auf dem Stephansplatz und in den umliegenden Straßen. Der Verkehr brach zusammen, die Sicherheitskräfte waren überfordert, so daß Spezialeinheiten mobilisiert werden mußten. Vor dem Riesentor am Stephansdom von Kardinal König begrüßt, wurde die Kaiserin von jungen und alten Menschen unterschiedlichster Herkunft bejubelt. Mitten im gewaltigen steinernen Kirchenschiff kniend, war sie voller Dankbarkeit: sie war in ihre Hauptstadt zurückgekehrt, Gott hatte ihren Wunsch nach dreiundsechzigjährigem geduldigem Warten erfüllt. Am Ausgang herrschte ein unglaubliches Gedränge. Man hatte Angst um sie: die Menge war so dicht, daß Zita kaum ihren Wagen besteigen konnte. Alle wollten sie sprechen, sie berühren, erinnert sich Karl von Habsburg; es fehlte nur wenig und sie hätten ihr ihre Stöcke als Reliquie entrissen.

1983 reiste Zita siebenmal nach Österreich. Die aufsehenerregendsten Besuche fanden in Tirol statt: im Mai in Innsbruck, im September in Linz. In diesem Bundesland, das stets seine Eigenständigkeit und seine Distanz zum »roten Wien« betont, hatten die Behörden die Kaiserin offiziell eingeladen. Der Bürgermeister von Innsbruck und Landeshauptmann Eduard Wallnöfer, der ein Vierteljahrhundert in Tirol regierte, begrüßten Zita mit ihrem Titel »Majestät« und unterliefen so die Gesetze der Republik Österreich. Eine Gruppe linker Studenten protestierte unter einem Spruchband. Doch einige schlagende Argumente ließen die Demonstranten die Flucht ergreifen. Am Bergisel, dem heiligen Berg des Tiroler Patriotismus, schritt die Kaiserin vor der Statue Andreas Hofers bei den Klängen der Kaiserhymne Ehrenkompanien der Tiroler Schützen ab, einige hatten 1917 sogar noch unter Kaiser Karl gedient.

In jenen Jahren erregte Zita großes Aufsehen mit ihren Enthüllungen über das Drama von Mayerling. Im März 1983 ließ Zita in einer Reihe von Gesprächen mit der *Neuen Kronen-Zeitung* verlauten, der Tod von Kronprinz Rudolf im Jahr 1889 sei kein

14 Zita bei der Eröffnung des Neubaus vom Rorschach-Museum (Schweiz) am 7. Juli 1985.

Selbstmord, sondern ein politisch motivierter Mord gewesen. Der Kronprinz hätte sich an einem Komplott zum Sturz seines Vaters Franz Joseph beteiligen sollen, um die Achse Österreich-Deutschland zu zerschlagen und ein neues Bündnis zwischen Wien und Paris zu schließen. Hinter den Machenschaften habe Clemenceau gestanden. Rudolf habe abgelehnt und sei dann von Geheimagenten ermordet worden. Diese Version ist für Österreich indes nicht neu. Die Kaiserin stützte ihre Überzeugung auf die Schilderung der Ereignisse durch den Bruder von Kaiser Franz Joseph, Erzherzog Karl Ludwig – ihm hatte Rudolf angeblich die Verschwörung enthüllt –; er habe das Geheimnis seiner Gattin Maria Theresia anvertraut, die es wiederum Karl und Zita mitgeteilt habe. Doch leider seien, so gestand Zita, die Beweise für diese Behauptungen alle verschwunden oder unauffindbar.

Nach 1983 reiste Zita nur noch wenig. Schon bald überstiegen derartige Reisen ihre Kräfte. Ihr Geist blieb wach, doch wurde sie körperlich schwächer, und ihre Sehkraft schwand. Um ihr bei der Korrespondenz – inzwischen diktierte sie – zu helfen und ihr vorzulesen, stand ihr nun eine neue Gesellschaftsdame zur Seite: Baronin Maria Plappart. 1982, so erinnert sich Erich Feigl, sah Zita für ihr Alter noch sehr jung aus und ihr Haar war noch nicht vollends ergraut – geheimnisvolle Ausstrahlung einer neunzigjährigen Frau. Als er sie vier Jahre später, 1986, wiedersah, war dieser Ausdruck von Jugend verschwunden. Es blieb der Eindruck einer unbesiegbaren vergeistigten Kraft: ein Geschöpf, das bereit ist, vor seinen Schöpfer zu treten. »Wenn mich der liebe Gott holen kommt«, vertraute sie ihrem Enkel Vinzenz an, »dann werde ich endlich wieder mit Karl vereint sein.«

Am 9. Mai 1987 versammelte sich die gesamte Nachkommenschaft in Zizers zu ihrem fünfundneunzigsten Geburtstag: sieben Kinder und zweiunddreißig Enkelkinder, deren Ehegatten und etwa dreißig Urenkel. Inzwischen war die Kaiserin beinahe erblindet. Am Nachmittag organisierten die Jüngeren untereinander ein Fußballmatch. Auf den Knien eine Wolldecke, saß Zita im Schatten und hörte ihrem Enkel Karl von Habsburg zu, der für seine

Großmutter das Spiel kommentierte: »Jetzt ist der Ball bei Lorenz ... er schießt – ja, getroffen! Es hat den Dominik erwischt!« – »Dominik ...«, zögerte die Kaiserin, »der gehört der Andrea?« – »Ja, der Andrea.«[11]

9. Mai 1988, Pater Beda von Döbrentey zelebrierte die Geburtstagsmesse. In seiner Predigt redete er Zita mit ihrem traditionellen Titel an: »Ihre kaiserliche und königliche Apostolische Majestät...«

15 Zita, umgeben von ihrer ganzen Familie, feiert ihren 95. Geburtstag am 9. Mai 1987.

In den leeren Augen der uralten Dame liegen Tränen. Sie ist die letzte Kaiserin. Roosevelt, Churchill und De Gaulle sind seit langem gestorben; und sie, die während des Ersten Weltkriegs regiert hat, ist immer noch da. Sie ist die letzte ihrer Generation: der Spielgefährte ihrer Kindheit, Erzherzog Max, Karls Bruder, ist tot; alle ihre Halbgeschwister aus der ersten Ehe ihres Vaters sind tot. Adelhaid, Franziska und Maria Antonia, ihre drei als Benediktinerinnen in Solesmes lebenden Schwestern sind tot. Isabella und Henriette, ihre beiden anderen Schwestern, sind tot. Ihre Brüder Felix, René, Louis und Gaëtan sind tot. Und auch Xavier, ihr Komplize seit altersher, ist hier in Zizers vor zehn Jahren gestorben: bei seinem Begräbnis sah man sie, was sonst nie vorkam, schluchzen.

Im Sommer 1988 zog sich die Kaiserin bei ihrem letzten Besuch in Waldstein eine Lungenentzündung zu. Ihr wurde die Letzte Ölung erteilt. Im Herbst kehrte sie nach Zizers zurück, klaren Geistes, aber körperlich geschwächt. Völlig erblindet und unfähig zu gehen, verließ sie ihre Wohnung nur noch, um sich im Rollstuhl zum Gottesdienst führen zu lassen.

1989. Bald ist Zita siebenundneunzig. Doch gegen Ende Februar wird sie plötzlich schwächer. Sie ruft Otto an: »Ich sterbe bald. Bitte komm.« Wovon will sie sprechen? Von der Vergangenheit? Nein, von der Gegenwart, von der Zukunft. Von der Zukunft Osteuropas.

Gerade zu diesem Zeitpunkt hatte der Erzherzog eine Reise nach Ungarn geplant. Einige Tage später nimmt die Kaiserin kaum noch Nahrung zu sich und spricht nicht mehr. Eine letzte Freude, ein Anruf aus Budapest: Otto. Ihm wurde ein großartiger Empfang bereitet. Ein Taxifahrer lehnt die Bezahlung der Fahrt mit den Worten ab: »Es ist mir eine Ehre, Hoheit, Eure Majestät gefahren zu haben.« Der Eiserne Vorhang wird löchrig. Das Ende des Kommunismus ist absehbar.

Die Habsburger in Ungarn, Freiheit für die Donauvölker? Gott ist groß! Es gilt, heimzukehren – Mission erfüllt …

In Zizers lösen sich Ottos Gattin, Erzherzogin Regina, Karl Ludwig, Rudolf und ihre Gattinnen am Krankenlager ab. Zita empfängt erneut die Sterbesakramente. Friedlich, heiter erwartet sie den Tod. Am 10. März fällt sie ins Koma. Am 14. März 1989 ist ihr Todeskampf zu Ende. Frühmorgens um 1.40 Uhr haucht die letzte Kaiserin von Österreich und Königin von Ungarn ihre Seele aus.

Europas letzte Kaiserin

Ein ganzes Volk erwies Zita die letzte Ehre – postume Genugtuung der vom Schicksal Verbannten. Im Frühjahr 1989 wollte die nunmehr siebzigjährige Republik Österreich nur eines: in die Europäische Gemeinschaft eintreten. Zwar wankte das Sowjetsystem bereits, doch die Berliner Mauer stand noch. Den Schicksalsschlägen des Jahrhunderts die Stirn bietend und jener die Ehre erweisend, die das Ideal der Habsburger hochgehalten hatte, ließen Österreicher und Ungarn wie in einem Traum für die Zeitspanne eines Begräbnisses Ruhm und Glanz des Kaiserreichs auferstehen.

Schon vor ihrem Tod, als für die Ärzte in Zizers das Ende unausweichlich war, hatte sich in Wien ein Komitee gebildet. Zwei Wochen lang bereitete es die Trauerfeierlichkeiten für die Kaiserin vor. Als Datum wurde der 1. April 1989 gewählt, der Jahrestag des Todes von Kaiser Karl. Ohne finanzielle Mittel inszenierte das aus Freiwilligen bestehende Komitee das bewegendste und prächtigste Schauspiel, in dem jede Einzelheit ihren Symbolgehalt hatte. Im Land, wo der Barock König ist, ist die Sakralisierung des Todes und dessen sichtbare Darstellung die Regel.

Dieses Begräbnis kostete den österreichischen Steuerzahler keinen Schilling: die Kosten wurden von den Habsburgern übernommen. Doch die private Trauerfeier glich mehr einem Staatsbegräbnis. Familie, geladene Gäste, zivile und kirchliche Behörden, Vereine: es galt, zu mobilisieren, zu koordinieren, den vollendeten Ablauf einer prunkvollen Zeremonie zu organisieren. Denn zu ihrer letzten Heimstätte wurde Zita mit dem den Herrschern vorbehaltenen Ritual begleitet. Sie selbst hatte das gewünscht. Es ging nicht bloß darum, diejenige zu Grabe zu tragen, die ihr ganzes Leben lang in Bescheidenheit gelebt hatte. Jenseits ihrer Person sollte es die Reverenz an ein Prinzip sein, das sie verkörpert hatte.

Am 14. März wurde ihr Körper im Krankenhaus Chur einbalsamiert. Der Habsburger Tradition entsprechend wurde ihr das Herz entnommen und in einer Urne verwahrt. Am 28. März wurde ihre sterbliche Hülle, die zuvor in der neuen Gruft der Habsburger im Kloster Muri (Schweiz) geruht hatte, ins Stift Klosterneuburg überführt, zwanzig Kilometer von Wien entfernt. In der Kirche wurde der Erzherzogshut von Österreich – in der Stiftsschatzkammer aufbewahrt – auf den in Schwarz gehüllten Sarg gelegt. Anderthalb Tage lang nahmen zwanzigtausend Menschen Abschied von Zita. Am 30. März, dem Gründonnerstag, zelebrierte der Generalabt von Klosterneuburg in Gegenwart aller Nachkommen Zitas das Pontifikalrequiem. Nach Abschluß der Feier wurde der Sarg nach Wien überführt.

Im Inneren Burghof der Hofburg wurde die alte Kaiserin von der jungen Generation empfangen: Studenten der Landsmannschaften und Hunderte junger Menschen aus Gymnasien und Fakultäten. Sie geleiteten den Trauerzug mit Fackeln zum Stephansdom. Bis am Samstag morgen hielten Studentenverbindungen und ungarische Pfadfinder ununterbrochen die Ehrenwache am Katafalk. Der Dom blieb für jene offen, die von Zita Abschied nehmen wollten. Geduldig warteten sie, bis einer nach dem anderen sich vor Zitas Sarg verneigen konnte; in die aufgelegten Trauerbücher trugen sich beinahe 150 000 Menschen ein. Rings um den Dom wurden unzählige Kränze niedergelegt.

Samstag, 1. April. Rundfunk- und Fernsehjournalisten aus der ganzen Welt waren eingetroffen. In Paris war an diesem Morgen auf der Titelseite des *Figaro Magazine* das Porträt Zitas zu sehen: »Europa nimmt Abschied von seiner letzten Kaiserin.« Im Österreichischen Fernsehen war die Direktübertragung der vierstündigen Feier zu sehen. Und dennoch: in den Straßen Wiens drängten sich hundertfünfzigtausend Menschen. »Ein Herz für Zita«, stand auf einem Spruchband.

Fünfzehn Uhr. Im Kirchenschiff haben zweihundert Habsburger Platz genommen. Unter ihnen bekannte Gesichter aus dem Gotha: Fürst und Fürstin von und zu Liechtenstein, Großherzog und Großherzogin von Luxemburg, der Graf von Barcelona (Vater des Königs von Spanien), Prinz Albert (der künftige König der Belgier), Exkönig Fuad von Ägypten, die Thronfolger von Monaco, Marokko und Jordanien. Zugegen waren auch die Familie von Bourbon-Parma und die Prinzen von Neapel-Sizilien, die Gräfin von Paris und ihr Sohn, der Herzog von Orléans, der Herzog von Aosta und der Herzog von Bragança, die Oberhäupter ehemaliger Herrscherhäuser Deutschlands, etwa der Herzog in Bayern, der Herzog von Württemberg, der Herzog von Sachsen, der Prinz von Hannover, der Markgraf von Baden, der Großherzog von Hessen oder der Prinz von Hohenzollern. Auch die Erben der Fürstengeschlechter des alten Reichs mit prestigeträchtigen Namen waren gekommen: Hohenberg, Thurn und Taxis, Metternich, Waldburg, Auersperg, Starhemberg. An ihrem protokollarischen Platz befanden sich die Vertreter der Republik Österreich: Bundespräsident Kurt Waldheim, Vizekanzler Alois Mock, Dutzende von Abgeordneten, die Landeshauptleute. Ebenfalls zugegen waren zahlreiche Ungarn sowie Delegationen aus Südtirol und Trentino, aus Siebenbürgen und Böhmen, aus der Slowakei, Kroatien und Bosnien.

Der von der kaiserlichen Flagge bedeckte Sarg war gegenüber dem Hauptaltar aufgestellt worden. Auf zwei Kissen Zitas Auszeichnungen: Insignien einer Großkreuzdame des Souveränen Malteser Ritterordens, Elisabeth-Orden und Sternkreuzorden.

Feierlich, eindringlich ertönt der Chor: *requiem aeternam dona eis Domine* ... Auch Mozart grüßt die letzte Kaiserin. Kardinal Groer, der Erzbischof von Wien, trägt die bei den Trauerfeierlichkeiten für Kaiser Franz Joseph verwendeten liturgischen Gewänder. Er begibt sich zum Altar, gefolgt vom Primas von Ungarn, von dreißig Bischöfen oder Archimandriten und dem Abt von Solesmes. Der Apostolische Nuntius verliest, zu Otto von Habsburg gewandt, ein Schreiben von Papst Johannes Paul II.: »Der Papst gedenkt des eindrucksvollen Zeugnisses des Glaubens und der christlichen Frömmigkeit, das die verstorbene Kaiserin gegeben hat, und erteilt im Licht der erhabenen Verheißungen des auferstandenen Christus den Familienangehörigen und allen, die am liturgischen Begräbnisritus teilnehmen, seinen tröstenden Apostolischen Segen.«[1] Erzbischof Kardinal Groer hält die Predigt: »Dieses Begräbnis ist nicht ein Begräbnis unserer Geschichte. Diese unsere Geschichte lebt ... Nichts kann begraben werden ... von der vielen vielfachen Liebe und Treue und von all dem Guten, das die Menschen unseres Landes ... getan, gegeben haben.«[2] Die Fürbitten werden auf deutsch, tschechisch, ungarisch, serbokroatisch, italienisch, slowenisch und polnisch gesprochen. Zum Abschluß ertönt Ungarns Königshymne und dann das *Gott erhalte*. Erstmals seit sechzig Jahren ertönt unter diesem Gewölbe die Kaiserhymne.

Draußen schnauben die Pferde, angespannt vor den Trauerwagen, der einst Franz Josephs sterbliche Hülle geleitet hatte. Als Zeichen der Dankbarkeit der Dynastie gegenüber den Söhnen Andreas Hofers ist sechs Hauptleuten der Tiroler Schützen die Ehre zuteil geworden, den Sarg aus dem Dom zu tragen. Lang-

16 Begräbnis Zitas in Wien am 1. April 1989.

samen Schritts ziehen sie durch das Schiff und treten dann auf den Stephansplatz hinaus. Im Nordturm ertönt die *Pummerin*; die Glocke, aus den Trümmern der 1945 zerborstenen alten *Pummerin* gegossen (diese war 1711 aus hundertachtzig türkischen Beutekanonen gegossen worden), ertönt nur zu den feierlichsten Anlässen Österreichs.

Der um die Mittagszeit aufgestellte Trauerzug muß ein bereits während der Messe durch Donnergrollen angekündigtes Gewitter über sich ergehen lassen. Tausendfünfhundert Uniformen, ein vierhundert Meter langes Menschenband. Studenten der Landsmannschaften mit ihren schillernden Dolmanen, Blaskapellen mit ihren blitzenden Instrumenten, die Tiroler Schützenkompanien in den Farben der Trachten ihrer Täler, Gemeindevertreter in ihren traditionellen Trachten: vorüber zieht das alte Österreich. Die Trabantleibgarde von Sankt Veit (Kärnten) – die einzige Einheit der ehemaligen Monarchie, die niemals aufgelöst wurde – trägt die Uniform der Leibgarde Franz Josephs. Auf ihrem mit dem Doppeladler geschmückten gelb-goldenen Banner und in Dutzenden weiterer Fahnen weht eine jahrhundertealte Pracht.

Otto von Habsburg und sein ältester Sohn Karl führen den Trauerzug an. Es folgt die Familie, die fürstlichen Gäste, das diplomatische Corps, die Ritter vom Goldenen Vlies und die Vertreter der übrigen Ritterorden: Malteserorden, Lazarusorden von Jerusalem, Ritterorden vom Heiligen Grab zu Jerusalem. Über Graben und Kohlmarkt, vorbei an der Hofburg wendet der Zug dann vor der Albertina, um zur Kapuzinerkirche zu gelangen. Dort, in der Kapuzinergruft, erwarten zwölf Kaiser, sechzehn Kaiserinnen und mehr als hundert Erzherzöge und Erzherzoginnen Zita.

Die Tiroler Schützen heben den Sarg vom Trauerwagen. Der Zeremonienmeister wartet vor der Kirche. Zweimal klopft er vergeblich an die Pforte. Erst nach der dritten Bitte öffnet sich die Stätte: »Wer begehrt Einlaß?« – »Zita, ein sterblicher, sündiger Mensch.«

Die Einsegnung präsidiert der Alterzbischof von Wien, Kardinal König. Angeführt von Mönchen mit Fackeln wird der Sarg dann in die Kaisergruft überführt, nur unter den Augen von Zitas

Kindern, zehn ihrer Enkelkinder und einigen Getreuen. Auf der Albrechtsrampe ertönen einundzwanzig Kanonenschüsse.

Bundeskanzler Franz Vranitzky kam nicht. Einem Journalisten gegenüber äußerte er sich, seine sozialistische Überzeugung verbiete es ihm, sich für das *Gott erhalte* zu erheben. Zita war Oberst-Inhaberin des Husarenregiments Nr. 16. Deshalb wollten ihr auch Soldaten die letzte militärische Ehre erweisen: die Sozialistische Jugend protestierte gegen die Teilnahme der Armee an den Trauerfeierlichkeiten der Privatperson »Frau Zita Habsburg«. In den Tagen zuvor waren sie in Wien auf Flugblättern über die »gute alte Zeit« hergezogen: sieben Millionen Tote, Massenhinrichtungen, Siebzigstundenwoche, Einsatz von Nervengas im Krieg, Kinderarbeit, Massenarmut, Diktatur – verantwortlich dafür war das Haus Habsburg.

Helmut Zilk hingegen, Wiens sozialdemokratischer Bürgermeister, war zugegen. Auf dem Kranz, den er hatte niederlegen lassen, stand der Wahlspruch Josephs II.: *pietate et concordia*. Ottos Brüder, die keine Verzichtserklärung unterzeichnet hatten, hielten sich illegal, aber unbehelligt im Land auf. Treffend äußerte sich Vizekanzler Mock, als er sagte, die Trauerfeier sei die Versöhnung Österreichs mit der Geschichte.

Im Dezember 1989 wurde Zitas Herz in der Familiengruft in Muri mit demjenigen Karls vereint. In der Kapuzinergruft wurde ihr Sarg in einen schlichten Zinksarkophag gelegt, der seither stets mit Blumen geschmückt ist. Otto von Habsburg hatte zwei identische Sarkophage herstellen lassen. Der Platz an der Seite der Kaiserin ist reserviert: eines Tages werden Karl und Zita in ihrer Hauptstadt Seite an Seite ruhen. An jenem Tag wird sich Österreich endgültig mit seiner Geschichte versöhnt haben.

Zwei Tage nach der Beisetzung in Wien zelebrierte der Primas von Ungarn, Kardinal Paskai, in Budapest für Zita eine Requiemmesse in der Matthiaskirche – dort, wo sie gekrönt worden war. Das Gotteshaus konnte die zehntausend Magyaren nicht fassen, die an der Feier teilnahmen und anschließend Otto und seinen Kindern zujubelten. Im Kino lief seit einem Monat ein Film über das

Leben des Erzherzogs, und noch immer ließ der Andrang nicht nach. Im August desselben Jahres organisierte Ottos von Habsburg Paneuropäische Bewegung ein »Picknick« gewaltigen Ausmaßes an der österreichisch-ungarischen Grenze. Die Stacheldrähte wurden durchschnitten und sechshundert nach Ungarn geflüchtete Ostdeutsche gelangten nach Österreich. Am 10. September 1989 öffnete Ungarn als erster Ostblockstaat die Grenzen. Im Osten wehte der Wind der Freiheit.

In Budaörs, dort wo im Oktober 1921 der monarchistische Putsch gescheitert war, ist die Karl Marx-Straße in Kaiser Karl-Straße umbenannt worden. Auch Ungarn versöhnt sich mit seiner Geschichte.

Im Zentrum dieser Arbeit am kollektiven Gedächtnis: die Habsburger. In den neunziger Jahren setzte eine regelrechte Nostalgiewelle ein für die Zeit, da so viele Völker mit unterschiedlicher Sprache und Religion innerhalb der Donaumonarchie friedlich zusammenlebten. Viele haben inzwischen begriffen, daß die Zerschlagung Österreich-Ungarns Mitteleuropa zuerst das nationalsozialistische, dann das kommunistische Regime gekostet hat. Nach dem Zusammenbruch der Sowjetunion haben diese Länder begonnen, ihr gemeinsames Erbe wiederzuentdecken, oder, wie François Fejtö es formuliert hatte: »Die Ideologie, mit der man versucht hat, den ›homo habsburgensis‹ in einen neuen Menschen, den ›homo sovieticus‹ zu verwandeln, ist, ohne ihn grundlegend zu verändern, über ihn hinweggegangen.«

Zita, die letzte Kaiserin Österreich-Ungarns, lebendiges Symbol dieses Erbes, war stets für die Solidarität der Donauvölker eingetreten. Das Rad der Zeit dreht sich nicht zurück. Es ist sinnlos, endlos einer untergegangenen Welt nachzutrauern, nicht aber, darüber nachzudenken, was neu entstehen könnte. Österreich-Ungarn, eine Idee der Zukunft? Es sei notwendig, betont Pierre Béhar, alle gängigen Denkströmungen seit 1919 völlig über den Haufen zu werfen. Das Problem des europäischen Ungleichgewichts rühre nicht von der – natürlichen und folglich normalen – Wiedervereinigung Deutschlands her. Grund dafür sei vielmehr die Zerstörung der austro-ungarisch-slawischen Einheit, die ein Gegengewicht dazu war. Da es sinnlos sei, sich der deutschen Wiedervereinigung entgegenzustellen, sei das einzige Mittel, das europäische Gleichgewicht wiederherzustellen, die Wiedererrichtung des Donaureichs. Wer die Lektionen der Vergangenheit verkennt, vermag nichts Dauerhaftes aufzubauen. Möge die Gestalt der letzten Kaiserin diese Debatte erhellen.

Karl Werkmann hatte in den zwanziger Jahren geschrieben: »Die Kaiserin hat – Gatten, Mutter und Geschwister ausgenommen – niemandem gestattet, einen Blick in die tiefsten Tiefen ihres Herzens und ihres Geistes zu tun.«[3] Diese Bemerkung wird durch spätere Zeugnisse bestätigt. Die Kaiserin hat sich eher anvertraut als Geständnisse abgelegt. Zitas Biograph muß folglich seine Recherchen auf den öffentlichen Bereich beschränken.

Was diesem Leben Bewunderung abverlangt, ist dessen einzigartige Folgerichtigkeit. Nach einer glücklichen Jugend kannte die Kaiserin im Verlauf von acht Jahren die grausamsten Prüfungen: Krieg, vorzeitige Thronbesteigung, Scheitern der Friedenspläne, Hetzkampagnen im eigenen Land, Zusammenbruch der Monarchie, Verbannung, Scheitern der Restauration in Ungarn, Abschiebung nach Madeira, Witwenschaft mit dreißig Jahren und acht Kindern. Nach einem in der Mutterrolle gefundenen Gleichgewicht erfolgten erneute Prüfungen: der Anschluß, ein neuer Krieg, ein noch ferneres Exil – ein Exil, das ihr Sohn Otto dadurch bezwang, daß er auf das verzichtete, wozu er erzogen worden war.

An einer solchen Last wären viele Menschen zerbrochen. Doch Zita, die mutige Kaiserin, wankte niemals, zweifelte niemals. Weder an Österreich noch an Ungarn, weder an ihrer Familie noch an deren Mission. Noch bemerkenswerter ist, daß sie keinerlei Bitterkeit kannte. Ein Leben lang von erstaunlicher Zähigkeit und erstaunlicher geistiger Beweglichkeit, verstand sie es, standhaft zu bleiben und sich zugleich der Realität anzupassen.

Quelle dieser Stärke war zum einen ihr bedingungsloser, unerschütterlicher Glaube und zum anderen ihr Charakter, denn die Kaiserin lebte in erster Linie für die anderen und dann für sich.

Sich vom hedonistischen Zeitgeist absetzend, verfocht sie als Christin, Herrscherin, Gattin, Mutter und Großmutter die Religion der Pflicht und nicht des Vergnügens. Ihr Vergnügen war es, ihre Pflicht zu erfüllen ...

Ihre politische Hartnäckigkeit war Ausfluß ihrer Prinzipien. Sie glaubte, der Wille, die Macht der Ideen, die abgeklärte Kenntnis der Gesetze der Gesellschaften könnten die Fatalität besiegen, jene falschen Determinismen widerlegen, die jeden Abfall rechtfertigen. Als etwa die ganze Welt schließlich glaubte, der Kommunismus sei unbesiegbar und dessen Expansion unausweichlich, blieb die Kaiserin davon überzeugt, daß dieses System eines Tages zusammenbrechen werde. Die Nationen mögen, das wußte sie, sterblich sein, doch sterblicher noch die Ideologien, weil sie der Natur der Dinge zuwiderlaufen.

All denen, die auf die Beständigkeit des Menschen und der Geschichte bauen, weist Zita den Weg.

Anmerkungen

Zita von Bourbon, Prinzessin von Parma
1 E. Feigl, *Zita. Kaiserin und Königin*, Wien – München ⁵1991, S. 18.
2 Robert von Parmas jüngerer Bruder Heinrich, Graf Bardi, erbte das letzte Viertel der Hinterlassenschaft des Grafen von Chambord. Die beiden Brüder waren insbesondere Miterben von Schloß Chambord, dessen Nießbraucherin die Gräfin von Chambord bis zu ihrem Tod im Jahr 1886 blieb. 1902 erwarb Robert von seinem Bruder dessen Erbteil. Bei seinem Tod im Jahr 1907 erbte Elias, inzwischen Chef des Hauses Bourbon-Parma, Chambord aufgrund eines vom Herzog von Parma 1898 erstellten Testaments, das 1908 vom Hofmarschall in Wien anerkannt wurde. Im Ersten Weltkrieg, als Elias als Offizier in der kaiserlichen Armee diente, beschlagnahmte die Französische Regierung Chambord. Von 1920 bis 1931 standen sich Elias und seine Halbbrüder Sixtus und Xavier in einem langwierigen Prozeß gegenüber, wollten diese doch die Geltung französischen Rechts für Chambord durchsetzen. Schließlich gewann Elias gegen seine Halbbrüder, doch mußte er die Domäne dem französischen Staat überlassen, der noch heute Besitzer von Chambord ist. Nach diesem Prozeß blieben Elias, Sixtus und Xavier zerstritten. Sixtus verstarb 1934; die einzige Begegnung zwischen Elias und Xavier fand 1959 anläßlich der Beerdigung der Herzogin von Parma statt.
3 Feigl, *Zita*, S. 20.
4 Bis zur Ausrufung der Republik im Jahr 1910 regierten die Nachkommen von Königin Maria da Gloria in Lissabon. Der letzte, kinderlos gebliebene Nachkomme versöhnte sich 1922 mit seinen Vettern des »miguelistischen« Zweigs, der fortan alleinigen Königsfamilie Portugals. Der jetzige Herzog von Bragança ist ein Nachkomme Miguels I.
5 Feigl, *Zita*, S. 24.
6 Nach Elias' Tod im Jahr 1959 ging der Titel eines Herzogs von Parma auf dessen Sohn Robert über. Nach dem Tod des ohne Nachkommen verstorbenen Robert im Jahr 1974 ging der Titel auf seinen Onkel Xavier, Zitas Bruder, über und nach dessen Tod im Jahr 1977 auf dessen ältesten Sohn Carlos Hugo.

Erzherzogin von Österreich
1 Zit. in G. Brook-Shepherd, *Um Krone und Reich. Die Tragödie des letzten Habsburgerkaisers*, Wien – München – Zürich 1968, S. 31.

2 So wird der Dialog wiedergegeben in Feigl, *Zita*, S. 71.
3 Zit. in E. Feigl (Hg.), *Kaiser Karl I., Persönliche Aufzeichnungen, Zeugnisse und Dokumente*, ²1987, S. 36.
4 E. Feigl, *Kaiser Karl I. Ein Leben für den Frieden seiner Völker*, Wien - München 1990, S. 39 und S. 40.
5 Feigl, *Zita*, S. 75.
6 Zit. in ebd., S. 98.
7 1917 wurde das Kloster von Castagnavizza bombardiert und das Grab Louises von Parma beschädigt. Zita ließ die sechs Sarkophage der Bourbonen nach Wien in Sicherheit bringen. 1932 wurden sie erneut nach Görz überführt.
8 A. Margutti, *Kaiser Franz Joseph. Persönliche Erinnerungen*, Wien – Leipzig 1924, S. 477 f.

SARAJEVO, 28. JUNI 1914

1 Zit. in Feigl, *Zita*, S. 124.
2 Ebd.
3 Brook-Shepherd, *Um Krone und Reich*, S. 15.
4 Feigl, *Zita*, S. 122 f.
5 Ebd., S. 122.
6 B. Szeps-Zuckerkandl, *Ich erlebte fünfzig Jahre Weltgeschichte*, Stockholm 1939, S. 307.
7 Zit. in Feigl, *Zita*, S. 125.
8 Zit. in ebd., S. 135.
9 A. Polzer-Hoditz, *Kaiser Karl. Aus der Geheimmappe seines Kabinettchefs*, Wien ²1980, S. 319.
10 Zit. in Feigl, *Zita*, S. 131.
11 Ebd., S. 137 f.
12 Zit. in Brook-Shepherd, *Um Krone und Reich*, S. 43.
13 Zit. in Feigl, *Kaiser Karl I. Ein Leben*, S. 65.
14 J. Deutsch, *Ein weiter Weg. Lebenserinnerungen*, Wien 1960, S. 102 f.
15 Brook-Shepherd, *Um Krone und Reich*, S. 60.

KAISERIN VON ÖSTERREICH

1 Feigl, *Kaiser Karl I. Aufzeichnungen*, S. 75.
2 Brook-Shepherd, *Um Krone und Reich*, S. 123.
3 Feigl, *Kaiser Karl I. Aufzeichnungen*, S. 77.
4 1945 wurde die Stephanskrone unter mysteriösen Umständen von Ungarn nach Österreich geschafft. Sie fiel in die Hände der Amerikaner, die sie in die USA brachten. Nach dem Krieg forderte die ungarische Regierung mehrmals deren Rückführung. 1978 übergab Präsident Carter

das im Fort Knox aufbewahrte Königsemblem der kommunistischen Regierung. Otto von Habsburg und die ungarischen Emigranten legten heftigen Protest gegen diese Restitution ein. Seither befindet sich die Stephanskrone im Nationalmuseum in Budapest.
5 E. Vasari, *Zita. Kaiserin und Königin*, München 1976, S. 70.
6 Ebd.
7 Ebd.
8 L. Windisch-Graetz, *Vom roten zum schwarzen Prinzen*, Berlin - Wien 1920, S. 201.
9 E. Z. von Schonta, *Aus den Erinnerungen eines Flügeladjutanten*, Wien o. J., S. 11–16.
10 M. Károlyi, *Gegen eine ganze Welt. Mein Kampf um den Frieden*, München 1924, S. 188 f.
11 J. Redlich, *Das politische Tagebuch. 1908–1919*, Bd. 2, Ed. F. Fellner, Graz – Köln 1954, S. 174.
12 K. F. Nowak, *Der Weg in die Katastrophe*, Berlin 1919, S. 205 und 211f.
13 K. Werkmann (Hg.), *Aus Kaiser Karls Nachlass*, Berlin 1925, S. 163.
14 Zit. in Feigl, *Zita*, S. 181f.
15 Feigl, *Kaiser Karl I., Aufzeichnungen*, S. 83.
16 Windisch-Graetz, *Vom roten zum schwarzen Prinzen*, S. 188.
17 Margutti, *Kaiser Franz Joseph*, S. 499 und S. 486.
18 Zit. in Polzer-Hoditz, *Kaiser Karl*, S. 324.
19 Ebd., S. 298 f.
20 Ebd., S. 299.
21 Zit. in T. Griesser-Pečar, *Zita. Die Wahrheit über Europas letzte Kaiserin*, Bergisch-Gladbach 1985, S. 117.
22 Ebd., S. 113 f.
23 Polzer-Hoditz, *Kaiser Karl*, S. 459 f.

Der Friedenskaiser

1 Griesser-Pečar, *Zita*, S. 101.
2 A. von Cramon, *Unser Österreichisch-Ungarischer Bundesgenosse im Weltkriege. Erinnerungen*, Berlin ²1922, S. 93.
3 K. Werkmann, *Deutschland als Verbündeter. Kaiser Karls Kampf um den Frieden*, Berlin 1931, S. 161 f.
4 Ebd., S. 49.
5 Polzer-Hoditz, *Kaiser Karl*, S. 317.
6 Dialog zit. in ebd., S. 274.
7 Zit. in Feigl, *Zita*, S. 229.
8 Ebd., S. 230.
9 Brief wiedergegeben in Werkmann, *Deutschland als Verbündeter*, S. 171f.

10 Zit. in Feigl, *Zita*, S. 273.
11 Ebd., 274 f.
12 Cramon, *Unser Österreichisch-Ungarischer Bundesgenosse*, S. 92.
13 Redlich, *Das politische Tagebuch* II, S. 123.
14 Zit. in Polzer-Hoditz, *Kaiser Karl*, S. 597.
15 Ebd. S. 598.
16 Ebd., S. 327.
17 T. Griesser-Pečar, *Die Mission Sixtus. Österreichs Friedensversuch im Ersten Weltkrieg*, Wien – München 1988, S. 133.
18 Polzer-Hoditz, *Kaiser Karl*, S. 600 f.
19 Dialog wiedergegeben in Griesser-Pečar, *Zita*, S. 130.
20 Polzer-Hoditz, *Kaiser Karl*, S. 603.
21 Griesser-Pečar, *Die Mission Sixtus*, S. 201.
22 R. Poincaré, *Au service de la France IX*, Paris 1932, S. 70.
23 Polzer-Hoditz, *Kaiser Karl*, S. 421.
24 Windisch-Graetz, *Vom roten zum schwarzen Prinzen*, S. 216.
25 Zit. in Brook-Shepherd, *Um Krone und Reich*, S. 145 f.

Clemenceau gegen Österreich

1 Zit. in Brook-Shepherd, *Um Krone und Reich*, S. 172.
2 Ebd., S. 174.
3 Griesser-Pečar, *Die Mission Sixtus*, S. 268.
4 Ebd., S. 269.
5 Dialog zit. in Brook-Shepherd, *Um Krone und Reich*, S. 180 f.
6 Polzer-Hoditz, *Kaiser Karl*, S. 382.
7 Zit. in Griesser-Pečar, *Die Mission Sixtus*, S. 301.
8 Polzer-Hoditz, *Kaiser Karl*, S. 549.
9 Feigl, *Zita*, S. 188.
10 Zit. in Brook-Shepherd, *Um Krone und Reich*, S. 191.
11 Poincaré, *Au service de la France X*, S. 399.
12 Zit. in Feigl, *Zita*, S. 254.
13 Bericht in der *Reichspost* vom 2. Juli 1918, zit. in ebd., S. 258 und S. 261.
14 Redlich, *Das politische Tagebuch II*, S. 284.
15 Zit. in Feigl, *Zita*, S. 291.
16 T. G. Masaryk, in: Karel Čapek, *Gespräche mit Masaryk*, Mindelheim 1990, S. 125.
17 Zit. in Brook-Shepherd, *Um Krone und Reich*, S 213.
18 Zit. in Feigl, *Zita*, S. 243.
19 Werkmann, *Deutschland als Verbündeter*, S. 281.
20 H. Rumpler, *Das Völkermanifest Kaiser Karls vom 16. Oktober 1918*, München 1966, S. 89–91.

21 Polzer-Hoditz, *Kaiser Karl*, S. 557.

Das Ende eines Reichs

1. Werkmann, *Deutschland als Verbündeter*, S. 313.
2. Zit. in Brook-Shepherd, *Um Krone und Reich*, S. 213.
3. St. Burián, *Drei Jahre aus der Zeit meiner Amtsführung im Kriege*, Berlin 1923, S. 303.
4. Windisch-Graetz, *Vom roten zum schwarzen Prinzen*, S. 339.
5. Ebd.
6. Zit. in G. Brook-Shepherd, *Zita. Die letzte Kaiserin*, Wien 1993, S. 164.
7. A. Arz, *Zur Geschichte des großen Krieges. 1914–1918*, Wien 1924, S. 345.
8. Zit. in Brook-Shepherd, *Um Krone und Reich*, S. 236.
9. Arz, *Zur Geschichte des großen Krieges*, S. 376.
10. Eigenartigerweise zeugten Karls und Zitas Äußerungen auch nach dem Krieg von einer gewissen Nachsicht Kaiser Wilhelm II. gegenüber. Die österreichischen Herrscher waren der Meinung, er sei das Opfer seines Generalstabs gewesen. Doch inzwischen hat die Geschichtsforschung gezeigt, daß der deutsche Kaiser die Kriegstreiberei seiner Generäle teilte.
11. Griesser-Pečar, *Zita*, S. 163.
12. Feigl, *Zita*, S. 298.
13. K. Werkmann, *Der Tote auf Madeira*, München 1923, S. 15.
14. Ebd.
15. Redlich, *Das politische Tagebuch II*, S. 315.
16. Werkmann, *Der Tote auf Madeira*, S. 13.
17. Ebd., S. 18.
18. Griesser-Pečar, *Zita*, S. 166.
19. Werkmann, *Der Tote auf Madeira*, S. 18.
20. Dialog in ebd., S. 19 ff.
21. Zit. in ebd., S. 21 f.
22. F. Funder, *Vom Gestern ins Heute. Aus dem Kaiserreich in die Republik*, Wien 1952, S. 557.

Nach sieben Jahrhunderten ins Exil

1. Werkmann, *Der Tote auf Madeira*, S. 31.
2. Zit. in Brook-Shepherd, *Um Krone und Reich*, S. 263.
3. Werkmann, *Der Tote auf Madeira*, S. 34.
4. Zit. in ebd., S. 32.
5. Zit. in Brook-Shepherd, *Um Krone und Reich*, S. 270.
6. Ebd., S. 279.
7. Ebd., S. 279 f.
8. Ebd., S. 287.

9 Ebd., S. 289.
10 Ebd., S. 292.
11 Ebd., S. 294 f.
12 St. Zweig, *Die Welt von Gestern. Erinnerungen eines Europäers*, Stockholm 1944, S. 326 f.
13 Schonta, *Aus den Erinnerungen eines Flügeladjutanten*, S. 62.
14 Zit. in Brook-Shepherd, *Um Krone und Reich*, S. 300 f.
15 Felix, der ganz besonders unter der Mangelernährung gelitten hatte, befand sich bereits zur Erholung bei seiner Großmutter auf Schloß Wartegg.
16 Griesser-Pečar, *Zita*, S. 177.
17 Werkmann, *Der Tote auf Madeira*, S. 46.
18 Ebd., S. 58.
19 Gleichzeitig wird ein Gesetz verabschiedet, das die Adelstitel und den Gebrauch von Adelsprädikaten in den Familiennamen verbietet. Dieses Gesetz ist in Österreich noch immer in Kraft.
20 Zit. in Brook-Shepherd, *Um Krone und Reich*, S. 298.
21 Werkmann, *Der Tote auf Madeira*, S. 49.
22 Feigl, *Kaiser Karl I. Aufzeichnungen*, S. 244.

Zurück nach Ungarn

1 Werkmann, *Der Tote auf Madeira*, S. 149.
2 Zit. in Brook-Shepherd, *Um Krone und Reich*, S. 312.
3 Ebd.
4 K. Werkmann, *Aus Kaiser Karls Nachlaß*, Berlin 1925, S. 37.
5 Ebd., S. 40.
6 Ebd., S. 53 und 54.
7 Ebd., S. 67.
8 Werkmann, *Der Tote auf Madeira*, S. 252.
9 Die Maschine, die Karl und Zita nach Ungarn brachte, ist heute im Budapester Verkehrsmuseum ausgestellt. An der Stelle, wo sie gelandet ist, haben die ungarischen Legitimisten eine Kapelle errichten lassen, die noch heute steht. Über dem Eingangsportal eine lateinische Bibelinschrift aus dem Johannes-Prolog: *In propria venit, et sui eum non receperunt* (Er kam in sein Eigentum; und die Seinen nahmen ihn nicht auf).
10 Zit. in Brook-Shepherd, *Um Krone und Reich*, S. 345.
11 Zit. in ebd., S. 355.
12 Zit. in Griesser-Pečar, *Zita*, S. 205.
13 Werkmann, *Der Tote auf Madeira*, S. 289.

Sterben auf Madeira

1 Werkmann, *Der Tote auf Madeira*, S. 307–309.
2 Feigl, *Kaiser Karl I. Aufzeichnungen*, S. 475.
3 E. Gehrig, *Umjubelt. Verkannt. Verbannt. Kaiserin und Königin Zita*, Wels 1955, S. 220.
4 Ebd.
5 Ebd., S. 221.
6 Ebd. S. 222 f.
7 Feigl, *Kaiser Karl I. Aufzeichnungen*, S. 488.
8 Gehrig, *Umjubelt. Verkannt. Verbannt*, S. 223.
9 Noch heute befindet sich das Grab Kaiser Karls in einer Seitenkapelle der Kirche Nossa Senhora do Monte. Im Januar 1968 war in Gegenwart Kaiserin Zitas ein neues Mausoleum eingeweiht worden. Unter einem mächtigen Kreuz aus Tiroler Holz trägt eine Marmorplatte die Inschrift:

Carolus I .D. G. Austriae Imperator,
Bohemiae rex ...
Apostolicus Rex Ungariae, nomine IV,
Natus Persenbeug, XVII–VIII–MDCCCLXXXVII,
Mortuus Madeira, I–IV–MCMXXII,
Adorans S.S. sacramentum praesens
Dicens: »Fiat voluntas tua.«
(Karl I., durch Gottes Gnade Kaiser von Österreich,
König von Böhmen...
Apostolischer König von Ungarn, vierter des Namens,
Geboren zu Persenbeug am 17. August 1887,
Gestorben auf Madeira am 1. April 1922,
In Anbetung des gegenwärtigen Allerheiligsten
mit den Worten: »Dein Wille geschehe.«)

1975 ließ Kaiserin Zita das Herz Kaiser Karls im Kloster Muri (Schweiz) niederlegen, der neuen Familiengruft der Habsburger.

Eine Witwe und acht Waisen

1 Gehrig, *Umjubelt. Verkannt. Verbannt*, S. 277.
2 K. Werkmann, *Otto von Habsburg. Ein ungelöstes europäisches Problem*, Berlin – Wien – Leipzig 1932, S. 134.
3 Ebd., S. 135.
4 Zit. in Vasari, *Zita*, S. 129.
5 Zit. in ebd., S. 130.
6 E. Feigl, *Otto von Habsburg. Protokoll eines politischen Lebens*, Wien – München 1987, S. 39.

Habsburg contra Hitler

1 Zit. in Griesser-Pečar, *Zita*, S. 254.
2 Otto von Habsburg, *Briefe aus der Verbannung*, Leipzig – Wien 1935, Brief von Weihnachten 1933, S. 49–52.
3 E. Vasari, *Dr. Otto Habsburg oder die Leidenschaft für Politik*, Wien 1972, S. 137.
4 Zit. in Griesser-Pečar, *Zita*, S. 256.
5 Feigl, *Otto von Habsburg*, S. 32–34.

Der Kampf um Österreich

1 Der Sozialistische Kampf, Paris 1 (1938), S. 2 ff; zit. in O. Bauer, *Werkausgabe*, hg. von der Arbeitsgemeinschaft für die Geschichte der österreichischen Arbeiterbewegung, Bd. 9, Wien 1980, S. 860.
2 Xavier von Bourbon-Parma war während Jahren in Spanien politisch tätig. Er übernahm die Regentschaft der Traditionalisten und meldete 1952 und 1956 seine Ansprüche auf den spanischen Thron an; bei der Thronbesteigung Juan Carlos' im Jahr 1975 verzichtete er auf seine Ansprüche. Sein ältester Sohn, Carlos Hugo, der gegenwärtige Herzog von Parma, bewirkte mit seinem Kurs in Richtung einer »sozialistischen Selbstverwaltung« die Spaltung der Karlisten und geriet in heftige Opposition zu seinem jüngeren Bruder Sixte-Henri. 1978 verzichtete er auf jede politische Betätigung.
3 Zit. in Griesser-Pečar, *Zita*, S. 258.
4 Deutsch, *Ein weiter Weg*, S. 361.
5 Nach Kriegsende flüchtete Horthy nach Portugal, wo er 1957 starb.

Europas Grossmutter

1 Feigl, *Zita*, S. 101.
2 Zit. in E. J. Görlich, *Der letzte Kaiser – ein Heiliger?*, Stein am Rhein 1972, S. 149.
3 Seit 1953 veröffentlicht die Kaiser-Karl-Gebetsliga jedes Jahr einen Band, worin sie Bilanz zieht über die Dokumente, die dem Seligsprechungsverfahren Kaiser Karls neu beigefügt worden sind. Nach dem Tod Emmy Gehrigs im Jahr 1974 wurde die Liga während Jahren vom Zisterzienserpater Stephan Sommer betreut. Seit 1994 wirken Bischof Kurt Krenn von Sankt Pölten als ihr Vorsitzender und Johannes R. Parsch als ihr Leiter. Der Vizepräsident der Liga, Pater Reinhard Knittel, ist seit 1995 Postulator im Seligsprechungsprozeß des Kaisers in Rom. Seit vierzig Jahren folgt das Verfahren seinen Gang gemäß dem vom Kanonischen Recht vorgesehenen langsamen Prozedere.

4 Gehrig, *Umjubelt. Verkannt. Verbannt*, S. 335–337.
5 Zit. in E.Vasari, *Ein Kämpfer für Europa. Otto Habsburg im Europa-Parlament*, München 1982, S. 77.
6 Ebd., S. 79.
7 Das juristische Geplänkel zwischen den Habsburgern und der Republik Österreich ging auch nach Ottos Verzichtserklärung weiter. 1980 entschied ein Gericht, die Habsburger-Gesetze von 1919 seien auf die nach dem Sturz der Monarchie geborenen Familienmitglieder nicht anwendbar. 1996 unterzeichneten Felix und Karl Ludwig, beide vor 1918 geboren, eine vereinfachte Loyalitätserklärung gegenüber den parlamentarisch anerkannten Institutionen; das ermöglichte ihnen dann, in Österreich einzureisen. Die Verfassung untersagt es den Mitgliedern des Hauses Habsburg noch immer, für das Amt des Bundespräsidenten zu kandidieren.
8 Zit. in Vasari, *Dr. Otto Habsburg*, S. 333.
9 Zit. in Vasari, *Zita*, S. 147.
10 Zit. in E.H.P.Cordfunke, *Zita. Kaiserin von Österreich, Königin von Ungarn*, Köln-Graz 1986, S. 217.
11 Feigl, *Otto von Habsburg*, S. 26.

Europas letzte Kaiserin

1 Feigl, *Zita*, S. 424.
2 Ebd., S. 426.
3 Werkmann, *Der Tote auf Madeira*, S. 104.

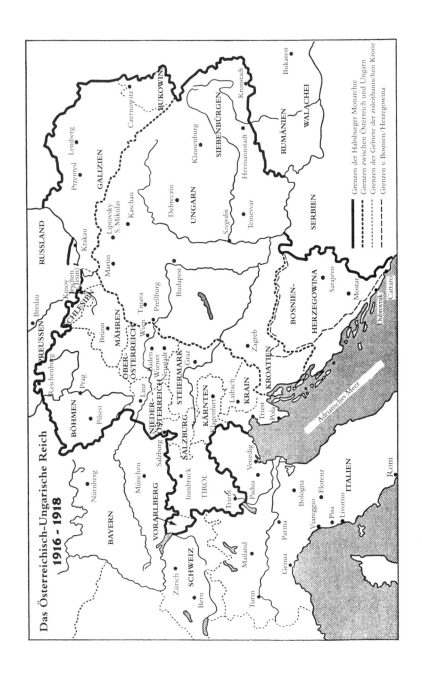

Die Auflösung des Österreichisch-Ungarischen Reichs nach 1918

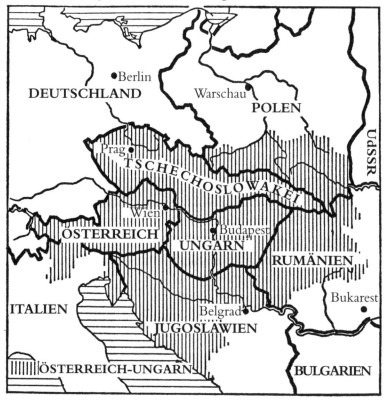

Stammtafel des Hauses Bourbon
(gerafftes Schema)

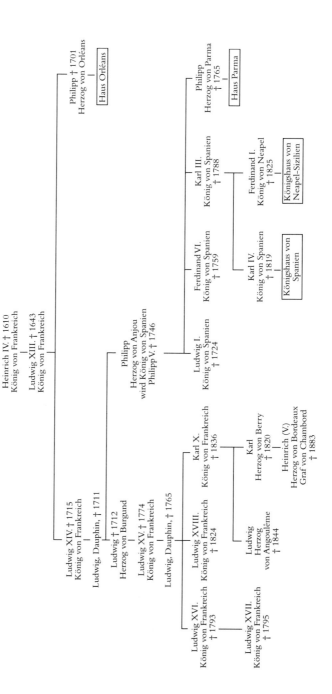

Zitas Vorfahren väterlicherseits
(geraffte Stammtafel)

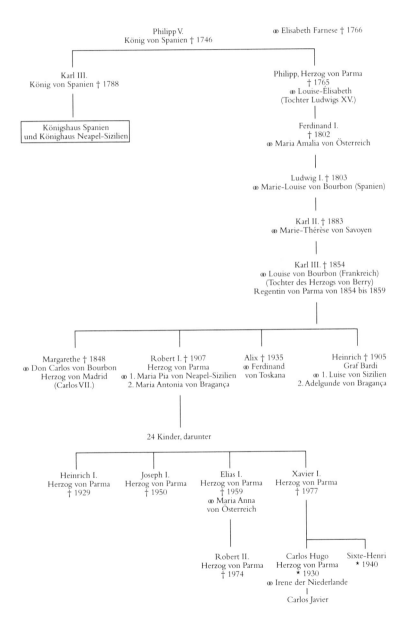

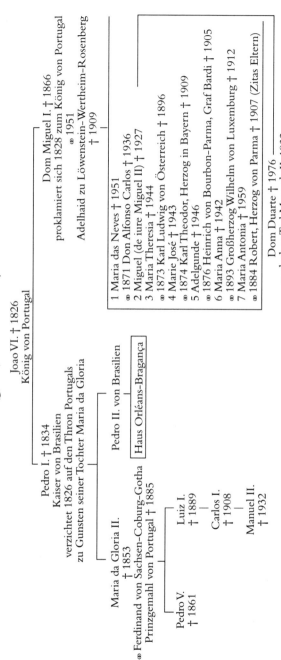

Zitas Vorfahren mütterlicherseits: das Haus Bragança
(geraffte Stammtafel)

Zitas Eltern und Geschwister

Robert
Herzog von Parma
(1848–1907)

1. ⚭ 1869
Maria Pia von Neapel-Sizilien † 1882

2. ⚭ 1884
Maria Antonia von Bragança † 1959

1. Maria Louise (1870–1899)
   ⚭ 1893 Ferdinand von Bulgarien † 1948
   Nachkommen: Königshaus von Bulgarien

2. Ferdinand (1871–1871)

3. Louise (1872–1912)

4. Heinrich (1873–1939)
   Herzog von Parma ab 1907

5. Maria Immaculata (1874–1914)

6. Joseph (1875–1950)
   Herzog von Parma ab 1939

7. Maria Therese (1876–1940)

8. Maria Pia (1877–1915)

9. Beatrice (1879–1946)
   ⚭ 1906 Pietro Lucchesi-Palli † 1939
   Nachkommen

10. Elias (1880–1959)
    ⚭ 1903 Maria Anna von Österreich
    † 1940
    Nachkommen (Robert II. Herzog von Parma † 1974)

11. Anastasia (1881–1881)

12. Augustus (1882)

13. Adelhaid (1885–1959)

14. Sixtus (1886–1934)
    ⚭ 1919 Hedwige de La Rochefoucauld
    Nachkommen: Haus La Rochefoucauld

15. Xavier (1889–1977)
    ⚭ 1927 Madeleine de Bourbon-Busset
    † 1984
    Herzog von Parma ab 1974
    Nachkommen: Haus Parma
    (Carlos Hugo, Herzog von Parma seit 1977)

16. Franziska (1890–1978)

17. **Zita (1892–1989)**

18. Felix (1893–1970)
    ⚭ 1919 Charlotte von Luxemburg † 1985
    Nachkommen: Großherzogshaus von Luxemburg

19. René (1894–1962)
    ⚭ 1921 Margarethe von Dänemark
    † 1992
    Nachkommen: Haus Parma

20. Maria Antonia (1895–1977)

21. Isabella (1898–1984)

22. Louis (1899–1967)
    ⚭ 1939 Maria von Savoyen
    Nachkommen: Haus Parma

23. Henriette (1903–1987)

24. Gaëtan (1905–1958)
    ⚭ 1931 Margarethe von Thurn und Taxis
    Nachkommen

Louise, Henri, Maria Immaculata, Joseph, Marie Therese und Maria Pia blieben unverheiratet, da geistig behindert.

Adelhaid, Franziska und Maria Antonia traten als Benediktinerinnen in Solesmes ein. Prinzessin Isabella blieb unverheiratet, ebenso Prinzessin Henriette, die taubstumm war.

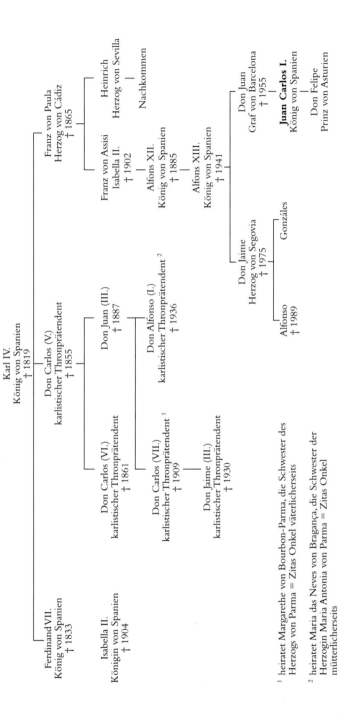

Spanisches Königshaus
(geraffte Stammtafel)

Karl IV.
König von Spanien
† 1819

- Ferdinand VII.
  König von Spanien
  † 1833
  - Isabella II.
    Königin von Spanien
    † 1904

- Don Carlos (V.)
  karlistischer Thronprätendent
  † 1855
  - Don Carlos (VI.)
    karlistischer Thronprätendent
    † 1861
  - Don Juan (III.)
    † 1887
    - Don Carlos (VII.)
      karlistischer Thronprätendent [1]
      † 1909
      - Don Jaime (III.)
        karlistischer Thronprätendent
        † 1930
    - Don Alfonso (I.)
      karlistischer Thronprätendent [2]
      † 1936

- Franz von Paula
  Herzog von Cádiz
  † 1865
  - Franz von Assisi
    Isabella II.
    † 1902
    - Alfons XII.
      König von Spanien
      † 1885
      - Alfons XIII.
        König von Spanien
        † 1941
        - Don Jaime
          Herzog von Segovia — Gonzáles
          † 1975
          - Alfonso
            † 1989
        - Don Juan
          Graf von Barcelona
          † 1955
          - **Juan Carlos I.**
            König von Spanien
            - Don Felipe
              Prinz von Asturien
  - Heinrich
    Herzog von Sevilla
    - Nachkommen

[1] heiratet Margarethe von Bourbon-Parma, die Schwester des Herzogs von Parma = Zitas Onkel väterlicherseits

[2] heiratet Maria das Neves von Bragança, die Schwester der Herzogin Maria Antonia von Parma = Zitas Onkel mütterlicherseits

Haus Habsburg-Lothringen
(geraffte Stammtafel)

Maria Theresia (1717–1780) ⚭ **Franz I. (Franz Stefan von Lothringen) 1708–1765**

16 Kinder, darunter

- **Joseph II.** (1741–1790)
- **Maria Amalia** (1746–1804) ⚭ Ferdinand Herzog von Parma
- **Leopold II.** (1747–1792) ⚭ Maria Ludovica von Bourbon-Spanien † 1792
- **Maria Karoline** (1752–1814) ⚭ Ferdinand, König von Neapel-Sizilien
- **Ferdinand** (1754–1806) Herzog von Modena — Linie Habsburg-Este
- **Marie Antoinette** (1755–1793) ⚭ Ludwig XVI. König von Frankreich

13 Kinder, darunter

- **Maria Theresia** (1767–1827) ⚭ Anton König von Sachsen
- **Franz II. (I.)** (1768–1835) ⚭ Maria Theresia von Neapel-Sizilien
- **Ferdinand** (1769–1824) — Linie Habsburg-Toskana
- **Karl** (1771–1847) — Herzöge von Teschen
- **Josef** (1776–1847) — Ungarische Linie des Hauses Habsburg
- **Johann** (1782–1859) — Grafen von Meran

7 Kinder, darunter

- **Marie Louise** (1791–1847)
  ⚭ 1. Napoleon I. † 1821
  2. Graf Adam Neipperg † 1829
  3. Graf Charles-René von Bombelles † 1856
- **Ferdinand I.** (1793–1875) ⚭ Maria-Anna von Savoyen † 1884
- **Leopoldine** (1797–1826) ⚭ Pedro I. von Brasilien
- **Karolina Ferdinanda** (1801–1832) ⚭ Friedrich August II. König von Sachsen
- **Franz Karl** (1802–1878) ⚭ Sophie von Bayern † 1872

- **Franz Joseph I.** (1830–1916) ⚭ Elisabeth in Bayern † 1898
- **Ferdinand Maximilian** (1832–1867) ⚭ Kaiser von Mexiko Charlotte von Belgien † 1927
- **Karl Ludwig** (1833–1896)
  ⚭ 1. Margarete von Sachsen † 1858
  2. Maria Annunziata von Neapel-Sizilien † 1871
  3. Maria Theresia von Bragança † 1944
- **Ludwig Viktor** (1842–1919)

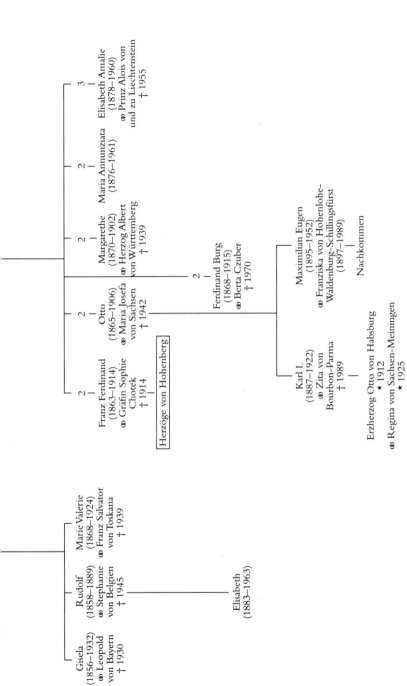

Zitas und Karls

Karl I. (1889–1922) ⚭ Zita von

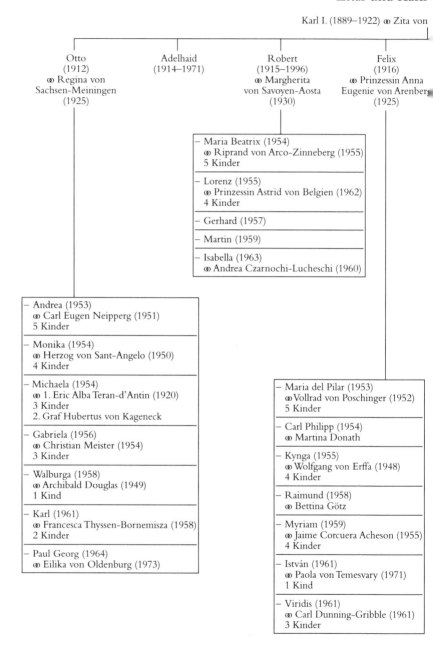

| Otto (1912) ⚭ Regina von Sachsen-Meiningen (1925) | Adelhaid (1914–1971) | Robert (1915–1996) ⚭ Margherita von Savoyen-Aosta (1930) | Felix (1916) ⚭ Prinzessin Anna Eugenie von Arenberg (1925) |

Robert's Kinder:
- Maria Beatrix (1954) ⚭ Riprand von Arco-Zinneberg (1955) 5 Kinder
- Lorenz (1955) ⚭ Prinzessin Astrid von Belgien (1962) 4 Kinder
- Gerhard (1957)
- Martin (1959)
- Isabella (1963) ⚭ Andrea Czarnochi-Lucheschi (1960)

Otto's Kinder:
- Andrea (1953) ⚭ Carl Eugen Neipperg (1951) 5 Kinder
- Monika (1954) ⚭ Herzog von Sant-Angelo (1950) 4 Kinder
- Michaela (1954) ⚭ 1. Eric Alba Teran-d'Antin (1920) 3 Kinder 2. Graf Hubertus von Kageneck
- Gabriela (1956) ⚭ Christian Meister (1954) 3 Kinder
- Walburga (1958) ⚭ Archibald Douglas (1949) 1 Kind
- Karl (1961) ⚭ Francesca Thyssen-Bornemisza (1958) 2 Kinder
- Paul Georg (1964) ⚭ Eilika von Oldenburg (1973)

Felix's Kinder:
- Maria del Pilar (1953) ⚭ Vollrad von Poschinger (1952) 5 Kinder
- Carl Philipp (1954) ⚭ Martina Donath
- Kynga (1955) ⚭ Wolfgang von Erffa (1948) 4 Kinder
- Raimund (1958) ⚭ Bettina Götz
- Myriam (1959) ⚭ Jaime Corcuera Acheson (1955) 4 Kinder
- István (1961) ⚭ Paola von Temesvary (1971) 1 Kind
- Viridis (1961) ⚭ Carl Dunning-Gribble (1961) 3 Kinder

Nachkommen

Bourbon-Parma (1892–1989)

| Karl Ludwig (1918) ⚭ Prinzessin Yolande de Ligne (1923) | Rudolf (1919) ⚭ 1. Xenia Tschernitschew-Besobrasow (1929–1968) 2. Prinzessin Anna Gabriele von Wrede (1940) | Charlotte (1921–1989) ⚭ Herzog Georg zu Mecklenburg (1899–1963) keine Nachkommen | Elisabeth (1922–1993) ⚭ Prinz Heinrich von und zu Liechtenstein (1916–1991) |

- Rudolf (1950)
  ⚭ Hélène de Villenfagne de Vogelsanck (1954)
  8 Kinder
- Alexandra (1952)
  ⚭ Hektor Riesle (1943)
  3 Kinder
- Carl-Christian (1954)
  ⚭ Prinzessin Marie-Astrid von Luxemburg (1954)
  5 Kinder
- Constanza (1957)

- Vinzenz (1950)
  ⚭ Hélène de Cossé-Brissac (1960)
  2 Kinder
- Michael (1951)
  ⚭ Hildegard Peters (1948)
  2 Kinder
- Charlotte (1953)
  ⚭ Pieter van der Byl (1923)
  3 Kinder
- Christoph (1956)
- Karl (1957)

- (1) Maria Anna (1954)
  ⚭ Prinz Pierre Galitzine (1955)
  6 Kinder
- (1) Carl Peter (1955)
  ⚭ Alexandra von Wrede (1970)
- (1) Simeon (1958)
  ⚭ Maria Paloma von Bourbon und Orléans
- (1) Johannes (1962–1975)
- (2) Katharina (1972)

Zeittafel

9. Mai 1892	Zita von Bourbon-Parma wird in der Villa delle Pianore in Italien geboren.
1903–1908	Zita verbringt ihre Schulzeit im Institut Sankt Joseph in Zangberg, Bayern.
1907	Tod von Zitas Vater, Herzog Robert von Parma.
13. Juni 1911	Verlobung mit Karl von Habsburg.
21. Oktober 1911	Hochzeit von Karl und Zita auf Schloß Schwarzau in Österreich.
1911–1912	Karl lebt als Offizier in Brandeis, in Böhmen und in Galizien.
Herbst 1912	Karl wird nach Wien versetzt.
20. November 1912	Geburt des ersten Sohns: Erzherzog Otto.
1913	Karl und Zita ziehen in Schloß Hetzendorf, nahe bei Wien, ein.
3. Januar 1914	Geburt von Ezherzogin Adelhaid.
28. Juni 1914	Thronfolger-Erzherzog Franz Ferdinand wird in Sarajevo ermordet; Karl wird Kaiser Franz Josephs Thronfolger.
August 1914	Ausbruch des Ersten Weltkriegs; Karl bricht an die Front auf; Zita übersiedelt nach Schönbrunn.
8. Februar 1915	Geburt von Erzherzog Robert.
31. Mai 1916	Geburt von Erzherzog Felix.
21. November 1916	Kaiser Franz Joseph I. stirbt; Karl wird Kaiser von Österreich (Karl I.) und König von Ungarn (Karl IV.); Zita wird Kaiserin und Königin.
23. Dezember 1916	Krönung in Budapest.
Frühjahr 1917	Verhandlungen über einen Separatfrieden mit den Ententemächten, vermittelt durch Sixtus und Xavier von Bourbon-Parma.
10. März 1918	Geburt von Erzherzog Karl Ludwig.
11. November 1918	Karl verzichtet auf die Ausübung der Regierungsgeschäfte, dankt aber nicht ab; die kaiserliche Familie zieht sich auf Schloß Eckertsau, bei Wien, zurück.

Zeittafel

12. November 1918	In Österreich wird die Republik ausgerufen.
24. März 1919	Exil der kaiserliche Familie in der Schweiz; provisorischer Aufenthalt auf Schloß Wartegg bei der Herzogin von Parma, dann Übersiedlung nach Prangins, am Genfersee.
3. April 1919	Die Republik Österreich beschlagnahmt die Besitzungen der Habsburger und stellt die Mitglieder des Hauses vor die Wahl, die Republik anzuerkennen oder ins Exil zu gehen.
5. September 1919	Geburt von Erzherzog Rudolf.
1. März 1921	Geburt von Erzherzogin Charlotte.
März/April 1921	Erster Restaurationsversuch: Karl begibt sich nach Ungarn und versucht, den Thron zurückzugewinnen und Reichsverweser Horthy seines Amtes zu entheben; nach Scheitern des Plans Rückkehr in die Schweiz.
Mai 1921	Übersiedlung nach Schloß Hertenstein am Vierwaldstättersee.
Oktober 1921	Zweiter Restaurationsversuch: Zita begleitet Karl auf seinem Flug nach Ungarn; der monarchistische Putsch scheitert.
November 1921	Die Ententemächte schieben das Kaiserpaar auf die Insel Madeira ab. Ein britisches Kriegsschiff bringt sie dorthin.
Februar 1922	Karls und Zitas Kinder treffen bei ihren Eltern auf Madeira ein.
1. April 1922	Auf Madeira erliegt Kaiser Karl mit vierunddreißig Jahren einer Lungenentzündung.
Mai 1922	Zita übersiedelt nach Spanien; am 31. Mai kommt Erzherzogin Elisabeth auf Schloß El Pardo bei Madrid zur Welt.
1922–1929	Die Kaiserin und ihre acht Kinder leben an der spanischen Baskenküste in der Villa Uribarren in Lequeitio.
1929	Die kaiserliche Familie übersiedelt nach Belgien und läßt sich auf Schloß Ham in Steenokkerzeel, bei Brüssel, nieder.
20. November 1930	Feier zur Volljährigkeit Ottos von Habsburg.
25. Juli 1934	Kanzler Engelbert Dollfuß wird in Wien ermordet.

1935	Kanzler Kurt von Schuschnigg hebt die Habsburger-Gesetze von 1919 teilweise auf.
13. März 1938	Der Anschluß: Österreich wird von Deutschland annektiert.
Mai 1940	Deutschland überrennt Belgien und Frankreich; die Habsburger fliehen über Dünkirchen, Paris und Bordeaux nach Spanien; Weiterreise nach Portugal.
Juli 1940	Die kaiserliche Familie fliegt nach Amerika. Zita läßt sich im kanadischen Quebec nieder, ihre ältesten Kinder in den USA.
1945	Österreich wird von den Alliierten befreit; Ungarn wird von den Sowjets besetzt.
1945–1946	Spendenaufrufe Zitas für Österreich auf Vortragsreisen durch die USA und Kanada; die Kaiserin lebt in Tuxedo bei New York.
1949	Eröffnung des Seligsprechungsprozesses für Kaiser Karl.
1949–1956	Zitas Kinder heiraten.
1953	Die Kaiserin kehrt nach Europa zurück und lebt mit ihrer Mutter in Luxemburg.
1955	Mit dem Staatsvertrag erhält Österreich seine Souveränität zurück; die Habsburger-Gesetze von 1919 treten erneut in Kraft.
1959	Tod der Herzogin von Parma, Zitas Mutter.
Mai 1961	Um österreichischen Boden betreten zu dürfen, leistet Otto von Habsburg am 31. Mai die von der Republik geforderte Verzichtserklärung; die hypothetische Rückkehr löst eine politische Krise aus.
1962	Zita läßt sich im Johannstift in Zizers, in der Schweiz, nieder.
1966	Otto von Habsburg kehrt zum ersten Mal nach Österreich zurück.
Mai 1982	Die Kaiserin feiert ihren neunzigsten Geburtstag; nach dreiundsechzigjährigem Exil erlaubt ihr die Republik Österreich die Rückkehr in das Land.
14. März 1989	Zita stirbt im Alter von beinahe siebenundneunzig Jahren in Zizers.
1. April 1989	Kaiserin Zita wird in der Kapuzinergruft in Wien feierlich beigesetzt.

Bibliographie

ALLIZÉ, H., *Ma mission à Vienne (mars 1919 – avril 1920)*, Paris 1933.
AMIGUET, P., *La vie du prince Sixte de Bourbon*, Paris 1934.
ANDICS, H., *Der Staat, den keiner wollte. Österreich 1918–1938*, Wien 1962.
DERS., *Der Fall Otto Habsburg. Ein Bericht*, Wien – München 1965.
DERS., *Der Untergang der Donaumonarchie*, Wien 1976.
DERS., *Die Frauen der Habsburger*, Wien 1985.
ANDRÁSSY, J., *Diplomatie und Weltkrieg*, Berlin 1920.
ARZ, A. von, *Zur Geschichte des großen Krieges. 1914–1918*, Wien 1924.
AUCLÈRES, D., *Soleil d'exil. Le bannissement des Habsbourg*, Paris 1974.
AUERBACH, B., *L'Autriche et la Hongrie pendant la guerre*, Paris 1925.
BAERNREITHER, J. M., *Fragmente eines politischen Tagebuches*, Ed. J. Redlich, Berlin 1928.
BALSANO, J., *Les Bourbons de Parme*, Biarritz 1966.
BAUER, O., *Die österreichische Revolution* (1923), Wien 1965.
BÉDARIDA, R., *Les catholiques français face aux réfugiés allemands et autrichiens (1933–1939)*, in: *De l'exil à la résistance*, Paris 1970.
BÉHAR, P., *L'Autriche-Hongrie, idée d'avenir?*, Paris 1991.
BÉRENGER, J., *Die Geschichte des Habsburgerreiches 1273–1918*, Wien – Köln – Weimar 1995.
BLED, J.-P., *Franz Joseph. »Der letzte Monarch der alten Schule«*, Wien 1988.
DERS., *Les catholiques autrichiens et le national-socialisme (1933–1938)*, in: *Revue d'Allemagne* 16 (1984).
BOGDAN, H., *Histoire de la Hongrie*, Paris 1966.
DERS., *Histoire des pays de l'Est*, Paris 1990.
BOROVICZÉNY, A. von, *Der König und sein Reichsverweser*, München 1924.
BOURBON, Sixte de, *L'offre de paix séparée de l'Autriche. 1916–1917*, Paris 1920.
BROCHE, F., *Assassinat du chancelier Dollfuss*, Paris 1977.
BROOK-SHEPHERD, G., *Engelbert Dollfuß*, Graz 1961.
DERS., *Anschluss. The Rape of Austria*, London 1962.
DERS., *Um Krone und Reich. Die Tragödie des letzten Habsburgerkaisers*, Wien – München – Zürich 1968.
DERS., *Zita. Die letzte Kaiserin*, Wien 1993.
BURIÁN, St., *Drei Jahre aus der Zeit meiner Amtsführung im Kriege*, Berlin 1923.
ČAPEK, K., *Gespräche mit Masaryk*, Mindelheim 1990.
CASTELLAN, G., *Histoire des peuples d'Europe centrale*, Paris 1994.
CHARLES-ROUX, F., *La paix des empires centraux*, Paris – Lyon 1947.

CHARMANT, O. de, *Mémoire présenté au nom de S. M. l'impératrice Zita à leurs Excellences les ambassadeurs des hautes puissances alliées*, Paris 1923.
CONRAD VON HÖTZENDORF, F., *Aus meiner Dienstzeit (1906–1918)*, Wien 1921–1925.
CORDFUNKE, E. H. P., *Zita. Kaiserin von Österreich, Königin von Ungarn*, Wien – Köln – Graz 1986.
CRAMON, A. von, *Unser Österreichisch-Ungarischer Bundesgenosse im Weltkriege. Erinnerung aus meiner vierjährigen Tätigkeit als bevollmächtigter deutscher General beim k. u. k. Armeeoberkommando*, Berlin ²1922.
CRANKSHAW, E., *Der Niedergang des Hauses Habsburg*, Wien 1967.
CZERNIN, O., *Im Weltkriege*, Berlin 1919.
DANIEK, E., *Die Bourbonen als Emigranten in Österreich*, Wien 1965.
DELABAYS, J., *La destinée tragique d'un monarque pacifique*, Cambrai 1945.
DEUTSCH, J., *Ein weiter Weg. Lebenserinnerungen*, Wien 1960.
DOLLFUß, E., *Mein Vater. Hitlers erstes Opfer*, Wien 1994.
DRIMMEL, H., *Vom Umsturz zum Bürgerkrieg: I: Österreich 1918–1927; II: Vom Justizpalast zum Februaraufstand: Österreich 1927–1934; III: Vom Kanzlermord zum Anschluß: Österreich 1934–1938*, Wien 1985–1987.
DUGAST ROUILLÉ, M., *Charles de Habsbourg*, Paris – Louvain-la-Neuve 1991.
DUGAST ROUILLÉ, M. – H. Cuny – H. Pinoteau, *Les grands mariages des Habsbourgs*, Paris 1955.
DUMAINE, A., *La dernière ambassade de France en Autriche. Notes et souvenirs*, Paris 1921.
DUROSELLE, J.-B., *Clemenceau*, Paris 1988.
ENGEL-JANOSI, F., *Die politische Korrespondenz der Päpste mit den österreichischen Kaisern*, Wien 1964.
ERDÖDY, T. von, *Habsburgs Weg von Wilhelm zu Briand. Vom Kurier der Sixtus Briefe zum Königsputschisten*, Wien 1931.
Erzählte Geschichte. Berichte von Männern und Frauen in Widerstand wie Verfolgung: II: Katholiken, Konservative, Legitimisten, Dokumentationsarchiv des österreichischen Widerstands, Wien 1992.
ERZBERGER, M., *Erlebnisse im Weltkrieg*, Stuttgart 1920.
FEIGL, E., *Kaiser Karl I. Persönliche Aufzeichnungen, Zeugnisse und Dokumente*, Wien 1987.
DERS., *Otto von Habsburg. Protokoll eines politischen Lebens*, Wien – München 1987.
DERS., *Kaiserin Zita. Kronzeugin eines Jahrhunderts*, Wien – München 1989.
DERS., *Kaiser Karl I. Ein Leben für den Frieden seiner Völker*, Wien – München 1990.
DERS., *Zita. Kaiserin und Königin*, Wien – München ⁵1991.
DERS., *Otto von Habsburg, Profil eines Lebens*, Wien – München 1992.

FEJTÖ, F., *Requiem für eine Monarchie. Die Zerschlagung Österreich-Ungarns*, Wien 1991.
FLESCH-BRUNNINGEN, H., *Die letzten Habsburger in Augenzeugenberichten*, Freiburg i.Ü. 1967.
FRIED, J., *Nationalsozialismus und Katholische Kirche in Österreich*, Wien 1947.
FUCHS, M., *Un pacte avec Hitler. Le drame autrichien, 1936–1938*, Paris 1938.
FUNDER, F., *Vom Gestern ins Heute. Aus dem Kaiserreich in die Republik*, Wien 1952.
DERS., *Als Österreich den Sturm bestand. Aus der Ersten in die Zweite Republik*, Wien 1957.
GEDYE, G. E. R., *Suicide de l'Autriche*, 1940.
GEHRIG, E., *Umjubelt. Verkannt. Verbannt: Kaiserin und Königin Zita*, Wels ³1962.
GOLDNER, F., *Die österreichische Emigration. 1938–1945*, Wien 1972.
GÖRLICH, E. J., *Der letzte Kaiser – ein Heiliger? Kaiser Karl von Österreich*, Stein a. Rhein 1972.
GRIESSER, H. A., *Konfisziert. Österreichs Unrecht am Hause Habsburg*, Wien – München 1986.
GRIESSER-PEČAR, T., *Zita. Die Wahrheit über Europas letzte Kaiserin*, Bergisch Gladbach 1985.
DIES., *Die Mission Sixtus. Österreichs Friedensversuch im Ersten Weltkrieg*, Wien 1988.
HABSBURG, Otto von, *Briefe aus der Verbannung*, Ed. K. Werkmann, Leipzig – Wien 1935.
DERS., *Damals begann unsere Zukunft*, Wien 1971.
DERS., *Mémoires d'Europe (Entretiens avec J.-P. Picaper)*, Paris 1994.
HAMANN, B., *Die Habsburger. Ein biographisches Lexikon*, Wien 1988.
HANTSCH, H., *Die Geschichte Österreichs*, 2 Bde., Graz 1968–1969.
HARDING, B., *Crépuscule impérial. Histoire de Charles et Zita d'Autriche-Hongrie*, Brüssel 1947.
HÉVESY, A. de, *L'agonie d'un empire*, Paris 1923.
HILDEBRAND, D. von, *Engelbert Dollfuß. Ein katholischer Staatsmann*, Salzburg 1934.
HOOR, E., *Österreich 1918–1938. Staat ohne Nation, Republik ohne Republikaner*, Wien 1966.
HORTHY, N. von, *Ein Leben für Ungarn*, Bonn 1953.
Jahrbuch der Gebetsliga. Kaiser-Karl-Gebetsliga für den Völkerfrieden, Wien 1953–1996.
JOHNSTON, W. M., *Österreichische Kultur- und Geistesgeschichte. Gesellschaft und Ideen im Donauraum 1848 bis 1938*, Wien 1974.
Kaiser Karl-Gedächtnis-Jahrbuch, Wien 1930–1938.

Der letzte Kaiser. Karl I. von Österreich (Ausstellungskatalog), 1996.
KANN, R. A., *Die Sixtusaffäre und die geheimen Friedensverhandlungen Österreich-Ungarns im Ersten Weltkrieg*, Wien 1966.
DERS., *Geschichte des Habsburgerreiches 1526–1918*, Wien ³1993.
KANN, R. A. – F. E. Prinz, *Deutschland und Österreich. Ein bilaterales Geschichtsbuch*, Wien 1980.
KÁROLYI, M., *Gegen eine ganze Welt. Mein Kampf um den Frieden*, München 1924.
KINDERMANN, G. K., *Hitlers Niederlage in Österreich. Bewaffneter NS-Putsch, Kanzlermord und Österreichs Abwehrsieg von 1934*, Hamburg 1984.
KISZLING, R., *Österreich-Ungarns Anteil am Ersten Weltkrieg*, Graz 1958.
KLEINDEL, W., *Der Erste Weltkrieg*, Wien 1989.
KRAUS, W., *Otto von Habsburg*, Wien ³1955.
KREIßLER, F., *Von der Revolution zur Annexion. Österreich 1918–1938*, Wien 1970.
DERS., *Der Österreicher und seine Nation: ein Lernprozeß mit Hindernissen*, Wien 1984.
KUEHNELT-LEDDIHN, E. von, *Austria infelix oder Die Republik der Neidgenossen*, Wien 1983.
KUGLER, M., *Die frühe Diagnose des Nationalsozialismus: christlich motivierter Widerstand in der österreichischen Publizistik*, Frankfurt 1995.
LEHÁR, A., *Erinnerungen. Gegenrevolution und Restaurationsversuche in Ungarn 1918–1921*, Ed. P. Broucek, Wien 1973.
LICHEM, H. von, *Karl. I. Ein Kaiser sucht den Frieden*, Innsbruck 1996.
LLOYD GEORGE, D., *War Memoirs IV*, London 1936.
LONDRES, A., *Opérette viennoise?*, in: *D'Annunzio, conquérant de Fiume*, Paris 1990.
LORENZ, R., *Kaiser Karl und der Untergang der Donaumonarchie*, Graz 1959.
LUDENDORFF, E. von, *Meine Kriegserinnerungen. 1914–1918*, Berlin 1919.
MANTEYER, G. de, *M. Clemenceau*, Gap 1930.
MARGUTTI, A. von, *Vom alten Kaiser. Persönliche Erinnerungen an Franz Joseph I.*, Leipzig – Wien 1921.
DERS., *Kaiser Franz Joseph. Persönliche Erinnerungen*, Wien – Leipzig 1924.
MASARYK, T. G., *Die Weltrevolution. Erinnerungen und Betrachtungen. 1914 bis 1918*, Berlin 1925.
MAURER, H., *Vie et mort de Dollfuss*, Paris 1935.
Maximiliana. Zeichen des Widerstandes, 1922–1987, Wien 1987.
MEIER, K. *Das Christentum in Europa in der ersten Hälfte des 20. Jahrhunderts: Österreich*, in: J.-M. Mayeur (Hg.), *Geschichte des Christentums XII*, Freiburg i. Br. 1992, S. 755–772.
MICHEL, B., *La chute de l'empire austro-hongrois. 1916–1918*, Paris 1991.

Bibliographie

Molden, O., *Der Ruf des Gewissens. Der österreichische Freiheitskampf 1938–1945*, Wien 1958.
Molnar, M., *Histoire de la Hongrie*, Paris 1996.
Muret, M., *L'archiduc François-Ferdinand*, Paris 1932.
Nowak, K. F., *Der Weg zur Katastrophe*, Berlin 1919.
Ders., *Der Sturz der Mittelmächte*, München 1921.
Oudin, B., *Aristide Briand*, Paris 1987.
Österreich, Leopold von, *Souvenirs de la cour de Vienne*, Paris 1937.
Papen, F. von, *Der Wahrheit eine Gasse*, München 1952.
Paris, Isabelle de, *Tout m'est bonheur*, Paris 1978.
Pedroncini, G., *Les négociations secrètes pendant la grande guerre*, Paris 1969.
Piétri, N., *L'Autriche-Hongrie dans la guerre*, in: *La première guerre mondiale*, Paris 1991.
Poincaré, R., *Au service de la France. Neuf années de souvenirs: IX: L'année trouble, 1917; X: La victoire et l'armistice, 1918*, Paris 1932–1933.
Polatschek, M., *Franz Ferdinand. Europas verlorene Hoffnung*, Wien 1989.
Polzer-Hoditz, A. von, *Kaiser Karl. Aus der Geheimmappe seines Kabinettchefs*, Wien ²1980.
Praschl-Bichler, G., *Das Familienalbum von Kaiser Karl und Kaiserin Zita*, Wien 1996.
Puaux, G., *Mort et transfiguration de l'Autriche. 1933–1955*, Paris 1966.
Rambaud, L., *Dollfuss. 1892–1934*, Lyon – Paris 1948.
Rauchensteiner, M., *Der Tod des Doppeladlers. Österreich-Ungarn und der Erste Weltkrieg*, Graz 1994.
Rebhann, F. M., *Bis in den Tod: Rot-Weiß-Rot. Österreichs Untergang im März 1938*, Wien 1988.
Rédier, A., *Zita. Princesse de la paix*, Paris 1930.
Redlich, J. *Das politische Tagebuch. 1908–1919*, Ed. F. Fellner, 2 Bde., Graz 1953–1954.
Reichhold, L., *Kampf um Österreich. Die Vaterländische Front und ihr Widerstand gegen den Anschluß, 1933–1938*, Wien 1984.
Reindl, H., *Zita. Eine Kaiserin kehrt heim. 1982–1989*, Wien 1989.
Renner, K., *Österreich von der Ersten zur Zweiten Republik*, Wien 1953.
Ribot, A., *Lettres à un ami. Souvenirs de ma vie politique*, Paris 1924.
Ders., *Journal*, Paris 1936.
Rieder, H., *Kaiser Karl. Der letzte Monarch Österreich-Ungarns, 1887–1922*, München 1981.
Ronge, M., *Espionnage. Douze années au service des renseignements*, Paris 1932.
Rovan, J., *L'émigration monarchiste autrichienne en France (1938–1940)*, in: *Les barbelés de l'exil*, Grenobles 1979.

RUMPLER, H., *Das Völkermanifest Kaiser Karls vom 16. Oktober 1918. Letzter Versuch zur Rettung des Habsburgerreiches*, Wien 1966.
SCHONTA, E. Z. von, *Aus den Erinnerung eines Flügeladjutanten an Weiland Seine Majestät den Kaiser und König Karl*, Wien o. J. (1928 erschienen).
SCHRENCK-NOTZING, C. von, *Lexikon des Konservatismus*, Graz 1966.
SCHUSCHNIGG, H., *Schwarz-gelber Widerstand. 1938–1945. Rebellion als konservative Konsequenz*, Wien 1996.
SCHUSCHNIGG, K. von, *Dreimal Österreich*, Wien 1937.
DERS., *Ein Requiem in Rot-Weiß-Rot. Aufzeichnungen des Häftlings Dr. Auster*, Zürich 1946.
DERS., *Im Kampf gegen Hitler. Die Überwindung der Anschlußidee*, Wien 1969.
SELLIER, A. – SELLIER, J., *Atlas des peuples d'Europe centrale*, Paris 1995.
STARHEMBERG, E. R. von, *Memoiren*, Wien 1971.
STEED, H.-W., *Through Thirty Years. 1892–1922*, 2 Bde., London 1924.
SUAREZ, G., *La vie orgueilleuse de Clemenceau*, Paris 1930.
DERS., *Briand*, Paris 1939–1940.
SZEPS-ZUCKERKANDL, B., *Ich erlebte fünfzig Jahre Weltgeschichte*, Stockholm 1939.
TAPIÉ, V.-L:, *Die Völker unter dem Doppeladler*. Graz – Wien – Köln 1975.
THARAUD, J. – J. Tharaud, *Vienne la Rouge*, Paris 1934.
TROUD, J., *Charles I^r*, Paris 1936.
DERS., *L'odyssée de l'impératrice Zita*, Brüssel 1936.
VASARI, E., *Dr. Otto Habsburg oder die Leidenschaft für Politik*, Wien 1972.
DERS., *Zita. Kaiserin und Königin*, München 1976.
DERS., *Ein Kämpfer für Europa. Otto Habsburg im Europa-Parlament*, München 1982.
VIVIAN, H., *Kreuzweg eines Kaisers. Karl I. von Österreich. Mit Auszügen aus den Tagebüchern des St.-Cl. E. L. Strutt*, Leipzig – Wien 1935.
WAGEMUT, K., *Was ich im Elternhause der Exkaiserin Zita von Österreich erlebte*, Dresden 1920.
WEIL, G., *Le pangermanisme en Autriche*, Paris 1904.
WERKMANN, K., *Der Zusammenbruch*, 1918.
DERS., *Der Tote auf Madeira*, München 1923.
DERS., *Aus Kaiser Karls Nachlaß*, Berlin 1925.
DERS., *Deutschland als Verbündeter. Kaiser Karls Kampf um den Frieden*, Berlin 1931.
DERS., *Otto von Habsburg. Ein ungelöstes europäisches Problem*, Berlin – Wien – Leipzig 1932.
WERNER, A., *Otto von Habsburg*, Wien 1958.
WINDISCH-GRAETZ, L., *Vom roten zum schwarzen Prinzen. Mein Kampf gegen das k. u. k. System*, Berlin – Wien 1920.

DERS., *Ein Kaiser kämpft für die Freiheit. So begann Ungarns Leidensweg*, Wien 1957.
ZEMAN, Z. A. B., *Der Zusammenbruch des Habsburgerreiches. 1914–1918*, München 1963.
ZERNATTO, G., *Die Wahrheit über Österreich*, London 1938.
ZESSNER-SPITZENBERG, H. K., *Kaiser Karl*, Salzburg 1953.
ZÖLLNER, E., *Geschichte Österreichs. Von den Anfängen bis zur Gegenwart*, München ⁴1970.
ZWEIG, St., *Die Welt von Gestern. Erinnerungen eines Europäers*, Stockholm 1944.

Bildnachweis

AKG, Berlin: 1, 4, 5, 6, 7, 11, 12
Collection Viollet, Paris: 2, 3, 8, 9
Reuter/Sygma, Paris: 14, 15
Sygma, Paris: 10, 13, 16

Personenregister

Adelgunde von Bragança 20, 37
Adelhaid von Bourbon-Parma 26, 34, 35, 227, 294, 312
Adelhaid von Habsburg 46, 47, 92, 129, 151, 194, 207, 211, 214, 215, 221, 230, 234, 255, 259, 265, 281, 282, 290, 297, 301, 303, 307
Adelhaid zu Löwenstein-Wertheim-Rosenberg, Königin von Portugal 20, 25, 26, 303
Adler, Friedrich 274
Adler, Victor 140, 148, 274
Aehrenthal, Graf Aloys von 36
Albert I., König von Belgien 105, 109, 228, 232
Alexander III., Zar von Rußland 11
Alfons XIII., König von Spanien 136, 191, 207, 214, 216, 218, 219, 22, 235
Alfonso Carlos von Bourbon, Don 20, 25. 279
Alice, Prinzessin von England 282
Allizé, Henry 176
Almeida, Dom João de 206
Andrássy, Graf Gyula (Julius) 144, 196
Anne von Bourbon-Parma 294
Apponyi, Graf Albert 180
Arenberg, Anna Eugenie von 297
Armand, Graf Abel 113, 119, 120
Arz von Straußenburg, Arthur 84, 125, 126, 148, 216
Astrid, Königin von Belgien 232
Astrid, Prinzessin von Belgien 304
August Wilhelm von Hohenzollern 236
Auguste Viktoria, Kaiserin von Deutschland 109
Baernreither, Joseph Maria 90, 91, 115, 131
Bainville, Jacques 175, 216
Barkley, Alben W. 280
Barthou, Louis 255
Bauer, Max 101
Bauer, Otto 162, 177, 179, 242, 258, 274
Beda von Döbrentey, G. 301, 311
Béhar, Pierre 320
Bellegarde, Gräfin Gabrielle 153, 170, 202
Benedikt XV., Papst 32, 69, 73, 104, 113, 193, 194, 202, 205
Beneš, Edvard 134, 135, 137, 194, 207, 258, 285, 286
Berchthold, Graf Leopold 59, 83, 172
Berry, Karl-Ferdinand, Herzog von 23
Berry, Marie-Caroline, Herzogin von 11, 23
Berthelot, Philippe 184

Bethlen, Graf István 181, 197, 198
Bethmann-Hollweg, Theobald von 65, 94, 106, 126
Béthouart, Emile 289
Bisletti, Mgr. 38, 39
Bismarck, Otto von 102
Bittner, Georg 275, 283
Blum, Léon 241, 274
Bonald, Louis de 22
Bonaparte, Prinz Jérôme 170
Boroević, Swetozar 150, 171
Boroviczény, Agnes von 202
Boroviczény, Aladár von 192, 194, 195
Briand, Aristide 104, 106, 110, 112, 120, 127, 179, 183–185, 188, 191, 192, 201
Brook-Shepherd, Gordon 73, 305
Brosch von Aarenau, Alexander 57
Brougier, österr. Oberstleutnant 82
Bullitt, William 278, 279
Bullock, Calvin 280
Bürckel, Josef 269, 276
Burián, Karl 272
Burián, Stephan 67, 124, 125, 130, 141–144
Cadorna, Luigi 111
Cambon, Jules 104, 105, 110, 188
Campinchi, César 274
Canaletto (Antonio Canal) 14
Carl von Habsburg 214
Carlos von Bourbon, Don (Carlos VII.) 16, 20, 22
Carnot, Maurus 171
Cavour, Camilli Benso di 16
Cellini, Benvenuto 14
Chambord, Henri Graf von 16, 17, 20, 21, 23, 41
Chambord, Marie-Thérèse Gräfin von 17, 20, 41
Charlotte von Habsburg 171, 183, 207, 214, 221, 224, 230, 281, 282, 291, 294, 297, 301
Charlotte, Herzogin von Luxemburg 205
Charmant, Oskar von 192
Chautemps, Camille 264
Chlumecky, Baron 177
Chotek, Gräfin Sophie, Herzogin von Hohenberg 28, 29, 38, 44, 49, 50, 51, 58
Christian von Habsburg 304
Chumlecky, Baron 177

Personenregister

Churchill, Sir Winston 285-288, 312
Clemenceau, Georges 119–124, 127, 175, 179, 310
Coelestin, Pater 194
Conrad von Hötzendorf, Franz 83, 84, 131
Conti, Graf von 36
Coudenhove-Kalergi, Richard 284, 300
Cramon, August von 95, 102
Cranach, Lukas 14
Croix, Marquis Jean de 229, 231
Curzon, Lord George 184, 201
Czernin, Graf Ottokar 89, 96–100, 105–108, 111, 118–125, 131, 136, 164, 231
Czernoch, Mgr. Janos 74, 76–78
Cziráky, Graf József 196
Daladier, Édouard 241, 243, 274, 276
Degenfeld, Graf Heinrich 224, 227, 230, 234, 276, 277, 282
Delug, Dr. 43, 120, 171, 218
Denis, Ernest 135
Deschanel, Paul 183
Deutsch, Julius 66, 67, 238, 274, 284
Dollfuß, Engelbert 237–248, 252–255, 256, 260, 269, 283
Draxler, Ludwig 246, 272, 299
Dumaine, Alfred 46
Dutasta, Paul-Eugène 179
Eden, Anthony 286
Eisner, Kurt 166
Elias von Bourbon-Parma 13, 25, 62, 83
Elisabeth (»Sisi«), Kaiserin von Österreich und Königin von Ungarn 31, 58, 64, 68, 70, 74, 77, 88, 204, 228
Elisabeth von Habsburg 214, 219, 221, 230, 281, 282, 290, 291, 293, 294, 297, 301, 307
Elisabeth, Königin von Belgien 232
Erdödy, Tamás (Thomas) 31, 105–107, 110, 112, 180, 185, 186
Erlach, Johann Fischer von 14
Esterházy, Graf Franz 200–202
Eugen von Savoyen, Prinz 57
Falkenhayn, Erich von 65–67
Farnese, Elisabeth 15
Faure, Félix 11
Feigl, Erich 306, 310
Feigl, Leopold 289
Fejtö, François 112, 320
Felix von Bourbon-Parma, Herzog von Luxemburg 62, 86, 169, 205, 216, 227, 230, 232, 277, 293, 312
Felix von Habsburg 68, 92, 194, 207, 214, 221, 230, 255, 259, 265, 277, 280, 281, 286, 291, 294, 297, 302, 319

Ferdinand I., Kaiser von Österreich 158
Ferdinand I., König von Rumänien 95, 134
Ferdinand Karl von Habsburg (Ferdinand Burg) 51
Féval, Paul 18
Fischer, Cyrill 250
Foch, Ferdinand 119, 139, 141
France, Anatol 128
Franchet d'Esperey, Louis 112, 119, 130, 141, 142, 149, 164, 180, 235
Franckenstein, Georg von 268, 286
Franco y Bahamonde, Francisco 278
Franz Ferdinand von Habsburg 28–30, 32, 36–39, 44, 49–52, 56–58, 69, 74, 83, 160, 165, 173, 174, 224, 271
Franz I., Kaiser von Österreich (Franz II.) 52
Franz III. von Lothringen 227
Franz Joseph I., Kaiser von Österreich und König von Ungarn 10, 11, 20, 23, 27–70, 72–95, 100, 103, 114, 173, 181, 236, 250, 296, 310, 316, 317
Franziska (Cicca) von Bourbon-Parma 13, 33, 227, 294, 312
Freycinet, Charles-Louis de 104
Friedrich August III. von Sachsen 37, 38, 39, 68, 153
Friedrich III. von Habsburg 52
Friedrich von Habsburg 83, 131
Fuchs, Gräfin 302
Fuchs, Martin 257, 275, 283
Funder, Friedrich 130, 157
Gaëtan von Bourbon-Parma 13, 39, 169, 235, 279, 294, 312
Garibaldi, Giuseppe 16
Gaulle, Charles de 286, 288, 312
Gayer, Edmund von 154, 155, 156
Gehrig, Emmy 92, 292, 293
Georg V., König von England 34, 106, 110, 111, 163, 164, 169, 178, 235
Geyde, G. E. R. 262
Giraudoux, Jean 274
Gisela von Habsburg 64
Gisela, Königin von Ungarn 75
Glaise-Horstenau, Edmund 256
Goebbels, Joseph 258
Gorbatschow, Michail 11
Görgen, Hermann Matthias 249
Göring, Hermann von 257, 264
Gouveia, Honem de 204, 205
Griesser-Pečar, Tamara 91
Groer, Mgr. Hans Hermann 316, 317
Guardi, Francesco 14
Gudenus, Baron Erwein 26, 230, 234

Gudenus, Baronin 26, 230
Gustav V., König von Schweden 235
Habicht, Theo 241
Harcourt, Robert d' 274
Hauser, Mgr. Johann 152
Hegedüs, Paul 198, 199, 200
Heinrich von Bourbon - Parma, Graf Bardi 16, 20, 22, 25
Helena, Königin von Italien 235
Henriette von Boubon-Parma 312
Hildebrand, Dietrich von 249, 283
Hildebrand, Franz von 283
Hinaux, Oberst 201
Hindenburg, Paul von 67, 94, 95, 109, 126, 141, 236
Hitler, Adolf 236, 238, 240, 244–246, 250, 252, 256, 258–260, 263, 265, 267, 269, 277, 283, 284, 286
Hofer, Andreas 263, 308, 317
Hohenberg, Ernst von 29, 51, 232, 271
Hohenberg, Herzog Max von 29, 51, 232, 234, 246, 248, 252, 271
Hohenberg, Sofie von 29, 51
Holtzendorff, Henning von 96–98
Hoor, Ernst 275
Hopkins, Harry 285
Horthy, Miklós (Nikolaus) von 38, 181–189, 192, 197– 201, 207, 285, 288
Hull, Cordell 268, 285
Hunyády, Graf József 82, 145, 154, 161, 202, 204, 206, 232
Hussarek, Max 139, 144, 224
Innitzer, Mgr. Theodor 269, 270, 293
Isabella II., Königin von Spanien 223
Isabella von Bourbon-Parma 36, 169, 216, 279, 282, 290, 291, 312
Isabella, Prinzessin von Croÿ 83
Jacques von Bourbon-Parma 294
Jaime von Bourbon, Don 20, 28, 39, 62
Jansa, Alfred 267
Johann Salvator von Habsburg-Toskana (Johann Orth) 50, 51
Johannes Paul II., Papst 11, 271, 304, 305, 316
Josef August von Habsburg 144, 145, 151, 182
Joseph II. von Österreich 82, 228, 319
Joseph von Bourbon-Parma 25
Juan Carlos I., König von Spanien 306
Kállay, Miklós 287, 288
Karl der Kühne, Herzog von Burgund 234
Karl II. von Bourbon-Parma 13, 15
Karl III. von Bourbon-Parma 15, 23
Karl Ludwig von Habsburg (geb. 1918) 120, 160, 207, 211, 221, 230, 255, 281, 282,

286–289, 291, 294, 297, 301, 304, 312, 319
Karl Ludwig von Habsburg (1833–1896) 20, 21, 27, 28, 30, 32, 49, 58, 310
Karl Theodor, Herzog inn Bayern 20, 228
Karl V., römisch-dt. Kaiser 52, 228
Karl von Habsburg 301, 308, 311, 318
Karl X., König von Frankreich 14, 23, 41, 42
Károlyi, Graf József 201, 211, 215
Károlyi, Mihály (Michael) 81, 143–145, 149, 162, 181, 201
Kastelic, Jacob 272
Kaunitz, Wenzel Anton von 100, 157
Kerenskij, Alexander 117, 181
Kerssenbrock, Gräfin Therese Korff-Schmising 93, 145, 170, 195, 205, 206, 209, 211, 215, 230, 277, 282, 291, 302, 303
Kerzl, Dr. 70
Kirsch, österr. General 288
Knoll, August Maria 250
Koerber, Ernest von 81, 103
Kohl, Helmut 11
Kokoschka, Oskar 237
König, Mgr. Franz 308, 318
Kralik, Richard 73
Kramář, Karel 116, 137, 146
Kreisky, Bruno 300, 306, 307
Kun, Béla 166, 181
Kupscha, Alfred 275
Lallier, Mgr. 296
Lambert, Baron von 21
Lammasch, Heinrich 144, 147, 148, 152, 154–157, 177, 179
Lang, Fritz 237
Laval, Pierre 274
Lederer, Karl 272
Ledóchowski, Graf Wladimir 161, 170, 209, 225
Lehár, Anton 186, 187, 189, 194–200
Lehár, Franz 40, 186
Lenin, Wladimir Iljitsch 98
Leo XIII., Papst 11, 12
Leonardo da Vinci 37
Leopold Ferdinand von Habsburg-Toskana (Leopold Wölfling) 51
Leopold III., König von Belgien 231, 232, 277
Liechtenstein, Prinz Heinrich von und zu 293
Liechtenstein, Prinz Johannes von und zu 247
Liechtenstein, Vinzenz von und zu 294, 310
Ligne, Prinzessin Yolande de 294
Liszt, Franz 76
Lloyd George, David 110, 111, 127, 135, 179
Lobkowicz, Prinz Zdenko von 32, 34, 70, 86, 87

Personenregister

Londres, Albert 189, 190
Lorenz von Habsburg 304
Louise-Elisabeth von Bourbon-Parma 14
Louis von Bourbon-Parma 169, 294, 312
Louise von Bourbon 15–17, 22, 41
Lovrek, August 264, 272, 289, 298
Lucchesi-Palli, Gräfin Beatrice 68
Ludendorff, Erich von 67, 95, 96, 101, 119, 130, 131, 141
Ludwig von Bourbon-Parma 39, 235
Ludwig XIV., König von Frankreich 14
Ludwig XV., König von Frankreich 14, 22, 52, 100
Ludwig XVI., König von Frankreich 21, 23
Ludwig XVIII., König von Frankreich 23
Ludwig-Viktor von Habsburg 50
Lueger, Karl 55
Lumière, Brüder 48
Lyautey, Louis 121, 179, 184, 235
Magliavin, Sekretär 183
Mahler, Gustav 46
Maistre, Joseph de 22
Mandel, Georges 274
Manteyer, Georges de 112, 121
Margarethe von Bourbon-Parma 16, 21
Margutti, Freiherr Albert von 44, 46, 81, 88, 89
Maria Anna von Bragança 20
Maria Annunziata von Habsburg, Erzherzogin 26, 27, 28
Maria Antonia von Bourbon-Parma 227, 294, 312
Maria Antonia von Bragança, Herzogin von Parma 12, 13, 17–21, 25, 28, 36, 38, 39, 43, 62, 68, 76, 101–105, 169, 170, 205, 216, 227, 228, 235, 282, 290, 291, 297
Maria Christina, Königin von Spanien 218, 219, 223, 226
Maria da Gloria II. 19, 20
Maria das Neves 20
Maria José von Bragança 20, 228
Maria Josefa, Herzogin von Sachsen 30–34, 37–39, 68, 76, 160, 170, 195, 205, 227, 233, 277
Maria-Louise von Bourbon-Parma 13
Maria Theresia von Bragança 20, 21, 23, 26–28, 33, 50, 51, 68, 101, 102, 151, 160, 169, 205, 207, 209, 211, 212, 215, 219, 222, 277, 292
Maria Theresia von Habsburg, Kaiserin von Österreich 52, 74, 100, 173, 227, 302
Maria Theresia von Savoyen 13
Maria von Burgund 234

Maria Pia von Neapel-Sizilien 12, 16
Marie Valerie von Habsburg 64, 70
Marie-Antoinette, Königin von Frankreich 23, 165
Marie-Astrid von Luxemburg 304
Marie-Louise, Kaiserin von Frankreich 15
Marin, Louis 274
Martin, William 104, 105
Mary, Königin von England 34
Masaryk, Tomáš Garrigue 117, 134, 135, 137, 145
Matthias I. Corvinus, König von Ungarn 75
Mauriac, François 275
Maurras, Charles 128
Maximilian Eugen von Habsburg 28, 68, 185, 216, 233, 234, 312
Maximilian I., römisch-dt. Kaiser 234
Maximilian von Habsburg, Kaiser von Mexiko 28, 41, 58
Mecklenburg, Herzog Georg zu 297
Mensdorff, Gräfin Viktoria 208, 215, 218, 230
Mensdorff-Pouilly, Albert 113
Meraviglia-Crivelli, Oberst 151
Metternich, Clemens Wenzel 157
Metternich, Prinzessin von 150
Michel von Bourbon-Parma 294
Miguel von Bragança , Dom (König Miguel I. von Portugal) 19, 20, 23
Miguel von Bragança, Dom (Miguel II. von Portugal) 20, 21, 23, 37, 169
Mihailović, Dragoljub 288
Mikes, Mgr. Johann 186, 196
Miklas, Wilhelm 243, 260, 261, 264, 265, 292
Millerand, Alexandre 178
Mindszenty, József 303
Missong, Alfred (Thomas Murner) 250
Mitterrand, François 11
Mock, Alois 316, 319
Molière 18
Molotow (Skrjabin), Wjatscheslaw Michajlowitsch 287
Montenuovo, Fürst Alfred 58
Monzie, Anatole de 274
Musil, Prälat Alois 128
Musil, Robert 128, 237
Mussolini, Benito 237, 244–246, 256, 257, 264, 294
Nagl, Franz Xaver 44
Napoleon I., Kaiser der Franzosen 52
Napoleon III., Kaiser der Franzosen 101
Neurath, Konstantin von 257
Neururer, Otto 271
Nikolaus II., Zar von Rußland 89, 99, 106,

117, 146, 163
Northcliffe, Lord Alfred 135, 136
Nowak, Karl Friedrich 82
Osztenburg, Major 194–196, 199, 200
Otto von Habsburg (1865–1906) 27, 30, 31, 51, 58, 224
Otto von Habsburg- (geb. 1912) 10, 44, 45, 47, 64, 70, 71, 76–79, 92, 129, 151, 155, 167, 171, 194, 207, 210, 212–215, 218, 220, 236, 245–264, 272–306, 312, 316, 318, 320, 321
Paléologue, Maurice 184
Pallavicini, Markgraf Alexander 226, 231, 265
Pange, Jean de 274
Papen, Franz von 256, 257, 259
Paskai, Mgr. Nicolas 319
Paul VI., Papst 304
Paumgartner, Bernhard 47
Pedro IV., Kaiser von Brasilien und König von Portugal 19
Peham, Prof. 43, 171
Pellerin, Lionel 296
Penfield, Charles 98, 179
Pereira de Ribeira, Mgr. 204
Pétain, Philippe 130, 274, 278
Peter I., König von Serbien 134
Piffl, Mgr. Friedrich Gustav 69, 92, 130, 151, 152, 155, 247, 292
Philipp der Gute, Herzog von Burgund 234
Philipp V., König von Spanien 15, 17, 21
Philipp von Bourbon, Herzog von Parma 15
Pius IX., Papst 16
Pius X., Papst 35, 36, 37, 292
Pius XI., Papst 214, 235, 243, 269
Pius XII., Papst (Kardinal Pacelli) 249, 294
Planetta, Otto 244
Plappart, Baronin Maria 310
Poincaré, Raymond 106, 110–112, 127, 163, 178, 207
Polzer-Hoditz, Graf Arthur 31, 61, 82, 89, 90, 93, 97, 116, 117, 124, 138, 139
Popovici, Aurel 57
Princip, Gavrilo 59
Puaux, Gabriel 241
Radetzky von Radetz, Graf Joseph 157
Rákovszky, István (Stephan) 196, 197
Redlich, Joseph 81, 103, 132, 153
René von Bourbon-Parma 62, 145, 169, 216, 293, 312
Renner, Karl 144, 154, 162, 166, 167, 172, 177, 179, 238, 242, 243, 270, 289
Revertera, Graf Nikolaus 113, 119, 120
Reynaud, Paul 274
Ribot, Alexandre 110–112

Robert von Bourbon, Herzog von Parma 12–18, 21, 22, 25
Robert von Habsburg 68, 92, 194, 206, 207, 209, 212, 214, 215, 221, 230, 234, 279, 281, 282, 286, 289, 290, 294, 297, 301, 304, 319
Rommel, Erwin 278
Roosevelt, Franklin D. 279, 280, 283, 285, 286, 287, 288, 312
Roth, Joseph 237, 275, 276
Rott, Hans 283
Rudolf I. von Habsburg (1218–1291) 52
Rudolf von Habsburg (1858–1889) 28, 58, 310
Rudolf von Habsburg (geb. 1919) 171, 207, 214, 221, 230, 281, 282, 286, 288, 289, 294, 297, 301, 303, 304, 313, 319
Rudolf von Habsburg (geb. 1950) 304
Sachsen-Meiningen, Herzog Georg von 294
Sachsen-Meiningen, Regina von 294–296, 312
Sailer, Karl Hans 284
Salazar, António 243, 278, 280
Salomon, Charles 112
Sarraut, Albert 274
Savoyen, Eugen von 157
Savoyen, Prinzessin Margherita von 297
Schioppa, Mgr. 202
Schmid, Wilhelm 249, 250
Schmidt, Guido 256
Schober, Johann 161, 251
Scholz, Roman Karl 272
Schönerer, Georg von 176
Schonta, Emmerich Zeno von 80, 161, 163, 165, 168, 170, 190, 209
Schörnborn, Gräfin Agnes 170, 190, 192
Schratt, Katharina 70
Schuschnigg, Kurt von 244, 246, 250, 253–269, 272
Schuschnigg, Walter von 150, 283
Scott, Walter 18
Seeholzer, Karl 192
Ségur, Gräfin von 18
Seidler, Ernst von 115
Seipel, Ignaz 130, 154, 237, 238, 253
Seitz, Karl 152, 238, 242, 243
Serschen, Karl 298
Seton-Watson, Hugh 135, 137
Seydl, Mgr. Ernst 167, 170, 226, 233
Seyß-Inquart, Arthur 260, 262, 264, 265
Sigray, Graf Antal 186, 187, 284, 285, 288
Silva Vieira, Joaquim da 204
Silvester II., Papst 75
Sixtus von Bourbon-Parma 25, 27, 36, 60–62, 102–112, 120–125, 127, 163, 169, 179, 183,

184, 216, 234, 235
Smuts, Jan Christiaan 113
Sonnino, Sidney 110, 111, 112
Spašić, Nicola 135
Stalin, Jossif W. 285, 287, 288
Stanek, Frantisek 115
Starhemberg, Ernst Rüdiger von 238, 268
Steed, Henry Wickam 135–137
Štefánik, Milan 135, 137
Steiner, Bruno 174, 208
Steiner, Ferdinand 174
Stephan I. (der Heilige), König von Ungarn 75
Strauß, Johann 40
Strutt, Sir Edward Lisle 164, 165, 168, 169, 183, 184
Summerhayes, engl. Oberst 164
Szeps-Zuckerkandl, Berta 55, 56
Tavers, Abbé 12
Teleki, Graf Pal 186, 187, 285
Thanner, Erich 272, 289
Thomas, Albert 137
Thurn und Taxis, Margarethe von 235
Tirpitz, Alfred von 96
Tisza, Graf István (Stefan) 59, 74, 79, 114, 145
Tito, Josip Broz 288
Toverek, österr. Generalmajor 267
Trumbić, Ante (Anton) 135, 137
Tschernitschew-Besobrasow, Gräfin Xenia 297
Twain, Mark 291
Umberto I., König von Italien 17
Umberto, Erbprinz (Umberto II.) 235
Urquijo y Barra, Graf 223
Ursel, Graf Hippolyte d' 228 f.
Uzès, Marie de Rochechouart-Mortemar, Herzogin von 106
Vass, Joseph 186, 187, 197
Verdier, Mgr. 275
Vetsera, Mary 28
Vieira de Castro, António 204
Viktor Emanuel III., König von Italien 111, 235, 294
Viktoria, Königin von England 282
Villeneuve, Mgr. 281
Vogelsang, Karl von 250
Vranitzky, Franz 319
Walderdorff, Graf 150
Waldheim, Kurt 316
Wallis, Graf Georg 31, 32
Wallnöfer, Eduard 308
Walter, Bruno 48, 283
Weber, Pater 230
Wedel, Graf Botho von 94, 101, 102, 125, 131
Wekerle, Alexander 138, 143

Werfel, Franz 275, 283
Werkmann, Karl 95, 100, 133, 137, 152, 153, 155, 156, 161, 170, 182, 185, 187, 189, 190, 209, 220, 249, 263, 272, 321
Wiesner, Friedrich von 247, 248, 249, 251, 261, 263, 271, 289, 298
Wildgans, Anton 240
Wilhelm Alexander von Luxemburg, Großherzog 20
Wilhelm II., deutscher Kaiser 11, 59, 60, 65–68, 89, 94, 97–102, 106, 108, 109, 118, 124–128, 130, 132, 134, 141, 142, 149, 153, 216
Wilson, Thomas Woodrow 136–138, 141, 142, 152, 179
Windisch-Graetz, Prinz Ludwig 79, 80, 87, 116, 143
Winter, Ernst Karl 246, 249, 250
Wolff, Gustav 161, 247
Wrede, Prinzessin Anna Gabriela von 303
Xavier von Bourbon-Parma 25, 37, 38, 61, 62, 102, 103, 105, 107, 110, 122, 127, 169, 179, 207, 208, 216, 234, 235, 279, 293
Zehner, Wilhelm 261, 267, 268
Zeidler, Baron 161
Zernatto, Guido 283
Zessner-Spitzenberg, Hans Karl von 247, 249, 250, 271, 292
Zichy, János 224
Zilk, Helmut 319
Zimmermann, Arthur 96
Zita, hl. 19, 34
Zsambóki, Pater 208, 212, 213
Zweig, Stefan 168